Jesus.Messiah.Immanuel

예수연구

Jesus. Messiah. Immanuel

예수연구

양창삼 지음

KSI 한국학술정보㈜

머리말

기독교에서 예수는 단지 성인 중 한 사람이 아니라 인간이 지은 죄 때문에 잃어버린 하나님의 형상을 회복시키기 위해 이 땅에 오신 하나님이시다. 하나님이 인간의 몸을 입고 오신 것이다. 이것을 성육신(incarnation)이라 한다. 하나님이 왜 이 땅에 오셨을까? 왜 십자가를 지셨을까? 그분은 무엇을 가르치셨는가? 왜 다시 오신다 하셨을까? 이 책은 이런 질문들에 대한 답을 성경에서 찾고자 한 것이다. 책의 제목을 '예수 연구'라 한 것은 이런 궁금한 점에 대한 탐구를 했기 때문이다.

구약은 앞으로 오실 메시아, 곧 그리스도에 대해 여러 가지로 예언을 하였다. 구약은 '오래된 약속'이라는 뜻으로, 이것은 오실 메시아에 관한 약속이 담겨 있다. 신약은 구약의 성취이다. 그리스도께서 오셔서 우리 죄를 담당하여 십자가를 지셨고, 부활 승천하신 후 다시 오시겠다 약속했다. 신약은 '새로운 약속'으로, 이것은 앞으로 재림하게 될 주님에 관한 약속이 담겨 있다. 그러나 이 재림의 날은 심판의 날이기도 하고, 승리의 날이기도 하다. 하나님을 대적하는 자들에게는 심판이 있지만 그를 기다리며 소망하는 자들에게는 기쁨의 날이 되기 때문이다. 이 책은 오실 메시아에 대한 예언에서부터 재림과 심판의 주로 오실 그리스도에 관한 내용까지 담고 있다.

최근 안티 크리스천들이 늘어 가고 있다. 한국교회에 대해서도 비판적이다. 그것은 이 땅의 그리스도인들이 그리스도인다운 모습을 보여 주지 못하고 있기 때문이다. 이런 때일수록 그리스도인이 해야 할 일은 '그리스도인다움'을 회복하는 것이다. 교회가 교회답고, 성도가 성도다울 때 세상이 그리스도인이나 교회를 보는 눈도 달라질 것이다.

　기독교가 이 땅에 소개된 지도 오래되었다. 세월이 흐를수록 교회가 잊어서는 안 될 것은 복음에 기초를 두고, 그 위에 확고하게 서는 것이다. 만일 교회가 복음과는 다른 이 세상의 것에 더 관심이 많고 물질적 소유와 세상의 명예에만 집착한다면 복음의 능력을 상실하게 될 것이다. 교회가 사회변혁을 위해서 어떤 도움을 주지 못한다면 기독교가 이 땅에 설 자리도 잃게 될 것이다. 이를 위해 기독교가 해야 할 일은 자신부터 철저히 갱신하고 변화하려는 노력일 것이다. 이를 위해 가장 필요한 것은 복음으로 돌아가는 것이다. 우리의 시선을 말씀에 집중하는 것이다.

　이 책은 성경 가운데 가장 중심을 차지하는 예수의 생애사를 바탕으로 그의 오심과 가르치심, 그리고 십자가에서 당한 고난과 보혈의 의미를 살펴보았다. 또한 부활 이후 오순절 성령체험을 한 제자들이 얼마나 변화된 삶을 살았는지에 대한 내용도 담았다.

이것은 우리가 앞으로 어떤 삶을 살아야 하는가를 가르쳐 준다.

　이 책을 통해 주 예수 그리스도를 만나기 바란다. 그리고 그분을 이 땅에 보내신 하나님의 사랑을 만나기 바란다. 하나님은 오늘도 우리 안에 성령님을 보내셔서 우리의 마음을 하나님께 고정하고, 우리 삶이 주 안에서 아름답게 회복하도록 하신다. 그래서 우리는 그분에게 감사와 찬양을 돌리지 않을 수 없다.

2008년

양창삼

차례

제1부

예수의 탄생

제1장 시온아, 크게 기뻐하라 주님이 오시도다

하나님은 다윗에게 영원한 왕위를 약속하셨다. 그것은 그를 통해 평강의 왕이요 영원한 왕 예수 그리스도가 태어나실 것이라는 약속이다. 그 약속은 구약의 여러 곳에서 나타난다. 그리고 그것은 신약으로 이어진다.

- "네 위가 영원히 견고하리라."(삼하7:16)
- "네 자손이 진실히 내 앞에서 행하면 이스라엘 왕위에 오를 사람이 네게서 끊어지지 아니하리라."(왕상2:3)
- "한 아들이 네게서 나리니 그 이름을 솔로몬이라 하리니 [- -] 그 나라를 이스라엘 위에 굳게 세워 영원까지 이르게 하리라."(대상22:8 - 10)
- "만일 네가 네 아비 다윗같이 하여 [- -] 이스라엘을 다스릴 자가 네게서 끊어지지 아니하리라."(대하8:17 - 18)
- "내가 저로 장자로 삼고 세계 열 왕의 으뜸이 되게 하리라 [- -] 한번 맹세하였은즉 다윗에게 거짓을 아니 할 것이라 그 후손이 장구하고 그 위는 해같이 내 앞에서 항상 있으리."(시89:3 - 4, 27 - 29, 37 - 44)
- "네 몸의 소생을 네 위에 두리라."(시132:11)

- "그 날에는 내가 다윗의 무너진 장막을 일으키고."(암9:11 - 12)
- "한 아기가 우리를 위하여 났고 [- -] 그 이름은 [- -] 평강의 왕이라 [- -] 다윗의 위에 앉아서."(사9:6 - 7)
- "이새의 줄기에서 한 싹이 나며 그 뿌리에서 한 가지가 나서 [- -] 만인의 기호로 설 것이요 열방이 그에게 돌아오리니."(사11:1, 10)
- "내가 다윗에게 한 의로운 가지를 일으킬 것이라 그가 왕이 되어 지혜롭게 행사하며."(렘22:29; 23:5 - 6)
- "베들레헴 [- -] 이스라엘을 다스릴 자가 네게서 내게로 나올 것이라."(미5:2, 4)
- "내가 내 종의 가지를 내게 하리라."(슥3:8 - 9)
- "보라 순이라 이름 하는 사람이 [- -] 그 위에 앉아서 다스릴 것이요."(슥6:12, 13; 9:10).
- "그 날에는 [- -] 다윗의 족속은 하나님 같고 [- -] 죄와 더러움을 씻는 샘이 다윗 족속과 [- -] 위하여 열리리라." (슥12:8; 13:1)
- "그 이름을 예수라 하라 [- -] 하나님께서 그 종 다윗의 위를 저에게 주시리니 영원히 야곱의 집에 왕 노릇 할 것이며 그 나라가 무궁하리라."(눅1:30 - 33)

시온의 왕 메시아

스가랴 9장 9절에서 17절은 시온의 딸을 위로하는 장면이 나온다. 그리고 시온의 왕 메시아가 오신다고 선포한다. 그 왕은 평화의 왕이요 우리에게 이김을 주시는 승리의 왕이며 구원의 왕이시다. 그분이 바로 예수 그리스도시다.

스가랴서 1장에서 8장까지는 성전재건을 촉구하고 있고, 9장에서 14장까지는 재건된 성전의 영광을 예언하고 있다. 상황은 이렇다. 스룹바벨이 성전의 기초를 놓았을 때 젊은이들은 기쁨과 감격으로 목이 메었다. 그러나 솔로몬이 지었던 웅장한 옛 성전의 모습을 기억하고 있는 노년층은 초라한 성전 터를 보고 대성통곡하며 울었다(슥3:12). 스가랴는 9장을 통해 이 성전에 왕 되신 메시아(그리스도)가 오실 것이며, 그가 메시아 왕국(하나님의 나라)을 건설하고(슥9:1 - 10), 세계 각국 백성들이 이 성전으로 올라오므로(슥14:16 - 18) 언약의 백성들은 기뻐하고 즐거워하라고 가르쳤다. 학개 선지자도 이 성전이 이전의 것보다 더 영광스럽게 될 것(학2:3)이라고 예언하였다. 우리가 주님을 모시고 살면 건물의 크고 작음이 문제 될 수 없다. 우리 안에 주님이 계시는가 하는 것이 큰 문제다.

시온의 딸아, 크게 기뻐하라 주님이 오신다(슥9:9)

스가랴 9장 9절의 말씀을 보자. "예루살렘의 딸아, 시온의 딸아 크게 기뻐하라 주님이 오신다." 예루살렘의 딸, 시온의 딸은 선택받은 백성들, 영적 믿음의 자녀들을 가리킨다. 왜 그들이 기뻐할 수 있을까? 왕이 임하시기 때문이다. 이 왕은 메시아, 예수 그리스도를 말한다. 그는 이스라엘의 왕이요 만왕의 왕이시다. 이 예언은 예수 그리스도의 오심으로 성취되었다.

스가랴서는 그의 성품을 여러 가지로 나타내고 있다.

첫째, 공의로우시다. 각 사람이 행한 대로 갚는 통치상의 공의다. 공평의 법칙에 의해 다스리고 마지막 심판도 공의로 하신다. 이 공의를 이루기 위해 예수님이 이 땅에 오셔서 십자가를 지셨다.

둘째, 구원을 베푸신다. 믿음을 가지고 그리스도를 바라는 모든 자들에게 구원을 베푸신다. 원문에는 이 문장이 수동형으로 되어 있다. 이것은 그가 왕의 직분을 수행할 때 하나님의 도움을 받아 자기 백성들에게 구원을 선물로 주신다는 의미를 가지고 있다. 우리에게 주시는 그분의 구원은 우리를 지극히 사랑하시기 때문이다.

셋째, 겸손하시다. 예수 그리스도는 마음이 온유하고 겸손하시다 (마11:29). 본질상 하나님이시지만 자기를 비어 이 땅에 오셨다. 그분은 자신을 철저히 낮추셨다. 그 겸손은 나귀를 타신 것으로도 나타난다. "나귀를 타나니 나귀의 작은 것 곧 나귀 새끼니라."(슥 9:9) 카일(Keil)은 나귀를 겸비의 상징으로 보았고, 무어(T. V. Moore)는 가난의 상징으로 보았다. 가난한 자는 비천하고 수모를 많이 받으신다(사53장). 개선장군이나 지위가 높은 분, 그리고 명성이 있는 사람이라면 나귀 새끼를 타려 하지 않았을 것이다. 그러나 주님은 그 나귀를 타셨다. 나귀를 타실 것이라 한 예언이 성취된 것이다. 그분은 가난해 말구유에서 태어나셨고, 천한 자에게 친절하셨으며, 불쌍한 자를 구원에 이르게 하셨다.

화평의 왕으로 오셔서 우리 모두를 다스리신다(슥9:10)

그리스도는 화평의 왕으로 오신다. 그리고 화평으로 우리 모두를 다스리신다. 그 화평은 무엇일까?

첫째, 전쟁을 그치게 한다. "에브라임의 병거와 예루살렘의 말을 끊겠고 전쟁하는 활도 끊으리니." 병거, 말, 활은 전쟁을 상징한다. 그리스도께서 우리를 다스리면 전쟁은 끊어지고 칼은 보습(농기구)으로 변한다. 복음을 들은 자의 마음은 화평 그것이므로 하나님의 백성, 그리스도와 함께 사는 자들에게는 평화뿐이다. 그리스도는 우리를 강제로 다스리지 않는다. 그는 하나님을 의지하고, 하나님의 능력으로 다스린다. 그 능력이 우리에게 임할 때 우리도 달라진다.

둘째, 이방인에게도 화평을 전한다. 모두에게 평안을 가져온다. 서로에 대한 미움이나 전쟁이 없다. 이스라엘을 대항하는 전쟁도 없다. 그리스도 안에는 참평화가 있다. 그리스도 왕국은 평화의 성격이 있다. 복음을 받아들이기만 하면 지금 이 시간에도 예수 그리스도께서 함께하시고 평화를 선물로 주신다. 그 선물로 우리는 하나님과의 화평, 이웃과도 화평을 누리게 된다.

셋째, 그는 모든 나라를 다스리신다. "그의 정권은 바다에서 바다까지 이르고 유브라데 강에서 땅 끝까지 이르리라."(슥9:10) 다윗도 자신의 시에서 "그의 정권은 바다에서 바다까지 이르고 강에서 땅 끝까지 이르리라"(시72:8) 하였다. 복음은 땅 끝까지 선포되며, 모든 백성이 주 앞에 나오고 그의 백성이 되며, 주님은 온 세상 모든 나라를 다스리시게 된다. 새 하늘과 새 땅이 올 때에 이 모든 것이 완성될 것이다(계21장).

그는 자기 백성을 보호하고 형통케 하신다(슥9:11-17)

그리스도는 믿음의 백성을 보호하고 형통케 하신다. 어째서 형통하게 된다는 것일까?

첫째, 언약을 기억하고 지키시기 때문이다(슥9:11). 출애굽기 24장에 "네 언약의 피를 인하여"(출24:8)라는 말이 있다. 이것은 할례의 피로 인친 아브라함과의 언약이다. 이것은 하나님이 믿음의 선조들과 약속하신 것으로 구원의 인침을 의미한다. 이스라엘, 곧 그리스도인은 언약의 피를 통해서 구원의 소망을 가진다. 하나님은 결코 약속을 저버리지 않으신 분이다. 그 약속은 영원하다. 거짓 약속이 아니다. 인간의 약속이 아니므로 변하지 않는다.

둘째, 하나님이 우리를 지키시기 때문이다. 12절에 "소망을 품은 갇혔던 자들아"라는 표현이 있다. 소망은 언약에 입각한 소망이다. 갇혔던 자들은 주님이 우리의 고난당함을 아신다는 것을 말해 준다. 주님은 말씀하신다. "너희는 보장으로 돌아올지니라."(12절) 보장은 요새로 하나님이 함께 계시는 곳이다. 나아가 "배나 네게 갚을 것이라"(12절) 하신다. 고난 대신 두 배의 영광을 주시겠다는 말씀이다.

두 배의 영광은 무엇일까? 첫째는 하나님이 이스라엘의 포로 된 상태와 이방인의 압제에서 해방시키심을 의미한다(11, 12절). 둘째는 원수들을 완전히 정복하는 것을 의미한다(13-15절). 원수들에 관한 부분에서 13절은 "헬라 자식을 치게 하며"라고 예언한다. 앞으로 헬라의 지배를 받을 것이나 거기서 독립을 찾게 될 것을 예언한 것이다. 14절에는 여호와께서 그 위에 나타나셔서 역사하실 것을 말씀하신다. 살을 번개같이 쏘고 나팔을 불게 하시고 회리바람을 타고 행하실 것이다. 이것은 하나님이 대장이 되셔서 친히 이기게 하신다는 것을 보여 준다. 이 말씀을 통해 우리로 하여금 하나님께 전적으로 의지하게 할뿐 아니라 하나님을 통한 전적인 승리를 확신하게 한다. 16절은 이렇게 선포한다. "이 날에 하나님께서 그들을 자기 백성의 양떼같이 구원하신다." 하나님께서 친히 인도하시고 보호하신다는 것이다.

셋째, 주님이 우리를 승리하게 하고, 형통하게 하시기 때문이다. 16절을 보자. "너희는 면류관의 보석같이 여호와의 땅에 빛나리로다." 면류관의 보석은 이스라엘이 얻을 수 있는 최고의 영광이다. 원수들과는 대조적이다. 면류관의 보석같이 귀중하게 되리라, 높이 들리리라는 것은 귀한 보배, 귀한 존재가 된다는 뜻이다. 그리스도인은 궁극적으로 승리하는 귀한 보배이다. 왜 그런가? 하나님이 함께하시기 때문이다. 우리 자신이 아니다.

계속 17절을 보자. "그의 형통함과 그의 아름다움이 어찌 그리 큰지 소년은 곡식으로 강건하며 처녀는 새 포도주로 그러하리로다." 얼마나 아름다운 장면인가. 그의 형통함과 그의 아름다움이 어찌 그리 큰지. 그 표현 속에는 진한 감격이 담겨 있음을 알 수 있다. 곡식과 포도주는 하나님이 그의 백성에게 땅의 풍성한 열매로 복을 주어 형통케 하신다는 것이다. 이것이 어찌 땅의 풍성함에만 적용될까. 하나님의 은혜로 우리가 그분이 주시는 평화와 번영을 누리게 되는 것이 더 중하지 아니한가.

하나님은 결코 자기 백성을 버리지 않으신다. 하나님은 자기 백성이 복을 받고, 형통하게 되며 아름답게 성장하기를 바라신다. 모두 주님 안에서.

예루살렘의 어른들은 웅장했던 과거의 성전을 회고하며 지금의 초라한 시작을 비교하면서 슬픔에 빠졌다. 그들은 앞으로 지을 성전이 웅장하지 못할 것을 알고 자탄하며 울기까지 했다. 그러나 스가랴는 성전 건물의 웅장함보다는 이 성전을 통하여 메시아가 오시고 그가 하나님의 나라를 건설하며 그의 백성을 온전히 보호하실 것을 내다보았다. 그리스도인은 외모를 취하는 것이 아니라 내 안에 그리스도가 있느냐 하는 것이 무엇보다 중요하다. 우리 안에 예수 그리스도가 없으면 아무리 우리가 좋은 집(성전)을 가졌다 해도 아무 쓸모가 없기 때문이다.

오실 그리스도는 우리에게 복음을 주심으로 이 땅에, 우리 마음 속에 평화를 심으시고, 그의 나라를 건설하신다. 누구나 주 앞에 나가 무릎을 꿇을 때 그는 언약을 기억하시고 약속한 것을 지키시고 우리에게 구원을 주신다.

주님은 지금도 "보장으로 돌아오라"고 하신다. 하나님께로 돌아오라 하신다. 하나님이 계시는 곳이 우리가 있어야 할 곳이기 때문이다. 우리가 주 안에 살 때 승리와 위로와 소망이 있다. 우리를 사단과의 전쟁에서 날마다 승리하게 하시고, 말씀으로 위로하시며, 희망을 주신다. 그리스도인은 주님과 함께 사는 자요 주님과 함께 승리하는 자이다. 우리는 그 주님을 더 든든히 붙잡고 살아가야 한다. 스가랴는 말한다. "시온의 딸아, 크게 기뻐하라 주님이 오신다."

제2장 로마의 호적령과 예수의 탄생

로마의 호적령

누가복음 2장은 예수의 탄생에 초점을 맞추고 있다. 특히 1절에서 7절은 로마의 호적령에 대해 언급되어 있다.

1절을 보자. 가이사 아구스도의 호적령임을 확실히 한다. 이 호적령은 세금 징수 목적으로 전국적으로 실시되었다. 징병의 목적이 아닌가 생각되기도 하지만 그것은 아닌 것으로 판단되고 있다. 왜냐하면 유대인은 독립성이 강해 유대인을 제외시켰기 때문이다. 아구스도는 로마 황제로 주전 31년에서 주후 14년 사이에 로마를 통치했던 옥타비아누스이다. "천하로 다 호적 하라." 천하란 로마제국 전체를 나타내는 것으로 이 말은 예수 탄생의 우주적 중요성을 암시하고 있다(눅2:32).

2절은 그 호적령이 구레뇨가 수리아 총독이 되었을 때 첫 번 한 것이라 했다. 1절이 로마 전체를 대상으로 실시할 것을 지시한 것이라면 2절은 이 칙령에 따라 각 지역에서 실시되었음을 의미한다. 구레뇨는 두 번 시리아 총독을 지냈는데 주전 4년과 주후 7년 두 번에 걸쳐 호적령을 발동했다. '첫 번 한 것'은 첫 번째였음을 말해 준다.

3절은 모든 사람이 그 영을 따랐음을 보여 준다. "모든 사람이 호적 하러 각각 고향으로 돌아가매." 고향은 호적지를 말하는 것으로, 그곳에 가서 신고한 것이다.

4절은 요셉도 그 명에 따랐음을 말한다. 이제 역사의 초점이 예수로 모아지는 것이다. '요셉도 다윗의 족속인고로 나사렛에서 유대 베들레헴 다윗의 동네로' 간 것이다. '다윗의 족속인고로'는 요셉이 유다족속에 속했음을 말한다. '나사렛에서는' 그가 갈릴리에서부터 왔음을 보여 준다. 그의 목적지는 베들레헴이다. 성경에 베들레헴은 두 곳이 나온다. 한 곳은 유대 베들레헴 에브라다이고, 다른 한 곳은 갈릴리 지방에 있는 베들레헴으로 스블론 지파의 기업에 속한 곳이다(수19:15). 요셉이 간 곳은 유대 베들레헴 에브라다다. 에브라다의 본이름은 '에브랏'이다(창35:19; 48:7). 베들레헴은 '떡집'이란 뜻을 가지고 있는데, 이곳은 다른 곳과 달리 비가 자주 내려 농산물이 풍부하게 생산되었다. 베들레헴은 '다윗의 동네', 곧 다윗의 고향이다(룻4:11 – 12; 삼상16:1, 13). 이 동네에서 그리스도가 탄생하게 된다. 그리스도는 다윗 왕통을 잇는 왕으로 나시는 메시아로, 미가는 메시아가 베들레헴에서 나실 것을 예언했다(미5:2).

예수의 탄생

5절은 마리아의 잉태사실을 알리고 있다. "그 정혼한 마리아와 함께 호적 하러 올라가니 마리아가 이미 잉태되었더라." 정혼(定婚)했다는 것은 약혼한 사이였다는 것이다. 결혼은 하지 않았지만 당시 풍습대로 이미 자기 집에 데려가(마1:24) 동거한 사이였다. 그러나 동침하지는 않았다(마1:25). '마리아와 함께 호적 하러 올라가니.' 로마호적법에 여자는 등록하지 않아도 되었다. 그런데 마리아가 동행하게 된 것은 미가의 예언을 성취시키는 하나님의 섭리요 역사임을 드러낸다. 마리아가 잉태하게 된 것은 성령을 통한 것이다.

6-7절을 보자. "거기 있을 그때에 해산할 날이 차서 맏아들을 낳아 강보로 싸서 구유에 뉘었으니 사관에 있을 곳이 없음이러라." '맏아들'이라 함은 예수 이후 동생들이 있었음을 말한다(마12:46; 13:55; 요2:12; 5:10; 행1:14; 갈1:19). 사관은 여관을 말하며, 여관에 들 수 없었음은 호적을 위해 모여든 사람들이 많았고, 출산이 임박한 마리아와 동행한 관계로 늦게 도착했기 때문이다.

이 모습은 예수님께서 미천(비천)한 환경에서 태어나셨음을 보여준다. 그러나 이것은 매우 의미가 깊다.

첫째, 그리스도의 겸손함을 나타낸다. 예수님은 하나님이지만 자신을 비워 인간으로 오셨고, [1] 그것도 비천한 말구유에서 나시었다. 낮아지고 낮아지신 것이다.

둘째, 하류층 사람들에 대한 하나님의 관심과 사랑의 표시가 담겨 있다. 만일 예수님이 고귀한 계층의 아들로서, 고귀한 자리에서 태어났더라면 그들의 독점물이 되어 비천한 자들(백성)의 참여는 어렵게 된다. 이 모두 하나님의 은혜로우신 역사이다. 구원의 역사에 필요한 것이다. 그리스도인은 예수 그리스도의 겸손함을 배워야 한다. 그리고 어려운 처지에 있는 사람들에 대해 관심을 가져야 한다.

---

1) 학자들의 주장에 따르면 이는 마치 인간이 동물이나 벌레로 태어나는 것과 같다고 말한다. 그만큼 철저히 낮아지셨다는 것이다.

예수의 명칭

예수의 이름은 크게 개인적인(personal) 명칭, 공식적인(official) 명칭, 그리고 신성한(divine) 명칭으로 나눈다. 개인적인 명칭은 예수이고, 공식적인 명칭은 메시야(그리스도)이며, 신성한 명칭은 임마누엘이다.

예수(Jesus)는 히브리어 '여호수아(Jehoshua),' '요수아(Joshua)'의 헬라어 명칭이다. 여호(Jeho)는 여호와(Jehovah)를 뜻하고, 수아(shua)는 '구원하다(save), ' '도움을 주다(help)'는 뜻을 가지고 있다. 구원하다는 동사형은 '야사(yasha)'이고, 구속의 개념으로는 '호세아(hoshea)'이며, 구속의 확실성을 나타내는 단어로는 '요드(yod)'이다. 예수는 할례 때 아기에게 주어졌던 개인적인 이름이다(눅2:21).

메시야(Messiah)는 히브리어로 '마쉬아흐(mashiach)'로 기름 부음을 받은 자(the anointed one)를 뜻한다. 동사형은 마샤크(mashach, to anoint)다. 이것을 헬라어로 표기하면 '크리스토스(Christos)'이다. 그리스도는 구약의 메시야에 대한 신약의 호칭이다. 복음서에서 정관사가 붙어 '호 크리스토스'라 한 것은 구약에 이미 예언되었던 특별한 한 사람(삼상2:10; 시2:2), 곧 이스라엘 백성을 위해 하나님께서 기름 부어 세우실 한 특정 인물이나, 유일하신 참그리스도 예수를 지칭할 때 사용되고 있다(요20:31). 그리스도는 관사가 있는 보통명사 주님(the Lord)에 해당한다. 점차 고유명사로 사용되어 오다가 관사 없이도 사용되고 있다.

기름 부음은 일반적으로 왕이나 제사장에게 행해졌고, 선지자에게 행한 기록도 열왕기상 19장 16절에 나타나 있다. 기름이 사용되며 이것은 성령을 상징한다(요일2:27). 기름 부음은 성령이 특별히 구별된 인물에게 이전됨을 상징한다. 이것은 공식적인 직임을 줄 때, 기름 부음 받은 자에게 거룩함을 부여할 때, 그리고 성령과 기름 부음 받은 자와의 소통을 위해 사용된다.

임마누엘(Immanuel)은 '하나님(el)이 우리(nu)와 함께(imma)하신 다'는 뜻을 가지고 있다. 영어로 'God with us'지만 어순으로는 'with us God'이다. 천사가 예수 그리스도의 탄생을 알릴 때 그 이름을 임마누엘이라 하리라 했다(마1:23).

이 이외에도 성경에서는 인자, 하나님의 아들, 독생자, 하나님의 어린양 등 다양하게 불리고 있다. 예수님은 종종 자신을 가리켜 인자(Son of man)라 하셨다. 이것은 인성을 가지셨음을 보여 준다. 또한 하나님의 아들이라 불리곤 했는데 이것은 신성을 가지신 분임을 보여 준다. 예수님은 신성과 인성을 함께 가지신 것이다. 니케아 신조에서는 예수님이 100% 하나님이요 100% 인간이셨음을 강조하고 있다. 이것은 50%는 하나님이고 50%는 인간이라는 말이 아니다. 참하나님이시자 참인간으로 오셨다는 말이다.

독생자(Only Begotten Son)라 한 것은 예수님이 본래는 하나님이시지만 이 땅에 인간으로 현현하신 유일한, 독특한 존재임을 뜻한다. 헬라어로 '모노게네스(monogenes)'로 '유일한, 독특한'이라는 뜻을 가지고 있다. 공동번역에서는 '외아들'이라 했다. 여러 영역본에서는 '유일한(only)'이라 했고, NIV에서는 '하나이시고 유일하신분(the one and only)'이라 했다. 영어에서 '독생하신(only begotten)'은 이런 헬라적 의미보다 피조적 의미를 가지고 있어 의미가 상당히 다르다.

요한계시록에 자주 소개되는 하나님의 어린양(Lamb of God)은 인류의 죄를 대속하기 위해 십자가에서 죽임을 당하셨음을 보여 주는 명칭이다. 어린양은 순결함과 희생을 상징한다. 양은 죽을 지경에서도 이를 거부하지 않고 받아들인다.

제3장 세례 요한의 출생과 예수 그리스도와의 관계

누가복음 1장은 세례 요한과 예수의 탄생을 예고하는 한편 태속에 있을 때 두 사람의 만남에 대해 기록하고 있다. 그 탄생과 만남 모두 하나님의 섭리 아래 이루어진 사건이다.

하나님께서는 구원의 위대한 사역을 이루고자 하실 때 어떤 형식으로든 미리 알리시고 그 일을 행하셨다. 그 일은 하나님의 손길에 의해 먼저 시작된다는 것을 알 수 있다. 그 예고가 바로 두 인물에 관한 출생 예고이다.

누가복음 1장 5절에서 25절은 세례 요한의 출생에 대해 예고하고 있고, 26절에서 38절은 예수님에 대한 탄생을 예고하고 있다. 이 두 예고의 공통점은 두 가지다. 하나는 천사 가브리엘을 통해 전달되었다는 것이다. 가브리엘은 '하나님의 사람'이라는 뜻을 가지고 있으며, 좋은 소식을 전하는 천사이다. 다른 하나는 출생할 사람들이 갖게 될 미래 역할이 계시를 통해 밝혀진다는 사실이다.

부모의 신앙을 보시는 하나님

훌륭한 인물에는 훌륭한 부모가 있다. 세례 요한의 부모는 흠 없는 집안의 사람들이다. 아버지 사가랴를 보자. 그는 유대 왕 헤롯 때 아비야 반열의 제사장이었다. 아비야는 '야웨가 아버지이시다'는 뜻을 가지고 있다. 헤롯은 헤롯 대제를 가리킨다. 헤롯은 에돔 사람으로 매우 강포한 인물이었다. 정략결혼을 해 아내를 열이나 두었다. 그러나 정권을 유지하기 위해 수단 방법을 가리지 않아 많은 아들을 죽였고 장인까지도 살해한 인물이다. 베들레헴의 두 살 이하 어린이를 학살한 것도 이 사람이다. 이런 시기에 제사장 역할을 한다는 것이 얼마나 힘들었을까 짐작할 수 있다. 사가랴는 24개조로 이뤄진 유다 제사장 조 가운데 8번째 조에 해당했다. 당시 유대 제사장들은 모두 24개조로 구성되어 있었고, 한 조에 4-9가문으로 되어 있었다. 당시 18,000명의 제사장들이 있었다고 한다.

어머니 엘리사베드는 아론의 자손이다. 제사장들은 이스라엘 태생의 처녀들과 결혼해야 했고(레21:7, 14), 가급적 제사장의 딸과 결혼하는 것이 권장되었다. 사가랴의 아내도 이와 같은 경우에 해당되었으리라.

1장 6절을 보면 부부가 흠 없는 생활을 한 사람임을 알 수 있다. "이 두 사람이 하나님 앞에 의인이니." 그들은 모두 하나님으로부터 인정받은 부모라는 것을 알 수 있다. 왜 의인인가? 성경은 "주의 모든 계명과 규례대로 흠이 없이 행하더라." 말하고 있다. 의인이라 해서 전혀 죄가 없다는 것은 아니다. 그들은 하나님을 잘 경외하고 섬겼고, 하나님의 명령과 규례에 진정으로 복종하는 생활을 했다.

그러나 부부에게는 아들이 없었다. 인간적으로 보면 축복을 받지 못했다. 당시 이스라엘 사람들은 아이를 갖지 못하는 것은 하나님의 저주로 여기고(창15:2; 30:23; 렘22:30; 눅1:25), 자식 없음을 스스로 부끄럽게 생각했다. 반대로 아이를 축복의 표징으로 삼았다(창1:28; 시127:128). 하지만 이러한 인간적인 생각과는 달리 이것은 그들에게서 하나님의 역사가 나타나도록 하기 위한 것이었다. 그들은 아브라함과 유사한 점이 있다. 나이가 많았고, 아이가 없었기 때문이다. 이런 상황은 인간적으로 볼 때 절망적 상태에 있었다 하겠다. 사가랴는 아브라함처럼 이 절망 가운데서 하나님의 은총을 입어 아들을 갖게 되었다. 이 절망은 하나님의 뜻을 이루기 위한 것으로, 하나님은 전능하시다는 것을 보여 준다.

천사의 예고, "주를 위해 세운 백성을 예비하리라"

8절에서 23절까지 천사의 예고가 소개되어 있다. 이 예고는 하나님께서 먼저 계획하시고 우리를 찾아오신다는 것을 보여 준다. 하나님의 섭리가 있다는 것이다.

천사의 예고는 분향하는 시간에 나타났다. 사가랴가 반열의 차례를 따라 제사장의 직무를 보는 시간이었다. 제사장은 24반열로 나누어(대상24:7 – 19) 한 반열이 한 주간씩 직무를 보며(대상9:25) 안식일에 교대했다(왕하11:5, 7). 당시는 제사장들이 많아 제비를 뽑아 각양의 일과 업무를 맡았다. 심지가 뽑혀 성소에 들어가 분향하는 중요한 일을 맡았다. 성전은 안뜰, 현관, 성소, 지성소로 나뉘어 있다. 분향하는 일은 분향단이 성소에 있으므로 여러 제사장이 한꺼번에 할 수 없어 심지를 뽑았다. 성소에는 분향단, 떡상, 촛대가 있다. 뽑히는 사람이 매일 아침, 저녁 두 차례 분향한다. 아침 분향은 아침 제사 전을 말하고, 저녁은 저녁 제사 후를 말한다.

분향은 기도의 상징이다(시114:2; 계5:8; 8:3). 그래서 분향하는 시간은 가장 경건한 시간이다. 분향 시간에는 완전히 안팎으로 예배 시간이 된다. 안은 성소에서, 밖은 그 시간에 백성들은 성소 안에 들어갈 수 없어 바깥마당에서 기도한다(10절).

이때 주의 사자가 나타났다. 주의 천사는 천사를 말한다. 천사의 출현은 하나님이 이스라엘에 은총을 베푸실 때 사용하시는 방편이다. 사가랴는 놀랐다. 갑작스러운 천사의 출현에 놀랐고, 천사가 전해 준 말에 놀랐다. "너의 간구함이 들린지라." 이 간구는 제사장으로서의 기도 제목이다. 백성을 위한 간구다. 그것이 무엇일까? 그것은 유대인 전체가 고대하는 메시아에 대한 간구이다. 메시아 탄생에 관한 예언이니 놀랍지 않은가. 우리 성경으로는 아들을 위한 간구가 응답된 것같이 되어 있으나 원문은 다르다. 원문은 "너의 간구함이 들렸다. 그리고 네 아내 엘리사벳이 네게 아들을 낳아 주리니."이다. 이 원문은 두 부분으로 구성되어 있다. 전반의 '너의 간구함'은 메시아에 대한 것이다. 그리고 후반의 '네게 아들을'은 세례 요한에 관한 것이다. 원문은 이처럼 분명하게 구별하고 있다. 천사는 메시아가 오실 것은 물론 그가 낳게 될 아들 세례 요한이 앞으로 어떤 일을 하게 될 것인가도 말해 주었다.

먼저 세례 요한에 관한 예언을 살펴보자. 13절은 "아들을 낳으리니 그 이름을 요한이라 하라"고 말한다. 요한은 '여호와는 은혜로우시다'는 뜻을 가지고 있다. 이것은 하나님의 은혜가 베풀어질 것을 가르쳐 준다. 14절은 그로 인한 기쁨을 소개한다. "너도 기쁘고 많은 사람도 그의 남을 기뻐하리라." 모든 사람에게 기쁨이 될 자라는 것이다. 노년기에 아들을 갖게 되어 기쁘기도 하겠지만 특히 그가 메시아에 앞서 와서 그의 길을 닦을 자이기 때문에 기쁘다. 가장 큰 기쁨은 메시아가 오시는 것이고, 그 다음의 기쁨은 그를 위해 요한이 길을 닦는다는 사실에 있다. 이것은 이어지는 요한에 대한 예언에서 더 드러난다.

세례 요한의 성격과 그의 과업은 다음 몇 가지로 요약된다.

첫째, 주 앞에 큰 자가 된다(15절). 주님 앞서 와서 큰일을 하게 될 인물이라는 것이다. 그것도 예수님이 인정하셨듯이 "여자가 낳은 자 중에 요한보다 큰 이가 없도다."(눅7:28) 하지 않으셨는가.

둘째, 포도주와 소주를 마시지 아니한다(15절). 요한은 나실인처럼 구별되어 독한 술을 입에 대지도 않았다. 하나님께 바쳐진 자로서 구별된 삶을 산 것이다(민6:3; 삿13:4).

셋째, 모태로부터 성령의 충만함을 입었다(15절). 모태에서부터 구별되었음을 보여 준다. 요한은 하나님의 선택함을 받은 인물이었다.

넷째, 이스라엘 자손을 주께 많이 돌아오게 할 자이다(16절). 요한의 과업은 이스라엘을 향해 예언자적 임무를 수행할 것과 회개 운동을 일으켜 악으로부터 돌이키게 하는 것이다. 어떻게 이 일을 하게 될까? 17절을 보자. 먼저 "저가 엘리야의 심령과 능력으로 주 앞에 가서"라 했다. 말라기 4장 5절에 예언된 엘리야가 요한인 것을 가르쳐 준다(마11:14; 17:10-13). 그 다음 "아비의 마음을 자식에게"라 했다. 아버지와 아들을 화해케 하여 하나님을 잘 경외하도록 한다는 것이다. '거스르는 자를 의인의 슬기에 돌아오게 하고'는 믿음이 없는 자를 회개케 하는 과업이 주어졌음을 가르쳐 준다. 그리고 "주를 위하여 세운 백성을 예비하리라" 하였다. 회개 운동을 통해 주께 돌아오게 하고 주의 길을 예비하는 일이 주어져 있다.

부모의 반응과 변함없는 하나님의 계획

하나님의 말씀에 우리는 어떻게 반응해야 할까? 우리는 주님의 계획과 섭리, 그의 온전하신 뜻을 따라야 할 것이다.

사가랴의 반응을 보자. 첫 반응은 불신(의심)이었다. "내가 이것을 어떻게 알리요 내가 늙고 아내도 나이 많으니이다."(18절) '어떻게 알리요'는 '어떻게 믿으리오'이다. 불신앙의 말이다. 인간적으로 믿을 수 없다는 태도를 보여 준 것이다. 너무나 감당할 수 없는 큰 사건이요 또한 평시 하나님은 전능하시다는 것을 피상적으로 알고 있었으나 그것이 자기에게 실제화된다는 것을 믿기 어려웠을 것이다. 이 불신앙으로 인해 그는 벌로 벙어리가 되었다. '이 일이 되는 날까지' 귀머거리가 될 것이라는 것이다. 그 이유는 "내 말을 믿지 아니함이어니와"(20절)에 있다. 벌에 대한 또 다른 해석은 계시를 비밀에 붙이시기 위한 것이라는 주장도 있다.

사가랴는 하나님의 섭리, 그 전능하심을 믿어야 했다. 그렇지만 그는 불신앙의 말을 하고 말았다. 그가 불신앙의 말을 했다 해도 하나님의 계획이 변경되는 것이 아니었다. 하나님은 그를 벌하고 그 일을 이루심으로 그로 하여금 더욱 깨닫고 하나님을 더 잘 경외하게 만들었다.

엘리사벳의 반응은 무엇일까? 첫 반응은 알 수 없다. 그에 대한 언급이 없기 때문이다. 그는 수태하고 친척 되는 마리아의 방문을 받을 때까지 다섯 달 동안 숨어 지냈다. 예수님은 마리아의 복중에 있었다. 44절을 보자. "보라 네 문안하는 소리가 내 귀에 들릴 때에 아이가 내 복중에서 기쁨으로 뛰놀았도다." 복중의 요한은 기뻐 뛰었다. 주님의 길을 예비하는 자로서 제일 먼저 주님을 만났

기 때문이다. 그가 숨어 지낸 것도 하나님의 섭리였으리라. 엘리사
벳은 아이 갖게 됨을 기뻐했다. 그는 말했다. "주께서 나를 돌아보
셨다, 내 부끄러움을 없게 하셨다."(25절)

이 세대에 있어서 세례 요한은 누구인가? 우리 모두이다. 다시
오실 주님을 위해 예비하는 자가 되어야 하기 때문이다. 그렇다면
우리의 모습은 달라야 할 것이다. 언제나 구별된 생활을 하고, 주
앞에서 흠이 없는 자가 되어야 하며, 하나님으로부터 인정을 받는
자가 되어야 한다.

제4장 목자들의 첫 번째 크리스마스

크리스마스Christmas)는 그리스도(Christ)와 예배(Mass)를 합한 말
이다. 마스는 라틴어의 미사(Missa)에서 나온 말로 미사는 멀리 보
냄(missum, 또는 mittere), 곧 경배를 드림을 나타내고 있다. 미사가
성례, 예배, 경배, 전례로 해석되는 것은 이 때문이다. 그러므로 크
리스마스는 이 땅에 구세주로 오신 예수 그리스도께 경배를 드린
다는 뜻을 담고 있다.

예수님의 나신 날은 정확히 알 수 없다. A.D. 325년 로마의 콘
스탄틴 황제가 로마 사람들이 지키고 있는 태양신 축제일인 12월
25일을 크리스마스로 정한 뒤부터 계속 이날을 크리스마스로 지켜
오고 있다.

누가복음 2장은 첫 번째 크리스마스의 모습을 밝히 기록하고 있
다. 목자들, 주의 사자, 천군 천사, 아기 예수, 하나님, 백성 모두가

등장하고 그 가운데 주의 영광, 큰 기쁨의 좋은 소식, 찬송, 영광, 평화가 넘치고 있다. 이 첫 번째 크리스마스는 주님의 날이요 하나님의 날이요 우리 모두의 날인 것을 보여 주고 있다. 이 첫 번째 크리스마스의 모습을 소개하면 다음과 같다.

맨 처음 목자들에게 알려짐(8절)

당시 사회에서 목자는 가장 비천한 계층에 속했다. 왕과 대제사장이 맨 윗자리를 차지했고 그 다음 사두개인, 그 다음 바리새인, 이런 식으로 하여 맨 밑을 차지하는 사람들이 목자였다. 목자 중에 양을 치는 목자는 좀 나은 편이나 돼지를 치는 목자는 가장 인정을 받지 못했다. 그리스도의 나신 사실이 맨 처음 목자들에게 알려지고 그들로 먼저 기쁨을 갖게 한 것은 예수님은 처음부터 가난하고 학대받는 자들의 편에 서 있었음을 보여 준다. 그들에게 복음이 전해졌다는 것은 복음의 성격을 잘 드러내고 있다. 예수님이 이루어 나가시는 사역의 정신과 일치하기 때문이다(눅4:18, 19).

하나님은 높은 지위에 있는 사람들을 찾아 그들을 증인으로 삼지 않으시고 이름도 없고 아무도 알아주지 않는 목자들을 증인으로 택하여 예수 그리스도가 베들레헴에서 탄생했다는 것을 세상에 알려지게 하셨다. 그것도 깜깜한 겨울 밤중이었다. 목자들은 남들이 자고 있는 그 시간에도 일을 해야 하는 사람들이었다. 그들은 그때 베들레헴 교외의 한 들에 있었다. 베들레헴은 유대 땅에서 제일 작은 고을 중에 하나였다. 그러므로 그들이 일하고 있었던 때와 장소는 가장 외로운 시간, 외로운 장소였음을 알 수 있다. 그러나 그들은 이런 시간에도 열심히 일하고 있었다. 8절을 보면 목자들이 밖에서 양 떼를 지키고 있었다. 이 밤은 겨울밤을 말한다. 유대의 경우 늦가을에서 이듬해 봄까지 우기라 우리가 생각하는 것보다 춥지 않아 야영이 가능하다.

이러한 목자들을 첫 증인으로 삼으셨다는 것은 인간의 합리적인 사고로 따져 볼 때 매우 어리석은 것으로 보일는지 모른다. 하지만 하나님의 미련한 것(어리석은 것)이 사람보다 지혜 있고 하나님의 약한 것이 사람보다 강하다는 것(고전1:25)을 알아야 한다. 이것은 그리스도의 겸비(자신의 낮추심)의 일부였을 뿐 아니라 그 영광이 잠시 은폐되어야 했기 때문이기도 하다. 그러나 무엇보다 그들은 그리스도의 오심을 크게 기다린 사람들이었다는 이유를 빼놓을 수 없다. 목자들이 그리스도를 대망한 사람이었다는 사실은 그들이 천사의 말을 들은 다음 즉각 찾아가 경배한 데서 찾을 수 있다.

하나님은 아기 예수의 나심을 대제사장이나 고관들에게 알리지 않으셨을 뿐 아니라 세상의 요란한 축하 속에서 이 일을 진행시키지 않으셨다. 오히려 낮은 자리에서도 묵묵히 일하며 주의 오심을 사모하는 소수의 목자들에게 이 기쁜 소식을 전해 주셨다. 하나님의 방법은 이 세상적인 것과 너무나 다르다. 질그릇 같은 우리에게 하늘의 비밀스러운 보화를 담아 주듯이 힘없는 목자들에게 이 귀한 소식을 전해 준 이 사건은 바로 하나님의 원리가 담겨 있음을 알 수 있다. 하나님은 이 세상적인 생각, 판단, 기준을 따르지 않으신다. 인간은 외모를 보지만 하나님은 그 중심을 보신다. 하나님은 목자들의 중심을 보신 것이다. 그리스도인들도 마땅히 세상의 기준을 따르는 자가 아니라 하나님의 기준을 따르는 자라야 한다.

전해진 큰 기쁨의 소식(10절)

누가는 온 백성에게 미칠 큰 기쁨의 좋은 소식이 전해졌음을 기록하고 있다. 9절엔 주의 사자(천사)가 나타나고 주의 영광이 저희를 두루 비취었다. 목자들이 무서워하자. 천사는 "무서워 말라. 보라 내가 온 백성에게 미칠 큰 기쁨의 좋은 소식을 너희에게 전하노라" 하였다. '큰 기쁨의 좋은 소식'은 복음으로 예수 그리스도께서 자기 백성을 그 죄에서 구원하시는 것을 말한다(마1:21). 구원의 복음을 주실 예수 그리스도의 탄생 소식이다.

여기서 '온 백성'이란 인류 모두에 해당한다. 이 소식은 목자들뿐 아니라 다른 모든 사람들, 심지어 이방 모든 족속들 누구에게나 차별 없이 미칠 기쁨의 소식이다. 소식의 내용은 바로 "오늘날 다윗의 동네에 너희를 위하여 구주가 나셨으니 곧 그리스도 주시니라."는 것이다. 주님은 바로 온 인류의 속죄를 위해서 오신 분이시기 때문이다.

이 소식을 들으면 기뻐 뛸 수밖에 없기 때문에 큰 기쁨이다. 이 소식은 하나님의 은총이 너무 크고 많음을 보여 주며 이것은 왜 우리가 예수 그리스도만으로도 기뻐할 수밖에 없는가를 가르쳐 준다. 그 소식은 좋은 소식(good news), 곧 복음이기 때문이다. 좋은 소식이란 바로 예수 그리스도께서 자기 백성을 그 죄에서 구원하신다는 사실이다. 이것은 이미 예수를 낳기 전 주의 사자가 요셉을 찾아와 "아들을 낳으리니 이름을 예수라 하라 이는 그가 자기 백성을 저희 죄에서 구원할 자이심이라."(마1:21) 한 말에서도 입증된다. 예수라는 이름은 '여호와는 구원이시다'라는 뜻을 갖고 있다. 예수라는 이름의 선포나 그 예수 그리스도의 탄생 소식은 바로 구원의 복음 그것이었다.

큰 기쁨의 좋은 소식에서 언급된 다윗의 동네라든가 나신 예수가 어떤 분이신가를 보여 주는 구주, 그리스도, 주는 이미 선지자들이 예언한 그 메시지의 확인이라는 점에서 목자들에게 전혀 생소한 것은 아니다. 주님은 예언의 말씀대로 다윗의 동네에서 나셨으며 구주, 그리스도, 주로 오셨다. 다윗의 동네(눅2:4, 11)란 다윗의 고향 베들레헴을 가리킨다. 베들레헴은 원래 '라무(Lahmu)의 집'이라는 뜻을 가지고 있으며 '빵(떡)의 집'으로 통한다.

다윗의 아버지 이새는 베들레헴 사람(삼상 16:1)이었고 다윗도 베들레헴 사람(삼상16:18)이었다. 이새를 가리켜 '유다 베들레헴 에브랏 사람'(삼상 17:12)으로 명기하기도 한다. 에브랏은 유다지방의 한 독립된 성읍이었으나 후에 베들레헴에 병합되었다는 설도 있고 베들레헴의 원래 명칭이라는 설도 있다. 선지자 미가는 "베들레헴 에브라다야 너는 유다족속 중에 작을지라도(큰 도시가 아님) 이스라엘을 다스릴 자가 네게서 내게로 나올 것(하나님의 뜻을 행하기 위함)이라 그의 근본은 상고에 태초(그리스도의 영원한 신성을 가리킴)에니라."(미5:2)라고 말함으로써 이곳에서 메시아가 태어날 것을 예언하였다. 그러므로 예수님은 미가 선지자의 예언과 같이 다윗의 믿음의 계보를 따라 베들레헴에서 탄생하신 것이다.

예수님이 구주, 그리스도, 주로 오셨다는 천사의 말도 예언된 것이다. 구주(savior)는 구원자, 곧 백성을 구원하실 자를 나타내고, 그리스도는 메시아, 곧 기름 부음 받은 자를 나타내며, 주(lord)는 하나님이심을 나타낸다. 이사야는 나실 아기가 하나님임(사9:6)과 구원자임(사53:5)을 예언했고 스가랴는 그분은 메시아로서의 왕이심(슥9:9)을 예언하였다. 모세는 한 선지자를 세우실 것을 언급하고 있는데(신18:15) 베드로는 이 선지자가 바로 예수님임을 밝혔다(행 3: 22, 23).

복음에 관한 천사의 메시지는 계속된다. "너희가 가서 강보에 싸여 구유에 누인 아기를 보리니 이것이 너희에게 표적이라." 구유에 누인 아기는 고난의 주를 찾아 경배하라.

기뻐하심을 입은 자 가운데 선포된 평화(14절)

13절과 14절은 천군 천사의 찬송을 소개한다. 홀연히 허다한 천군이 그 천사와 함께 하나님을 찬양한다. 천군은 천사들이 나타난 것을 가리키며(15절), 그들은 찬송을 위해 보냄을 받은 자들이다.

> "지극히 높은 곳에서는 하나님께 영광이요 땅에서는 기뻐하심을 입은 사람 들 중에 평화로다."(14절)

하나님의 영광이 그의 아들의 오심으로 나타났고, 그 결과 사람들에게는 평화가 임한다. 이 평화는 그리스도의 오심과 연결되어 축복으로 임하는 것이다(사9:5; 미5:4).

'지극히 높은 곳'은 하늘, 곧 하나님이 계신 곳을 상징한다. '하나님께 영광이요'는 예수님의 탄생이 하나님께 기쁨이 되었음을 의미한다. 그분의 뜻을 따라 자기 백성을 구원하러 이 땅에 왔기 때문이다. 예수 그리스도의 구원사역은 하나님께 영광 돌림이 된다. Gloria in excelsis Deo.

'기뻐하심을 입은 자들 중에 평화로다'에서 기뻐하심을 입은 자란 하나님의 은혜를 입은 사람, 곧 구원을 받을 사람, 구원하시기로 택함을 입은 사람, 복음을 받은 사람을 가리킨다. 이 사람들은 여호와의 구원을 바라보고 소망하며 사는 사람, 예수 그리스도만으로 기쁨을 삼는 사람들이다. 예수 그리스도의 구원의 복음은 차별 없이 누구에게나 전파되지만 이를 받아들이는 사람은 한정되어 있어 예수 그리스도의 구원은 누구에게나 다 미치는 것이 아님을 알 수 있다. '누구든지 저를 믿으면'(요3:16) 구원을 받지만 모두가 다 받아들이는 것은 아니기 때문이다. 결국 기뻐하심을 입은 사람은 한정될 수밖에 없고 그들에게만 참평안이 있을 뿐이다. 하나님 나라의 백성 된 자들만이 주님이 주시는 평안을 누릴 수 있다. 죄로 인해 하나님과 원수 되었던 것을 파하시고 화목게 하심으로 은혜 입은 자에게는 하늘의 평화가 넘친다. 그것이 바로 기뻐하심을 입은 자에게 선포된 평화이다.

그러나 주님은 지금도 그 나라의 문을 닫지 않으시고 한 사람이라도 더 들어오기를 기다리신다. 더 많은 사람이 기뻐하심을 입도록 우리로 전도하게 하신다. 천사의 선포 가운데 '너희를 위하여 구주가 나셨으니'의 너희는 믿는 자를 가리킨다(11절). 선포된 평화는 그리스도의 평화이자 그리스도인만이 누릴 수 있는 평화이다. 그 평화는 일반적인 의미의 평화가 아니다. 우리의 죄 때문에 하나님과 원수 되었던 것을 그리스도의 십자가 보혈로 인해 화목게 됨으로써 얻은 평화이다. 그리스도가 평화의 왕으로 오셨다는 것은 상당한 의미를 가지고 있다. 따라서 기뻐하심을 입은 자에게 선포된 평화는 그리스도가 아니고서는 가져다줄 수 없는 평화임을 알고 우리 모두 예수 그리스도 앞에 더 가까이 가야 한다.

목자들의 경배(15 – 20절)

천사들이 예수의 나심을 전하고 찬송하며 하늘로 올라가자 목자들은 말씀하신바, 이루어진 일을 보자 결심했다. 그들은 모두 '이 이루어진 일을 보자'(결단 있는 믿음) 하고 '빨리 가서' 누운 아기를 찾았다(행동하는 믿음). '찾았다'는 것은 '아뉴리스코'로 찾고 있던 목표물을 실제 발견했음을 의미한다. 그토록 기다리던 메시아의 탄생이었으므로 양만 지키고 있을 수 없었다. 목자들에게 있어서 양은 그들의 모든 것이었음에도 불구하고 목자들은 양 떼고 뭐고 다 팽개치고 나신 주님을 보고자 한 것이다. 베들레헴 시내에서 떨어져 있었고 깊은 밤이었음에도 불구하고 그들은 개의치 않았다. "이제 베들레헴까지 가서 보자." '까지'라는 말은 그들이 얼마나 그리스도를 갈급하고, 보고 싶어 하는 마음이 간절했는가를 보여 주고 있다.

그들은 아기 예수를 확인한 다음 천사들로부터 들은 것을 모두 다 말해 주었다. 듣는 사람들이 다 기이히 여겼고, 특히 마리아는 이 모든 말을 마음에 지키어 생각했다. 마리아는 그동안 탄생에 대한 예고에 따라 잉태를 했고(눅1:26 – 38), 사가랴의 집에서 엘리사벳의 말도 들었으며(눅1:39 – 56), 정혼한 남편 요셉에게 나타난 천사의 이야기(마1:18 – 25), 그리고 이제 목자의 말을 듣게 되었다. '마음에 지키어 생각하니라.'는 지금까지 된 모든 일들을 함께 대조하며 생각해 보는 것을 말한다. 그 말을 마음에 깊이 간직했을 것이다(벧전1:4). 그리고 그는 구유의 아기가 예수 그리스도의 탄생임을 더욱 확신했을 것이다.

목자들은 자기들이 듣고 본 모든 것에 대해 하나님께 영광을 돌리고 찬송하며(경배하는 믿음, 곧 Christmas) 돌아갔다. 이 찬송은 감사 찬송이었으리라.

목자들이 보여 준 이 첫 번 크리스마스는 비록 말구유의 사건이지만 하나님을 향한 영광·감사·찬송이 넘쳤다. 예수님의 탄생은 결코 유대 민족에 국한된 것이 아니다. 이 땅에서 기뻐함을 입은 모든 사람들을 위해 오셨다. 예수 그리스도의 복음을 통해 구원받을 모든 백성을 위해 오셨다.

이어가야 할 첫 번째 크리스마스 정신

크리스마스는 1038년 공식화되면서 점차 그 의미가 퇴색되었다. 상업화된 것이다. 영국은 한동안 이날을 금식의 날로 선포하긴 했지만 세속화의 물결을 감당할 수 없었다. 다시 흥청거리고 타락하게 된 것이다. 잃었던 크리스마스 정신을 이젠 회복해야 할 것이다.

파피니가 『예수의 생애』를 쓰게 된 동기는 그리스도 때문이었다. 제1차 세계대전이 끝난 1918년 그는 인류는 왜 서로 미워하고 싸우며 피를 흘리는 전쟁을 해야 하는가를 생각하다가 인류의 마음속에 죄악을 없애지 않으면 안 된다는 결론에 도달했다. 인류의 마음속에 죄악을 없애려면 예수님을 알리는 것 외에는 다른 방법이 없다고 생각하여 예수의 생애를 쓰게 된 것이다.

예수님은 우리에게 큰 기쁨의 좋은 소식을 가져온 평화의 왕이시다. 평화의 왕이신 예수님은 우리를 향해서도 "화평케 하는 자는 복이 있나니 저가 하나님의 아들이라 일컬음을 받을 것"(마5:9)이라고 말씀하셨다. 우리도 주님의 평화의 복음을 전할 뿐 아니라 스스로 평화를 심는 자가 되어야 한다는 것이다. 우리에게 이 기쁘 뛸 수밖에 없는 기쁨을 주신 하나님께 감사하고 우리도 이 기쁨을 다른 사람과 함께 나눌 수 있는 사람이 되어야 한다. 그리스도는 우리에게 평화를 주기 위해 오셨다. 우리도 이웃에게 그리스도의 평화를 나누어 주는 자가 되어야 한다. 첫 번째 크리스마스는 이같이 그리스도 안에서는 기쁨과 평화요 그 나눔임을 가르쳐 주고 있다. 그래서 우리는 언제나 주님께 감사하고 영광을 돌리지 않을 수 없는 것이다. 우리가 이어가야 할 정신은 바로 이 첫 번째 크리스마스의 정신이다.

제5장 예수님의 할례 및 결례 행함과 애굽 피난 사건

예수님의 할례와 결례는 누가복음 2장 21 - 24절에 소개되어 있다. 할례는 하나님의 언약의 백성임을 나타내는 것으로, 하나님의 말씀대로 이뤄질 것을 믿는 믿음에서 출발하는 의식이요 결례는 주께 드려져 성별됨을 의미하는 의식이다. 이 두 가지 모두 율법에 근거한 것으로 구약의식을 지켰다는 것은 하나님의 법을 순종했음을 보여 준다. 구속자로서 흠 없이 하신 것이다. 이는 우리로 하여금 하나님을 경외하면서 의식도 중요하다는 것을 깨닫게 해 준다.

예수님은 난 지 8일 만에 할례를 받으셨다. 할례의식에 대해서는 창세기 17장 13절, 레위기 12장 3절의 말씀에 잘 나타나 있다. 할례는 하나님께서 그 백성에게 맺으신 언약의 증표를 그 백성들의 몸에 남기는 행위이다. 예수님이 할례를 받으신 것은 하나님의 언약을 순종하신 것이다. 예수님께서 세례를 받으실 때 "모든 의를 이루는 것이 합당하니라"(마3:15) 하신 것처럼 이 순종으로 의를 이루셨다.

유대인의 관습에 따라 할례 때 '예수'라는 이름이 지어졌다. 예수는 히브리어로 '여호수아'이고, 희랍어 음역으로 '예수'다. 예수는 '여호와는 구원이시다'는 뜻을 가지고 있다. 예수님이 구원자로 오셨음을 나타낸다.

예수님은 객지에서 할례를 받으셨다. 친척도 없이 부모들만 쓸쓸히 드린 것으로 보인다. 이것은 고난받으실 주님의 외로움일까?

결례의 날이 다가와 결례의식을 치렀다. 결례는 두 가지 의미가 있다.

첫째는 마리아의 결례이다. 레위기 12장 1-4장에서 결례는 산혈이 깨끗해지는 예식으로 모세의 법을 따를 것을 강조하고 있다. 레위기 12장 6장의 의식법에 따르면 산후 7일간은 부정하고, 그 뒤 33일간도 집 안에 있어야 한다. 그리고 40일째 되는 날 희생 제사를 드림으로 정결케 된다.

둘째는 성전에서 아기를 하나님께 드리는 의식이다. 하나님께 아기를 드린다는 것은 첫 태에 처음 난 남자를 성별하여 하나님께 드린 것에서 유래한 것이다. 성전에서 드릴 경우 예루살렘으로 올라갔음을 보여 준다. 출애굽 당시 맏아들이 죽는 재앙에서 이스라엘의 맏아들은 제외되었다. 이 때문에 이스라엘의 맏아들은 거룩한 자로 구별하여 하나님께 바치게 되었다(민18:15; 출13:22, 28). 거룩한 자란 하나님께 받친 자를 의미한다. 예수님도 맏아들이므로 이 의식을 행하게 된 것이다.

마리아는 결례의 제물로 비둘기 두 마리(한 쌍)를 드렸다. 비둘기는 대체로 가난한 자의 제물(레13:8)에 해당되는 것으로, 마리아의 형편이 가난했음을 보여 준다. 왜 두 마리일까? 하나는 번제물이고, 다른 하나는 속죄제물이다. 일반적으로 번제물로 1년 된 어린양 한 마리, 속죄 제물로 비둘기 한 마리를 드린다(레13:6).

일반적으로 초 태생을 위해 희생제물을 드린다. 그에게 죽음의 형벌이 놓여 있다는 것과 제물을 통해 그 형벌을 없애야 한다는 것을 상징적으로 보여 준다. 그러나 죄 없으신 예수님이 우리를 위해 희생제물이 되셨다. "인자가 온 것은 자기 목숨을 많은 사람의 대속물로 주려 함이니라." 십자가의 죽음은 위대한 대속을 상징한다.

누가는 예수님이 결례 의식을 행한 후 나사렛으로 돌아가 그곳에서 성장하셨다(눅2:39 – 40)고 기록하였다. 그는 아기가 자라며 강하여지고(육적 성장) 지혜가 충족하며(정신적 성숙) 하나님의 은혜가 그 위에 있더라(영적 성숙)고 했다. 육적으로나 정신적으로나 영적으로 성숙해지신 것이다. 이것은 예수님이 인간으로서 모든 성장과정을 모범적으로 거치셨음을 보여 준다. 예수님은 인간으로서 하층계급이 당하는 모든 쓰라린 경험을 나면서부터 다 겪으셨다. 이것은 죄인 된 미천한 인간들을 체휼(몸소 겪으심)하시기 위함이었다(히4:15).

누가복음의 이러한 기록은 출생 후 애굽으로 피난하셨다는 마태복음(마2:13 – 15)과 차이가 있다. 누가는 동방박사의 경배, 애굽 피난, 애굽에서 나사렛으로의 귀환을 생략하였다. 이에 반해 마태는 마태복음 2장을 통해 이 부분을 상세히 기록하였다. 그러면 마태의 기록과 누가의 기록은 상치되는가? 꼭 그렇지는 않다. 두 복음을 잘 살펴보면 애굽 피난은 할례와 결례 이후의 사건으로 간주할 수 있다.

동방박사가 떠난 후 주의 사가가 요셉의 꿈에 나타나 아기와 마리아를 데리고 애굽으로 피하라는 지시를 내린다. 요셉은 일어나 밤에 식구들을 데리고 애굽으로 피신해 헤롯이 죽기까지 애굽에 거하게 된다. 이 내용이 마태복음 2장 13절에서 15절의 기록이다. 여기서 중요한 것은 13절 첫 부분에 나오는 '저희가 떠난 후에 주의 사자가 요셉에게 현몽하여 가로되'에서 언제 현몽을 했는가 하는 것이다. 만일 그 현몽이 베들레헴 말구유에서 있었던 것이라면 누가복음의 기록은 문제가 된다. 그러나 그 현몽이 할례 및 결례 뒤에 있었던 것이라면 문제 될 것이 없다. 그 현몽이 할례 및 결례 뒤에 있었을 가능성을 보이는 부분은 마태복음 2장 16절에 나타나 있다. "이에 헤롯이 박사들에게 속은 줄을 알고 심히 노하여 사람을 보내어 베들레헴과 그 모든 지경 안에 있는 사내아이를 박사들에게 자세히 알아본 그때를 기준하여 두 살부터 그 아래로 다 죽이니." 박사들에게 자세히 알아본 그때는 말구유 때의 일이다. 그러나 그때를 기준으로 두 살부터 그 아래로 다 죽인 것은 상당한 시차가 있음을 보여 준다. 이런 점에서 누가의 기록과 마태의 기록은 상치되지 않는다.

제6장 시므온의 찬송과 안나의 증거

시므온, 이스라엘의 위로를 기다리는 자

예수님이 시므온과 안나를 만나는 사건은 그리스도의 탄생과 연관된 또 하나의 기적이다. 누가복음 2장은 이 만남에 대해 자세히 소개하고 있다. 이것은 예수님이 어떤 사람을 만나시는가를 보여 준 사건이다.

누가복음 2장 25절에서 35절까지는 시므온에 대해 기록하고 있다. 시므온은 누구인가? 25절과 26절은 그에 대해 이렇게 말한다.

첫째, 의롭고 경건한 예루살렘 사람이다. 이것은 그가 하나님 앞에서나 사람 앞에서 흠잡힐 것 없이 사는 인물인 것을 보여 준다. 영적 은혜가 메마른 시기에 참으로 귀중한 인물임을 나타낸다. 그는 제사장 반열에 있는 사람이 아니고 이름 모를 가문의 평민인 것으로 추측되고 있다.

둘째, 이스라엘의 위로를 기다리는 자이다. '이스라엘의 위로'는 이사야 40장 1절 이하의 예언에 바탕을 두고 있다. 이 위로는 메시아 시대에 하나님의 백성이 누리게 될 위로로, 메시아 오심으로 인한 구원을 의미한다. 기다린다는 것은 단순한 기다림이 아니라 고대함을 의미한다.

셋째, 성령이 그 위에 계시는 자이다. 성령의 은혜를 받아 그 인도대로 사는 자다. 이것은 그가 하나님과 동행했음을 보여 준다.

넷째, 성령의 지시를 받은 자다. 그는 '주의 그리스도를 보기 전에 죽지 아니하리라'는 말씀을 받았다. '주의 그리스도'란 '하나님이 기름 부으신 메시아'라는 의미다. 그분을 보기 전에 죽지 않으리라 한 것은 이제 나이가 많음을 보여 준다.

그토록 그리스도의 오심을 기다렸던 사람이 예수님을 만나게 되었다. 성령의 감동으로 성전에 들어갔는데 거기서 주님을 만나게 된 것이다. 믿음생활 하면서 예수님을 만났으니 이 이상 큰 기쁨이 어디에 있을까. 이 만남은 예수님의 부모가 결례를 행하러 올 때를 의미한다. 그때 만나게 된 것은 하나님의 오묘하신 섭리가 아닐 수 없다.

시므온의 찬송

누가복음 2장 28절에서 32절은 시므온의 찬송이 소개되어 있다. 시므온은 아기 예수를 안고 하나님을 찬송하며 메시아를 만난 기쁨을 노래했다. 이 찬송은 단순한 찬송이 아니라 예수님이 누구시며 앞으로 어떤 역할을 하게 되실 분인가를 예언하는 내용으로 되어 있다.

첫째, 예수님은 메시아이시다. 29절은 '주재여'로 시작한다. 예수님을 '주'라 한 것은 자신은 그분의 종이라는 것이다. 주는 바로 종을 주관하는 주이기 때문이다. 자신을 종으로 자처한 것은 그가 얼마나 의롭게 살았는가를 나타낸다. 그 다음 "이제는 말씀하신 대로 종을 평안히 놓아 주시는도다." 하였다. '이제는'은 강조용법이다. 구원의 시대가 도래했다는 것이다. 하나님의 위로를 보았기 때문이다. '종을 평안히 놓아 주시는도다'는 '평화롭게 죽을 수 있습니다.' '메시아 대망에서 풀어 주셨습니다.'라는 기쁨의 부르짖음이다.

둘째, 예수님은 구원자이시다. 30절에 "내 눈이 주의 구원을 보았사오니"라 했다. 우리의 구원자이신 예수 그리스도를 보았다는 것을 말한다. 이 본 것은 하나님의 구원의 역사를 본 것이요 그 구원 과정의 위대한 서막에서 자신이 그것을 보았으니 어찌 기쁘지 않겠는가.

셋째, 예수님은 만민을 구원하신다. 31절은 그 구원이 만민을 위한 것임을 확실히 했다. "이는 만민 앞에 예비하신 것이요." 이 구원은 이스라엘 백성에게만 한정된 것이 아니라 천하 만민, 곧 모든 사람을 위해 하나님이 마련하신 것이다(막16:15; 행1:8).

끝으로, 예수님은 이방을 구원하신다. 이 만민에는 이방인들이 포함된다. 32절을 보자. "그러므로 이방을 비추는 빛이요." 이사야 52장 10절을 보면 이방인들에게 구원을 알게 하신다 하였다. 시므온은 찬송을 하면서 이것이 "주의 백성 이스라엘의 영광이니이다." 하였다. '이스라엘의 영광'은 이스라엘에는 영광이라는 뜻이다. 이스라엘에서 나온 구원의 역사가 이방에까지 혜택을 주고, 영광의 계시가 확실하게 나타났기 때문이다.

메시아 사역을 설명하는 시므온

33절에서 35절은 예수님 부모에게 시므온이 예수님의 메시아 사역을 설명해 주는 내용을 담고 있다.

33절은 시므온의 이러한 찬송 내용을 듣고 예수 부모가 기이히 여겼음을 보여 준다. 시므온의 찬송은 앞서 언급한 바와 같이 구원자 예수 그리스도에 관한 노래이다. 기이히 여겼다는 것은 의심했다는 말이 아니다. '예수님은 만민을 구원하실 메시아'라는 말을 지금까지 일어난 일을 비추어 볼 때 의미 있게, 또한 깊게 생각해 볼 수 있는 것이라는 말이다.

시므온은 마리아와 요셉을 축복한다. 그리고 특히 마리아에게 메시아 사역이 어떠할 것을 말해 준다. 그 내용은 네 가지로 요약 된다.

첫째, 예수님 오심으로 멸망받는 자와 구원받는 자가 나뉜다. 34 절을 보자. "보라 이 아이는 이스라엘 중 많은 사람의 패하고 흥 함을 위하며." '패하고 흥함'은 멸망받는 자와 구원받는 자의 구별 됨을 말한다. 믿지 않는 자들에게 예수는 걸림돌이 된다(롬9:32 - 33). 믿지 않는 자는 멸망을 당하기 때문이다. 반대로 예수를 믿는 자들에게 예수는 하나님의 집을 세우는 초석이 된다(벧전2:7 - 8; 고전3:11). 이로 보아 메시아 사역으로 구원과 멸망이 드러남을 알 수 있다.

둘째, 예수님이 핍박을 받을 것이다. 계속 34절을 보자. "비방을 받는 표적 되기 위하여 세움을 입었고." 이것은 예수님이 사람들의 배척을 받아 고난을 당하게 될 것을 말한다. 메시아 사역에 핍박 과 박해가 따른다는 것이다. 예수님이 세상을 악하다고 증명하기 때문이다(요7:7).

셋째, 메시아의 사역으로 악의 정체가 드러난다. 35절을 보자. "이는 여러 사람의 마음의 생각을 드러내려 함이니라." 메시아 사 역이 각 사람 마음의 생각을 드러나게 하신다. 여기서 '생각'은 '디아로기스모스'다. 나쁜 생각이나 마음을 뜻한다. 예수님이 그들 의 심혼골수를 찔러 쪼개 악의 정체가 폭로되고 그들이 심판을 받 게 된다는 것이다.

끝으로, 마리아도 아픔을 당하게 된다. 35절을 보자. "칼이 네 마음을 찌르듯 하리라." 이것은 마리아가 마음에 상처를 받고 괴로움을 당하게 될 것, 곧 그가 당할 고난을 예언한 것이다. 예수님이 십자가의 고난을 받고 죽임을 당하기 때문이다.

안나의 증거

누가복음 2장 36절에서 38절은 안나와 예수님의 만남에 대해 기록하고 있다. 안나는 여선지자로 시므온처럼 오랫동안 메시아를 기다려 왔던 인물이다. 그가 이제 예수님을 직접 보고 감사하며 예수님의 역할에 대해 증명한 것이다.

안나는 신약시대의 명칭으로 구약시대에는 '한나'라 불렀다. 이 명칭은 '자비'라는 뜻을 담고 있다. 안나는 아셀 지파 비누엘의 딸이다. 아셀 지파는 왕비나 대제사장의 아내를 배출시킨 지파이다. 아셀은 야곱의 첫째 아내 레아의 시녀 실바에서 낳은 둘째 아들이다. 그 자손은 갈릴리 서북지대에 기업을 얻었다. 이 지역은 유대인들이 선지자가 날 수 없다고 멸시하던 곳이었다(요7:52). 안나는 예루살렘에서 먼 지방에서 살았으나 경건생활을 위해 객지 예루살렘에 와서 살았다.

안나는 선지자로 하나님의 말씀을 직접 증명하는 역할을 했다. 그는 결혼해서 7년 동안 살다 남편을 잃었다. 과부 된 지 84년에 예수님을 보게 되었다. 그가 만약 20세 결혼을 했다 할 경우 7년의 결혼생활에 84년의 과부생활 모두 합쳐 당시 그의 나이는 111세가 되었을 것으로 추정된다.

37절은 그가 "성전을 떠나지 아니하고"라 기록하고 있다. 성전을 떠나지 않았다는 말은 그가 성전 안에서 살았다는 것이 아니고, 예루살렘에서 살면서 날마다 성전에 머물며 경건생활을 했다는 것을 의미한다. 남편을 잃은 슬픔을 신앙으로 극복한 여인이다. 하나님은 이런 안나에게 위로자이신 예수님을 만나게 하셨다. 예수님은 하나님을 경외하며 의롭게 살아가는 요셉에게, 사람들에게 천히 여김을 받았지만 순전한 마음으로 메시아의 오심을 기다리며 살았던 목자들에게, 하나님 나라를 기다리며 인내를 가지고 착하게 살아가는 시므온에게, 그리고 슬픈 안나에게 나타나셨다. 이것은 하나님이 의롭고 착한 사람에게, 신앙과 인내로 예수님을 바라는 이들에게, 슬픔과 학대 받는 약한 자 편에 계심을 보여 준다.

37절은 또 "주야에 금식하며 기도함으로 섬기더니"라 그의 삶을 기록했다. '주야에 금식하며'는 금식을 계속했다는 것이 아니라 자주 금식했음을 말한다. 당시 유대인은 한 주에 이틀 금식했다. 안나는 이보다 더 많이, 자주 한 듯하다. 금식은 기도하기 위한 것이다. '섬기더니'는 봉사만 섬김이 아니라 금식과 기도도 섬김임을 보여 준다. 이러한 경건생활로 마침내 그는 메시아를 만나게 되었다.

예수님을 만난 후 그는 무엇을 했을까? 38절은 한마디로 설명했다. "마침 이때에 나아와서 하나님께 감사하고 예루살렘의 구속함을 바라는 모든 사람에게 이 아이에 대하여 말하니라." 이때는 결례의 때를 말한다. 예루살렘의 구속됨, 곧 이스라엘 백성의 구속을 바라는 모든 사람에게 예수는 그리스도이심을 증명했다. "예수님이 우리의 구주입니다. 구원자 예수님이 오셨습니다."

제7장 아이가 자라며 강하여지고

"아이가 자라며 강하여 지고 지혜가 충족하며 하나님의 은혜가 그 위에 있더라."(눅2:40) 누가복음 2장 40절은 예수님의 공생애 시작 전 어린 시절에 관한 말씀이다. 이 짧은 말씀에서 우리 삶에 필요한 것 세 가지를 찾아볼 수 있다. 그것은 건강, 지혜, 은혜이다.

강하여지고

'강하여지고'는 우선 육체적 건강을 생각할 수 있다. 영어 성경에 became strong은 우선 육적으로 강해짐(robust)을 생각할 수 있다. 그러나 킹제임스(KJV)에서는 "영적으로 점차 강하여 지고"(waxed strong in spirit)라고 했다. waxed는 '차츰 ……이 되다'는 것을 나타낸다. 이런 정황을 볼 때 이 말씀은 육체적 건강뿐 아니라 영적으로도 건강한 가운데 성장했음을 보여 준다. 그리스도인의 삶에서 육체적 건강 못지않게 중요한 것이 영적으로 건강한 것이 아니겠는가. 우리도 이 두 가지 면에서 균형 있는 삶을 모색해야 할 것이다.

지혜가 충족하며

'지혜가 충족하며'에서 영어 성경은 크게 두 가지를 말한다. 하나는 '지혜로 채워지고'(filled with wisdom)이다. 그리고 다른 하나는 '지혜를 알아 가고'(known for wisdom)이다. 여기서 말하는 지혜는 무엇일까? 우선 세상을 살아가는 지혜를 말할 수 있다. 그러나 이보다 중요한 것, 곧 하나님을 아는 지혜가 아닐까. 하나님을 아는 것이 지혜의 근본이기 때문이다. 지혜의 근본이신 하나님을 알아 가기 위해서 열심히 성경을 읽고 배웠을 것이다. 하나님의 일을 이루실 분이기 때문에 더욱 이 지혜가 필요했을 것이다.

하나님의 은혜가 그 위에 있더라

'하나님의 은혜가 그 위에 있더라'는 말씀에는 여러 해석이 있다. 우선 하나님의 은혜는 우리가 일반적으로 아는 하나님의 은혜(grace of God)가 대부분이지만 이를 하나님의 축복(God's blessings), 하나님의 사랑(God's love), 하나님의 선호하심(favor of God) 등으로 다양하게 묘사하고 있다. '그 위에 있더라'도 '그 위에 머무르다'(rested), '쏟아지다'(poured out) 등으로 묘사하기도 한다. 하나님의 은혜, 하나님의 사랑, 하나님의 축복이 그와 함께하셨다는 것이다.

"아이가 자라며 강하여지고 지혜가 충족하며 하나님의 은혜가 그 위에 있더라." 이 짧은 말씀 속에도 우리가 자녀를 어떻게 키울 것인가를 잘 보여 주고 있다. 육체적 건강과 영적 건강, 하나님을 아는 지식, 그리고 하나님의 사랑과 은혜와 축복이 있다면 그 이상 무엇을 바랄 것인가.

제8장 세례 요한의 사역과 예수

역사적 사실

누가복음 3장 1절에서 22절은 세례 요한의 사역을 자세히 기록하고 있다. 복음서에서 세례 요한을 이같이 기록하고 있는 것은 그의 사역과 예수님이 밀접하게 연관되어 있기 때문이다. 세례 요한은 구약의 마지막 선지자로 불리는데 그에 대해서는 미가서에 예언되어 있다. 침례교회에서는 세례 요한이라기보다 '침례 요한'으로 부른다.

1절에서 3절은 세례 요한의 사역이 매우 역사적 사실임을 밝혀 주고 있다. 역사적 사실이라 함은 세례 요한과 예수님에 관련된 계시의 역사적 확실성을 뒷받침하는 것이자 하나님의 메시지는 삶의 구체적 상황에서 선포되고 전달된다는 것을 보여 준다.

때는 로마 황제 디베료 가이사 15년으로 26년경이다. 디베료는 티베리우스(Tiberius) 황제를 가리키는 것으로 그는 14년에서 37년 사이에 집권한 시저였다.

당시 유대는 빌라도, 헤롯 안디바, 빌립, 루사니아에 의해 분할 통치되었다. 빌라도는 26년에서 36년까지 유대 5대 총독으로 유대 지역을 총괄했다. 그는 유대 분봉 왕 아켈라오가 죽은 뒤 로마에서 파견한 총독이었다. 분봉 왕은 원래 한 지역의 4분의 1을 다스리는 자를 의미했지만 후에는 소규모의 땅을 다시는 자로 그 의미가 바뀌었다. 헤롯 안디바는 갈릴리 분봉 왕으로 빌립 1세의 아내 헤로디아를 빼앗은 자로, 그 부당함을 지적한 세례 요한의 목을 벤 자이다. 빌립은 성경에서 다른 빌립으로 소개되고 있으며 안디바의 동생으로, 이두래·드라고닛 지방의 분봉 왕이다. 루사니아는 아벨레네 분봉 왕으로, 갈릴리 동쪽 수리아 땅 일부 지역을 관할했다.

당시 대제사장으로서는 안나스와 가야바가 있다. 안나스는 7년에서 14년까지 직임을 맡았기 때문에 사실 전임 대제사장에 속한다. 총독으로부터 파면당했지만 유대인에게 있어서 대제사장은 종신직이므로 그렇게 불리었다. 예수님이 체포되었을 때 가야바보다 안나스에게 먼저 데려 간 것을 보아 전임이지만 실권이 있었던 것으로 보인다. 가야바는 18년에서 36년까지 대제사장을 지냈다. 요한 당시 사실상의 대제사장이었다.

세례 요한은 요단 강 부근의 여러 곳에서 전도했다. 요단 강을 택한 것은 강에 물이 마르지 않아 세례 주기 편리했기 때문이다. 요단 강 부근은 동편 지역과 서편 지역 모두를 말한다. 요한이 전도를 시작하자 각처에서 사람들이 모여들었다. 그는 영적으로 메마른 심령들에게 충격이었다. 그래서 그를 메시아로 생각한 사람도 있었다(15절).

이사야 선지자의 예언과 외치는 자의 소리

하나님의 말씀이 세례 요한에게 임했다(2절). 하나님이 요한으로 하여금 말씀을 증명하게 하신 것이다. 이는 하나님의 섭리와 역사가 작용했음을 말해 준다. 선지자는 하나님의 말씀을 그대로 전해야 할 의무가 있다.

그는 회개의 세례를 전파했다. 이것은 공공연하게 세례를 주었음을 말해 준다. 복음을 듣고 회개한 자에게는 누구나 세례를 준 것이다. 회개는 죄 사함을 얻기 위함이다. 회개하는 자에게 하나님께서 죄를 사해 주신다. 세례는 회개한 자에 대해 하나님께서 죄를 사해 주셨다는 표다. 죄 사함을 받았다는 표인 것이다. 세례는 하나님으로부터 온다. 대제사장과 장로가 예수님을 향해 "네가 무슨 권세로 이런 일을 하느냐?" 했을 때 예수님은 "요한의 세례가 어디서 왔느냐?"고 반문하여 그들의 말문을 막으신 사건이 있었다 (마21:23 - 27). 그것은 어디서 오는가? 하나님으로부터 온다.

세례 요한의 전도는 이사야 선지자의 예언, 곧 이사야 40장 3 - 5절의 성취인 것이다(4 - 6절). 그것은 바로 하나님의 구원의 선포이다. 누가는 세례 요한이 메시아의 길잡이로서 그의 오심을 알리고 이것을 출발점으로 하여 하나님의 구원이 온 세계에 알려질 것임을 이사야서를 인용하여 말하고 있다.

"광야에 외치는 자의 소리가 있어 가로되 '너희는 주의 길을 예비하라 그의 첩경을 평탄케 하라.'" 광야의 외치는 자의 소리는 하나님의 말씀을 그대로 외치는 자의 소리다. 주의 길을 예비하라는 것은 메시아가 오실 때 받아들일 준비를 하라는 것이며, 그의 첩경을 평탄케 하라는 것은 메시아를 받아들이기 위한 마음 자세를 갖추라는 말씀이다. 첩경은 험한 길이다. 우리의 죄, 곧 교만함과 완악함, 비뚤어진 심성과 사악한 습관들로 인해 험해진 길이다.

이제 메시아를 받아들일 수 없었던 요소들, 방해요소들이 제거되고 교정된다. "모든 골짜기가 메워지고 모든 산과 작은 산이 낮아지고 굽은 것이 곧아지고 험한 길이 평탄하여질 것이요." 그리고 선포된다. "모든 육체가 하나님의 구원하심을 보리라." 하나님이 메시아를 보내 구원하시는 역사를 보리라는 선언이다. 복음이 만백성에게 미치고, 하나님의 영광을 보게 된다.

세례 요한의 설교

회개의 촉구로부터 시작된 세례 요한의 설교는 회개에 따른 열매 맺기로 이어진다. "회개에 합당한 열매를 맺으라."(8절) 회개를 했으면 그에 따라 뚜렷한 열매를 맺으라는 것이다. 이것은 진정한 회개, 생활의 변화 없이 세례를 받기만 하면 심판을 모면할 수 있다고 생각하는 사람들에 대한 엄한 경고이자 무거운 책망이다.

요한은 그런 사람에 대해 '독사의 자식들'이라 단정한다. 이는 악하고 교활한 자이다. 율법의 외형적 이행만 힘쓰고 참된 회개가 없는 유대인들을 지목하는 것이자 많은 사람들이 세례를 받으니 비록 회개하지 않았지만 심판을 피하기 위해서라도 세례를 받아 두려는 사람들에 대한 경고다. 이런 사람들은 남을 물어 죽이는 독사와 같다. 독은 그대로 둔 채 겉모습만 바꾸려 하기 때문이다. 그는 말한다. "누가 너희더러 장차 올 진노를 피하라 하더냐." 하나님의 대심판은 아무도 피할 수 없다.

회개는 말만 가지고 되는 것이 아니다. 결과가 따라야 한다(8절). 마음속 깊은 곳에서의 뉘우침과 삶에서의 진정한 변호가 있어야 한다. 이런 변화 없이 "아브라함이 우리 조상이니까 괜찮겠지," "나는 세례를 받았으니 괜찮겠지." 생각해서는 안 된다. 유대인들은 육적 혈통을 강조하고 이방인을 무시하며 언약의 자손임을 과시했다. 후손들도 특혜받을 것으로 착각한 것이다. 요한은 이러한 착각을 공격하였다. 하나님은 영적인 변화를 원하신다. 외적인 것만으로는 심판을 면할 수 없다. 그는 유대인들의 그릇된 생각에 대해 매우 단호하다. "하나님은 이 돌들로도 아브라함의 자손이 되게 하시리라." 하나님은 거역하는 백성들을 물리치고 빈들의 돌들로도 하나님이 원하시는 새 백성을 일으킬 수 있다. 구원은 하나님의 주권에 속한 것이다. 이방인에게도 아브라함의 자손이 있다. 그들은 혈통이 아니라 믿음으로 구원을 얻은 자들이다.

열매 맺지 못하는 나무는 불에 던져진다(9절). 마지막 대심판 은 무서운 불 심판(벧후3:10, 12; 사66:16)이다. "이미 도끼가 나무뿌리에 놓였으니." 심판이 준비되어 있다. 그리스도 오심 자체가 심판임을 알아야 한다. 이런 급박한 상황에 진정으로 필요한 것은 회개요 그에 따른 변화의 열매를 풍성히 맺는 것이다.

무리들의 반응과 요한의 대답

요한의 엄한 경고에 대해 무리들은 "그리하면 우리가 무엇을 하리이까?" 묻는다. 그들은 '어찌할꼬' 하는 심령을 가졌고, 자신들이 구체적으로 무엇을 해야 하는가 하는 것이 궁금했다. 요한은 가진 자, 세리들, 그리고 군병들에게 구체적으로 대답한다.

먼저 가진 자를 향한 요구이다. "옷 두 벌 있는 자는 옷 없는 자에게 나누어 주라. 먹을 것이 있는 자도 그렇게 하라." 그는 있는 자와 없는 자를 구분하고, 가난한 사람과 함께 자신의 풍요를 같이할 것을 주문했다. 없는 것을 주라는 것도 아니고 자기도 사용 못 하고 주라는 것도 아니다. 사랑을 실천하라는 말이다. "이웃 사랑하기를 네 몸과 같이 하라"(레19:18)는 말씀을 실행하는 것이다. 율법은 법으로만 존재하는 것이 아니다. 진정한 율법은 실행에 옮기는 것을 중시한다.

세리들에게는 정한 세 외에는 늑징치 말라 했다. 당시 로마는 국가의 안정과 국가살림을 위해 세금을 거두었다. 요한은 세금 징수 자체까지 거부하는 말은 하지 않았다. 국가에서 정한 세금 이외의 것을 거두는 일에 대한 그의 관심을 표명한 것이다. 당시 세리들은 세금을 징수하는 사람들로 수하에 사람을 거느리고 임의로 세금을 과하게 징수하여 치부하는 죄를 범하기 일쑤였다. 그래서 유대인들은 로마에 충성하며 자신의 유익을 도모하는 그들을 멸시했다. 요한은 그들을 향해 억압과 부정으로 치부하지 말라 했다.

군병들을 향해서는 여러 말을 했다. 첫째, "사람에게 강포하지 말라." 강포는 공갈·협박·폭력 등으로 돈을 빼앗는 것을 말한다. 당시 헤롯 안디바의 군인들은 치안을 맡고 있었다. 둘째, "무소하지 말라." 무소는 속이는 것, 거짓 고소하는 것이다. 자기 권력을 믿고 억압하고 속이는 행위를 하지 말라는 것이다. 끝으로, "받는 요를 족한 줄로 알라." 받는 요란 급료이다. 국가에서 먹여 주고 입혀 주고 필수품을 공급해 준다. 그러니 뇌물과 강탈로 민폐를 끼쳐서는 안 된다는 것이다.

이러한 구체적 가르침 뒤에는 하나님을 향한 자신의 근본적인 변화가 전제되어 있다. 먼저 참된 회개를 하면 하나님께 복종하는 마음이 생기고, 그 마음에서 행위로 연결되어야 한다는 것이다. 그 행위는 회개에 따른 행위다.

나는 그리스도가 아니다

이런 요한을 보고 사람들은 메시아로 착각했다(15절). 요한의 능력 있는 메시지에 감동한 것이다. 이에 대해 요한은 모든 사람을 향해 자신에 대해 공개적으로 천명했다.

> "나는 물론 너희에게 세례를 주거니와 나보다 능력이 많으신 이가 오시나니 나는 그 들메끈을 풀기도 감당치 못하겠노라 그는 성령과 불로 너희에게 세례를 주실 것이요 손에 키를 들고 자기의 타작마당을 정하게 하사 알곡은 모아 곡간에 들이고 쭉정이는 꺼지지 않는 불에 태우시리라."

15절에서 17절의 이 말은 한마디로 '나는 그리스도가 아니다'라는 것이다. 여기에서 우리는 세례 요한의 겸손함, 자기 역할의 분명함, 그리스도를 앞세우는 모습을 볼 수 있다. '나보다 능력이 많으신 이'는 예수님을 지칭한다. 들메끈은 신발 끈으로 그 끈을 푸는 것은 주로 종들이 하는 일이다. 그 끈 풀기도 감당치 못하겠다는 것은 자신을 그 종보다 못한 자로 본다는 것이다.

요한은 자신은 물세례를 주지만 그분은 성령과 불로 세례를 주신다고 했다. 물세례는 회개하고 새사람이 된 표로 주는 것이다. 그러나 불세례는 마음의 변화, 곧 뜨겁게 회개를 일으키는 작용과 연관된다. 성령과 불은 성령 세례의 역사를 나타내는 것으로, 성령은 우리를 정결하게 하신다. 변화를 주시는 것이다. 주님은 직접 죄를 사하시고 회개케 하시는 분이시다. '성령과 불로'는 성령 세례와 불세례가 같은 것으로, 거듭 강조된 것이다.

알곡은 회개한 자를 가리키며 쭉정이는 회개가 없는 자를 가리킨다. 쭉정이는 겉으로 회개한 자처럼 보이지만 실제로는 그렇지 않은 자다. 심판 날 심판자 예수 그리스도는 회개하고 열매를 맺은 자(알곡)는 하나님의 나라에 들이고, 회개하지 않은 쭉정이는 지옥으로 보내신다.

요한으로부터 세례를 받으신 예수님

누가복음 3장 21절과 22절은 예수님이 요한으로부터 세례를 받으신 사건을 기록하고 있다. 이 사건은 요한이 투옥되기 이전이다. 이 시점을 예수님의 공생애 시작으로 보기도 한다.

예수님은 백성들이 다 세례를 받으실 때 세례를 받으셨다(21절). 그들과 함께 받으신 것은 자신의 특권을 바라지 않으셨음을 보여 준다. 또한 주님은 죄가 없으면서도 받으셨다. 이것은 무엇을 뜻할까?

첫째, 이것은 죄인들을 대신하여 모든 죄를 속량하시기 위한 뜻에서 대신 받으신 것이다. 인류의 구원을 위해 고난과 죄의 짐을 짊어지는 것이다. 인간구원을 위한 하나님의 뜻에 복종한다는 의미다. 하나님의 뜻을 실천하기 전 먼저 세례를 받으심으로 하나님께 복종하기로 하신 것이다. 하나님을 향한 자발적 헌신이다.

둘째, 하나님의 모든 제도에 순종하시기 위해 받으신 것이다. 하나님이신 예수님이 "나에겐 세례는 필요 없다" 하지 않으시고 받으셨기 때문이다. 사양하는 요한을 향해 주님은 말씀하셨다. "모든 의를 이루는 것이 합당하니라."(마3:15).

세례를 받으신 후 예수님은 기도하셨다. 하나님과 교통하시는 모습을 생각해 보라. 그분은 늘 하나님의 뜻을 순종하고 따르는 자세를 취하셨다.

그때 성령님이 비둘기같이 그 위에 임하였다. 하늘이 열리며 임하셨다. 이새의 뿌리에 "신이 그 위에 강림하시리니"라(사11:2; 사61:1, 2) 하신 구약의 약속이 이루어진 것이다. 비둘기는 성령님을 상징한다. 성령을 상징하는 말로는 이 외에 '생수, 기름, 바람' 등이 있다. 그리고 하늘에서 소리가 났다. "너는 내 사랑하는 아들이라 내가 너를 기뻐하노라." 이 말씀은 다윗이 예언한 것으로(시2:7) 변화 산에서도 같은 말씀이 있었다(눅9:35; 벧후1:16 - 17). 예수님을 증명한 것이다. 이사야서에서도 "내 마음에 기뻐하는 나의 택한 사람"으로 표현되어 있다(사42:1). 예수님께 성령이 임한 것은 구원사역을 위해 예수님을 권능으로 입히시는 것이요 성령의 기름부음을 뜻한다.

옥에 갇힌 요한과 그의 순교

요한은 이 밖에 여러 가지로 백성을 권하고 좋은 소식을 전했다. 좋은 소식이란 회개와 구원의 복음을 말한다. 나아가 그는 분봉왕 헤롯 안디바의 죄책을 공격했다. 공개적으로 왕을 비난한 것이다. 그 일로 그는 투옥되었다.

문제는 왕의 이복동생 빌립 1세의 전처 헤로디아 문제였다. 헤롯 안디바는 아라비아의 왕 아레타스의 딸과 결혼했지만 결별하고 헤로디아를 아내로 삼았다. 헤로디아는 헤롯대제의 손녀로 빌립 1세와 결혼하여 살로메를 낳았다. 이제 시숙 되는 안디바와 재혼한 것이다. 이것은 유대 율법에 금지된 일이다(레20:21). 요한도 그의 행한 모든 악한 일을 거론하며 공격했다. 왕은 그를 투옥했다. 성경은 "이 위에 한 가지 악을 더하여"라고 표현하였다 요한의 투옥 자체도 헤롯의 악행에 해당한다는 뜻이다.

왕은 연회를 베풀었다. 헤로디아의 딸 살로메가 그 연회에서 춤을 추었다. 연회 석상에서 춤은 일반적으로 무희들이 등장하지만 이날은 공주가 예외적으로 남자 손님들 앞에서 춤을 춘 것이다. 왕은 그 춤에 대한 대가를 지불하고자 했고, 살로메는 어머니의 청을 받아들여 요한의 목을 원했다. 요한은 그로 인해 죽임을 당했다. 순교를 당한 것이다. 자신의 일을 완수한 것이다.

제2부

예수 그리스도

제1장 성자 예수와 자기 비움

성자 예수

성자 예수는 삼위일체의 제2인격(the second person)을 말한다. 성자(the son), 하나님의 아들(son of God)로 표기된다. 소시니안(Socinians)과 유니테리언(Unitarians)은 삼위를 부인하고 예수를 단순한 인간으로, '하나님의 아들'은 명예호칭으로 간주한다. 하지만 성경은 우리의 중보자(mediator)로서 그 지위와 사역을 증명하고 있다.

전지, 전능, 편재, 영원하신 하나님은 성부, 성자, 성령 삼위(세 인격)로 사람에게 나타내 보이셨다. 삼위는 다른 위와 함께하는 하나이나 그 인격과 직위는 별개의 것이다.

- 성부는 "나는 있느니라."라는 말씀처럼 영원히 자존하시는 존재요 모든 만물의 감추어진 기초시며 생명의 원천이시다.
- 성자는 이 땅에 오신 하나님, 곧 하나님의 외적 형태로 하나님의 구원 목적을 이루기 위해 육체를 입으시고 십자가에서 보혈의 피를 흘리신 예수님이시다. 예수님이 육체를 입으셨을 때 그는 육체의 제한을 받으셨다. 2인격 예수는 스스로 하나님이심을 입증하고 그의 신성을 확고히 하셨다.

- 성령은 신적인 능력을 집행하는 하나님의 영으로 전지하시고 전능하시며 우리를 성부 하나님과 성자 예수로 인도하신다 (살후3:5).

삼위일체(trinity)라는 말은 '삼위는 하나'라는 뜻으로 터툴리안이 처음 사용했다. A.D. 325년 니케아회의에서 성자를 하나님과 본질이 같음(the Son to be co-essential with the Father)을 선언함으로써 확고히 자리를 잡았다. A.D. 381년 콘스탄티노플 회의에서는 성령의 신성이 공인되었다.

여러 학자들은 삼위일체를 다음과 같이 이해하였다.

- 헤겔: 성부(하나님 그 자신), 성자(스스로 객관화된 하나님), 성령(스스로에게 돌아가시는 하나님)
- 쉴라이어마커: 성부(모든 만물의 바탕을 이루시는 통일체), 성자(의식이 있는 인격을 가지고 인간으로 오신 하나님), 성령(교회 안에 살아 계시는 하나님)
- 칼 바르트: 성부(revealer, 스스로 자신을 계시하시는 계시자), 성자(the revealation, 계시), 성령(revealedness, 계시의 내용)

하나님의 본체시나 자기를 비어

바울은 빌립보서 2장을 통해 예수님은 하나님의 본체이며 자기를 비어 이 땅에 오셨다고 말한다. "그는 근본 하나님의 본체시나 하나님과 동등 됨을 취할 것으로 여기지 아니하시고 오히려 자기를 비어 종의 형체를 가져 사람들과 같이 되었고."(빌2:6, 7).

"그는 근본 하나님의 본체시나 하나님과 동등 됨을 취할 것으로 여기지 아니하시고." 여기서 주목해야 할 단어는 본체다. 본체의 원어는 몰페다. 스케마가 아니라는 말이다. 몰페는 본질적 형체로서 변함이 없다. 그 성격은 하나님과 다름이 없다. 즉 하나님이라는 말이다. 불변적 하나님이 곧 불변적 예수라는 것이다. 이에 반해 스케마는 세월이 감에 따라 변하는 것이다. 주님이 가지신 하나님의 속성은 변함이 없다.

'자기를 비어'는 하나님이신 예수님이 자기를 낮추셨음을 말한다. 겸손은 자기를 주장하는 것이 아니라 오히려 자기를 버리는 것이다. 하나님이 인간이 되심으로 신성의 여러 속성들로부터 제한을 받으셨다는 것을 의미한다. 그의 자기 비움은 종의 형체를 취하심으로 묘사되고 있다. 인간이 벌레가 되었다고 가정해 보라. 얼마나 낮추신 것인가.

학자들은 '자기를 비어'(heauton ekenosen)에서 케노시스(kenosis) 이론을 발전시켰다. 그리스도의 케노시스는 하나님이 사람들과 같이 태어나기 위해 치워 두신 그의 영광의 필요한 제한을 내포하고 있다. 그는 하나님의 본체시며 하나님과 동등이신 예수님이시다. 그럼에도 불구하고 겸손하셔서 선재적인 하나님의 형체(본체)를 대신하여 사람의 모양을 취하신 것이다. 즉 주님은 본래 하나님의 본체로 존재해 계셨지만 성육신과 자기를 비어 종의 형체를 취하셨다. 그 결과 그는 사람이 되시고 또 사람의 모양을 입으셨다. 따라서 그는 하나님과 동등하게 사시는 대신에 하나님의 종의 형체를 가져 사람 중의 하나가 되었다. 이렇게 하여 사람들과 같이 되셨고 그 자신의 영광을 구하지 않으시고(요7:18) 자기를 낮추었으며 십자가라도 개의치 않으시고 순종하심으로 그의 생애를 종으로 완수하셨다.

　이와 같이 성육신은 스스로를 비우심으로 말미암아 되셨다. 그가 영원 전부터 누리셨던 본래의 영광은 사람이 되실 때 감추어졌다. 더욱이 그가 하나님과 동등 됨을 '취할 것'(arpagmon)으로 여기지 아니하고 자신을 겸손히 낮추시고 죽기까지 복종하심으로써 오히려 하나님과의 동등 됨을 얻으며 본디부터 자신이 하나님이신 것을 나타낸 결과를 가져왔다. 히브리서 5장 8, 9절은 이 견해를 지지해 주고 있다. 그리스도는 하나님이 정하신 십자가의 길을 통해서만이 도달하셨음이 틀림없다. 하나님 아들에게 모든 이름 위에 뛰어난 이름을 주시고 아들을 높이고자 한 것은 그리스도께서 자기를 낮추시고 사람이 되시며 하나님의 속죄의 뜻을 완전히 성취하심으로써 얻으신 상급이다.

　에레미아스(J. Jeremias)는 '자기를 비어'를 이사야 53장 12절에서 찾았다. 그는 "그가 자기 영혼을 버려 사망에 이르게 하며"를 가리켜 이 표현은 성육신의 케노시스가 아니라 생명의 양도(내어 줌)를 의미한다고 보았다.[2] 이와 같은 해석은 모든 관심을 그리스도께서 우리의 구속을 위해 하나님의 뜻에 복종하심으로써 갚으신 그 값인 십자가에 집중시키게 했다.

　케노시스에 관한 주제는 튜빙켄 학파와 기센 학파 사이에 주요 논쟁이 되어 왔다. 기센학파는 만약 그리스도께서 비하 기간 동안 전지전능과 같은 그의 속성들을 스스로 벗어 놓지 않았다면 그 속성의 사용을 그가 방기했다고 주장한 반면 튜빙겐 학파는 그 사용을 감추어 놓았다고 주장했다.

　바울은 그리스도의 성육신적인 삶이 자기희생적 사랑(빌2:3 - 5),

---

2) J. Jeremias, The Servant of God(London, 1957), 97쪽.

순종(빌2:8, 12, 13), 그리고 그의 영광(빌2:9 - 11) 됨을 가르쳐 준다고 했다. 그의 자기 비움과 순종으로 인해 모든 입으로 예수 그리스도를 주라 시인하여 하나님 아버지께 영광을 돌리게 하신 것이다.

제2장 생명의 주 예수 그리스도

"우리는 오직 예수 그리스도를 통해서만 삶과 죽음의 의미를 안다. 예수 그리스도를 떠나서는 우리의 생명이 무엇이며 죽음이 무엇인가를 알 수 없고, 신도 모르고 우리 자신도 모른다." 파스칼의 말이다.

"우리에게는 한 하나님 곧 아버지가 계시니 만물이 그에게서 났고 우리도 그를 위하며 또한 한 주 예수 그리스도께서 계시니 만물이 그로 말미암고 우리도 그로 말미암았느니라."(고전8:6) 하나님은 창조주시다. "만물이 그에게서 났고." 이것은 만물의 절대원인(absolute cause)이 하나님이심을 말해 준다. 또한 만물은 예수 그리스도로 말미암는다. 예수님을 통하여(through) 창조되었다. 인간도 마찬가지다. 예수님은 중재원인(mediating cause)이 되신다. 예수님도 하나님과 함께 생명의 창조사역에 간여하셨다는 것이다. 예수님의 중재사역은 다음에서도 나타난다.

- "태초에 말씀이 계시니라 이 말씀이 하나님과 함께 계셨으니 이 말씀은 곧 하나님이시니라 [- -] 만물이 그로 말미암아 지은 바 되었으니 지은 것이 하나도 그가 없이는 된 것이 없

느니라."(요1:3)

- "그가 세상에 계셨으며 세상은 그로 말미암아 지은 바 되었으되 세상이 그를 알지 못하였고"(요1:10)
- "하나님이 [- -] 이 아들을 만유의 후사로 세우시고 또 저로 말미암아 모든 세계를 지으셨느니라."(히1:2)
- "아들에 관해서는 [- -] 태초에 주께서 땅의 기초를 두셨으며 하늘도 주의 손으로 지으신 바라."(히1:8, 10)

요한복음 1장을 비롯하여 여러 성경 말씀은 예수님은 창조주 하나님이시요 우리 모두는 그로 말미암았음을 가르쳐 주고 있다. 창조는 하나님의 거룩한 사역(divine works)이요 또한 예수님의 사역이다.

"그리스도는 하나님의 능력이요 하나님의 지혜"(고전1; 24)이다. "이는 하나님의 영광의 광채시요 그 본체의 형상이시라 그의 능력의 말씀으로 만물을 붙드시며 죄를 정결케 하는 일을 하시고 높은 곳에 계신 위엄의 우편에 앉으셨느니라."(히1; 3) 예수님은 하나님의 본체요 능력으로, 만물을 창조했을 뿐 아니라 지금도 만물을 붙드시고 계신다. 그분은 우리 생명을 지으신 분이자 우리의 생명이 생명답게 살 수 있도록 붙드는 분이시다.

그분은 멸망할 수밖에 없는 우리를 구원하시기 위해 이 땅에 오셨다. 우리를 사망에서 생명으로 옮기신 분이 바로 예수님이시다. 우리 몸은 죄로 인해 죽는다. 그러나 우리의 영혼은 주님과 함께 영원히 산다. 삶과 죽음의 문제를 명쾌하게 보여 주고, 우리를 생명의 길로 인도하시는 분이 바로 주님이시다.

"하나님이 이 세상을 이처럼 사랑하사 독생자를 주셨으니 이는 저를 믿는 자마다 멸망치 않고 영생을 얻게 하려 하심이라."(요 3:16) 누구든지 저를 믿으면 생명을 얻을 수 있다. 우리는 주 예수 그리스도 안에서 하나 된다. 피라미드의 기초는 사각형으로 네모가 동서남북이 된다. 하지만 꼭대기에 도달하면 모두 한 점에 모이게 된다. 마찬가지로 주 안에서는 동서남북도 하나 된다. 우리 모두를 생명의 길로 모이게 한 그 놀라우신 능력, 예수님이 아니면 할 수 없는 능력이다. 생명의 주 예수 그리스도, 오늘도 우리의 영을 새롭게 하신다.

제3장 예수 그리스도의 신성

성경은 여러 곳에서 예수님이 하나님이심을 밝히 드러내고 있다. 그리스도의 신성을 명백히 드러내는 성구는 다음과 같다.

- "이는 한 아기가 우리에게 났고 한 아들을 우리에게 주신 바 되었는데 그 어깨에는 정사를 메었고 그 이름은 기묘자, 모사, 전능하신 하나님, 영존하시는 아버지, 평강의 왕이라 할 것임이라."(사9:6)

- "나 여호와가 말하노라 보라 때가 이르리니 내가 다윗에게 한 의로운 가지를 일으킬 것이라 그가 왕이 되어 지혜롭게 행사하며 세상에서 공평과 정의를 행할 것이며 그의 날에 유다는 구원을 얻겠고 이스라엘은 평안히 거할 것이며 그 이름은 여호와 우리의 의라 일컬음을 받으리라."(렘23:5, 6)

- "태초에 말씀이 계시니라 이 말씀이 하나님과 함께 계셨으니

이 말씀은 하나님이시니라. [- -] 말씀이 육신이 되어 우리 가운데 거하시매 우리가 그 영광을 보니 아버지의 독생자의 영광이요 은혜와 진리가 충만하더라."(요1:1, 14)

- "육신으로 하면 그리스도가 저희에게서 나셨으니 저는 만물 위에 계셔 세세에 찬양받으실 하나님이시라."(롬9:5)

- "그는 하나님의 본체시나 하나님과 동등 됨을 취할 것으로 여기지 아니하시고 오히려 자기를 비어 종의 형체를 가져 사람들과 같이 되었고 사람의 모양으로 나타나셨으매 자기를 낮추시고 죽기까지 복종하셨으니 곧 십자가에 죽으심이라." (빌2:6 - 8)

- "그 안에는 신성의 모든 충만이 육체로 거하시고."(골2:9)

- "복스러운 소망과 우리의 크신 하나님 예수 그리스도의 영광 이 나타나심을 기다리게 하셨으니."(딛2:13)

- "또 아는 것은 하나님의 아들이 이르러 우리에게 지각을 주 사 우리로 참된 자를 알게 하신 것과 또한 우리가 참된 자 곧 그의 아들 예수 그리스도 안에 있는 것이니 그는 참 하나 님이시요 영생이시라."(요일5:20)

예수님은 "나와 아버지는 하나이니라."(요10:30) 하셨고, 의심받 던 도마도 주님을 향해 "나의 주시며 나의 하나님이시니이다."(요 20:28)고 고백하였다.

그리스도의 신성은 무엇보다 신적 속성(divine attributes)에 대한 여러 말씀에서 더 드러난다. 다음은 예수님의 신적 속성을 나타내 는 말씀들이다. 앞서 언급한 창조주 하나님으로서의 예수님도 신성 을 드러내는 중요한 부분이다.

영존하심

- "그 이름은 영존하시는 아버지."(사9:6)
- "내가 세상 끝 날까지 너희와 항상 함께 있으리라."(마28:20)
- "태초에 말씀이 계시니라 [- -] 그가 태초에 하나님과 함께 계셨고"(요1:1, 2)
- "주님이 가라사대 나는 알파와 오메가라 이제도 있었고 전에도 있었고 장차 올 자요 전능한 자라."(계1:8)
- "나는 알파와 오메가요 처음과 나중이요 시작과 끝이라."(계22; 13)

편재하심

- "두세 사람이 내 이름으로 모인 곳에는 나도 그들 중에 있느니라."(마18:20)
- "내가 세상 끝 날까지 너희와 항상 함께 있으리라."(마28:20)
- "하늘에서 내려온 자 곧 인자 외에는 하늘에 올라간 자가 없느니라."(요3:13)

전지하심

- "예수는 친히 모든 것을 아심이요 또 친히 사람의 속에 있는 것을 아시므로 사람에 대하여 아무의 증거도 받으실 필요가

없음이라."(요2:24, 25)

- "주여 모든 것을 아시오매 내가 주를 사랑하는 줄을 주께서 아시나이다."(요21:17)
- "모든 교회가 나는 사람의 뜻과 마음을 살피는 자인 줄 알지라 내가 너희 각 사람의 행위대로 갚아 주리라."(계2; 23)

전능하심

- "그 이름은 전능하신 하나님이라."(사9:6)
- "그는 만물을 자기에게 복종케 하실 수 있는 자의 역사로" (빌3:21)
- "나는 [- -] 전능한 자라."(계1:8)

불변하심

- "오직 주는 영존할 것이요 [- -] 주는 여전하여 년대가 다함이 없으리라."(히1:10 - 12)
- "예수 그리스도는 어제나 오늘이나 영원토록 동일하시니라." (히13:8)

섭리하심(만물을 다스리심)

- "아버지께서 아들을 사랑하사 만물을 다 그 손에 주셨으니."

(요3:35)

- "아버지께서 아들에게 주신 모든 자에게 영생을 주게 하시려고 만민을 다스리는 권세를 아들에게 주셨음이로소이다."(요 17:2)

- "그가 만물보다 먼저 계시고 만물이 그 안에 함께 섰느니라."(골1:17)

- "내 아버지께서 모든 것을 내게 주셨으니 아버지 외에는 아들이 누구인지 아는 자가 없고 아들과 또 아들의 소원대로 계시를 받은 자 외에는 아버지가 누구인지 아는 자가 없나이다."(눅10:22)

- "또 만물을 그 발아래 복종하게 하시고 그를 만물 위에 교회의 머리로 주셨느니라."(엡1:22)

- "이는 하나님의 영광의 광채시오 그 본체의 형상이시라 그의 능력의 말씀으로 만물을 붙드시며 죄를 정결케 하는 일을 하시고 높은 곳에 계신 위엄의 우편에 앉으셨느니라."(히1:3)

제4장 기록된 모든 것이 이루어져야 하리라

예수님의 오심뿐 아니라 이 땅에서의 모든 행적은 이미 구약에 기록된 말씀의 성취이다. 예를 들어 부활 후 주님은 제자들에게 나타나 손과 발을 보이시며 말씀하셨다. "내가 너희와 함께 있을 때에 너희에게 말한바 곧 모세의 율법과 선지자의 글과 시편에 나를 가리켜 기록된 모든 것이 이루어져야 하리라 한 말이 이것이

라."(눅24:44) 이것은 구약에 기록된 메시아의 죽음, 그리고 부활에
관한 예언의 성취를 예수님 자신이 증명하신 것이다. 구약은 크게
율법서와 선지서 그리고 시가서로 이루어져 있다. 구약의 여러 곳
에서 그리스도의 삶에 대해 예언했고, 신약에 와서 이 사건이 말
씀 그대로 이루어졌다는 말씀이다. 다음은 기록된 것이 이루어진
것을 나타낸 구절들이다.

- "아들을 낳으리니 이름을 예수라 하라 이는 그가 자기 백성
  을 저희 죄에서 구원할 자이심이라 하니라 이 모든 일의 된
  것은 주께서 선지자로 하신 말씀을 이루려 하심이니 가라사
  대 보라 처녀가 잉태하여 아들을 낳을 것이요 그 이름은 임
  마누엘이라 하리라 하셨으니 이를 번역한즉 하나님이 우리와
  함께 계시다 함이라."(마1:21 – 23)

- "믿은 여자에게 복이 있도다 주께서 그에게 하신 말씀이 반
  드시 이루어지리라."(눅1:45)

- "헤롯이 속은 줄을 알고 베들레헴과 그 모든 지경 안에 있는
  사내아이를 박사들에게 자세히 알아본 그때를 표준 하여 두
  살부터 그 아래로 다 죽이니 이에 선지자 예레미야로 말씀하
  신바 라마에서 슬퍼하며 크게 통곡하는 소리가 들리니 라헬
  이 그 자식을 위하여 애곡하는 것이라 그가 자식이 없으므로
  위로받기를 거절하였도다 함이 이루어졌느니라."(마2:16 – 18)

- "헤롯이 죽기까지 거기 있었으니 이는 주께서 선지자로 말씀
  하신바 애굽에서 내 아들을 불렀다 함을 이루려 하심이니
  라."(마2:15)

- "나사렛이란 동네에 와서 사니 이는 선지자로 하신 말씀에
  나사렛 사람이라 칭하리라 하심을 이루려 하심이러라."(마

2:23)

- "회당에 들어가사 책을 펴서 이렇게 기록한 데를 찾으시니 곧 주의 성령이 내게 임하셨으니 이는 가난한 자에게 복음을 전하게 하시려고 내게 기름을 부으시고 나를 보내사 [--] 주의 은혜의 해를 전파하게 하려 하심이라 하였더라. 책을 덮어 그 맡은 자에게 주시고 앉으시니 [--] 예수께서 말씀하시되 이 글이 오늘날 너희 귀에 응하였느니라 하시니."(눅4:16 - 21)

- "예수께서 요한의 잡힘을 들으시고 나사렛을 떠나 스불론과 납달리 지경 해변에 있는 가버나움에 가서 사시니 이는 선지자 이사야로 하신 말씀을 이루려 하심이라 일렀으되 스불론 땅과 납달리 땅과 갈릴리여 흑암에 앉은 백성이 큰 빛을 보았고 사망의 땅과 그늘에 앉은 자들에게 빛이 비취었도다." (마4:12 - 16)

- "사람이 많이 좇는지라 예수께서 저희 병을 다 고치시고 자기를 나타내지 말라 경계하셨으니 이는 선지자 이사야로 말씀하신바 보라 나의 택한 종 곧 내 마음에 기뻐하는바 나의 사랑하는 자로다 그가 다투지도 아니하며 [--] 꺼져 가는 심지를 끄지 아니하기를 심판하여 이길 때까지 하리니 또한 이방들이 그의 이름을 바라리라 함을 이루려 하심이니라."(마 12:15 - 21)

- "너희 맞은 편 마을로 가라 곧 매인 나귀와 나귀 새끼가 함께 있는 것을 보리니 [--] 누가 무슨 말을 하거든 주가 쓰시겠다 하라 그리하면 즉시 보내리라 하시니 이는 선지자를 통하여 하신 말씀을 이루려 하심이라 일렀으되 [--] 그는

겸손하여 나귀, 곧 멍에 매는 짐승의 새끼를 탔도다 하라 하였느니라."(마21:2 - 5)

- "내가 너희에게 말하노니 기록된바 그는 불법자의 동류로 여김을 받았다 한 말이 내게 이루어져야 하리니 내게 관한 일이 이루어져 감이니라."(눅22:37)

- "예수께서 대답하시되 너희에게 내로라하였으니 나를 찾거든 이 사람들의 가는 것을 용납하라 하시니 이는 아버지께서 내게 주신 자 중에서 하나도 잃지 아니하였삽나이다 하신 말씀을 응하게 하려 함이라."(요18:8, 9)

- "너희가 강도를 잡는 것같이 검과 몽치를 가치고 나를 잡으려 왔느냐 내가 날마다 너희와 함께 성전에 있어서 가르쳤으되 너희가 나를 잡지 아니하였도다. 그러나 이는 성경을 이루려 함이니라 하시더라."(막14:48, 49)

예수님의 이 땅에 오심도 구약에서 예언된 말씀의 성취이다. 예수님의 이 땅에서의 행적 모두 그 말씀이 하나도 떨어지지 않고 이루어졌음을 보여 준다. 주님은 앞으로 세상이 어떻게 될 것을 말씀하셨다. 특히 거짓 선지자들이 많이 나타나게 될 것과 그의 다시 오심에 대해 말씀하셨다. 예수를 대적하는 많은 거짓 선지자들이 많이 나타나는 것을 볼 때 주님의 말씀이 이미 성취됨을 알 수 있다. 그의 재림과 그 나라의 완성도 이루어질 것을 믿는다. '기록된 모든 것이 이루어져야 하리라.' 그날에 우리는 이 성취를 확인하게 될 것이다.

제3부

제자로 부르심과 제자의 조건

제1장 고기를 낚는 어부에서 사람을 낚는 어부로

문제투성이 베드로

베드로는 예수님의 수제자로 능력도 많이 행하고, 주님의 신성을 고백하여 칭찬을 받았다. 그러나 때론 심약하고 믿음마저 약하여 주님으로부터 책망도 받았다. 그는 인간적으로 약점이 많은 사도였다.

- 그는 주님의 힘을 의지하여 물 위를 걷다가 물에 빠졌다. 그때 주님은 "믿음이 적은 자여, 왜 의심하느냐?"고 하셨다.
- 예수님께서 고난을 받고 제3일에 살아나야 할 것을 말씀하시자 완강하게 "그리 마옵소서." 고집하다 "사단아, 물러가라 너는 나를 넘어지게 하는 자로다 네가 하나님의 일을 생각지 아니하고 도리어 사람의 일을 생각하는도다."는 핀잔을 받았다.
- 예수를 세 번 부인한 후 예수님의 말씀이 생각나 밖에 나가 통곡했다.
- 다시 갈릴리 어부로 돌아가 일하다 주님을 뵙자 스스로 무안하여 바다 속에 뛰어들었다.
- 베드로의 일관성 없는 태도 때문에 바울로부터 책망도 받았다(갈2:14).

이런 그가 어떻게 주님의 제자가 되었을까? 이 글에서는 그의 약함을 점검해 보고, 우리도 베드로처럼 약한 존재이나 주님이 택하셔서 제자로 삼아 주셨구나 하는 것을 깨달을 필요가 있다.

주저하는 베드로

누가복음 5장 1절에서 11절은 베드로가 어떻게 예수님의 제자가 되었는가를 소상하게 기록하고 있다. 그가 주님의 제자가 된 획기적인 사건은 갈릴리에서의 어획사건이었다. 이 사건은 그동안 예수 따르기를 주저하던 베드로로 하여금 예수를 흔쾌히 좇게 만들었다. 이 사건은 예수님이 요한으로부터 세례를 받은 후, 그리고 광야에서 시험을 받고 난 후의 사건이다.

그는 어부로서 갈릴리에서 물고기를 잡았다. 갈릴리는 신약시대의 이름으로, 구약시대에는 긴네렛 못이라 불렀다. 긴네렛이란 '비파'라는 뜻으로 호수가 남북 13마일에, 동서 8마일로 비파 모양이기 때문이다. 포로생활에서 귀환한 후 기네사렛 호수로 부르기도 했다. 신약에 와서 갈릴리를 디베랴 바다라 부르기도 했는데 이것은 로마식 명칭이다.

이 어획사건은 어부였던 베드로, 안드레, 야고보, 요한 등 4사람을 어떻게 제자로 부르셨는가를 잘 보여 주고 있다.

- 누가복음 5장은 시몬(베드로)의 동업자인 야고보와 요한도 놀랐고, 저희도 모든 것을 버려 두고 예수를 좇았다고 기록하고 있다.
- 마태복음 4장은 베드로와 그 형제 안드레, 야고보와 그 형제

요한을 언급한다. 야고보와 요한이 그의 아버지 세베대와 함께 배에서 그물을 깁고 있었다. 그러다 배와 부친을 버려 두고 예수를 좇았다.

- 마가복음 1장은 이적에 관한 설명 없이 시몬과 그 형제 안드레가 "사람을 낚는 어부가 되게 하리라" 하시는 말씀을 듣고 곧 그물을 버려 두고 좇았다고 기록하였다.

기록은 서로 조금씩 다르지만 상황은 이렇다. 많은 사람들이 예수님의 말씀을 듣고자 갈릴리 호숫가에 모였다. 마침 두 배가 있었는데 그중 시몬의 배에 오르시고, 그 배에 서서 육지의 사람들에게 가르치셨다. 배에 오른 것은 예수님이 갈릴리 전도 때 흔히 볼 수 있는 일로서 사람들이 많았기 때문이다. 예수님은 배에 올라 복음을 전파하셨다. "때가 찼고 하나님 나라가 가까웠으니 회개하고 복음을 믿으라."(막1:15) 회개하라, 변화하라, 이 세상의 삶을 살지 말고 하나님 나라의 삶을 살라는 말씀이다.

이 말씀을 마치시고 시몬을 향해 "깊은 데로 가서 그물을 던지라" 하셨고, 그 명령에 순종했을 때 이적이 나타났다. 같은 어부였던 야고보와 요한도 놀랐다. 예수님은 베드로와 안드레를 부르셨다. "나를 따라오라. 이제 사람을 낚는 어부가 되게 하리라." 그리고 야고보와 요한도 부르셨다. '나를 따라오라.'는 주님의 명령은 베드로에 대한 예수님의 심각한 명령이요 예수님만이 하실 수 있는 명령이다. 이것은 또한 베드로가 세상으로 눈을 돌릴 때마다 예수님이 하신 명령이다.

이것만 보면 베드로가 어떤 주저함이 없이 예수님을 따른 것으로 오해할 수 있다. 이 사건 이전만 해도 베드로는 제자가 될 생각이 없었다. 당시 예수님은 제자들을 불러 모으는 중이었다. 후에 주님은 모두 12제자를 두었는데 11사람은 갈릴리 사람으로 세리인 마태만 제외하고 모두 어부들이었다. 그리고 나머지 한 사람은 유다 그리옷(가룻) 성읍 사람 유다였다. 유다는 제자들 가운데 가장 교육을 많이 받아 회계를 맡았다. 이 12제자들의 면면을 세상적인 눈으로 보면 연약한 자들이다. 그러나 주님은 그 연약한 자를 불러 강하게 하시고 하나님의 일을 맡기셨다. 하나님은 세상의 눈으로 사람을 판단하지 않으시는 것을 알 수 있다.

베드로는 그의 형제 안드레를 통해 예수님을 처음 뵈었다(요1:35-42). 당시 안드레는 세례 요한의 제자였다. 세례 요한이 예수님을 보고 "세상 죄를 지고 가는 하나님의 어린양을 보라."는 말을 듣고 요한의 두 제자가 호기심에 예수를 따라다니기 시작했다. 안드레는 그중의 하나다. 그날 예수님이 어디 계시는지 궁금하던 차 예수님과 함께 거하는 행운을 얻었다. 그 다음 베드로를 찾아가 "우리가 메시아를 만났다." 하며 베드로를 데리고 예수님을 찾아갔다. 안드레는 예수님이 메시아라는 확신을 가지고 있었다. 예수님은 베드로를 보자 "네가 요한의 아들 시몬이나 장차 게바(베드로)라 하리라." 하셨다. 이것은 인간 시몬이 예수님의 충실한 제자요 믿음의 반석인 베드로가 된다는 것으로 그 자신은 무슨 뜻인지 몰랐을 것이다.

그럼에도 불구하고 시몬 베드로는 곧바로 예수님을 좇지 않았다. 다시 어부로 돌아갔다. 지금 먹고사는 일도 바쁜데. 아직도 그는 세상적인 것에 얽매여 있었다. 베드로는 십자가 사건 이후에도 다시 어부로 돌아간 일이 있었다. 그때도 예수님을 다시 만나 변화되었다. "네가 나를 사랑하느냐, 내 양을 치라."는 주님의 말씀에 고꾸라졌다.

예수님이 시몬 베드로 장모의 열병을 고친 사건이 있었다. 누가복음은 이 사건을 물고기 이적 전의 사건으로 기록하고 있다(눅 4:38). 그러나 마태복음과 마가복음은 물고기 이적 이후의 사건으로 기록하고 있다(마8:14; 막1:29). 따라서 이것으로 선후를 따지는 것은 무리가 있을 것으로 보인다. 그러나 어획 사건은 시몬을 베드로로, 고기를 낚는 어부를 사람을 낚는 그리스도의 제자로 변화시킨 사건이라는 점에서 매우 의미가 크다.

깊은 데로 가서 그물을 내려 고기를 잡으라(눅5:4)

"깊은 데로 가서 그물을 내려 고기를 잡으라." 이 명령을 내린 때는 어부들, 곧 베드로·안드레·야고보·요한 모두 밤새도록 헛수고하고 허탈한 상태였을 때였다. 예수님은 어느 때 찾아오시는가? 주님의 때이다. 주님은 우리의 전환·회개·변화가 필요하다고 생각되는 가장 적절한 시간에 찾아오신다. 그 시간은 우리가 세상에 얽매여 있을 때, 특히 그 일로 크게 좌절하고 있을 때 오신다. 그때는 우리가 가장 연약한 때다.

예수님은 단순하게 "나를 따라오라." 할 때 그들이 순순히 따라오지 않을 것을 아셨다. 또한 가장 적절한 시점에 신적 능력을 보여 줌으로써 자신이 하나님임을 깨닫게 할 필요가 있음도 아셨다. "예수님을 믿으십시오."라 하면 쉽게 믿지 않으려 한다. 그들이 예수님을 찾게 되는 때는 절망의 때이다. 병이 들었든지 사업에 실패했든지 환난과 고통으로 연약해져 있을 때 하나님을 찾고 그의 힘에 의지하고자 한다. "애써도 더 이상 내 힘으로는 안 되는구나." 전적 무능력 상태, 이때가 주님을 만날 때이다. 마지막으로 신적 권능을 기대한다. "이제 하나님밖에 없구나." 스스로 인식하게 된다. 하나님은 시련을 통해 인간을 낮아지게 하고, 겸손하게 만들며, 하나님을 찾게 하신다.

그때 예수님은 우리를 찾아와 명령하신다. "깊은 데로 가서 그물을 내려 고기를 잡으라." 인간적인 너의 생각, 너의 뜻, 너의 경험일랑 모두 접고 하나님의 생각, 하나님의 뜻, 하나님의 능력을 믿고 따르라는 말씀이다. 우리를 찾아오시는 예수님, 그리고 우리에게 명령하시는 예수님이 있다는 것만으로도 행복하다.

말씀에 의지하여 내가 그물을 내리리이다(눅5:5)

베드로는 말한다. "선생이여 우리들이 밤이 맞도록 수고를 하였으되 얻은 것이 없지마는 말씀에 의지하여 내가 그물을 내리리이다." 순종하는 모습이 역력하다. 그가 예수님을 선생님이라 부른 것에서부터 이미 복종의 모습을 읽을 수 있다. '밤이 맞도록 수고를 하였으되'라고 말함으로써 그가 아주 지쳐 있음을 보여 준다. 그래서 사실 꼼짝도 하고 싶지 않은 상태였다.

자신의 경험상 이 명령은 상식에 어긋났다. 이미 해가 떠오른 뒤에 깊은 물에 그물을 던져 많은 고기를 잡을 수는 없다. 그런데도 예수님은 깊은 곳에 그물을 던지라 하신다. '우리가 밤새도록 뒤진 곳인데 갑자기 고기가 어디서 나타나겠는가.' 하지만 그는 이 명령에 이의를 달지 않았다.

자신이 어부임에도 불구하고, 자신의 경험과 지식과 상식을 부인하고 말씀에 따라 그물을 던졌다. 고기잡이에 관한 일가견이 있는 그가 자신을 부인한 것이다. 제자는 바로 자기부인에서부터 시작된다. 그는 결코 '예수님, 그것은 이치에 맞지 않습니다. 농담이시겠지요.' 하지 않았다. 주님의 말씀을 신중하게 받아들였다.

우리는 얼마나 자신의 지혜, 지식, 경험을 앞세우는가. 이것으로 주님을 부인하는 우리가 아닌가. 그러나 그는 말씀에 의지했다. "예수님의 말씀이시므로 따르겠습니다." 그는 지금까지 자신의 배 위에서 설교하시는 예수님을 보았고, 들었다. 외치신 그 말씀이 이미 그의 마음을 열었을 것이다. 주님이 말씀이 있는 곳에 닫힌 심령이 열린다.

예수님 앞에 무릎을 꿇은 베드로(눅5:8)

예수님의 말씀이 기적을 낳은 것을 보고 시몬 베드로는 진정으로 예수님께 굴복했다. 인간의 모든 상식을 뒤엎은 것이다. 하나님은 능치 못할 일이 없다. 전능하신 하나님이다. 그는 놀라고 무서워했다(눅5:9 - 10절). 예수님의 모습에서 하나님의 임재를 느끼고 두려워했다(삿6:22). 하나님 앞에서 자신의 부족함을 깊이 느꼈다(마8:8).

베드로는 회개했다. 그는 예수의 무릎 아래 엎드려 외쳤다. "주여, 나를 떠나소서. 나는 죄인이로소이다." 그는 예수님을 주님으로 고백했다. 이것은 예수는 하나님이심을 고백하는 것이자 예수는 나의 주인 됨을 선언하는 것이다. '나를 떠나소서.'는 두려움의 표현이다. '나는 죄인이로소이다.'는 자기의 죄인 됨을 고백하는 것이다. 죄인 됨을 고백한 것은 예수님이 그리스도이심을 철저히 느꼈을 가능성이 크고, 또한 그가 회개를 촉구하는 예수님의 말씀을 들었기 때문일 수 있다. 상대적으로 자신의 연약함과 죄인 됨을 깊이 느꼈을 것이다. 칼빈은 말한다. "인간이 하나님을 알 때 자신의 모습을 진정으로 알게 되며 죄인 됨을 고백하지 않을 수 없다."

예수님은 죄인이라고 고백하는 베드로를 떠나지 않았다. 그를 제자로 부르고 새로운 삶을 살도록 했다. 우리도 "나는 죄인입니다." 철저히 고백할 때 주님은 우리를 떠나지 않으며 지켜 주신다. 주 안에서 살도록 해 주신다.

나를 따라오라

이에 대해 예수님은 "나를 따라오라" 하셨다. 누가복음 5장 10절은 또한 "무서워 말라 이제 후로는 네가 사람을 취하리라." 하였다. 무서워한 것은 베드로가 신적 능력에 놀란 것을 알 수 있다. '이제 후로는'은 예수님을 만난 후 시작될 새로운 삶의 단계를 묘사하는 것이다. 마태복음과 마가복음은 "나를 따라 오너라 내가 너희로 사람을 낚는 어부가 되게 하리라."고 기록하고 있다. 여기서는 '너희로'라 했다. 이 장면에 관여되어 있는 네 어부를 가리킨다.

'나를 따라 오라'는 말씀은 '제자로서 나를 따르라, 내 뒤를 따르라. 나의 제자가 되라.'는 의미를 가지고 있다. 종전의 삶에서 벗어나 새로운 삶으로 전환하라는 예수님의 명령이다. 자신만을 위한 삶, 세상만을 의지하는 삶에서 그리스도를 위한 삶, 주님만을 의지하는 삶으로 바꾸는 작업이다. 예수 그리스도가 내 주가 되는 삶이다. 이것은 우리를 향하신 주님의 명령이기도 하다.

베드로는 자신의 생애에서 '나를 따라 오라'는 주님의 명령을 두 차례 들었다. 두 번 다 갈릴리 물고기 사건과 연관된다. 한 번은 베드로를 제자로 부를 때이고, 다른 한 번은 부활 후이다.

나아가 예수님은 "사람을 낚는 어부가 되게 하리라" 하였다. 새로운 삶의 목적과 임무를 부여한 것이다. 여기서 사람은 사람의 영혼을 가리킨다(Living NT). 죄인의 구원을 위해 힘쓰는 일군이 되게 하리라는 것이다. 일꾼으로 부르시고, 일꾼 되게 하시는 분은 바로 주님이시다. 예수님은 부활 후 갈릴리에서 만났을 때도 베드로에게 "내 양을 먹이라"는 말로 다시금 임무를 부여했다.

예수를 따른 제자들

예수님의 말씀을 들었을 때 제자들은 말씀에 따라 반응했다. 누가복음은 "저희가 모든 것을 버려 두고 예수를 좇으니라."(눅5:11) 하였다. 마가복음은 베드로가 "곧 그물을 버려두고 좇으니라" 하였고, 야고보와 요한도 "그 아비 세베대를 삯꾼들과 함께 버려 두고 예수를 따라가니라" 하였다(막1:18, 20). 이제는 예수님을 놓치지 않겠다는 것이다.

그들은 지체 없이 순종했다. 예수님을 중시하고, 그 말씀을 최우선으로 삼겠다는 각오가 크다. 그들은 모든 것을 버려두고 따랐다. 배도, 그물도, 고기도, 동료 어부도, 함께한 아버지도. 이것은 이 세상 것보다 하나님의 것을 중시했음을 말해 준다. 변화받은 사람의 증표이다. 우리는 지금 예수님의 말씀을 최우선으로 삼고 있는가. 하나님의 것을 이 세상 것보다, 자신의 것보다 중요하게 생각하는가.

우리는 인생에서 늘 그물을 던지고 산다. 남편, 자식, 향락, 사업 등. 예수님은 지금 복음의 그물을 던지라고 하신다. 구원의 그물, 영원한 삶을 위한 그물, 죄인을 구원하는 그물이다. '사람을 낚는 어부가 되라.' 주님은 지금 그물을 던질 자를 찾고 있다. 추수할 일꾼을 찾으시는 것과 마찬가지다.

우리는 베드로, 안드레, 야고보, 요한을 찾으신 주님을 보았다. 그 주님이 지금 우리를 찾으신다. 간절하게. 이제 우리가 주님의 부르심에 응답할 차례다.

제2장 제자의 조건

누가복음 9장 23절에서 26절까지는 주님을 따르는 제자가 되려면 어떠해야 하는가를 잘 보여 주고 있다. '나를 따라 오려거든'은 '만약에 네가 내 제자가 되고자 한다면'이다. if라는 가정법이 들어 있다. 그렇다면 이렇게 하라는 것이다. 여기서 '오려거든'의 오다는 헬라어로 '에르코마이'(erkomai)이다. '들어가다, 만나다, 돌아오다, 돌이키다'는 뜻을 가지고 있다. 예수 그리스도를 만나고, 그에게 돌아오려면 우리의 행실이 달라야 한다는 것이다.

누구나 제자가 될 수 있지만 아무나 제자가 될 수 없다

누가 예수님을 따라올 수 있는가? 23절을 보자. "또 무리에게 이르시되 아무든지 나를 따라오려거든." '무리에게'는 예수님의 말씀을 듣는 무리로 '판타스'(pantas)로 표기되어 있다. '모든 사람들에게'(he said to them all)를 나타낸다. 모든 사람을 대상으로 한다. 그들 모두가 예수의 제자가 될 수 있다는 말이다. 예수의 제자가 되고자 하는 데 어느 누구도 그것을 막을 수 없다. 나아가 '아무든지'(anyone)로 구체화된다. '아무든지'는 '누구든지'이다. 피조물 모두를 대상으로 하고 있다. "나를 따라 오려거든." 예수의 제자가 되려면 어떻게 해야 하는가를 가장 기본적으로 가르치는 말씀이다.

인간은 모두 궁극적으로 죄의 문제에 직면해 있다. 인간은 그 문제를 해결해야 하는 숙명적인 존재다. 이 문제를 해결하기 원한다면 예수님 앞에 나오지 않으면 안 된다. 그런 의미에서 '아무든지'이다. 차별이 없다.

교회는 예수님을 필요로 하는 모든 사람에게 열려 있는 공간이다. 차별을 해서는 안 된다. 초창기 승동교회는 백정들이 모이는 교회라는 소문이 났다. 그래서 양반들은 안국동에 교회를 따로 세웠다. 같이 다닐 수 없었기 때문이다. 카스트 제도가 심한 인도의 경우에도 교회에서 종종 계급 문제가 야기된다. 다른 계급끼리 숨을 나눌 수 없다는 생각을 가지고 있으니 차별이 존재할 수밖에 없다. 차별은 인간이 만든 것이다. 인간은 차별의 세계사를 써 왔다. 인간은 자기가 남과 다르다는 것을 느낌으로써 더욱 쾌감을 느끼고 승리자로서의 위치를 선점하고자 하는 욕구를 가지고 있다. 이것은 세상적인 것이다. 그리스도는 그렇지 않다.

교회는 먼저 차별을 없애야 하고, 성도는 마땅히 차별행위에서 벗어나야 한다. 그래야 하나님의 자녀로서 하나님의 나라를 이룰 수 있다. 교회는 사랑을 실천하는 곳이다. 세상 사람들까지도 사랑의 눈으로 보고 포용해야 한다. 그들은 구원받아야 할 피조물이고, 우리가 전도해야 할 대상이기 때문이다.

예수님은 모든 사람이 자기의 제자가 될 수 있다고 말씀하신다. 그런데도 우리는 종종 '나만' '우리만' '내 식구만' '우리 교회만'이라 내세운다면 우리는 그리스도의 정신에서 어긋나 있다.

누구나 예수님의 제자가 될 수 있지만 아무나 제자가 될 수 있는 것은 아니다. 제자로서 요구되는 삶을 살아야 하기 때문이다. 예수 그리스도를 따라야 할 사람이 해야 할 일이 있다는 것이다. 그것은 과연 무엇일까?

제자의 조건

1) 자기를 부인하라(he must deny himself)

자기 자신에 대해 죽으라는 말이다. 나(self)란 누구인가? 온갖 악한 생각, 악한 말, 질투, 참지 못함, 분노, 온갖 나쁜 관계의 원인 모두 자기에게서 나온다. 온갖 죄의 원천이 나이다. 이사야 선지자는 우리 속에 선한 것이 없다고 말한다. 그것으로 인해 자기 자신뿐 아니라 남을 해친다. 마음을 상하게 만들고, 관계를 악화시킨다.

이런 문제에 대해 우리가 해야 할 것은 죄의 성품에 대해서는 'NO!' 하고, 예수의 성품에 대해서는 'Yes!' 하라는 것이다(say No to sin, say Yes to Jesus). 우리는 악한 속성으로부터 돌아서야 하고, 변화되어야 하며, 근본적으로 변혁되어야 한다. 거듭나, 다시는 그와 같은 짓을 결코 하지 않으며, 악한 것에 대해 문을 꽉 닫아 버리고, 다시는 과거로 돌아오지 않으며, 주님이 가르치신 길을 걷는다. 이것이 바로 자기를 부인하는 삶이다.

그리스도의 제자는 자기부정의 삶을 살아야 한다. 자기부정은 신앙생활의 기본이다. 부인은 '아파르네오마이'(aparneomai)다. 그 속에는 겸손, 겸허, 낮아짐이 있다. 자기부정의 삶을 사는 것은 '더 이상 내가 우선이 아니라 하나님을 우선하는 삶'이다. 나를 좇는 것이 아니라 주님을 좇는 것이다. 예수님도 "나를 좇을 것이니라."(눅9:23)고 하셨다. 하나님과의 관계에서 최고의 가치를 찾는 것이다. 자기부인의 삶을 사는 제자는 삶의 궁극적인 관심을 자기로부터 그리스도에게로 옮긴다. "From me to Christ." 이를 통해 자기성화(self‒deification)가 이뤄진다.

예수 그리스도를 섬기기 위한 자기부인은 최고의 자아실현이다. 새로운 자아, 진정한 자아를 찾기 때문이다. 새로운 존재는 완전한 자아회복이다. 폴 틸리히가 말한 '새로운 존재의 회복'이다. 제 목숨만의 삶의 추구는 결국 얻는 것이 없다. 오직 그리스도를 통해서만이 구원을 받을 수 있고, 그때 자기는 비로소 진정 자기가 될 수 있다. 이 자기는 구원받은 자기이며, 새롭게 태어난 자기이다. 그리스도의 제자는 자기를 버림으로써 오히려 영생을 얻고, 이를 통해 삶의 존엄성과 궁극을 회복한다.

자기부인은 일회적으로 끝나는 것이 아니라 지속적으로 성장한다. 그 성장의 모습이 "나를 위하여 목숨을 잃으면"이라는 예수님의 요구에 응답하는 삶으로 나타난다. 예수 그리스도를 위해 나의 생명을 드릴 수 있을 만큼 성장하는 것이다. 자기부인이 이런 경지로 나아갈 수 있을 때 하나님께 최고의 기쁨이 된다. 생명의 가치는 우리가 얼마나 하나님을 영화롭게 하느냐에 달려 있다.

자기부인은 이 세상에서뿐 아니라 오는 세계에서도 가치가 있다. '영원한 가치'를 갖고 있다. 이 가치는 빼앗길 수 없을 만큼 귀하다.

2) 날마다 제 십자가를 지라(take up his cross daily)

그리스도의 제자는 자기 몫의 십자가를 지되 날마다 진다. '날마다'는 매일(daily)이라는 뜻도 있지만 계속해서, 반복해서(continually)라는 뜻도 있다. '날마다'는 가끔이 아니다. 아침에도 지고, 저녁에도 진다. 그만두는 때가 없다. 그리스도의 제자 되는 일, 자기 십자가를 지는 일, 그리고 생명(구원)을 남과 나누는 일은 언제나 계속되고 반복되어야 한다. 이 일은 잠시, 한때의 일로 그쳐서는 안 된다. 중단 없는 전진만 있을 뿐이다. '제 십자가'에서 '제'란 자기가 져야 한다는 것을 말한다. 지는 행위는 고통을 수반한다. 따라서 스스로의 결단과 노력이 필요하다. 십자가 처형을 당할 때 죄수는 자기 스스로 자기 십자가를 진다. 그리스도인도 하나님을 향한 믿음에 스스로 적극 참여해야 한다.

십자가를 진다는 것은 비장한, 가장 엄숙히 사용되어야 할 단어이다. 로마정부는 로마를 거역하거나 대항하는 무리를 대량으로, 공개적으로 십자가에 처형했다. '잘못하면 너희도 마찬가지다.'는 것을 보여 주는 것이다. 로마로 들어오는 아피안 로드에서 십자가 처형이 많이 이뤄졌다. 두려움을 갖게 하는 것이다. 예루살렘에서도 십자가 처형을 많이 한 때 땔나무가 모자랄 정도였다.

'십자가를 진다'는 것은 날마다 죽음(순교)을 각오하고 하나님의 말씀에 순종하는 삶이다. 하나님을 순종하는 신앙생활에서 당하는 어떤 형태의 어려움이나 고통을 참고 이겨낸다. 본회퍼는 예수를 따른다는 것은 죽음을 각오하는 것이라 했다. 이 고통은 자기 육체적·정신적 애로나 아픔, 그리고 자식이나 부부 문제로 인한 근심이나 걱정, 재산문제 등 세상 정욕에 따른 것이 아니다. 당시 십자가는 주로 인정을 못 받는 사람들이 져 비천한 인간으로 취급당하기 일쑤였다. 초대교회 성도들은 로마병정에게 붙잡혀 가 다시 돌아오지 않는 가족, 성도, 친구들을 보게 되었고, 자기들도 장차 그 십자가를 지게 될 것을 생각했다.

십자가는 예수 그리스도를 향하게 하기 위한 수단이지 목적 그 자체는 아니다. 십자가는 단순한 액세서리가 아니다. 예수의 죽음은 선전용, 과시용, 전시용, 사치용, 장식용일 수 없다. 십자가에서 흘린 그 보혈의 피가 우리를 정하게 하고, 구원의 길로 인도한다. 십자가는 대속의 의미가 있다. 우리는 십자가의 참의미를 알아야 한다.

십자가는 우리 삶이 그리스도 중심(Christ – centered)이어야 함을 보여 주는 것이다. 세상적인 내가 아니라 그리스도를 향한 충성된 복종이 생활 속에서 나타나야 한다. 변화한 중생의 삶, 과거의 내가 아니라 새롭게 거듭난 존재, 주님의 뜻을 생활 속에서 실천하는 그리스도인으로서 사는 것이다. 말만의 형식적 그리스도인이 아니라 주를 위해 살아 움직이는 그리스도인이 되는 것이다.

십자가를 지는 것은 예수의 옷을 입는 것이다. 그리고 작은 예수로 사는 것이다. 이웃에게도 이 아름다운 삶을 보이고, 그리스도를 전하는 것이다. 부엌에서 일하면서도 십자가를 지고, 직장에서도, 사람을 만날 때마다 그리스도를 드러낸다. 이렇게 십자가를 지는 것은 하나님께 영광을 돌리기 위함이다.

3) 그리스도를 좇으라(follow me)

주님은 "나를 좇으라." 하셨다. 그리스도를 좇는 것은 변화된 자의 삶의 모습이다. 이 세상에 살면서 우리가 따라야 할 분은 오직 예수 그리스도시다. 우리 삶의 목표와 푯대는 우리의 지식·재산·권력·명예·지식이 아니다. 세상의 어떤 철학도 아니다. 예수 그리스도다.

세상철학은 상대적 진리에 불과하다. 자기가 생각하는 한계 그 안에서만 의미가 있다. 학문이든 이론이든 학설이든 그저 '나는 이렇게 생각한다.'는 것에 불과하다. 그러나 하나님의 말씀은 절대적 진리이다. 인간이 바꿀 수 없는 영원불변한 절대성을 지닌다. 그 말씀은 일점일획도 틀리지 않고, 그대로 이루어진다. 인간의 역사도 하나님의 말씀에 따라 그대로 이루어진다. 하나님이 역사를 주관하시는 것이다. 모든 것이 하나님의 섭리 아래 놓여 있다.

'나를 좇는 것'은 주님과 함께 동행하는(walk with the Lord)삶을 사는 것이다. 순간순간 주님과 교제(fellowship)를 갖고, 주님을 위한 증인(witness)의 삶을 사는 것이다. 내가 한 발짝 나가면 주님은 나를 위해 두 발짝 나가신다. 기쁨으로 우리와 동행하실 것이다.

그리스도인은 이처럼 목표가 확실한 삶을 산다. 나를 내세우거나 자랑해서는 안 된다. 우리가 자랑해야 할 것은 오직 예수 그리스도와 그의 말씀뿐이다. 우리는 결코 예수 그리스도와 그의 말씀을 부끄러워해서는 안 된다. "누구든지 이 음란하고 죄 많은 세상에서 나와 내 말을 부끄러워하면"(막8:38) 우리가 하나님 앞에 서는 날 우리는 부끄러움을 면할 수 없을 것이다.

지금 우리 마음속에 누가 자리를 잡고 있는가? 나인가 예수 그리스도인가. 지금 우리는 누구를, 그리고 무엇을 따라가고 있는가? 세상인가 하나님인가. 주님은 말씀하신다. "누구든지 나를 위하여 목숨을 버릴 정도로 하나님을 사랑하고 따르면 오히려 너희에게는 영원한 구원이 있을 것이다."(눅9:24)

자기를 부인하고 그리스도에게로 삶의 방향을 정하면 오히려 새로워진 나를 발견하게 될 것이다. 날마다 자기 십자가를 지면 하나님은 우리를 기뻐하실 뿐 아니라 고통의 삶을 기쁨의 삶으로 바꿔 놓을 것이다. 우리가 예수님을 좇아 그분과 그의 말씀을 자랑스럽게 생각하고 따르면 주님은 우리를 자랑스럽게 생각하실 것이다.

우리는 예수 그리스도의 제자들이다. 주님은 우리를 향해 말씀하신다. "너 자신을 부인하라, 네 십자가를 지라, 그리고 나를 따르라." 우리는 날마다 예수와 그의 말씀 속으로 들어가고, 말씀과 만나고, 말씀으로 돌아가야 한다.

제3장 준비된 제자, 소금 같은 제자

누가복음 14장 25 – 35절에는 제자의 도에 대한 또 다른 가르침이 있다. 다른 복음서에서는 제자가 되려면 즉시성, 곧 따라올 것을 강조했으나 누가복음은 준비성을 강조하고 있다. 누가복음의 내용을 살펴보면 다음과 같다.

부모나 처자, 자기 생명까지 미워하지 아니하면 능히 나의 제자가 되지 못하고(26절)

예수님은 제자의 요건을 먼저 "부모나 처자, 자기 생명까지 미워하지 아니하면 능히 나의 제자가 되지 못하고"라 하셨다. 이 말씀은 매우 어려운 말씀이지만 제자가 되기 위해서는 무엇보다 관계의 우선순위가 정립되어 있어야 한다는 것을 가르쳐 준다. 제자가 되려면 시간, 물질, 관계에 있어서 의지적 결단이 필요하다. 부모와 예수님의 권위가 대립할 때 주님께 순종해야 한다. 이것은 부모에게 불순종하라는 것이 아니다. 삶의 패러다임을 바꾸고(paradigm shift), 변화되어야 한다(transform)는 것이다. 이 말씀이 가진 의미를 몇 가지로 생각해 보면 다음과 같다.

의미 1:

'나는 부모를 미워한다. 나의 아내도 밉다.' 그러면 주님의 제자가 될 수 있다는 것인가? 제자 됨은 자신의 이런 미움의 죄성을 합리화하기 위한 것이 아니다. 미워한다는 것은 증오나 적개심을 품으라는 것이 아니다. 유대표현법에 따르면 이것은 비교적인 개념이 담겨 있다. "야곱은 사랑했으나 에서는 미워했다"는 말은 에서보다 야곱을 사랑했다는 것을 의미한다. 그러므로 이것은 '덜 사랑한다'는 의미로 이해되어야 한다.

의미 2:

이 말씀은 부모나 자식을 미워하라는 것이 아니다. 제자가 되려면 우선순위를 무엇에 둬야 하는가를 가르치기 위한 것이다. 예수와 육신에 속한 자들 중 주님을 택함에 있어서 조금도 망설여서는 안 된다는 것을 가르친다.

부모나 처자, 자기 생명 등은 인간적으로 볼 때 가장 중시하는 것들이다. 예수님은 이런 것들을 나보다 더 사랑하는 자는 내게 합당치 아니하다고 하셨다(마10:37). 하나님의 일을 하는 자는 가족보다, 자기 생명보다 주님을 더 사랑해야 한다. 식구나 자신보다 주님이 우선이 되어야 한다. 자기의 생명을 보존하려 하면 오히려 잃게 된다. 그러나 주님을 위해 자신의 생명까지 내놓는 자는 영원한 생명을 얻게 된다(마10:39).

의미 3:

부모나 자식이나 나의 성취를 나의 영광(glory)이나 크라운(crown)으로 여긴다면, 즉 그들이 나의 우상이 된다면 나는 주님의 제자가 될 수 없다. 그들을 영화롭게 해서는(glorify) 안 된다. 영광 받으실 분은 오직 주님 한 분뿐이다.

인간적인 것, 육적인 것을 떠나라. 그것을 미워하지 않으면 안 된다. "능히 나의 제자가 되지 못하고"라는 말씀이 세 번 반복(26절하, 27절하, 33절하) 된다. 반복은 강조를 의미한다.

누구든지 자기 십자가를 지고 나를 좇지 않는 자도 능히 나의 제자가 되지 못하리라(27절)

제자가 되려면 희생의 대가를 각오해야 한다. 십자가는 희생을 상징한다. 멍에는 섬김을 상징한다. 희생과 섬김이 필요한 것이 제자의 도다. 십자가 처형을 당한 사람은 자기가 질 십자가를 죽는 장소까지 끌고 간다. 이것은 자기가 죄인임을 공포하는 것이고, 재판이 옳았다는 것을 선포하는 의미가 있다.

십자가는 방향(죽는 장소), 희생(올라가면 다시 내려오지 못한다), 결단(날마다 제 십자가를 지고), 포용성(누구든지 나를 따르려거든)이 있다. 자기 십자가를 진다는 것은 부모나 처자에 대해 각자 영적으로 져야 할 십자가가 있음을 의미한다. 이것을 기꺼이 지라는 말이다.

자식은 귀중한 영혼(precious soul)이다. 부모는 자식의 영혼을 위해 좋은 청지기(good steward) 역할을 해야 한다. 이것이 영적인 부모로서의 사역(ministry)이다. 자식에게 군림하려는 것은 십자가를 지는 것이 아니다. 오히려 그 자식을 위해 청지기가 되어야 한다. 청지기가 된다고 해서 그에게 영광을 돌려서는 안 된다(not glorify him). 그를 나의 십자가에 지고 가야 한다.

십자가를 진다는 것은 그들이 주님이 기뻐하시는 삶을 살도록 배려하는 것이다. 톨킨의 『반지의 제왕』에서 호빗 사람들이 반지가 나쁜 사람에게 가지 않도록 노력하는 것을 볼 수 있다. 그리스도인들은 악에 빠지지 않도록 이 땅에서 반지를 옮겨 가는 사람들이다. 그 반지를 옮기기 위해서는 고통이 따른다. 그것이 십자가를 지는 것이다. 우리는 주님이 맡겨 주신 이 십자가를 기꺼이 지도록 재헌신(recommit)해야 한다.

'자기' 십자가라는 점에 주목할 필요가 있다. 예수님의 십자가는 우리를 위해 피 흘리고 죽는 것이었다. 주님은 그 십자가를 마다하지 아니하고 지셨다. 베드로가 "그리 마옵소서."라고 했다가 사탄이라 지목을 받은 것은 그 십자가를 지시겠다는 주님의 각오가 얼마나 큰가를 보여 준다. 우리 각자에게도 맡겨진 십자가가 있다. 그것은 직분에 따라 다르기도 하다. 십자가를 진다는 것은 고통이요 어렵다. 그러나 제자들은 그 십자가를 져야 한다.

부자 청년은 예수를 따르고자 했지만 재산을 팔아 가난한 자에게 주라는 말씀을 듣고 슬픈 빛을 띠고 떠나갔다. 그에게 지워진 십자가를 거부한 것이다. 십자가를 진다는 것은 그만큼 쉬운 일이 아니다.

그리스도인은 내 안에 그리스도가 사신 것이므로(갈2:20) 늘 주님이 맡겨준 십자가를 기꺼이 지는 삶을 살아야 한다. 제자이면서도 십자가를 지지 않으려 한다면 그것은 하나님의 일을 하지 않겠다는 것과 같다. 그리스도인이 된다는 것은 매일 제몫의 십자가를 지는 생활이다. 그리스도인이 된다는 것은 결코 쉬운 일이 아니다.

비용을 예산하지 아니하겠느냐(28절)

28절과 31절에서 두 비유, 곧 망대 건립 비유와 전쟁준비 비유가 소개되고 있다. 이 비유는 대가를 계산하라는 말씀이다. 제자가 되는 것이 유익한 것인가 그렇지 않은 것이 유익한가에 대한 계산이다. 제자가 되지 않으면 영적으로 손해를 본다는 것을 알게 된다.

망대 비유에서는 내가 계산해서 결정한다. 안 해도 생명이 위험하지 않다. 그러나 적의 침입 비유에서는 내가 결정하지 않아도 적이 쳐들어온다. 생명의 위험이 따른다. 우리에게도 사탄이 들어온다. 제자가 되는 것이 좋은지 사탄의 지배를 받는 것이 좋은지 따져 보라. 제자가 되지 않을 때 손해 본다.

포도원을 가진 농부는 농작물을 보호하기 위해 망대를 짓는다. 비용도 계산하지 않고 망대를 짓다가 그만둔다면 사람들의 빈축을 살 뿐이다. 비용을 예산하지 않겠느냐는 말씀은 제자가 된다는 것은 비용이 드는, 곧 대가를 치르는 아주 힘든 일임을 가르쳐 주고 있다.

그리스도의 제자가 된다는 것은 명목적이거나 허울이 아니다. 취미나 교양, 정신건강을 위해 교회에 다니는 문화적 그리스도인이 되는 것이 아니다. 일시적 흥분과 감정으로 믿는 것도 아니다. 어떤 부흥회에서 상당수 교인들이 거액의 헌금을 약속하고 갚지 못하는 일이 발생했다. 또한 선교사로 가겠다고 수백 명이 손을 들어놓고서는 결국 한 사람도 실현하지 못했다. 신중해야 한다.

망대는 적의 동태를 살피기 위해 중요한 것이다. 그리스도의 제자들은 마귀와 대적하기 위해 값비싼 망대를 지어야 한다. 예산이 많이 들어가는 일이다. 망대를 짓다가 중도에 그만두면 마귀만 좋아하게 된다. 자기 십자가를 질 때 결코 중도에 포기하는 일이 일어나서는 안 된다. 이를 위해서는 만반의 준비가 되어 있어야 한다.

대적할 수 있을까 헤아리지 아니하겠느냐(31절)

망대비유와 전쟁을 준비하는 임금의 비유는 내용이 비슷하여 쌍둥이 비유라 한다. 전쟁을 계획하는 왕은 승산이 있는지 계산하고 전쟁에 임해야 한다. 진다고 판단되면 화친을 청해야 한다. 준비나 계획 없이 전쟁을 하게 되면 나라가 망하기 때문이다.

이 비유는 왕이 전쟁을 하기로 했다면 철저히 그리고 미리 준비해야 한다는 것을 가르쳐 주고 있다. 주님은 이미 마귀와의 영적인 전쟁을 선포하셨다. 그분의 군사인 우리가 그 명령에 대해 영적으로 아무런 준비도 하지 못하고 살아간다면 우리의 삶은 매일 패배일 뿐이다. 이 비유의 가르침은 마귀와 화친하라는 것이 아니다. 철저히 준비해 오히려 그것을 이기라는 것이다. 그래야 그리스도의 제자라 말할 수 있다. '좀 더 자자 좀 더 눕자' 하면 빈궁이 도적같이 오듯 영적인 전쟁을 앞두고 '좀 더 자자 좀 더 눕자' 하면 패배가 눈에 보인다.

누구든지 자기의 모든 소유를 버리지 아니하면 능히 내 제자가 되지 못하리라(33절)

제자가 되려면 물질의 소유권이 정리되어야 한다. 모든 소유를 버리는 것은 모든 물질, 축복은 하나님의 것임을 인정하라는 의미다. 축복 주신 하나님을 기억하며 살라는 것이다. 물질의 노예가 되지 말라. 넉넉한 마음을 가지고 이웃을 돌보며 살라.

제자들의 특징은 자기를 포기하는 것이다. 주님은 "자기의 모든 소유를 버리라" 명령하신다. 베드로·안드레·요한 등은 그들의 생업도구인 배들을 버리고 주님을 좇았다. 그러나 소유에는 물질적인 것만 의미하지 않는다. 우리의 성급한 성격·고집·욕망·욕심·명예 등 그리스도를 위해 포기해야 할 것이 많다. 그런 것들을 가진 채 주님의 일을 하기에 적합지 않기 때문이다.

버릴 것은 과감히 버려야 한다. 위경으로 알려진 도마서에 따르면 그는 자기의 교만을 죽이는데 자기 힘이 강한지 칼을 들고 벽을 찔러 보았다. 나쁜 습관일수록 서서히 끊는 것이 아니라 한꺼번에 싹 끊어야 한다.

소금이 그 맛을 잃었으면 쓸데없어 내어 버리느니라(34, 35절)

제자는 소금 역할을 해야 한다. 소금은 짠맛(예수 맛)을 나타내야 한다. 그 맛을 내지 못하면 밖에 버리어 밟힌다. 소금은 녹아야 한다. 내가 주의 제자가 되려면 내가 녹아 예수 맛을 내야 한다.

소금은 맛을 내야 소금인 것처럼 그리스도의 제자들도 제자다운 맛을 내야 제자라 말할 수 있다. 그리스도인으로서 그 맛과 향기가 없다면 그리스도인이라 말하지 못한다. 소금이 그 맛을 내려면 완전히 녹아야 한다. 녹는다는 것은 포기와 희생을 의미한다. 예수님은 "너희 속에 소금을 두고 서로 화목 하라."(막9:50) 하셨다. 자기가 녹아지지 않으면 화평을 가져올 수 없다.

소금은 썩지 않게 하는 역할을 한다. 주님은 우리를 세상의 빛과 소금이라 하시고 빛과 소금의 역할을 잘 수행하도록 하셨다. 그런 다음 "너희 착한 행실을 보고 하늘에 계신 너희 아버지께 영광을 돌리게 하라"(마5:16) 하셨다.

소금이 그 맛을 잃으면 밖에 버려져 사람에게 밟히게 된다. 아무짝에도 쓸모가 없기 때문이다. 우리가 그리스도의 제자라고 하면서 하나님의 영광을 드러내지 못하고 오히려 다른 사람들로부터 손가락질당하는 생활을 한다면 문제가 아닐 수 없다. 맛을 잃는 소금은 신앙을 잃은 그리스도인이기도 하다. 예수를 맛보고서도 타락한 생활을 하면 신앙생활 하기 더 힘들다. 세상적인 모든 것을 버리고, 자기에게 맡겨진 십자가를 져야 소금의 맛을 낼 수 있다.

들을 귀 있는 자는 들을지어다(35절)

예수님은 제자가 될 수 있는 여러 조건을 제시하고 그렇게 하지 않으면 자기 제자가 될 수 없다고 하셨다. 제자의 길은 하나님의 군사로서 하나님을 최우선으로 삼으며 그 삶에 맞지 않는 것은 완전히 버리고 철저히 그리고 꾸준히 전투 준비를 해야 한다. 주님의 제자로서, 군사로서 포기한 것이 많으면 많을수록 손해 보는 것이 아니라 얻는 것이 더 많게 된다는 자신감을 이 말씀이 담고 있다. 예수를 따른다는 것은 결코 쉬운 일이 아니다. 그러나 그만큼 보람 있고 무엇보다 가치 있는 일이다.

제4장 주 안에 거하는 삶과 서로 사랑하는 삶

우리는 예수의 마음을 닮고자 하는 예수의 제자들이다. 따라서 제자로서 살려면 주님의 명령을 지켜야 한다. 사 복음서를 보면 예수님은 우리에게 200가지가 넘는 명령을 주셨다. 우리가 주님의 명령을 지켜 행하는 제자가 되면 세상을 변화시킬 수 있다.

요한복음 15장은 그리스도의 제자가 어떤 삶을 살아야 하는가를 잘 가르치고 있다. 첫째, 내 안에 거하라(1 - 8절)는 것이다. 우리가 주님 안에 거하면 해야 할 일들이 있다. 과실을 많이 맺고, 주님의 가르침(계명)에 순종하며, 기뻐하는 삶을 사는 것이다. 둘째, 서로 사랑하라(9 – 17절)는 것이다.

이 말씀은 감람산에 가시면서 하신 말씀이다. 즉 주님이 제자들을 가르치며 마지막으로 하신 말씀이자 주님이 잡히시기 전 유언처럼 하신 말씀이다. 이런 의미에서 이 말씀이 주는 의미는 깊다. 우리 모두가 들어야 할 말씀이기 때문이다.

너희는 내 안에 거하라

"내 안에 거하라," 이 말씀은 예수님과 우리의 관계가 어떠해야 하는가를 가르쳐 준다. 주님은 포도나무고 우리는 가지며 열매를 맺어야 한다. 내가 주님 안에 거하지 않고서는 어떤 것도 할 수 없다. 주님의 제자인 우리는 언제나 주님과 동행해야 한다. 동행해야 한다는 것은 우리는 주님으로부터 평생교육을 받아야 한다는 것을 의미한다. 주님의 교육체제는 평생교육이요 평생 열매를 맺어야 하는 체제이다.

"내가 참포도나무요 내 아버지는 그 농부라."(1절) 여기서 주님은 우리가 어떤 신분을 가지고 있는가를 명확히 하신다. '내가 참포도나무요 내 아버지는 그 농부라'는 말씀은 우리는 포도나무도 아니요 농부도 아니라는 말씀이다. 그런데도 우리는 마치 스스로 때로는 포도나무 행세를 하고, 심지어 농부 행세를 하기도 했다.

'내가 참포도나무요'라는 말씀에 주목하자. 성경을 보면 이스라엘을 가리켜 포도나무라 하기도 했다. 하나님은 이스라엘을 택해 상품의 포도나무가 되어 좋은 품질의 포도를 많이 맺기를 바랐다.

포도나무는 키가 작고 볼품이 없다. 땔감으로 사용되기에도 부족하다. 하지만 포도 열매를 잘 맺으면 건포도를 만들어 에너지 대용으로 사용하기도 하고 즙을 만들어 갈증을 해소하기도 할 만큼 중요한 역할을 한다. 보잘것없는 이스라엘이 하나님의 손에 쓰임을 받을 때 그 결과는 다르다. 그러나 이스라엘은 실패했다. 그 대신 이제 예수님이 포도나무가 되시었다. 이스라엘을 통해서는 실패했지만 예수님을 통해서는 성공할 수 있다. 그러니 절망하거나 근심하지 말라고 하신다.

이스라엘은 왜 실패했는가? 그것은 자기의 신분을 넘어서는 행동을 했기 때문이다. 교만하게 자기가 마치 포도나무인 것처럼 행세한 것이다. 외견상 그들은 열심이었다. 하지만 그것은 자기기만으로 포장된 열심이었다. 하나님이 농부인데 자신이 농부인 것처럼 생각하고 스스로 자라려고 있다. 그것은 교만이다.

'내가 참포도나무요 아버지는 그 농부라.' 이 말씀은 너희는 스스로 할 수 있는 존재가 아니라는 말씀이다. 우리 신분에 대한 철저한 자각이 필요하다는 말씀이다. 다른 종교는 자력종교라면 기독교는 타력종교이다. 이 점에서 다르다.

예수님이 포도나무라면 하나님은 누구신가? 하나님 아버지는 농부시다. 농부는 늘 우리가 어떻게 하면 열매를 많이 맺을까 생각하신다. 농장을 관리하고 가지를 치며, 무너진 가지를 일으키신다. 하나님이 우리와 함께 계셔 사역하신다. 아버지와 아들이 계신 곳에 성령님이 함께 계신다. 삼위일체 하나님이 우리와 함께 역사하신다.

농부이신 하나님은 보통 농부가 아니다. 프로 농부이시다. 우리는 농부가 하는 대로 있으면 된다. 씨앗밖에 되지 않는 우리가 스스로 자라려고 노력할 필요도 없다. 알아서 물을 대고 성장시키는 대로 있으면 된다. 나의 혈기, 나의 계획을 모두 주님 앞에 내려놓아야 한다. 우리에게는 희망이 없다. 희망은 오직 주님이시다. 우리는 그 희망이신 주님을 붙잡고 나아가면 된다. 그러면 들포도 같은 우리를 통해서도 세상을 변화시킬 수 있다. 우리는 기도나 찬송을 통해 '주님은 나의 하나님이시오 나의 구원자이시라'고 고백한다. 찬송은 그렇게 하지만 실제는 내가 하려고 한다. 내가 너무 앞서 나가 있는 것이다. 이것은 우리의 태도가 순수하지 못하다는 것을 보여 준다.

우리는 먼저 내가 누구인지 우리 자신의 신분을 자각할 필요가 있다. 농부는 하나님이요 포도나무는 주님이시다. 우리는 그 나무에 붙어 있는 가지일 뿐이다. 가지는 그 포도나무에 붙어 있어 열매를 맺기만 하면 된다. 포도를 키우는 농부에게 있어서 포도나무나 열매는 그 인생에 있어서 전부와 같다. 포도나무가 좋은 열매를 많이 맺기를 원한다. 우리를 향한 하나님의 소원도 마찬가지다.

"열매 맺지 아니하는 가지는 제해 버리시고."(2절) 농부이신 하나님은 우리가 열매를 많이 맺도록 계속적으로 가지치기를 하신다. 나쁜 것은 제해 버리고, 깨끗하게 하신다. 제자는 무엇보다 열매를 맺어야 한다. 열매에는 자연적인 열매(과실), 생물학적인 열매(아기), 그리고 영적인 열매(사랑 등)가 있다.

농부는 가지치기를 한다. 가지치기는 열매를 맺는 데 방해되는 요소를 제거하는 것을 말한다. 예수님께서 열매 없는 무화과나무를 저주하셨다. 아버지 하나님은 열매 맺지 않는 가지, 죽은 가지는 우선적으로 제해 버리신다. 부실한 가지를 쳐내야 실한 가지가 더 튼튼히 자랄 수 있기 때문이다.

그리스도인은 열매를 맺을 책임이 있다. 열매를 맺지 않으면 결국 찍어 버림을 당한다. 직분이 있든 없든 유명하든 안 하든 가지마다 열매를 맺어야 한다. 해마다 열매를 맺어야 한다. 전도의 열매, 봉사의 열매, 구제의 열매, 구령의 열매를 맺어야 한다.

주님은 우리의 때를 추수기라 하셨다. 이미 희어졌다. 거둘 때가 되었다는 것은 죄악이 극에 달했음을 보여 준다. 농번기에는 일꾼이 필요하다. 이때는 다른 일보다 농사일에 전념할 사람들이 필요하다.

농부가 가지치기를 하듯 그리스도인은 자기 안에 하나님을 따르는 데 방해가 되는 요소를 제거해야 한다. 세상 욕심, 허상, 게으름, 유행을 좇아 사는 모습을 버려야 한다. 하나님 말씀을 들으면 우리 안에서 저절로 가지를 쳐야겠다는 마음이 일어난다. 때로는 그 말씀이 크게 우리 마음을 때리기도 하고, 알아들을 수는 없지만 아주 세미하게 우리에게 다가오기도 한다.

"무릇 과실을 맺는 가지는 더 과실을 맺게 하려 하여 이를 깨끗게 하시느니라."(2절) 깨끗게 하시는 것은 전지, 곧 가지치기를 말한다. 주님은 죽은 가지뿐 아니라 살아 있는 가지도 가지치기를 하신다. 포도나무를 비롯해 과실을 맺는 나무는 전지를 잘 해 줘야 나무가 튼튼해지고 좋은 열매를 맺을 수 있기 때문이다. 장미밭에 한두 송이 열린 장미가 있다고 해도 그것을 포함해 모두 가지치기를 하면 그해는 볼품이 없을지 모르지만 다음 해에는 그 밭에 장미가 풍성하게 된다. 오늘의 두세 송이에 만족할 것인가 내일의 50-60송이를 보기 원하는가.

하나님은 우리의 삶에서 가지치기를 하신다. "내가 참포도나무요 내 아버지는 그 농부라 무릇 내게 있어 과실을 맺지 아니하는 가지는 아버지께서 이를 제해 버리시고 무릇 과실을 맺는 가지는 더 과실을 맺게 하려 하여 이를 깨끗게 하시느니라."(요15:1 - 2) 우리가 맺는 그 정도의 열매로는 충분치 않기 때문이다.

믿음생활에 방해되는 시기, 질투, 탐욕 등 나쁜 습관들을 과감히 잘라 내야 좋은 열매를 맺을 수 있다. 믿음의 좋은 열매는 절제, 충성, 자비, 양선 등 성령의 열매이다. 이 열매를 많이 맺으면 하나님이 기뻐하실 뿐 아니라 전도에 있어서도 많은 열매를 맺을 수 있다.

가지치기를 하는 것은 우리를 건강하게 만들고 좋은 열매를 많이 맺기 위함이다. 하나님은 나의 문제, 나의 상황을 통해 가지치기를 하신다. 슬픔을 통해서, 괴롬을 통해서도 가지치기를 하신다. 가지치기를 당할 때는 아프다. 하지만 우리를 향한 주님의 가지치기는 더 많은 더 좋은 열매를 맺기 위함인 것을 믿어야 한다.

"붙어 있지 아니하면."(4절) 열매를 맺는 것은 예수님의 성품을 닮아 가는 것이다. 예수님의 성품을 닮고, 그 열매를 맺으려면 주님께 뿌리를 깊게 내려야 한다. 주님은 "네 안에 거하라, " "네게 붙어 있으라." 말씀하신다. '거한다'는 것은 예수님을 신뢰하고 그분과 지속적인 관계를 유지하는 것을 말한다.

주 안에서 풍성한 삶을 살고, 열매를 맺으려면 무엇보다 참포도나무이신 주님께 붙어 있어야 한다는 것이다. 내가 무엇을 하려고 하는 것이 아니라 주님의 말씀 안에 붙어 있기만 하면 된다. 생명과 능력은 내가 창조하는 것이 아니다. 원줄기에 잘 붙어 있어야 좋은 열매를 맺을 수 있다. 우리도 예수님께 붙어 있고, 주님과 연합하는 삶을 살아야 한다. 이런 삶을 사는 사람만이 열매를 맺을 수 있다.

"무릇 여호와를 의지하며 여호와를 의뢰하는 그 사람은 복을 받을 것이라 그는 물가에 심긴 나무가 그 뿌리를 강변에 뻗치고 더위가 올지라도 두려워 아니하며 그 잎이 청청하며 가무는 해에도 걱정이 없고 그 결실이 그치지 아니함 같으리라."(렘17:7 - 8) 좋은 열매를 맺기 위해서는 춥든지 덥든지, 가물든지 그렇지 않든지 어떤 환경에서도 주님께 붙어 있어 열매를 맺는 것이 중요하다. "의인의 뿌리는 움직이지 아니하느니라."(잠12:13)

우리는 가뭄(어려움, 고난)의 때를 어떻게 준비하고 있는가? 아리조나 사막의 사과로 선인장은 주위에 뿌리를 깊게 내려 꽃을 피운다. 뿌리를 내리지 못하는 나무는 가시덤불이 되어 바람 따라 이리저리 밀려다닌다. 뿌리 있는 것과 없는 것은 이처럼 다르다. 당신은 어떤 모습이 되기를 바라는가?

주님께 뿌리를 깊게 내리려면 여호와의 말씀을 묵상하고, 그 말씀에 순종하는 삶을 살아야 한다. 그래야 복 있는 사람이요 열매를 맺을 수 있다. 예배, 기도, 봉사, 말씀연구 등은 예수님께 붙어 있는 방법들이다. 이것을 통해 예수님을 만나야 한다. 형식적인 만남이 아니라 생명력 있는 만남이다. 형식적인 예배를 드리면 주님과 연합할 수 없다.

살아 있는 가지가 열매를 맺듯 주님의 생명력을 가진 종들은 주님께 순종의 삶을 산다. 이기심을 버리고 주님의 뜻에 순종한다. 얼마나 순종하고 충성하는가 하는 것이 주님과 얼마나 연합해 살고 있는가, 생명력이 있는가를 보여 준다. 주께 붙어 있다는 것은 우리 신앙의 뿌리를 주님께 둔다는 것이다. 주님께 뿌리를 두면 좋은 열매를 맺지만 그렇지 않으면 나쁜 열매를 맺는다.

과수원 지기는 좋은 나무의 뿌리를 보호하고 나쁜 나무의 뿌리는 제거한다. 우리도 삶에 있어서 좋은 뿌리는 키우고 나쁜 뿌리는 제거한다. 뿌리까지 제거하지 않으면 다시 나오게 된다. 농부가 과수원 주변에 자란 아카시아 나무를 제거하기 위해 나무를 잘라 보기도 하고 심지어 태워 보기도 했다. 하지만 아카시아는 다시 자라났다. 그 뿌리까지 캐낼 때 비로소 아카시아는 더 이상 나오지 않았다. 뿌리는 그만큼 중요하다.

주님은 씨 뿌리는 자의 비유를 통해 "바위 위에 있다는 것은 말씀을 들을 때에 기쁨으로 받으나 뿌리가 없어 잠깐 믿다가 시험을 받을 때에 배반하는 것이오."(눅8:13)라고 하셨다. 우리는 뿌리가 튼튼한 신앙을 가져야 한다.

열매를 잘 자라게 하기 위해서는 잡초를 뽑아내야 한다. 잡초는 자라지 못하게 하고 열매를 맺지 못하게 하기 때문이다. "씨는 하나님의 말씀이요 길가에 있다는 것은 말씀을 들은 자니 이에 마귀가 와서 그들로 믿어 구원을 얻지 못하게 하려고 말씀을 그 마음에서 빼앗는 것이요 가시떨기에 떨어졌다는 것은 말씀을 들은 자니 지내는 중 이생의 염려(worries)와 재리(riches)와 일락(pleasures)에 기운이 막혀 온전히 결실치 못하는 자요 좋은 땅에 있다는 것은 착하고 좋은 마음으로 말씀을 듣고 지키어 인내로 결실하는 자니라."(눅8:11 - 14) 세상 염려, 부하게 되려는 각종 욕심과 행위, 쾌락을 좇는 삶 때문에 말씀에 가까이하지 못한다면 그것은 잡초 때문에 신앙의 열매를 맺기 어려움을 말해 준다.

"내 안에 거하라."(4절) '내 안에 거하라'는 말씀은 '붙어 있으라'는 말씀의 또 다른 표현이다. 이 말씀은 여러 가지로 해석될 수 있다.

• 내 안에서 활동하라

- 주님의 말씀 속에 거하라. 그것을 믿고 따라가는 삶을 살라. 말씀을 가장 우선시하는 삶을 살라.
- 내 삶을 주님께 의탁하라.

내 안에서 주님의 말씀이 살아 움직일 때 그때가 빛이 있는 때며, 말씀으로 주님의 영광이 드러날 때 그때가 바로 낮이다.

"너희가 내 안에 거하고 내 말이 너희 안에 거하면."(7절) 예수의 제자가 되려면 무엇보다 주님 안에 거해야 한다. '……하면(if)'이라는 것에 주목할 필요가 있다. 우리가 주님 말씀대로 주안에 거하지 아니하면 안 된다. 이것이 제자로서 가장 기본이 되는 사항이다.

우리가 주님 안에 거하기 위해서는 다음과 같은 여러 가지 노력이 필요하다.
- 하나님의 말씀을 들음
- 하나님의 말씀을 읽음
- 하나님의 말씀을 연구함
- 하나님의 말씀을 묵상함
- 하나님의 말씀을 암송함
- 하나님의 말씀을 순종함

이렇게 되면 하나님의 말씀을 이해하고 하나님의 뜻이 무엇인가를 알게 되며 하나님이 기쁘신 뜻대로 행동하게 된다. 이것이 제자 됨의 기초이다. 기초가 없으면 그 분야의 전문가나 선수가 될 수 없는 것처럼 제자 됨의 기초가 없으면 하나님을 기쁘시게 할 수 없다.

"무엇이든지 원하는 대로 구하라 그리하며 이루리라."(7절) '구하라'는 말씀은 기도하라는 뜻이다. 우리가 기도로 말하면 하나님은 들으신다. 마찬가지로 하나님이 말씀하시면 우리는 그 말씀을 들어야 한다. 이것이 바로 주 안에서의 커뮤니케이션이다. 그러나 무조건 들어 주시는 것은 아니다. 우리가 주님 안에 거하고, 주님의 말씀이 우리 안에 거할 때 기도하면 들어 주신다. 우리가 주님의 뜻에 맞게 행동하고 그 뜻에 맞게 구하면 주님은 응답하신다. 우리가 정욕으로 구하면 응답하지 않으신다. 잘못된 간구는 주님으로부터 외면을 당한다. 우리가 제자로서 삶을 살 때, 주님 뜻대로 살 때 주님 뜻대로 기도하면 들어 주신다. 무제한적인 기도응답이 있게 된다. 이것은 제자의 특권이다.

"너희가 과실을 많이 맺으면 아버지께서 영광을 받으실 것이요 너희가 내 제자가 되리라."(8절) 제자다운 삶을 살면 열매 맺는 풍성한 삶을 주신다. 사역의 기쁜 열매를 맺게 된다. 제자가 된다고 해서 금방 우리 생활의 모든 행동이 기적처럼 바뀌는 것은 아니다. 시간이 지나면서 달라진 모습이 나타난다. 어려운 가운데서도 기쁨의 삶을 산다. 인격적으로 변화하는 것이다. 이 달라진 모습을 가리켜 잠언에서는 명예라 했다. 세상 명예와 질적으로 다르다. 그것은 하나님이 주신 명예이다. 우리가 주님을 뵐 때 제자로서 변화된 모습을 주님 앞에 보여 주어야 한다. 주님은 자기의 제자를 아신다. "나는 너를 도무지 모른다." 하실 때 후회하면 이미 늦다.

주님의 제자인 것을 어떻게 알 수 있을까? 열매를 맺는지 맺지 않는지로 알 수 있다. 그리스도의 제자가 되려면 주님이 원하시는 열매를 맺어야 한다. 우리가 열매를 많이 맺기 위해서는 주님과 연합하는 삶을 살아야 한다. 우리가 성령의 열매를 많이 맺으면 세상에 영향을 미칠 뿐 아니라 하나님께는 영광을 돌리게 된다.

　제자로서 과실의 열매는 전도의 열매도 해당된다. 전도하기가 쉽지 않아 대부분의 사람들은 전도를 부담스러워하거나 심지어 그리스도인이 되어 받는 벌로 생각하기도 한다. 그러나 우리가 주님과 연합하는 삶을 살면 입을 열어 전도하고, 삶으로 주님을 알리지 않고서는 못 배길 정도로 변하게 된다. 주님을 사랑하기 때문이다.

서로 사랑하라

　9절과 15절 사이에서 강조되는 것은 '서로 사랑하라'는 것이다. 두 기둥과 같은 말씀. 샌드위치의 두 빵과 같다. 그 안에 어떻게 사랑할 것인가 내용을 담고 있다.

　"아버지께서 나를 사랑하신 것같이 나도 너희를 사랑하였으니 나의 사랑 안에 거하라"(9절) "내가 아버지의 계명을 지켜 그의 사랑 안에 거하는 것같이 너희도 내 계명을 지키면 내 사랑 안에 거하리라."(10절) 9절과 10절 모두에서 "나의 사랑 안에 거하라." 하신다. 예수님은 '아버지의 사랑 안에 거하라'는 계명에 순종하여 그의 사랑 안에 거하셨고, 그 사랑을 증명하셨다. 예수님도 우리에게 '그 사랑 안에 거하라'는 똑같은 계명을 주셨다. 따라서 그리스도의 제자들은 그 명령에 순종해야 한다. 우리가 하나님을 사랑하게 된 것은 하나님이 우리를 먼저 사랑하셨기 때문이다. 이제 우리가 주님을 사랑함으로써(loving him back) 사랑의 빚을 갚는 것이다. 계명은 우리의 순종을 요구한다. 우리는 때로 순종하고 싶지 않을 때도 있다. 그러나 그러한 기분에도 불구하고 일어나 순종하게 되면 그것은 큰 순종이 된다.

"내가 이것을 너희에게 이름은 내 기쁨이 너희 안에 있어 너희 기쁨을 충만하게 하려 함이라."(11절) 하나님과 밀접한 관계를 가진 사람, 말씀에 순종하여 많은 열매를 맺는 사람은 자족하며 기쁨에 충만한(complete joy) 생활을 산다. 행복은 상황과 연관되어 있다. 꼭 물질이 많다고 행복한 것은 아니다. 그리스도의 제자는 주님을 기쁘시게 하는 삶을 살면 어떤 고난이 와도 그 고통 속에서 기뻐할 수 있다.

전도를 하다 루마니아에서 15년 동안 투옥되었던 한 선교사는 비록 좁고 고통스러운 감옥에서라 할지라도 뛸 듯한 기쁨을 가지고 살았다고 고백하였다. 주님을 기쁘시게 하는 일을 했기 때문에 감옥에서도 기뻐할 수 있었다. 주님의 제자는 어떤 순간에서라도 하나님의 인도하심과 보호하심을 받는다. 이런 사실을 깨닫는 순간 넘치는 기쁨이 있다. 그 기쁨은 어느 누구도 빼앗을 수 없다. 그리스도인의 행복과 기쁨은 하나님과 동행할 때, 그리고 그 명령에 순종할 때 나온다.

"내 계명은 곧 내가 너희를 사랑한 것같이 너희도 서로 사랑하는 이것이라."(12절) 제자는 제자다워야 한다. 제자다움의 특징은 서로 사랑하는 데 있다. 어떤 사랑인가? 희생적 사랑이다. 목숨을 버리는 사랑이다. 예수님은 맞고 찢기고, 아버지로부터 철저히 버림받기까지 한 사랑을 우리에게 주셨다. 그것은 우리가 사랑받을 만한 가치가 충분해서가 아니다. 오히려 전혀 없음에도 불구하고 그 사랑을 주셨다. 그 사랑은 솔선적인 사랑이다. 우리가 그분을 먼저 사랑한 때문이 아니라 주님이 우리를 먼저 사랑하신 때문이다. 주님은 식사 중에 제자들의 발을 씻어 주셨다. 섬기는 리더십의 모범을 보여 주신 것이다. 어떤 이는 이를 '대야신학'이라 한다. 빌라도는 자기 잘못을 전가하기 위해 대야의 물을 사용했다. 그러나 예수의 대야는 섬김의 대야다. 의무가 아니라 사랑하는 마음으로 섬긴 것이다.

서로 사랑하라는 말씀에는 종이 아니라 친구로. 인격적으로 사랑하라는 의미를 포함하고 있다. "사람이 친구를 위하여 자기 목숨을 버리면 이에서 더 큰 사랑이 없나니 너희가 나의 명하는 대로 행하면 곧 나의 친구라 이제부터는 너희를 종이라 하지 아니하리니 종은 주인의 하는 것을 알지 못함이라 너희를 친구라 하였노니 내가 내 아버지께 들은 것을 다 너희에게 알게 하였음이라."(13 – 15절)

종은 여러 가지 특성을 가지고 있다. 종은 자기 권리가 없다. 소유권도 생명권도 없다. 그것은 주인에게 달려 있다. 종은 '예'만 하고 '아니요'라 말할 수 없다. 맡은 일에 충성하고, 죽기까지 복종해야 한다. 그러나 자발적이고 개인적인 사랑은 불가능하다. 그러나 친구는 다르다. 여기서 친구는 '법정에 함께 서다'는 뜻을 가지고 있다. 어려운 자리까지 함께한다. 주님이 친구라 하신 것은 우리를 끝까지 변호하신다는 것을 의미한다. 친구 되신 주님이 우리를 끝까지 지켜 주신다. 주님의 친구가 되려면 그분의 말씀대로 사랑하는 삶을 살아야 한다.

그리스도의 제자가 가진 특징은 주님의 사랑을 이 땅에서 실천하는 것이다. 우리는 먼저 주님의 사랑을 본받아 서로 사랑해야 한다. 우리가 서로 사랑하게 되는 것은 주님이 먼저 사랑을 보여 주셨기 때문이다.

세상은 교회가 어떻게 하고 있는가를 예의 주시하고 있다. 세상은 교회가 교회 안에서만 사랑하고 헌신하는 것을 보며 실망하고 있다. 제자들은 교회 안뿐 아니라 밖에도 그리스도의 사랑을 나눠 줘야 한다. 우리 자신이 아니라 우리 안에 거하시는 하나님의 사랑을 나눠야 한다.

예수님은 결론적으로 우리에게 권하신다. "너희가 나를 택한 것이 아니요 내가 너희를 택하여 세웠나니 이는 너희로 가서 과실을 맺게 하고 또 너희 과실이 항상 있게 하여 내 이름으로 아버지께 무엇을 구하든지 다 받게 하려 함이니라 내가 이것을 너희에게 명함은 너희로 서로 사랑하게 하려 함이라."(16 – 17절)

주님이 원하는 열매를 많이 맺어야 제자라 할 수 있다. 열매를 많이 맺을수록 하나님께 영광을 돌릴 수 있기 때문이다. 우리가 열매를 풍성하게 맺는 삶을 살려면 무엇보다 주님께 붙어 있고(abiding), 때때로 가지를 치며(pruning), 열매를 맺는 것(fruiting)이 중요하다는 것을 가르치고 있다. 주님께 잘 붙어 있으라. 우리의 뿌리는 주님이시다. 우리는 뿌리 되신 주님의 말씀을 잘 보호해야 한다. 우리 삶에서 좋은 뿌리는 보호하고 나쁜 뿌리는 뽑아낸다. 나무가 잘 성장하기 위해 뿌리 주변의 잡초를 제거한다. 신앙의 열매를 맺는 데 방해되는 요소를 제거한다. 하나님의 가지치기를 이해한다. 나의 삶에서 하나님의 가지치기를 이해한다. 그리고 영적인 추수 때를 기다린다. 영적인 성장은 시간이 걸린다. 버섯은 이틀 만에 성숙한다. 그러나 견고한 참나무가 되려면 60년이 걸린다. 풍성하고 가장 좋은 열매일수록 오래 걸린다.

그리스도의 제자는 생산적인 삶을 살아야 한다. 과실을 맺는 삶과 사랑을 하며 사는 삶이 바로 그런 삶이다. 요한복음은 포도나무와 가지는 서로 붙어 있어야 열매를 맺을 수 있음을 강조하고 있다. 가지의 특성은 나무에 붙어 있는 것이다. 가지끼리 연결해 있어야 영양분을 날라 줄 수 있다. 새 가지는 먼저 된 가지 위에 자란다. 이것은 먼저 된 자가 섬겨야 한다는 것을 보여 준다. 마찬가지로 그분의 제자인 우리도 주님과 인격적 관계를 가지고 남을 섬길 때 열매를 풍성히 맺을 수 있다. 그 열매는 사랑으로 나타난다. 안나 워너는 고백한다. "예수 사랑하심은 거룩하신 말일세. 우리들은 약하나 예수 권세 많도다." 그 사랑을 우리가 펴야 한다.

풍성히 맺는 가지가 되자. 열매를 맺지 못하는 가지, 방해가 되는 가지는 자르신다. 그렇다고 무조건 자르지는 않는다. 팔레스타인에서 축 늘어진 가지는 돌을 받쳐 놓아 일으켜 세운다. 가지가 더욱 힘을 얻어 열매를 맺도록 한다. 주님도 우리를 받쳐 열매 맺게 하신다. 성령의 아홉 가지 열매를 맺도록 하자. 한 열매라도 풍성히 열리면 주님은 우리를 귀히 보실 것이다. 그중에 사랑의 열매는 가장 중요하다. 이를 위해 주님께 붙어 있어 그분으로부터 풍성한 사랑을 공급받도록 하자. '나는 숨 쉴 때마다 주님을 사랑합니다. 나는 노래할 때마다 당신이 필요합니다.' 더 나은 제자가 되기 위해.

제5장 부자 청년과 삭개오, 바늘귀 통과하기

마태복음 19장에는 부자 청년에 관한 이야기가 소개되어 있고, 누가복음 19장에는 삭개오에 대한 이야기가 소개되어 있다. 누가복음 18장에도 부자 청년에 관한 내용이 소개되어 있다. 이 두 이야기는 서로 물질을 가진 사람들이라는 점에서 공통되고, 결과에 있어서는 서로 대비된다는 점에서 다르다.

예수님은 이렇게 말씀하셨다. "약대가 바늘귀로 들어가는 것이 부자가 하나님의 나라가 들어가는 것보다 쉬우니라."(마19:24) 바늘귀를 통과한 부자와 통과하지 못한 부자가 누구인가.

바늘귀를 통과하지 못한 부자 청년

우리는 부자 청년이라 하지만 성경에는 '어떤 사람' '청년' '관원'으로 소개되고 있다. 그 사람이 예수님께 달려와 무릎을 꿇고 물었다. "선한 선생님이여 내가 무엇을 하여야 영생을 얻으리이까?" 부자 청년은 예수님이 어떤 분이신가를 이미 안 사람이다. 그는 달려왔고, 그 앞에 꿇어앉아 물었다. 그의 질문은 아주 차원이 높은 것이었다. '무엇을 해야 영생을 얻으리이까?' 이 장에 앞서 누가 크냐며 논쟁을 했던 제자들을 무색게 한다. 그러나 그는 방법만 물었다. 영생하는 법을 알려 달라는 것이다. 영생은 하나님이 주시는 선물(엡2:5, 8)이요 믿음으로 받는 것(요3:36) 아니던가.

예수님은 "네가 어찌하여 선하다 하느냐 하나님 한 분 외에는 선한 이가 없느니라." 하셨다. 예수님이 선하시지 않다는 것이 아니라 청년이 예수님을 사람으로 알고 선생님이라 했으므로 사람으로서는 선한 자가 없음을 가르치는 말씀이다. 사람이 선하다 하면 영생을 얻는 데 지장이 있다. 선한 사람은 하나도 없기(롬3:12) 때문이요 예수님은 의인이 아니라 죄인을 구하려 오셨기(마9:13) 때문이다.

예수님은 "생명에 들어가려면 계명들을 지키라" 하셨다(마19:17). 그러자 어떤 계명이냐 다시 물었다. 구체적으로 알고 싶은 것이다. 주님은 "살인하지 말라, 간음하지 말라, 도적질하지 말라, 거짓증거 하지 말라, 네 부모를 공경하라, 네 이웃을 네 몸과 같이 사랑하라 하신 것이다." 하셨다. 그러자 청년은 자신만만하게 "이것은 내가 어려서부터 다 지켰나이다." 자기 행위에 대한 자부심이 있었다. 그리고 말한다. "아직도 무엇이 부족하니이까?"(마19:20)

예수님은 그를 보시고 사랑하는 마음으로 말씀하셨다. "네게 오히려 한 가지 부족한 것이 있으니 가서 네 있는 것을 다 팔아 가난한 자들을 주라. 그리하면 하늘에서 보화가 네게 있으리라 그리고 와서 나를 좇으라."(눅18:21) 그 청년에게 한 가지 부족한 것은 재물에 관한 것임을 지적하셨다. 이것은 어찌 그 청년에게만 해당될까. 우리 모두에게 해당되는 말씀이다.

마태복음 19장 21절에는 '한 가지 부족한 것이 있으니' 대신에 '네가 온전하고자 할진대'로 소개되고 있다.

예수님은 왜 이 말씀을 하셨을까? 그것은 부자 청년을 사랑하셔서 하신 말씀으로, 세상은 재물을 하나라도 더 모으는 데 관심을 갖지만 예수님은 그것을 사용하는 데 관심을 갖기 때문이다. 재물을 쥐고만 있으면 그 위력을 발휘할 수 없다. 하지만 그것을 사용할 때 그 위력이 나타나고, 선한 일에 사용할수록 그 위력은 크게 나타난다. 주님은 그 청년에게 재물을 쥐고 있지만 말고 그것으로 선용하도록 깨우쳐 주고자 하셨다. 움켜쥐면 쥘수록 그것은 자신의 것이 될 수 없다. 그러나 그것을 선히 사용할 때 그것은 자신에게 더 의미 있는 것이 될 수 있다. 주는 것이 받는 것보다 더 복이 있다 하지 않았는가. 재물의 진정한 가치는 주는 것, 곧 나눔에 있다. 돈으로부터 지배를 당하지 말고 돈을 통제하라. 돈이 나의 주인이 되는 한 바늘귀를 통과할 수 없다.

예수님의 이 말씀은 누가복음 12장 19-20절의 말씀, 곧 "내가 내 영혼에게 이르되 영혼아 여러 해 쓸 물건을 많이 쌓아 두었으니 평안히 쉬고 먹고 마시고 즐거워하자 하리라 하되 하나님은 이르시되 어리석은 자여 오늘 밤에 네 영혼을 도로 찾으리니 그러면 네 예비한 것이 뉘 것이 되겠느냐 하셨으니 자기를 위하여 재물을 쌓아 두고 하나님께 대하여 부요치 못한 자가 이와 같으니라"를 생각나게 한다. 하나님은 이 세상에 재물을 쌓아 두고 그것으로 만족하고자 하는 사람들을 비웃으신다.

'다 팔아 가난한 자들을 주라.' 초대교회에서는 물질로부터 자유로웠을 때 부흥했다. 그중에는 아나니아와 삽비라와 같은 사람도 있어 문제가 되었다. '그리고 와서 나를 좇으라.' 주고 난 다음 나를 따르라신다. 물질에서 해방된 다음 주님을 따르라는 것이다.

'다 팔아' 이 말씀은 지나치신 말씀이 아닐까 생각할 수 있다. 그럼 나는 무엇을 먹고 살라는 말인가. 그 이유는 여러 가지로 생각해 볼 수 있다.

첫째, 우리는 그런 말을 할 자격이 없지만 주님만큼은 그렇게 말할 자격이 충분하다. 하늘 영광 다 버리고 이 땅에 오셨고, 앞으로 우리를 위해 그 몸마저 주시기 때문이다. 예수님은 이 땅에 오신 부자 청년이다. 가난하고 죄 많은 우리를 위해 오셨다.

둘째, 하나님이 갚아 주신다. 예수님은 과부가 두 렙돈을 헌금한 것을 보며 자기의 모든 것을 드렸다고 하셨다. 다 팔아 드린 것과 같다. 왜 이렇게 할 수 있었을까. 하나님이 주실 것으로 믿었기 때문이다. 그 여인은 믿음의 눈을 가졌다. 마찬가지로 부자 청년으로 하여금 이 눈을 가지도록 한 것이리라.

셋째, 부자 청년이 다른 것은 다 좋지만 재물에 너무 매여 있었기 때문이었을 것이다. 재물로 인해 신앙생활이 손상되어서는 안 된다. 우선 인륜의 사랑부터 실천하라는 말씀이다.

'그 사람은 재물이 많은 고로 이 말씀을 인하여 슬픈 기색을 띠고 근심하며 가니라.' 부자 청년은 충격을 받고 돌아갔다. 그러자 주님은 제자들에게 말씀하셨다. 약대가 바늘귀로 들어가는 것이 부자가 하나님 나라에 들어가는 것보다 쉽다고. 우리는 근심하며 돌아가는 부자 청년이 되어서는 안 된다. 하나님의 나라와 이웃을 위해 우리 재물을 쓸 수 있는 사람으로 거듭나야 한다. 지금부터 조금씩 실천하라. 그러면 주님의 말씀이 내 안에 역사하실 것이다. 이제 물질로부터 자유로워짐을 얻으라.

바늘귀를 통과한 삭개오

누가복음 19장에 소개되는 삭개오 이야기는 앞의 부자 청년과 대조된다. 예수님은 이 장을 통해 우리로 하여금 삶에 변화가 필요하다는 것을 가르쳐 준다. 예수님은 세상 이목보다 우리의 변화를 원하신다. 예수님은 죄인을 찾아 구원하시기를 기뻐하신다. 구원받은 자의 행동은 어떻게 변해야 하는가?

예수님은 여리고로 들어가셨다. 여리고는 '하나님의 동산'이라는 뜻을 가지고 있다. 당시 여리고는 교통의 요로이자 무역의 중심지로 유대지방과 요단 강 건너 베레아 지방 간의 교역을 감시하고

통관세를 징수하는 세관이 있었다. 또한 요단 강 변이라 땅이 비옥해 종려나무 숲이 우거졌고 세계적인 발삼향 나무 산지였다. 따라서 세금에 관한 한 황금지역이었다.

여리고는 그동안 돈만 아는 도시였다. 그러나 오늘 주님이 이곳에 오심으로 여리고에 복음이 폭발하는 날이 되었다. 주님은 이곳에서 삭개오, 곧 잃어버린 자를 찾으셨다. 이것은 삭개오 한 사람만 보고 행하신 사건이 아니다. 인류 전체를 보신 것이다.

"지나가시더라"(1, 4절) 예수님은 베뢰아 지역 전도를 마치고 예루살렘으로 유월절을 지키러 올라가는 길에 여리고를 통과하셨다. 이 길은 마지막 예루살렘 입성 길이다. 이 길로 예수님이 예루살렘에서 십자가를 지셨기 때문이다. 마지막으로 가시는 이 귀한 걸음에 시간을 내어 그를 만나고자 하셨다. 이것은 단지 삭개오 한 사람에 국한된 사건이 아니다. 한 사람의 영혼을 살리는 것이 전 인류의 구원 사역과 직결되기 때문이다. 주님이 이 땅에 오신 목적이나 성령을 보내신 목적(행1:8), 그리고 우리를 향해 왕 같은 제사장이라 칭하신 목적이 같다. 그것은 구원사역에 동참하기 위함이다.

주님은 바삐 가시는 길이었다. 그러나 주님은 급한 것보다 중요한 것을 먼저 해야 한다는 것을 아셨다. 그것은 삭개오를 변화시키고, 여리고를 변화시키는 일이다. 만약 삭개오가 이 기회를 놓쳤더라면 회개할 기회를 얻지 못할 뻔했다. 주님은 그것을 아셨기 때문에 삭개오와 예수님의 만남은 더욱 귀하게 느껴진다.

여리고는 목적지가 아니라 지나가시는 길이었다. 그러나 지나가는 그 시간에 삭개오를 만나 주시고, 그를 위해 하룻밤 유하셨다. 이것은 지나가는 길이 아니라 삭개오를 만나기 위한 목적지였음을 보여 준다. 주님은 우리를 만나시기 위해 지금 여리고성으로 들어

오고 있다. 이 기회를 마지막 기회로 생각하고 주님을 찾을 필요가 있다. '만날 만한 때에 찾으라.' 지금 이 순간이 주님을 만나는 마지막 기회라고 생각하면 우리는 더욱더 간절한 마음으로 주님을 찾게 될 것이다.

삭개오는 이 여리고의 세리장이었다. 그는 국내세금을 징수하고, 통관세를 걷는 지방세관장으로 유지급 인사였다. 당시 세리는 현재와 같은 공무원 제도에 따른 합리적 세정에 입각한 것이라기보다 입찰제 방식이었던 것으로 인식되고 있다. 가장 많이 거두겠다고 하는 사람에게 낙찰해 특정지역의 세리직을 맡게 한다. 세리는 입찰 때 로마정부에 약속한 세금을 거두어 정부에 바쳤다. 로마정부의 앞잡이 노릇을 한 것이다. 그래서 당시 세리는 창녀, 이방인과 함께 천하게 여기는 대상, 증오의 대상이었다.

원래 삭개오라는 이름은 '의로운 자, 순결한 자, 정결한 자'라는 뜻을 가지고 있다. 부모는 그가 이 같은 삶을 살기 바랐지만 이름하고는 거리가 먼 생활을 해 왔다. 유대인이었지만 아브라함 자손으로 인정도 받지 못했다. 주님은 이런 삭개오를 만나고자 하셨다. 이 사람을 구원해야 한다는 일념으로. 결론적으로 말해서 그가 주님을 만나고자 한 것이 아니라 주님이 그를 만나고자 하셨다.

"또한 부자라"(2절) 그가 부자였다는 것은 부정한 방법으로 부자가 되었을 가능성이 높다는 것을 보여 준다. 당시 세리는 로마정부에 바치기로 약정한 금액 이상을 거두어 치부하였다. 그 대표적 방법이 토색과 늑징이다. 토색은 속여 먹는 것을 말하고, 늑징은 정한 과세 외에 사욕을 위해 부가세를 징수하는 것을 말한다. 보기를 들어 2억 원을 징수키로 했다면 그것의 3 - 4배, 심지어 12배까지 거두어 나머지를 착복한다. 그의 인생의 목적은 돈이었다.

세리는 철저히 소외되었다. 세리는 욕을 먹든 말든 수단 방법을 가리지 않고 돈만 많이 거두는 데 혈안이 되었다. 무자비한 삶을 산 것이다. 사람들은 세리를 가리켜 매국노, 비애국자, 죄인 취급을 했다. 그와 백성 사이에 인간관계가 깨어져 있었고, 민족을 팔고 착취를 했기 때문에 유대 공동체 일원으로 취급되지도 않았다. 그에게 있어서 재물이나 명예는 더 이상 평강의 조건이 되지 못했다. 그가 세리장이었다는 것은 얼마나 열정을 쏟았는가를 보여 준다. 키도 작고 놀림감이 되자 더 보복하기 위해 열심을 다했을 것이다. 그가 돈방석에 앉아 부자가 되었음은 물론이다.

삭개오는 지금까지 자기중심으로 살아왔다. 하나님보다 자신을 더 귀하게 생각하며 살았다. 이 같은 삶은 자기뿐 아니라 주님을 기쁘게 할 수 없다. 우리 인생의 목표는 나 자신이나 재물이 아니라 주님을 더 귀하게 보고 그 주님을 위해 사는 것이다. 자기연민보다 자기를 부정하는 삶을 사는 것이다.

"보고자 하되"(3절) 그는 예수님이 어떤 사람인가 보고자 했다. 삭개오는 예수님이 여리고 근처에서 구걸하는 소경을 고치셨다는 이야기도 들었을 것이다. 사회적으로 소외된 사람을 가까이하고 고치셨다는 것은 놀라운 사건이 아닌가. '죄인과 세리들의 친구'라는 주님에 대한 평판이 가깝게 느껴졌을 수도 있다. 그러나 더 중요한 사실은 그가 비록 부자가 되기는 했지만 마음이 편하지 않았다는 점이다. 그의 마음속에는 늘 영적인 갈망이 있었다. 그는 평소 예수님을 만나보고 싶었다. 그런데 그 예수님이 이곳을 지난다는 것이다.

예수님을 향한 그의 갈망은 '보고자 하되'에 숨어 있다. 특히 '하되'는 다른 표현으로 '찾는다'이다. 이 말은 "힘쓰다(눅6:19), 연구하다(눅22:2)"와 같다. 이것은 단순한 호기심이 아니라 뵙기를 열망하고, 그 기회를 찾고 기다렸음을 의미한다. 그러던 차에 예수님이 여리고를 지나신다는 말을 듣고 만사를 제치고 달려 나온 것이다. "앞으로 달려가"(4절)는 이것을 입증하고 있다.

"뽕나무에 올라가니"(4절) 여리고에 오셨지만 사람들이 많아 예수님에게 접근하기 어려웠다. 자신의 키도 작아 예수님을 보기도 어려웠다. 그는 한계에 부딪혔다. 평소 집착이 강한 그는 예수님을 포기하지 않았다. 예수님을 향한 열정을 버리지 않은 것이다.

그는 뽕나무, 곧 돌 무화과나무(sycamore fig tree) 위로 올라갔다. 뽕나무는 유대 동네에 흔히 있는, 우리 식으로 말하면 동네 정자나무와 같다. 이 나무는 일명 '애굽 무화과'라는 별명을 가지고 있다. 잎은 뽕나무 잎 같지만 열매는 무화과 열매와 비슷하다. 이 나무는 키가 크지 않지만 몸통이 커 쉽게 오를 수 있다. 지금도 여리고성 길가에 한 뽕나무가 있어 삭개오가 올라간 나무라고 말하기도 한다. 하지만 오랜 시간이 흘러간 것으로 볼 때 바로 그 나무라고 말하기는 어렵다.

우리가 주목해야 할 것은 뽕나무가 아니라 그가 그 나무 위로 올라간 사실이다. 그는 사람들로부터 주목을 받았다. 그는 아이가 아니라 세리장이다. 어른이 뽕나무 위로 올라갔다는 것은 아무나 할 수 있는 일이 아니다. 그러나 그는 그것을 개의치 않았다.

그는 헤쳐 나갈 길이 뭔가 생각하다 자기의 체면을 버리고 그 길로 나무 위에 오른 것이다. 어찌 되든 예수님을 보고자 하는 열정이 그를 나무 위로 오르게 한 것이다. 마음의 허무함을 주님으로 채우고자 한 열정이 그에겐 있었다. 그는 사람들로부터 로마의 협력자라는 이유로 증오와 미움의 대상이었다. 돈은 많았지만 세리는 회당에도 들어가지 못한다. 사람들로부터 왕따를 당하고 있는 그가 아닌가. 그가 높이 올라간 만큼 그에겐 영적인 문제가 컸고, 영혼의 갈망과 갈증이 있었다. 주님은 그러한 자를 찾으신다. 성령의 눈으로, 심령의 눈으로 현대의 삭개오를 보라. 그리고 그들에게 복음을 전하라.

"우러러 보시고"(5절) 예수님은 뽕나무에 있는 그를 알아보시고 "삭개오야 속히 내려오라 내가 오늘 네 집에 유하여야 하겠다." 하셨다. 삭개오의 이름을 부르고, 그의 필요를 채워 주고자 하시는 주님을 보라. 주님이 그를 우러러보신 것은 그가 물리적으로는 뽕나무 위에 있기 때문이기도 하지만 영적으로는 그의 믿음이 컸기 때문이다. 예수님은 그의 믿음을 우러러(크게)보셨다. 그리고 말씀하셨다. "삭개오야 속히 내려오라 내가 오늘 네 집에 유하여야 하겠다."(5절)

'삭개오야, ' 이렇게 부르신 것은 주님의 전지하심을 보여 준다. 예수님은 이미 그의 이름을 알고 부르셨다. 삭개오는 놀랐을 것이다. 예수님은 죄인의 이름 하나하나까지 관심을 가지신 분이시다. 주님은 우리 모두를 아실 뿐 아니라 우리 각 사람을 아신다. 주님은 우리의 이름뿐 아니라 우리가 어떤 처지에 있음을 아신다. 우리의 죄악 됨을 아시고, 우리가 한계에 처해 있음도 아시며, 우리가 얼마나 주님을 필요로 하는가도 아신다.

'속히 내려오라' 하심은 어서 그 죄인을 만나보고 싶은 예수님의 사랑의 마음이 담겨 있다. 이 명령은 하늘 높은지 모르고 솟아 있는 우리의 교만에서 빨리 내려와 낮아지고 겸손하라는 명령과도 같다. 자기만 잘났다고 기고만장한 우리를 향해 내려오라 하신다. 그리고 조용히 생각하라, 겸손하라, 낮아지라 하신다.

'오늘'은 문자적으로는 시간적 오늘이다. 영적으로는 하나님의 구원계획을 이룰 때가 왔다는 사상을 나타낸다. 주님에게 있어서 오늘은 삭개오를 위한 '나의 모든 날'이다. 내일은 없다. 오늘 주님을 만나야 한다.

삭개오를 보신 주님은 "네 집에 유하여야 하겠다."고 말씀하셨다. 이 말씀은 단지 멀리서라도 뵙기만을 바랐던 그에게 생각지도 않았던 은혜이다. 주님이 집에 온다는 것은 교제, 죄의 용서를 뜻을 담고 있다. 만나 주시고, 궁극적으로 용서하신다는 것이다. 주님의 말씀에 그는 급히 내려와 즐거워하며 영접했다. 명령대로 기꺼이 순복한 것이다.

주님과 단둘이 마주 앉은 삭개오. 그 마음속에 변화가 일기 시작했다. 내면의 변화, 근본적인 변화다. 옛 삭개오는 죽고 새 삭개오가 태어나는 변화다. 예수 그리스도 안에서 거듭나는 삭개오를 보라.

주님은 삭개오에게 무엇이 필요한지 아셨다. 그만큼 상대방 중심으로 생각하고 사셨다. 삭개오의 필요를 채우기 위해 하룻밤을 여리고에 묵으시는 것이다. 수십 년 동안 썩어 문드러진 그를 새롭게 하시고, 다시금 아브라함의 자손으로 회복시키고자 하신 것이다.

사람들은 예수님이 세리의 집에 들어갔다고 수군거렸다. 사람들은 평판이 나쁜 사람의 집에 가지 않으려고 한다. 그 집에 가면 자신의 이미지가 나빠지기 때문이다. 예수님은 자신의 이미지가 나빠지는 것에 대해 신경을 쓰지 않으셨다. 오히려 그 잃어버린 자에 대해 관심이 컸다. 예수님은 죄인을 부르러 오신 분이므로 그들의 비난에 개의치 않으셨다. 오히려 죄인의 편에 서 주셨다. 이것이 예수님과 우리의 차이이다.

그때 삭개오가 주님께 자신의 결의를 보였다. "주여 보시옵소서. 내 소유의 절반을 가난한 자들에게 주겠사오며 만일 뉘 것을 토색한 일이 있으면 4배나 갚겠나이다."(8절)

예수님은 외톨박이로서 삭막한 삶을 살아온 그를 감싸 주셨다. 예수님의 사랑을 받으면서 그는 자신을 철저히 회개하고 변화하기 시작했다. 주님이 죄인을 방문할 때마다 그것은 회개의 기회를 주시는 것이므로 주 앞에 선 죄인에게 있어야 할 것은 회개하고 변화하는 일이다. 주 앞에서 깨어진 그는 주님 앞에 섰다. '서서'는 서약하듯이 단호하게 말하는 자세이다. 깨어진 그가 얼마나 단호한 결단을 했는가를 보여 주는 것이다. '주여 보시옵소서'는 변화된 자신을 드러내는 선언적 언어이다.

'소유의 절반을 가난한 자들에게 주겠사오며.' 예수님을 찾아온 젊은 부자 관원은 재산을 팔아 가난한 자에게 주라는 가르침에 곤혹감을 표시하고 물러갔지만 삭개오는 결단성 있게 재산의 사회 환원을 선언했다. 자기 재산의 반을 팔아 가난한 자에게 주겠다고. 이것은 이미 그가 옛 삭개오가 아니라는 것을 보여 준다.

그것은 예수를 만난 이후 자신을 지배해 왔던 삶의 주인이 바뀌었기 때문이다. 지금까지 그의 삶의 주인은 돈이었다. 그러나 회개한 다음부터 돈은 더 이상 그의 주인이 아니었다. 주인이 바뀌자 그는 소유의 절반을 가난한 자에게 주겠다고 말한다. 주님을 만나 은혜를 받고 나니 물질관이 바뀐 것이다. 당시 랍비들은 소유의 5분의 1을 가난한 자에게 주면 족하다고 가르쳤다. 그럼에도 그가 절반을 주겠다고 한 것은 그의 각오가 얼마나 대단한가를 보여 준다.

그는 지금까지 그것을 소유하기 위해 살아왔다. 그의 소유는 자신의 모든 것이었고, 그것도 손가락질당하며 모은 것이었다. 그 소유를 절반이나 내놓겠다는 것은 돈의 주인은 내가 아니라 우리의 주인이신 하나님이며 자신은 관리자라는 것을 시인한 것이다. 이제 그 돈을 주인의 뜻을 따라 사용하겠다는 선언이다. 지금까지 그는 사람을 착취의 대상으로 보았다. 그러나 이제는 사람을 사람, 곧 더불어 살아야 할 대상으로 인식하게 되었다.

나아가 그는 토색한 것이 있으면 4배나 갚겠다고 말한다. 이것은 과거에 대한 사죄뿐 아니라 앞으로 그런 일은 절대 하지 않겠다는 것을 엄숙하게 선언하는 것이기도 하다. 토색한 일이 있었다면, 죄를 지었다면, 남에게 피해를 주었다면 과감히 청산하겠다는 것이다. 그는 직업뿐 아니라 삶에서의 삶의 변화를 시도했다.

토색은 부당하게 갈취한 돈을 말한다. 이런 경우 대개 그 액수의 5분의 1을 더 보태어 갚는 것이 보통이다(레6:1 – 5). 그럼에도 불구하고 4배로 갚겠다는 것은 엄중히 갚겠다는 것을 보여 준다. 이것은 그의 회개가 보통이 아님을 나타낸다. 그의 회개는 점진적인 변화가 아니라 급진적이고 혁명적인 변화로 나타나고 있다.

그는 회개의 합당한 열매를 맺었다. 물질과 영적 생활은 관계가 없는 것이 아니라 서로 연관되어 있다. 변화된 사람은 물질 사용에서도 변화가 있어야 한다. 그 물질을 자신을 위해서만 사용한다면 아직도 합당한 열매를 맺지 못하고 있는 것이다. 루터는 우리의 지갑이 회개해야 한다고 말한다. 삭개오는 회개하고 변화하자 지갑과 생활태도가 달라졌다.

주님을 만난 삭개오의 마음이 뜨겁게 열렸고, 철저한 회개와 변화가 있었다. 그의 마음이 주님을 영접함으로써 삶이 변화되었다. 하나님과 자신의 관계가 회복되었고, 이웃과의 관계도 회복되었다. 삭개오 사건은 구원받는 자가 생활에서 무엇이 달라져야 하는가를 보여 준다. 우리에게도 그러한 만남과 열림, 회개와 변화가 필요하다.

삭개오는 재산보다 예수님이, 천하보다 주님이 귀한 분임을 깨달았다. 그는 이 고백으로 돈으로부터 자유로움을 얻었다. 그는 더이상 재산을 움켜쥐지 않았다. 지금도 하나님보다 돈에 집착하는 그리스도인이 얼마나 많은가.

감격하신 주님은 그에게 말씀하신다. "오늘 구원이 이 집에 이르렀으니 이 사람도 아브라함의 자손임이로다. 인자의 온 것은 잃어버린 자를 찾아 구원하려 함이니라"(9, 10절). 바늘귀 통과를 선언하신 것이다.

죄인이 회개할 때 주님은 용서하신다. 주님이 오늘 이 집에 구원이 이르렀다고 선포하신 것은 삭개오의 진정한 회개를 보았고, 회개의 열매가 나타날 것을 아셨으며, 그의 회개로 온 집안에 변화가 일게 될 것도 미리 아셨기 때문이다.

또한 예수님이 그를 아브라함의 자손이라 선언한 것은 획기적인 변화를 통해 그가 더 이상 미움받을 대상이 아니라 하나님의 백성이 되었음을 선언한 것이다. 아브라함의 자손은 단지 육신의 혈통을 의미하기보다 믿음에 바탕을 둔 말이다. 이로써 그는 인간관계가 회복되고 그리스도 공동체 일원이 되었다.

예수님은 "인자의 온 것은 잃어버린 자를 찾아 구원하려 함이니라" 하셨다. 이것은 주님이 이 땅에 왜 오셨는가를 보여 준다. 인자는 다니엘서에서 말하는 인자요 바로 하나님의 아들이다. 인자는 구원을 위해 우리를 찾아오신 예수님이시다. 주님은 잃어버린 자를 위해 오셨다. 잃어버린 자는 복구할 수 없을 정도로 망가진 자를 말한다. 주님은 그런 자를 회복시키기 위해 오신다. 에스겔서를 보자. "그 잃어버린 자를 내가 찾으며 쫓긴 자를 내가 돌아오게 하며 상한 자를 내가 싸매어 주며 병든 자를 내가 강하게 하려니와"(겔34:16). 이것이 주님의 심정이요 본심이다.

잃어버린 자를 찾아. 여기서 '찾아'는 '찾기 위해'(zeetenai, to seek) 오셨다는 말이다. 동사 '제테오(zeeteo)'는 찾기 위해 '눈을 크게 뜨다'는 의미를 가지고 있다. 이것은 주님이 잃어버린 자에게 관심이 그만큼 크다는 것을 보여 준다. 잃어버린 자는 하나님의 자녀로서 그 위치를 떠나 있는 자이다. 주님은 그런 자들이 하나님께 돌아와 새롭게 변화되기를 바라신다. 주님은 죄인의 회개 눈물을 기뻐하신다. 눈물을 보일 때 그 눈물을 닦아 주시고, 마음을 찢을 때 그 상처를 기꺼이 감싸 주신다. 삭개오가 먼저 찾아온 것처럼 보이지만 실상 우리 주님이 먼저 삭개오를 찾아오셨다. 잃어버린 그를 회복하고 화목하기 위해서다.

"구원하려 함이니라." '구원하기 위해서'(sosai, to save) 오셨다는 말씀이다. 소사이의 동사 '소조(sozo)'는 '안전하고 좋은 곳으로 이르게 한다'는 뜻을 가지고 있다. 아담을 향해 "네가 어디 있느냐" 부르신 것도 구원을 위한 부름이다. 지금도 주님은 우리를 주의 자녀로 회복시키기 위해 찾고 부르신다. 그리고 상처 나고 찢긴 영혼을 하나님의 형상으로 온전히 회복시키신다. 예수님은 우리를 '제테나이'하고 '소사이'하기 위해 오셨다. 하나님은 말씀하신다. "너희는 나를 찾으라 그리하면 살리라."(암5; 4)

여리고를 떠나신 후 혼자 남은 삭개오에게 어떤 일이 있어났을까? 주님께 약속한 것을 모두 지켰을 것이다. 가난한 자를 위해 먹을 것과 입을 것을 내놓았고, 토색한 것이 있나 장부 들고 돌아다니며 주님께 약속한 대로 모두 갚았을 것이다. 이 사건으로 여리고가 뒤집어졌을 것이다. 한 사람이 변하면 여리고 성이 변한다.

주변의 컬러가 바뀐다. 우리가 변화하면 세상을 바꿀 수 있다. 우리에게도 희망이 있다. 오늘 바늘귀를 통과하라.

제6장 좁은 문으로 들어가라

예수님이 예루살렘을 향해 올라가시는 길이었다. 여행을 하시면서도 각 성 각 촌에 들러 가르치셨다. 놀면서 가는 길이 아니라 가면서도 말씀을 가르치시고 그들로 하여금 깊이 깨닫게 하셨다. 누가복음 13장의 말씀을 살펴보자.

구원을 얻지 못할 사람이 많다

그때 어떤 사람이 물었다. "주여, 구원을 얻는 자가 적으니이까?"(눅13:23) 구원 얻을 자가 많겠는지 적겠는지 하는 물음이다. 이것은 하나님 나라에 들어갈 사람과 들어갈 수 없는 사람이 있다는 것을 보여 준다. 이것은 우리의 관심사항이 아닐 수 없다.

주님의 첫 마디는 "좁은 문으로 들어가기를 힘쓰라"(24절)였다. 좁은 문은 생명으로 인도하는 문, 구원의 문이다. 예수님은 자신을 가리켜 '양의 문'이라 했다. 주님만이 길과 진리요 생명이 되시며, 그를 통해서만 구원을 얻기 때문이다. 좁은 문으로 들어간다는 것은 주님과 깊은 관계로 들어가는 것을 의미한다.

하나님 나라에 들어가기는 쉬운 것이 아니라 어렵다. 믿고 교회에 출석하는 것은 쉬울지 모른다. 하지만 지속적인 관계, 곧 깊은 관계 속으로 들어가 체험적 삶을 사는 것은 어렵다. 구원에 대한 확신을 가지고 세례를 받으며 성경을 읽는 것은 마치 결혼하는 것과 같다. 그러나 서로 사랑하며 결혼생활을 지속적으로 유지하는 것은 결코 쉽지 않다. 중요한 것은 주님과 깊고 지속적인 관계를 유지하며 사는 것이다.

"들어가기를 구하여도 못하는 자가 많으리라"(24절) 하나님 나라에 들어가고자 해도 들어가지 못하는 자가 많다는 것이다. 이 땅에서 주님과 지속적인 관계를 맺고 사는 것은 그만큼 어렵다.

문 닫힌 후에 들어오려면 이미 늦다

"문을 한 번 닫은 후에"(25절) 좁은 문은 항상 열려 있는 것이 아니다. 문 닫는 시간이 있다. 문 닫은 후에 찾으면 이미 늦다. 따라서 문이 열려 있는 지금 전도하고, 믿고, 깊은 신앙생활로 들어가야 한다.

깊이 있는 신앙생활로 들어가지 않으면 후회하는 일이 벌어진다. 이것은 문이 닫힌 후의 사건으로 이어진다. 문이 닫힌 후에 찾아와 문을 두드리며 소리친다. "주여 열어 주소서"(25절) 자기 신분을 밝히며 주님을 향해 문을 열어 달라고 간청한다. "나는 다윗의 자손입니다. 나는 어느 교회 장로입니다. 나는 어느 교회 집사로 열심인 사람입니다."

그런데 안에서 들리는 소리는 매우 냉정하다. "나는 알지 못하노라"(25절) 이 말씀은 문을 주인이 엄하게 통제하고 있음을 보여 준다. 그리고 준엄한 명령이 내려진다. "행악하는 자들아 나를 떠나 가라"(25절) 행악하는 자들은 형식적으로 신앙생활을 한 사람, 곧 하나님과 피상적 관계를 맺으며 적당히 살아간 사람을 가리킨다.

문을 두드린 사람은 말한다. "주님, 우리는 주 앞에서 먹고 마시지 않았습니까? 우리 길거리에서 가르치실 때 거기 있지 않았습니까?"(26절) 주 앞에서 먹고 마셨다는 것은 서로 잘 알 수 있는 사이임을 보여 준다. 그럼에도 주님은 그들을 도무지 알지 못한다고 하신다. 오히려 "나를 떠나가라" 하신다. 난감한 일이 벌어진다. 문 닫힌 후에 들어오려면 이미 늦다.

쫓겨난 자신을 상상해 보라

"너희가 아브라함과 이삭과 야곱과 모든 선지자는 하나님 나라에 있고 오직 너희는 밖에 쫓겨난 것을 볼 때에 거기서 슬피 울며 이를 갊이 있으리라."(28절)

아브라함, 이삭, 야곱, 선지자들은 이스라엘 사람들이 의지한 사람들이다. 이스라엘 사람들은 그들을 의지하며 언젠가 한을 풀 날이 올 것을 고대했다. 그러나 예수님에게 있어서 이스라엘 사람들은 그들이 의지한 사람들과는 전혀 다른 신앙생활을 하고 있다. 그들은 아브라함이 자신의 조상이며 자신을 가리켜 아브라함의 자손임을 자랑했다. 하지만 아무리 아브라함이 자기들의 조상임을 자부한다 해도 스스로 복음적 삶을 살지 않는 한 그들이 하나님 나라에 들어올 수는 없다. 인척이 잘 믿는다고 해서 신앙생활을 하지 않는 내가 구원받는 것은 아니다. 올바르게 신앙생활을 하고,

하나님과 깊은 관계에 들어가는 사람만이 하나님 나라에 들어간다.

"너희는 밖에 쫓겨난 것을 볼 때 슬피 울며 이를 갊이 있으리라"(28절) 복음 초청을 거부한 자는 쫓겨난다. 하나님 말씀대로 살지 않는 자는 결국 슬피 울며 이를 갈게 된다. 이 말씀은 '너희도 이 사람처럼 될 수 있다'는 경고의 말씀이다.

나중 된 자로서 먼저 될 자도 있다

주님은 말씀은 계속된다. "사람들이 동서남북으로부터 와서 하나님 나라 잔치에 참석하리니 보라 나중 된 자로서 먼저 될 자도 있고 먼저 된 자로서 나중 될 자도 있느니라."(29, 30절) 동서남북으로부터 온 사람들은 유대인에 국한되지 않음을 말한다. 세계 각국에서 믿은 자들이 그 나라 잔치에 참여하게 될 것이라는 말씀이다. 나중 된 자로서 먼저 될 자는 늦게 신앙에 입문했지만 하나님을 진심으로 믿고 그 말씀을 따르는 자를 가리킨다. 뒤늦게 믿었지만 하나님과의 관계가 형식적이 아니라 진지한 관계에 들어선 자이다. 나중 된 자로서 먼저 될 자도 있다는 것은 나중에 믿는 자들에게도 희망이 있음을 보여 준다.

이와 반대로 먼저 된 자로서 나중 될 자는 일찍부터 신앙생활을 했지만 형식적이어서 문제가 있는 신앙생활자를 가리킨다. 먼저 된 자가 오히려 나중 될 자도 있게 된다는 것은 오래 신앙생활을 한 교인들에 대한 주님의 경고이다. 믿음에 교만한 사람은 하나님으로부터 도외시된다. 먼저 믿었다고, 연조가 오래되었다고 자만해서는 안 된다. 마찬가지로 늦게 믿은 자도 남보다 열심을 품었다고 해서 교만하면 안 된다.

　중요한 것은 내가 하나님 나라 안에 있는가 아니면 밖에 있는가 하는 것이다. 하나님과 지속적인 관계를 가지고 있다면 그 나라 안에 있는 것이고, 형식적인 관계만을 유지하고 있다면 아직도 나는 그 나라 밖에 있다.

제4부

전도와 치유

제1장 고향에서 배척당한 예수님

회당에 들어가신 예수님

가버나움을 근거지로 갈릴리 호수 주변에서 활동하시던 중 고향 나사렛을 찾았다. 가버나움은 나사렛에 비해 인구가 많고 어업이 왕성한 곳이었다. 예수님은 세례 요한이 투옥된 후 본격적으로 갈릴리 전도를 시작했다.

나사렛에 오신 예수님은 안식일이 되자 규례대로 회당에 들어가셨다. '규례대로'는 안식일을 지키는 규례이다. 안식일을 지키고자 한 것이다.

회당은 바벨론 포로 시대에 생긴 제도이다. 귀향 후에도 각처에 회당을 짓고 거기서 하나님을 경외하는 일과 자녀교육을 실시했다. 자녀교육은 주로 율법을 가르쳤다. 예루살렘 성전에는 절기 때, 제사 드릴 때 올라갔고, 기타 행사는 모두 회당에서 거행되었다.

예수님이 성경을 읽으려고 서실 때 이사야의 글을 가져왔다. 당시에는 성경은 서서 읽고 강론은 앉아서 했다. '이사야의 글을 드리거늘'로 봐서 예수님께서 이사야서를 달라고 청한 것은 아닌 듯하다. 회당에서 차례로 보고 있었는지 우연인지 알 수는 없다. 예수님은 두루마리 성경 중 이사야의 글을 읽으셨다.

"주의 성령이 내게 임하셨으니 이는 가난한 자에게 복음을 전하게 하시려고 내게 기름을 부으시고 나를 보내사 포로된 자에게 자유를, 눈먼 자에게 다시 보게 함을 전파하며 눌린 자를 자유케 하고 주의 은혜의 해를 전파하게 하려 하심이라."(눅4:18-19)

그리고 말씀하셨다. "이 글이 오늘날 너희 귀에 응하였느니라." 자신에 대한 이사야의 예언이 이루어졌다는 말씀이다. '보라, 이 글의 해방자가 바로 나다.'는 선언인 셈이다. 교인들이 다 놀랐다.

회당 사람들의 부정적 반응

처음에는 사람들로부터 호응을 얻으셨다. 회당에서 말씀을 읽고 전하게 한 것 자체도 그렇거니와 예수님의 증거, 곧 자세히 풀어주시는 말씀을 '은혜로운 말'로 여긴 것이다(눅4:22). 그러나 갑자기 분위기가 바뀌더니 배척하기 시작했다. "누가 감히 이런 말을 할 수 있느냐?"는 것이다.

예수님의 출신배경을 아는 고향 사람들이 그의 출신을 들추어 의심하기 시작했다. 그의 은혜로운 말씀보다는 목수의 아들임을 내세워 멸시한 것이다. 그들은 외형으로만 알았지 메시아로 오신 인자임을 몰랐다. "저희가 다 그를 증거 하고." 이것은 그들이 예수의 출신성분을 따졌음을 말한다. 나아가 예수님의 '은혜로운 말을 기이히 여겨'로 나갔다. 목수의 아들이 어떻게 그런 말을 할 수 있느냐며 의심한 것이다. 그리고 노골적으로 비꼬기 시작했다. "이 사람이 요셉의 아들이 아니냐." 목수의 아들이 선지자라 한다며 멸시한 것이다. 고향 사람들은 예수님을 목수의 아들로만 보았지 메시아나 선지자로 보지 않았다. 굴러온 복을 차버린 셈이다.

고향에서 환영을 받은 선지자는 없다

의심에 대해 예수님은 이렇게 반응하셨다. "너희가 반드시 의원아 너를 고치라 하는 속담을 인증하여 내게 말하기를 우리의 들은바 가버나움에서 행한 일을 네 고향 여기서도 행하라 하리라."(눅 4:23) '의원아 너를 고치라'는 것은 "의원아 네 자신의 병부터 고치라"는 속담을 말한다. 우리나라 속담에도 "의원이 제 병 못 고친다"는 말이 있듯, 자신을 비꼬는 고향 사람들도 예수에 관한 소문을 듣게 될 것이고, 다른 곳에서 한 이적을 이 고향에서도 한다면 믿겠다고 할 것이라는 것이다. 듣고도 못 믿는 자는 보아도 믿지 못할 것이다(요4:46 – 54). 이것은 책망의 말씀이다.

나아가 주님은 "선지자가 고향에서 환영을 받는 자가 없다." 하셨다. 예수님도 구약의 선지자처럼 고향에서 인정을 받지 못했다. 자기들보다 잘되는 것을 싫어하기 때문일까, 아니면 메시아에 대한 저들의 기대가 달랐기 때문일까. 메시아는 목수의 아들이 아니라 아주 위대한 인물, 이상적인 인물이어야 한다는 식으로.

예수님은 선지자가 고향에서 환영받지 못한 사례로 구약의 엘리야의 경우와 엘리사의 경우를 들었다(눅4:24 – 27). 이 예를 든 것은 메시아를 배척하면 망한다는 것을 보여 주기 위한 것이다.

엘리야의 경우를 보자. 당시 이스라엘에 3년 6개월 동안 큰 흉년이 들었다. 그때 이스라엘에 과부가 많았지만 이스라엘의 과부보다는 이방 시돈 땅 사렙다에 사는 한 과부에게 보냄을 받았다. 이방 과부가 선지자 엘리야를 영접한 것이다. 사렙다는 사르밧으로 두로와 시돈 중간에 위치해 있다. 이로 인해 사렙다 과부는 흉년을 모르고 살게 되었고, 죽은 아들도 살림을 받았다(왕상17:8 - 24). 이방 과부에게 자비를 보이신 것이다. 바알을 섬기던 이스라엘은 심판을 받았고, 복음이 이방에 전해지는 계기가 되었다.

엘리사의 경우 당시 이스라엘에 나환자가 많았지만 그중에 한 사람도 깨끗함을 얻지 못했다. 그러나 이방 나라 수리아의 군대장관 나아만만 고침을 받았다. 이스라엘이 불순종하므로 이방 사람이 나음을 입은 것이다.

예수님은 구약 때 이스라엘 사람들이 선지자들의 말을 듣지 않은 잘못을 범한 것같이 메시아에 대해서도 잘못을 범하면 이스라엘 사람들, 특히 고향 사람들은 혜택을 받지 못할 것이라 했다. 고향 사람들에 대해서는 '회개하라, 깨어나라'는 경고의 메시지며, 이스라엘이 거부할 경우 구원은 이방에 미칠 것을 알리는 것이다.

폭도로 변한 나사렛 사람들과 예수님의 의연함

회당에 있는 사람들은 이 말을 듣고 다 분이 가득하여 폭도로 변했다. 완악하여 회개하는 마음이 전혀 없었다. 그들은 일어나 예수를 동네 밖으로 쫓아냈다. 나아가 동네 산 낭떠러지까지 끌고 가 밀쳐 내리고자 했다. 유대 동리는 대개 산 위에 건설되어 있어 동네 밖으로 나가는 곳에 낭떠러지가 있었다. 그곳에서 폭력을 행사하고자 한 것이다.

그러나 예수님은 그 소요 속에서도 의연하셨다. 위험을 무릅쓰고 선지자로서 할 말을 다하셨을 뿐 아니라 저들을 피하지 않고 그들 가운데로 지나가셨다. 그리고 나사렛을 떠나 가버나움으로 가셨다.

저들은 예수님을 발견했어야 했다. 말씀에 비추어 믿음의 눈을 가져야 했다. '의원아, 너나 고쳐라'가 아니라 '의원이신 예수님, 나를 고쳐주십시오.' 간구했어야 했다. 이것은 전도가 얼마나 어려운가를 보여 준다. 특히 이 세상에서.

제2장 70인 전도대 파송

예수님은 전도대를 두 번 파송한 적이 있다. 첫 번째는 갈릴리 전도시기로 12제자를 파송했다(눅9:1 – 18; 마10:1 – 42; 막6:7 – 13). 그리고 두 번째는 베뢰아 전도시기로 70인을 파송했다. 누가복음 10장 1절에서 20절은 예수님의 70인 전도대 파송에 대해 자세히 기록하고 있다.

70인 전도대를 파송할 때 예수님의 전도방법은 어떠했을까?

첫째, '달리' 70인을 세우셨다(1절). 이때 달리는 12제자 외에 따로 전도대를 만들었다는 것을 알 수 있다.

둘째, 보내셨다. "친히 가시려는 동네 각처로 둘씩 앞서 보내셨다."(1절) 둘씩은 증거의 수로, 전도는 협동의 일임을 알 수 있다. 서로 의지되고 힘이 되게 하신 것이다. 주님보다 앞서 보낸 것은 주님 가실 때 준비하도록 한 것이다. 우리의 전도는 주님이 오시기 전 미리 예비하는 작업임을 알 수 있다.

셋째, 기도하게 하셨다. "추수할 것은 많되 일꾼이 적으니 추수할 일꾼들을 보내어 주소서 하라."(2절) 이것은 우리가 기도할 내용이다. 추수는 종말 심판이 가까웠음을 의미한다. 구원받아야 할 사람은 많은데 주님을 위해 충실히 일한 일꾼이 적으니 더 보내어 달라 기도하라는 것이다. 70인도 부족하다. 이것은 전도의 필요성, 긴급성을 깨닫게 하고, 전도에 대한 우리의 사명을 일깨워 준다.

넷째, 전도자들에 대해 관심을 가지셨다. "내가 너희를 보냄이 어린양을 이리 가운데로 보냄과 같도다."(3절) 이리는 양을 공격하고 잡아먹는다. 이것은 전도를 할 때 핍박과 고난이 따를 것을 말해 준다. 전도할 때 정신을 바짝 차려야 한다. 낙심하기 쉽다. 그러면 잡아먹힌다. 이것은 전도가 얼마나 어려운가를 실감케 한다.

전도자에 대한 유의사항 지시

누가복음 10장 4절에서 11절까지는 전도자에 대한 유의사항을 지시하고 있다. 크게 4가지이다.

첫째, 재물에 대한 욕심, 모든 염려를 버리고 전적으로 하나님을 의지해야 한다. "전대나 주머니나 신을 가지지 말며"(4절) 전대나 주머니는 동전을 넣어 허리에 둘러 묶은 것이나 일용품을 넣었던 주머니를 가리킨다. 이것은 여분을 가지지 말라는 것으로 입고 신은 대로 그냥 떠나 증거하라는 말씀이다. 짐이 되어 전도에 지장을 주기 때문이다. 마태복음 10장 10절에서는 "두 벌 옷이나 신이나 지팡이를 가지지 말라" 하셨다. 왜 여분을 가지고자 하는가? 그것은 염려 때문이다. 굶게 되지는 않을까? 옷이 헤지면 어쩌나 이런저런 염려로 인해 준비한다. 주님은 그런 걱정은 하지 말라 하신다. 하나님께서 먹이시고 입히실 것이나 복음증거에만 열심을 다하라는 것이다. 신령한 것을 나눠 주면 육신의 것으로 보답을 받는다(롬15:27). 구원을 받은 자가 가만히 있지 않는다. 복음에 빚진 자가 도와준다.

그 증거가 7절에 있다. "그 집에 유하며 주는 것을 먹고 마시라 일꾼이 그 삯을 얻는 것이 마땅하니라." 8절도 마찬가지다. "너희를 영접하거든 너희 앞에 차려 놓은 것을 먹고." 전도는 보수를 바라는 것이 결코 아니다. 거저 받았으니 거저 주어야 한다. 이 삯은 주님께서 그들을 먹이신다는 것을 의미한다. 그러나 염려하지 말고 전도하라.

둘째, 지체하며 늑장을 부려서는 안 된다. "길에서 아무에게도 문안하지 말며."(4절) 인사도 하지 말고 안하무인격으로 행동하라는 것이 아니다. 시간을 지체하지 말고, 늑장을 부리지 말라. 전도는 급한 일이다. 전도자는 전도에 우선권을 두어야 한다. 이 일도 하고 저 일도 한 뒤에 하는 것이 아니다. 그래서 주님은 말씀하신다. "죽은 자는 죽은 자로 장사케 하라."

셋째, 어느 집에든 평안을 빌라. "어느 집에 들어가든지 먼저 '이 집이 평안할 지어다' 하라."(5절) 구원의 대상에 차별이 없다. 평안을 빌라. 평안의 복은 주님이 주시는 것이다. 그것은 복음을 받음으로 인한 것이다. 세상적인 것이 결코 아니다. 주님의 말씀은 복된 말씀이며, 구원은 하나님으로부터 받는 축복이요 참평안을 얻는 길이다. 우리는 이 영적인 축복을 받아야 한다. 세상적인 축복은 그저 부수적인 것일 뿐이다. 그것이 목적이 되어서는 안 된다. 샬롬, 곧 하나님으로부터 오는 평안을 빈다. 전도자가 할 일은 그 집에 주님이 주시는 평안(복음)이 깃들기를 기원하는 것뿐이다. 전도자는 축복을 바랄 수는 있어도 저주를 해서는 안 된다.

빈 결과 "만일 평안을 받을 사람이 거기 있으면 너희 빈 평안이 그에게 머물 것이요 그렇지 않으면 너희에게로 돌아오리라."(6절) '거기 있으면'은 '말씀을 받아 믿으면'이다. 그러면 구원이 그 집에 있다. 주님의 축복을 받는 것이다. 그러나 그가 말씀을 받지 않으면 그는 구원을 받지 못한다. "너희 말을 듣는 자는 곧 내 말을 듣는 것이요 너희를 저버리는 자는 곧 나를 버리는 것이요 나 보내신 이를 저버리는 것"이다(16절). 그러나 전도자는 전도의 책임을 다했으니 하늘의 상급이 있을 것이다. 하나님으로부터 위로를 받을 것이다.

끝으로, 하나님 나라가 가까이 왔음을 선포하라. 하나님 나라가 가까이 왔음은 복음이요 기쁜 소식이다. 세례 요한과 예수님의 공통된 첫 외침이 그 나라가 가까이 왔다는 것이다(마3:2; 마4:17). 이 외침에는 '하나님께서 너희와 함께하셨다'는 임마누엘 신앙, '너희도 하나님의 나라에 들어갈 수 있다'는 천국신앙, 그리고 예수 그리스도의 속죄 사역이 가까이 왔음을 선포하는 구속신앙이 담겨 있다. 그러니 하나님을 전적으로 신뢰하고, 자신의 죄를 회개하며, 은혜의 해의 선포를 기뻐해야 한다. 그리스도의 속죄는 우리로 하여금 그 나라에 들어갈 수 있는 길을 여는 것이다. 우리는 힘도 능력도 없다. 오직 주님만이 하실 수 있다. 그분만이 속죄의 능력을 가졌기 때문이다.

9절을 보자. "거기 있는 병자들을 고치고 말하기를 '하나님 나라가 너희에게 가까이 왔다' 하라." 병자들을 고치는 것은 은혜 가운데 하나이다. 주님의 나라와 그 능력이 이 땅에 임하는 것이다. 하나님 나라가 우리 가운데 임하는 것이다. 우리는 주님과 함께 영원히 살아야 할 존재들이다. 어떻게 그것이 가능할까? 주님을 우리 안에 모시는 것이다. 그리고 우리가 주님 안에서 사는 것이다.

그러나 다 복음을 받아들이는 것은 아니다. 11절을 보자. "영접지 아니하거든 말하되 '우리 발에 묻은 먼지도 너희에게 떨어 버리노라' 그러나 하나님의 나라가 가까이 온 줄 알라' 하고." 병 고침을 통해 하나님의 능력을 보고도, 복음을 듣고도 배척하며 회개하지 않는 사람에 대해서는 하나님께서 심판하신다. 그 심판의 결과가 그에게 돌아간다. 다 전했는데 듣지 않아 멸망당하는 것은 그 사람 책임이다(겔3:19; 33:9). 그가 믿지 않아도 하나님 나라는 온다. 믿는 자에게는 은혜와 평강의 축복이 임한다. 그러나 믿지 않는 자에게는 심판이 따른다. 전도자는 하나님 나라의 도래, 하나님의 말씀, 복음을 전하기만 하면 된다. 나중 일은 하나님께서 하신다.

불신앙에 대한 예수님의 경고

누가복음 10장 12절에서 15절까지는 불신앙에 대해 경고하고 있다. 특히 엄한 심판이 따를 것을 말하고 있다. "저 날에 소돔이 그 동네보다 견디기 쉬우리라."(12절) 심판 날 말씀을 받지 않는 동네, 사람에게 소돔보다 더 심한 심판이 있을 것이라는 말씀이다.

예수님은 이스라엘의 완악함을 지적하셨다. 13절과 15절에 "화 있을 진저 고라신아, 벳새다야, 가버나움아." 하셨다. 이 세 지역이 복음을 거절한 성읍들로 지칭된 것이다.

고라신은 가버나움에서 북쪽으로 약3킬로미터 떨어진 곳에 있다. 주님이 전도도 많이 했고, 이적도 많이 행하셨던 곳이다. 그런데도 받아들이지 않았다.

벳새다는 성경에 두 곳이 있다. 하나는 요단 강 남동쪽의 벳새다 율리아스이고, 다른 하나는 가버나움 근처 벳새다이다. 후자가 지목된 것으로 보인다. 이곳은 갈릴리 동북 연안의 어촌으로 베드로·안드레·빌립의 고향이다. 야고보와 요한도 이곳 사람이다. 주님은 이곳에서 전도도 많이 했고, 우리가 잘 아는 5천 명을 먹이신 사건(눅9:10 - 17), 소경을 고쳐 주신 사건(막8:22 - 26)도 이곳에서 있었다.

가버나움은 중공업도시이자 교통의 요지로 당시 문화가 가장 발달했던 곳이다. 예수님은 이곳을 전도활동의 거점으로 삼았다. 그러나 그곳 사람은 교만했다. "가버나움아 네가 하늘에까지 높아지겠느냐 음부에까지 낮아지겠느냐"(15절) 하신 주님의 말씀은 그들이 회개하지 않았고 교만했음을 말해 준다. 그곳 사람들은 제자들이 어부 출신의 비천함을 보며 그 말을 듣지 않으려 했다. 주님은 그들의 교만에 대해 심판할 것을 경고하신 것이다. 하나님은 교만을 가장 싫어하신다(잠6:17). 교만은 멸망의 선봉이다(잠16:18). 음부는 '하데스'로 구약의 경우 하늘과 반대되는 곳이자 죽은 이들의 장소로 여겨졌고, 신약에서는 믿지 않는 자들이 형벌을 받는 곳으로 간주되었다.

완악한 이스라엘에 대해 주님은 엄히 심판하실 것을 경고하셨다. "너희에게 행한 모든 권능을 두로와 시돈에서 행했더라면 저희가 벌써 베옷을 입고 재에 앉아 회개하였으리라."(13절). 두로와 시돈은 이방도시이자 퇴폐하기로 유명하다(사23; 렘25:22; 슥9:2 - 4).

그런 도시가 철저히 회개했으리라는 것이다. 악한 이방인들도 벌써 회개했을 것인데 너희들은 회개하지 않으니 그들보다 몇 배 나쁘다는 것이다. 14절은 "심판 때에 두로와 시돈이 너희보다 견디기 쉬우리라." 하였다. 너희는 두로와 시돈이 당하는 고통보다 더 큰 고통을 받게 되리라는 것이다.

우리는 지금 누구인가? 고라신인가, 벳새다인가, 가버나움인가. 우리는 지금 가버나움이 가졌던 교만과 불신앙으로 가득 차 있지 않은가. 하나님의 말씀보다는 자기의 생각을, 자기의 지위를, 자기의 가진 것을 자랑하며 앞세우지 않는가. 하나님보다 자기를 더 중시하지 않는가. 참으로 살기를 원한다면 하나님의 말씀을 순종하고 그분의 뜻대로 살아야 한다.

우리는 지금 두로와 시돈을 비난하지 않는가? 자기의 잘못됨, 완악함을 보지 못하고 남의 티, 남의 잘못만 보지 않는가. 자기의 티는 보지 못하고 남을 헐뜯고 비방하지 않는가. 우리는 먼저 자신을 돌아볼 줄 알아야 한다. 우리의 마음이 낮아질 때 겸손도 생기고 회개도 있게 된다.

전도자의 기쁨, 어디에 있어야 하는가?

17절에서 20절까지는 생각에 있어서 전도자(인간)와 예수님은 차원이 다르다는 것을 보여 준다.

우선 전도자는 주의 이름으로 사단을 굴복시켰음에 초점을 맞췄다. 사단을 굴복시킨 것은 권능을 행사하여 귀신을 쫓아낸 사건을 말하며, 이적에 해당한다. 보통 사람이 이적을 행했으니 얼마나 신기했겠는가. 70인들이 기쁨으로 돌아와 예수님께 이구동성으로 말한다. "주여, 주의 이름으로 귀신들도 우리에게 항복하더이다."(17절) 악령을 축출한 것을 스스로도 신기하게 여긴 것이다.

이에 대해 주님은 우선 인정을 하신다. "사단이 하늘로서 번개 같이 떨어지는 것을 내가 보았노라 내가 너희에게 뱀과 전갈을 밟으며 원수의 모든 능력을 제어할 권세를 주었으니 너희를 해할 자가 결단코 없으리라."(18 – 19절) 사단의 패배와 쫓겨남은 주님이 주신 권능이다. 주님이 함께하시므로 이 일이 가능했고, 주님이 함께하시는 한 이 일은 계속된다. 예수님의 오심과 하나님 나라의 도래로 사단은 더 이상 위협적인 존재가 되지 못한다. 주님이 능력을 주시면 귀신 쫓아내는 일 정도는 쉽게 할 수 있는 일이다. 놀랄 일이 못 된다. 그것이 전도자의 궁극적인 기쁨이 되어서는 안 된다.

그러면 전도자가 맞춰야 할 초점은 무엇인가? 예수님은 죄인이 회개하고 구원 얻은 것을 기뻐하고, 그들이 하나님 나라의 유업을 상속받은 것을 기뻐하라 하신다. "그러나 귀신들이 너희에게 항복하는 것으로 기뻐하지 말고 너희 이름이 하늘에 기록된 것으로 기뻐하라."(20절) '너희 이름이 하늘에 기록된 것'은 전도자 자신뿐 아니라 그가 전도하여 회개하고 구원함을 받은 자 모두 구원이 확보된 것에 감사할 일이다. 이것은 하나님께서 알아주는 것이다. 세상이 알아주는 것보다 하나님으로부터 인정을 받는 삶이 최고다. 전도자는 자기가 행한 일을 자랑해서는 안 된다. 전도는 의무이다. 전도자는 한 사람이라도 죄인이 회개하고 주께 돌아온 것을 기뻐해야 한다.

주님은 이 시대에 추수할 일꾼을 찾으신다. 주님을 위해 일할 종이요 전도자다. 주님의 일꾼들은 마땅히 그의 명령에 복종해야 한다. 세상 염려 때문에 하나님의 복음 전파가, 구원사역이 늦어지는 것을 원치 않으신다.

주님은 하나님 나라가 가까이 왔음을 선포하라 하셨다. 우리의 나라가 아니라 하나님의 나라다. 이제는 하나님의 말씀, 그의 뜻과 섭리가 우리 안에 역사하심을 믿어야 한다. 이를 위해서는 주 안에서 주와 더불어 살고. 변화하여 새사람이 되어야 한다. 그러면 더 이상 죄 속에서 신음할 필요가 없다. 주 안에서 사는 자는 하나님의 위로와 축복이, 거역하는 자에게는 엄한 심판이 따른다.

전도자는 자기가 행하는 일을 자랑할 것이 아니라 죄인이 회개하고 주의 백성이 된 것을 기뻐해야 한다. 나 같은 죄인을 주의 종으로 삼으시고 말씀을 전하게 하시며 주 안에서 살게 하신 것을 감사해야 한다. 우리는 모두 주의 종들이다. 주님이 피로 사신 종들이다. 종들은 어느 누구보다 주인으로 인정받아야 한다. 그의 생명책에 기록되는 사람이 되어야 한다. 이를 위해서는 주님의 뜻과 명령에 잘 순종해야 한다.

제3장 잃은 양 한 마리까지 찾으시는 예수

예수님이 이 땅에 오신 목적은 죄인을 구하기 위함이다. 의인에게는 의원이 필요 없고 죄인에게 의원이 필요하기 때문이다. 이것을 잘 나타내는 것이 바로 잃은 양 한 마리를 구하기 위해 애쓰는 목자의 모습이다.

소자 하나도 업신여기지 말라

누가복음 15장에 예수님의 잃은 양 비유가 소개되어 있다. 모든 세리와 죄인들이 예수님의 말씀을 들으러 가까이 나아왔다. 스스로 의인인 체하는 바리새인과 서기관들이 보기에 예수를 가까이하는 그들은 죄인들이다. 바리새인과 서기관들이 예수님을 비난하기 시작했다. "이 사람이 죄인을 영접하고 음식을 같이 먹는다." "악한 사람과는 접촉도 하지 말고 율법을 제시하지도 말라"는 랍비들의 가르침을 철저하게 지키고자 하는 바리새인과 서기관들로서는 마땅히 할 수 있는 말이다. 그들은 세리·병약자·천한 직업 종사자·가난한 사람들을 죄인으로 간주해 이들과 식탁을 함께하지 않았다.

바리새인들의 비난에 대해 예수님은 비유를 들어 답하셨다. 그리고 하나님은 죄인의 회개를 기뻐하신다는 것을 가르쳐 주었다. 예수님의 답은 아주 명쾌하다. "소자 하나도 업신여기지 말라"는 것이다(마18:6; 막9:42; 눅17:1). "누구든지 나를 믿는 이 소자 중 하나를 실족게 하면 차라리 연자 맷돌을 그 목에 달리우고 깊은 바다에 빠뜨리는 것이 나으니라." "삼가 이 소자 중에 하나도 업신여기지 말라 저희 천사들이 하늘에서 하늘에 계신 내 아버지의 얼굴을 항상 뵈옵느니라." "인자가 온 것은 잃은 자를 구원하려 함이니라." 이 모든 말씀은 잃은 자, 소자, 죄인에 대한 예수님의 깊은 관심을 보여 준다.

양은 어떤 성격을 가졌는가?

첫째, 양은 주인의 목소리를 안다. 그리고 주인만을 따른다. 목자가 앞서 가면 "양들이 그의 음성을 아는 고로 따라오되 타인의 음성은 알지 못하므로 타인을 따르지 아니하고 도리어 도망하느니라."(요10:4 - 5) 어떤 사람이 이스라엘을 여행하다가 양 떼를 모는 목자를 만났다. 그는 목자와 옷을 바꿔 입고 주인의 목소리를 흉내 내어 불러 보았다. 양은 그 말을 따르지 않고 도망했다. 그런데 목자가 부르니 복장이 다름에도 불구하고 즉시 따라왔다. 도스(M. Dods)의 이야기다.

예수의 참제자는 예수 그리스도의 목소리(교훈)를 잘 알고 그만을 따른다. 요한은 말한다. "누구든지 이 교훈을 가지지 않고 너희에게 나아가거든 그(미혹하는 자, 거짓 그리스도)를 집에 들이지도 말고 인사도 말라."(요한이서 10절)

둘째, 온순하고 비공격적이다. 온순함은 예레미야서에 잘 나타나 있다. "나는 끌려서 잡히러 가는 순한 어린양과 같으므로."(렘 11:19) 예레미야 선지자가 자신을 해치는 무리에 의해 해를 당하는 모습을 그린 것이다. 비공격성은 예수 그리스도의 모습을 그린 이사야서에 잘 나타나 있다. "그가 곤욕을 당하여 괴로울 때에도 그 입을 열지 아니하였음이여 마치 도수장으로 끌려가는 어린양과 털 깎는 자 앞에 잠잠한 양같이 그 입을 열지 아니하였도다."(사 53:7) 이것은 예수님의 고난을 예언한 것이다.

셋째, 양은 자기방어능력이 약해 언제나 관찰과 보호가 필요하나. 이것은 양이 야생동물이 아니라 사육동물임을 알 수 있다. "야곱의 남은 자는 양 떼 중의 젊은 사자 같아서 만일 지나간즉 밟고

찢으리니."(미5:8) 양은 사자의 밥에 지나지 않는다. 그래서 양에게
는 보호가 필요하다(욥30:1). 양 주위에 양을 지키는 개가 있는 것
도 이런 이유에서다. 양은 목자가 필요하고(요10:4, 27), 양우리가
필요하고(요10:1), 초장이 필요하고(출3; 1), 물이 필요하고(창29:8
－10), 휴식이 필요하고(시23; 2), 털을 깎아 주는 것이 필요하다
(삼상25:2, 11).

끝으로, 양은 애정이 깊다. "암양 새끼(우리아의 처)는 저(가난한
자)와 함께 있어 자라며 저의 먹는 것을 먹으며 저의 품에 누우므
로 저에게는 딸처럼 되었거늘."(삼하12:3) 이것은 우리아의 처를
범한 다윗을 책망하는 나단 선지자의 말이다. 이 말 속에서 양은
약한 사육동물로서 사랑을 받고 있는 존재라는 것을 알 수 있다.

구약에서는 이스라엘을 양으로, 신약에서는 그리스도 · 성도 · 교
회를 양으로 부른다. 양은 무엇을 상징하는가?

첫째, 죄가 없음을 상징한다. 다윗이 백성을 치는 천사를 향하여
말한다. "나는 범죄하였고 악을 행하였삽거니와 이 양 무리는 무엇
을 행하였나이까 청컨대 주의 손으로 나와 내 아비의 집을 치소
서."(삼하24:17) 다윗이 보기에 양은 죄가 없다는 것이다.

둘째, 그리스도를 상징한다. "세상 죄를 지고 가는 하나님의 어
린양을 보라."(요1:29) 이것은 세례 요한이 예수님을 지칭한 말이
다. 이 어린양은 예수님이다.

셋째, 그리스도인을 상징한다. 양과 목자의 비유(요10:1－16)는
이 관계를 잘 보여 주고 있다.

끝으로, 교회를 상징한다. "너희는 자기를 위하여 또는 온 양 떼
를 위하여 삼가라 성령이 저들 가운데 너희로 감독자를 삼고 하나
님이 자기 피로 사신 교회를 치게 하셨느니라."(행20:28) 교회는

양 떼가 있는 곳이다.

잃은 양은 누구인가?

첫째, 우리에 들지 않은 양이다(요10:16). 목자는 아침에 문을 열고 자기 양의 이름을 각각 불러 인도하여 낸다(요10:3). 당시에는 하나의 우리에 주인이 다른 양 떼들을 함께 넣어 두었다. 이름을 불러 다른 목자의 양과 구별했다. 목자들이 양들에게 이름을 지어 주는 것은 당시 팔레스타인의 풍습이었다.

주님은 성도 하나하나를 다 기억하고 아신다. 성도는 바로 주님이 아신 바 된 사람들이다. '안다'는 것은 지적으로, 피상적으로 아는 것이 아니다. 인격적으로 친밀하게 아는 것이다. 주님은 말씀하신다. "나는 선한 목자라 내가 내 양을 알고 양도 나를 아는 것이 아버지께서 나를 아시고 내가 아버지를 아는 것 같으니."(요10:14 – 15)

그러나 요한복음 1장 16절을 보면 우리에 들지 않은 양이 있다. 이 양은 목자의 보호가 필요한데 그 보호 밖에 있는 양들이다. 주님은 그 양들에 대해 관심을 가지신다.

둘째, 한 목자에게 있어야 할 양이다. "내가 인도하여야 할 터이니 저희도 내 음성을 듣고 한 무리가 되어 한 목자에게 있으리라."(요10:16) 양은 목자이신 주님의 음성만을 듣고 예수 그리스도의 공동체에서 살며 언제나 예수 그리스도에게 속해 있어야 한다. 그렇지 못한 양이 있다면 그 양에 대해 주님의 관심이 높을 수밖에 없다.

셋째, 곁길로 간 양이다. 곁길로 가게 된 원인은 여러 가지일 수 있다.

무엇보다 잘못 인도된 탓이 있다. 목자들의 잘못이 있을 수 있다는 것이다. 예레미야서를 보자. "내 백성은 잃어버린 양 떼로다 그 목자들이 그들을 곁길로 가게 하여 산으로 돌이키게 하였으므로 그들이 산에서 작은 산으로 돌아다니며 쉴 곳을 잊었도다."(렘 50:6). 양 떼들이 쉴 곳을 얻지 못하며 방황하게 된 것은 목자들의 탓도 있다는 것이다. 예레미야 당시 하나님을 잊어버리고 하나님께 죄를 범한 목자들이 있었다. 그들은 하나님보다 다른 것에 소망을 둔 지도자들로 결국 이스라엘 백성을 방황하게 만들었다. 에스겔서에서도 이런 목자들이 보인다. "목자들이 내 양을 찾지 아니하고 자기만 먹이고 내 양 무리를 먹이지 아니하였도다."(겔34:8)

예수님은 삯군목자를 그 예로 드셨다. 삯군목자란 목자의 심정 (희생)은 없고 다만 삯만을 위해 일하는 사람이다. 바리새인과 사두개인이 이에 속한다. 주님은 말씀하신다. "삯군은 목자도 아니요 양도 제 양이 아니라 이리가 오는 것을 보면 양을 버리고 달아나나니 이리가 양을 늑탈하고 또 해치느니라. 달아나는 것은 저가 삯군인 까닭에 양을 돌아보지 아니함이니."(요10:12 – 13)

하나님을 오히려 대적하는 악한 지도자, 하나님보다 다른 곳으로 인도하는 적그리스도, 예수 그리스도의 교훈을 저버리는 사람들은 참목자가 될 수 없다. 그들은 미혹하게 만든다. 우리의 선한 목자는 오직 예수 그리스도시다. "내가 문이니 누구든지 나로 말미암아 들어가면 구원을 얻고 또는 들어가며 나오며 꼴을 얻으리라." (요10:9)

그 다음, 잘 인도되기는 했어도 가는 도중에 웅덩이나 비탈길에 빠진 양이다. 목자를 따라가다가 미처 알지 못한 위험지구에 빠질 경우도 있다. 우리도 믿음생활 하다가 실수할 경우가 있다. 신앙생활이라는 초장에도 마귀는 항상 덫을 깔아 놓아 빠져들게 한다. 신앙생활을 하다가도 자기도 모르게 유혹에 빠진다. 은혜를 더 사모한다고 이상한 집단에 빠지는 경우도 있다. 거기에는 좋은 말씀도 있지만 위험도 있다. 제주도에서 독소가 있는 고사리를 먹고 사슴이 죽는 것처럼 잘못 길을 들어서면 독소를 만나게 된다. 멍청스럽거나 기민하지 못한 양은 길을 잃었을 때 헤어 나오려 하기보다 그대로 주저앉는다. 웅덩이에 빠지면 웅덩이 속에 그대로 있는다. 결국 죽음이 그를 삼키려 들 것이다.

목자와 떨어져 있는 양일수록 더 목자의 음성을 들어야 한다. 목자의 지시에 더 민감해야 한다. '가자' 하면 즉시 가고, 위험한 곳이 있다 하면 피하고, 독이 있다 하면 먹지 말아야 한다. 목자의 지시가 때로 단조롭고, 거추장스러워도 따라야 안전하다. 성경을 읽을 때 단조로움을 느낄 때가 있다. 특히 구약에서 제사의 자세한 설명을 만날 때나 신약의 경우 누가 누구를 낳고의 마태복음 첫 부분에서부터 따분해질 수 있다. 따분하다며 읽지 않게 되면 말씀이 그 마음에 자라지 못하게 된다. 또 교회생활이 세상생활 하는 데 거추장스럽게 여겨질 경우도 있다. 심하면 교회를 떠나기도 한다. 악한 마귀가 그 마음에 가라지를 뿌리면 그에 동화되기 쉽다. 그리스도인의 삶은 언제나 경계가 필요하다. 늘 하나님의 말씀을 읽고 듣고 안고 살아야 위험에 빠지지 않는다.

넷째, 하나님의 피조물로서 죄 속에 있는 사람들이다. 하나님의 피조물은 하나님의 자녀들을 가리키며, 죄 속에 있는 사람들은 영적 의미에서 문제가 있음을 말한다. 하나님은 그들의 처지, 곧 죄에 빠진 이유와 상황을 잘 알고 계신다. 그들은 하나님의 품속에서 벗어나 있고, 그 품속으로 돌아와야 할 존재들이다. 하나님은 그들을 알고 계시고, 그들의 이름을 기억하시고 찾으신다.

다섯째, 하나님의 자녀로서 세상으로부터 버림받은 가난하고 불쌍한 영혼들이다. 그들은 오늘도 바리새인들로부터 손가락질당하며 살고 있다. 하나님은 그들이 외면당하고 있음을 아신다. 그들을 갈 곳을 알지 못하여 방황하고 있다.

잃어버린 양은 바른 위치에 있지 못하다. 바른 신앙생활을 할 수 없고, 바른길로도 가지 못한다. 그 양은 위험한 상황에 있다. 자기 혼자의 힘으로는 도저히 빠져나올 수 없다. 주님의 능동적인 도우심이 필요하다.

잃은 양을 찾는 목자

누가복음 15장은 이 잃어버린 양을 향한 목자의 심정을 그대로 적고 있다. "아흔아홉 마리를 들에 두고 그 잃은 것을 찾도록 찾아다니지 아니하느냐."(눅15:4)

하나님은 잃은 양을 찾아 나서신다. 찾기 위해 적극적으로 행동하시는 분이 바로 하나님이시다. 목자는 잃은 양을 찾기 위해 온 들을 헤맨다. 하나님의 직접 행동은 죄인을 구원하기 위해 이 땅 위에 독생자 예수 그리스도를 보내 십자가에서 희생 제물로 드리신 것으로 나타난다. 우리를 구원하시는 하나님을 보라. 예수님은 말씀하셨다. "건강한 자에게는 의원이 쓸데없고 병든 자에게라야 쓸 데 있나니 내가 의인을 부르러 온 것이 아니요 죄인을 불러 회개시키려 왔노라."(눅5:31 – 32) 예수님은 죄인을 회개케 하고, 주께 돌아오게 하며, 죄인을 찾아 구원하기 위해 오셨다. 탕자의 비유에서는 기다리는 아버지, 곧 회개하고 돌아오기를 손꼽아 기다리는 하나님의 사랑으로 묘사되어 있지만 다른 비유에서는 찾아오시는, 양들의 능력과 처지와 곤경, 그리고 그 아픔을 잘 아시기 때문에 찾으시는 하나님으로 묘사되어 있다.

하나님은 어려운 처지에 있는 양을 더 사랑하신다. 속담에 열 손가락을 깨물면 아프지 않은 손이 없다는 말이 있다. 다 귀하다는 말이다. 그러나 다 괜찮고 한 손가락이 아프면 그 아픈 손가락에 관심이 가게 마련이다. 그래서 99마리는 들에 두고 잃은 양 한 마리를 애타게 찾는 것이다. 주님은 왜 그 양에 대해 더 관심을 두고 찾으시는가? 그 양은 스스로 그 위험 상황을 극복할 수 없기 때문이다. 목자의 도움이 필요하다는 것을 주님은 아신다. 마찬가지로 죄인은 스스로 죄를 없이 하거나 자기를 구원할 수 없다. 따라서 하나님의 도움, 곧 구속의 은총이 필요하다.

성도가 죄나 어려움에 처해 있을 때 성령께서는 더욱 우리를 위해 간구하신다. 탄식하신다. 이것은 그만큼 우리를 사랑하신다는 말이다. 성령은 우리로 하여금 회개하고 구원을 얻도록 역사하신다. 이것은 하나님의 역사요 하나님의 주권적 행사시다.

양을 찾으면 목자는 기쁘다. 목자는 잃은 양의 잘잘못을 따지지 않는다. 왜 그랬느냐고 다그치지도 않는다. 잘못을 묻지 않고 무조건 구하고 본다. 무조건적인 속량이다. 죄인이 회개하고 돌아올 때도 마찬가지다. 목자의 사랑이 양의 모든 허물을 덮는다. 무조건 용서하고 사랑하는 것이다. 주님은 완전히 용서하신다. 우리의 상태를 흰 눈보다 깨끗이 하신다.

목자는 기뻐 잃은 양을 어깨에 메고, 이웃을 불러 잔치를 벌인다. 이 극적인 표현은 기쁨과 감격이 얼마나 충만한가를 보여 준다. 목자의 기쁨은 하나님의 기쁨이요, 이웃의 기쁨은 하늘나라의 기쁨이다. 주님은 말씀하신다. "내가 너희에게 이르노니 이와 같이 죄인 하나가 회개하면 하늘에서는 회개할 것이 없는 의인 아흔아홉으로 인하여 기뻐하는 것보다 더하리라."(눅15:7) 하나님은 죄인의 회개를 더 기쁘게 받으신다.

잃은 양 한 마리에 대한 목자의 깊은 사랑처럼 죄인, 소자에 대한 하나님의 사랑은 개인적이고 깊다. 죄인들, 소외되고 버림받은 사람들에 대한 주님의 관심은 그렇지 않은 사람보다 더 깊다. 그것은 다른 아흔아홉을 사랑하지 않기 때문이 아니다. 급히 구원받아야 할 존재에 대한 급박함이 있기 때문이다.

목자가 잃은 양의 이름을 부르며 온 들을 찾아 헤매듯 주님은 지금도 우리의 이름을 부르며 찾고 계신다. 주님은 우리 한 사람 한 사람에 대해 그만큼 관심을 가지고 계신다. 우리는 수십억의 인구 가운데 가장 작은 하나의 수가 아니라 주님이 아신 바 된, 부름받은 귀한 존재들이다. 그 귀한 존재가 좌절과 허탈에 빠졌을 때 주님은 팔을 내미시고 우리를 안으신다.

잃은 양 한 마리를 찾은 목자의 기쁜 감격처럼 주님은 당신이 돌아온 것을 기뻐하고 천국잔치를 준비하고 계신다. 주님은 당신을 어깨에 메고 기뻐하실 것이다. 천사들을 불러 함께 기뻐하실 것이다. 하늘에 기쁨과 감격이 충만하고, 당신의 가슴에도 그 기쁨이 차게 될 것이다. 그리고 하나님 나라의 백성이 된 것을 자랑스럽게 여길 것이다.

이 모든 것을 누가 하는가? 그것은 예수 그리스도다. 에스겔서 34장을 보자. "내가 한 목자를 그들의 위에 세워 먹이게 하리니 그는 내 종 다윗이라 그가 그들을 먹이고 그들의 목자가 될지라."(겔34:23) 같은 장 11절과 12절은 잃은 양을 찾는 주님의 모습이 예견되어 있다. "내가 내 양을 찾고 찾되"(11절) "내 양을 찾아서 흐리고 캄캄한 날에 그 흩어진 모든 것에서 그들을 건져 낼지라."(12절) "찾고 찾되." 찾는다는 것을 거듭 강조하고 있다. 앞서의 '찾고'는 '다라쉬'이고, 뒤의 '찾되'는 '비케르'이다. 특히 비케르는 자세히 살펴 찾는 것이자 애정을 갖고 돌보는 보호의 의미를 가지고 있다.

예수 그리스도는 우리를 알 뿐 아니라 우리의 아픔을 아시고 질고를 대신 져 주신다. 예수 그리스도는 양을 위하여 목숨을 버리는 선한 목자시다. 그는 우리의 목자장 되시고, 우리는 그의 양이요 백성이다. 그분만이 우리를 죄에서 속량하실 수 있다. 그만이 우리를 끝내 안아 주실 수 있다. 예수 그리스도는 우리의 소망이요 피난처시다. 예수님은 말씀하신다. "이와 같이 소자 중에 하나라도 잃어지는 것은 하늘에 계신 너희 아버지의 뜻이 아니니라."(마18:14)

제4장 치유하고 살리시는 예수

우리를 살리시는 예수

예수님이 전도와 함께 이뤄진 중요한 사역 가운데 하나는 치유이다. 예수님은 전도 여행 중 많은 사람을 살리셨고, 그 치유의 기적을 통해 하나님의 나라가 이 땅에 임했다는 것을 실증하셨다. 예수님은 옥중의 세례 요한에게 전하라는 말씀 가운데 "죽은 자가 살아나며"라는 말씀을 하셨다(마11:5). 주님의 주요 사역 가운데 하나가 바로 우리를 살리시는 분이라는 사실이다. 그 주님은 그때뿐 아니라 지금도 잠자는 우리 영혼을 깨우시고 살리신다. 우리의 연약함을 강하게 하신다.

누구복음 7장에는 과부의 죽은 아들을 살리신 장면이 소개되고, 누가복음 8장에는 회당장 야이로의 딸을 살리는 장면이 나온다. 예수님은 죽은 자를 살리시면서 "일어나라" 하셨다. 관 속에 있는 과부의 아들을 향해 "에게르세티"라 하셨고, 야이로의 딸에게는 "에게이슈"라 하셨다. '에게'가 바로 일어나라는 명령어이다. 에게이슈를 아람어로 하면 '달리다쿰'이다. 달리다(talitha)는 소녀라는 뜻이고, 쿰(koum)은 일어나라는 말이다. 죽은 나사로를 살리실 때 주님은 "나사로야 나오라"라 부르셨고, 베드로도 죽은 다비다를 향해 "다비다야, 일어나라" 했을 때 주님은 그로 살아나게 하셨다. 우리가 실의에 빠졌을 때, 방황하고 있을 때, 그리고 정신적으로나 육체적으로 병들어 있을 때 주님은 우리를 향해 "일어나라" 하신다.

회당장 야이로의 딸 사건

회당장 야이로의 딸을 고쳐 준 사건은 거라사의 귀신 들린 자를 고치신 후 갈릴리 바닷가에 계실 때 일어났다. 많은 사람들이 모여들고 있을 때 회당장 야이로가 나타났다. 누가복음에는 야이로를 회당장으로 묘사하고 있고(눅8:41), 마가복음에는 여러 회당장 가운데 한 사람으로 묘사하고 있다(막5:22).

회당은 유대인 신앙생활의 중심지로 안식일 집회뿐 아니라 교육적 용도로도 사용된다. 회당장은 회당 예배를 주관하고, 회당 건물을 관장하며 돌보는 인물이다. 회당의 지도자 격이다. 일반적으로 3 − 7명으로 회당장 회의가 구성된다. 그러므로 한 회당에 회당장이 1명일 수도 있지만 여러 명일 수도 있다. 야이로는 이 회의기구의 일원으로 판단된다(마9:18).

야이로에게는 12살 먹은 외딸(눅8:42)이 있었다. 당시 여자 나이 12살이면 시집을 갈 수 있는 연령에 속한다. 평균수명이 30 − 40세로 수명이 짧았기 때문이다. 아람어 '달리다'는 혼기의 처녀를 말한다. 야이로가 자기의 딸을 가리켜 "내 어린 딸이 죽게 되었으니"(막5:23)라고 한 것에서 '어린'은 '젊은'이라는 뜻을 가지고 있다.

그 딸의 상태에 대해 누가복음 8장 42절에서는 죽어 가는 모습을 그렸고, 49절에서는 죽은 상태를 묘사하고 있다. 죽어 감은 생사가 경각에 달려 있음을 나타낸다. 이땐 인간의 무능력함이 더욱 드러난다. 어찌할 수 없어 당황스럽게 만들기 때문이다. 그러나 죽음은 인간의 한계를 초월한다. 이미 죽었기 때문이다. 이때는 인간의 힘이 아니라 예수님의 능력이 드러날 때다. 믿음의 위력이 얼마나 큰가를 보여 줄 절호의 기회라는 것이다.

이 상황에 갑자기 혈루증을 앓는 여인의 사건이 중간에 삽입된다. 야이로의 딸 사건이 풀어야 할 큰 보따리 사건이라면 혈루증을 앓는 여인의 사건은 작은 보따리 사건이다. 그러나 이 두 사건은 치유에 믿음이 매우 중요하다는 것을 보여 준다는 점에서 서로 연관된다. 비록 기적을 바라는 약한 믿음의 소유자들이지만 나음을 얻기 위해 필요한 것은 주님에 대한 전적 신뢰라는 것을 가르쳐 준다. 야이로나 혈루증을 앓는 여인은 완전한 믿음을 가진 것은 아니다. 막다른 골목에서 지푸라기라도 잡으려는 심정으로 주님 앞에 나온 것이다. 그럼에도 불구하고 주님은 그들의 문제를 해결해 주셨다.

이것을 우리는 종종 '지푸라기 신앙'이라 표현한다. 이 신앙은 마지막으로 이적에 거는 얇은 신앙이다. 왜 지푸라기인가? 혈루증을 앓는 여인은 의사란 의사는 다 만나보고, 돈이란 돈은 다 쓰고 난 뒤 예수님이 병을 고쳐 주신다는 소문을 듣고 찾아온 것이다. 회당장 야이로도 보통 때는 무시하다가 딸이 죽어 가니까 마지막으로 지푸라기를 잡는 심정으로 기적을 바라며 찾아왔다. 예수님은 이들의 불완전함과 약함을 아시면서도, 곧 '그럼에도 불구하고' 평소의 믿음이 적음을 책하지 아니하고, 오히려 그 마지막 순간에라도 주님에게 기대는 그들의 간절함을 믿음으로 보셨다.

예수의 발아래 엎드리다

누가복음 8장 41절은 야이로가 예수의 발아래 엎드렸다고 기록하고 있다. 마태복음은 "와서 절하고"(마9:18)라고 했다. 칼빈은 와서 무릎 꿇고 절하는 행위를 크게 보지 않았다. 신성한 경외라기보다 한 선지자에 대한 존경을 나타내는 습관적 행동이요 형식적 엎드림이라는 것이다. 그러나 딸의 병이 심각해 죽어 간다는 상황에서 그의 엎드림을 형식적인 엎드림으로만 볼 수 없다. 그의 엎드림은 아버지의 역할이나 회당장의 신분으로나 자신의 한계를 느끼고 이젠 자신의 힘이 아니라 주님의 힘만을 의지하는 것이기 때문이다.

회당장 야이로는 가이사랴의 내로라하는 유지다. 종교적 지위도 높다. 랍비, 회당 지도자, 영적 지도자. 이 지위는 특히 유대교에서의 지위이기 때문에 인간적 자부심도 대단했을 것이다. 그러나 사랑하는 딸이 죽어 가는 판에 이 지위가 무슨 소용이란 말인가. 그는 지위도 명예도 돈도 다 내려놓았다. 인간적인 것을 모두 포기한 것이다. 그의 엎드림에는 간구의 절실함과 겸손함이 보인다.

회당장은 예수님으로 하여금 자기 집에 오시기를 간청했다. 예수님이 와 주시면 나으리라는 소망을 가진 것이다. "제발 와 주십시오. 그저 낫게만 해 주십시오." 정도의 소망이다. 그 다음 절에 혈루증을 앓던 여자의 믿음을 보시고 칭찬한 것을 미루어 볼 때 이 순간은 아직 절실한 믿음까지는 가지 못한 것처럼 보인다.

그는 거기서 머무르지 않고 왜 와 주셔야 하는가를 더 적극적으로 나타냈다. "오셔서 그 위에 손을 얹으사 그로 구원을 얻어 살게 하소서."(막5:23) 안수하면 나을 것이라는 기적을 바란 것이다. 칼빈은 이를 가리켜 "이슬방울 같은 믿음"이라 했다. 아직 큰 믿음으로 보이지 않는다는 것이다. 주님께서는 능치 못할 일이 없다는 확신을 가져야 큰 믿음이다. 이런 확신이 없을 때 우리의 믿음생활도 약해지고 맥이 빠진다. 약한 믿음으로는 새로움, 변화, 기쁨을 기대할 수 없다. 주님을 믿으면 우리가 새롭게 달라지고 변화된 삶을 살 수 있다는 확신을 가져야 한다. 야이로에게 믿음의 진전이 필요하듯 우리에게도 믿음의 진전이 필요하다.

두려워 말고 믿으라

예수님이 야이로의 집으로 가실 때 사건이 발생했다. 예수님 주위로 많은 사람들이 모여들었기 때문이다. "무리가 옹위하더라." 옹위는 큰 무리가 예수님을 에워싸며 밀집하는 것을 말한다(막 5:21; 24). 예수님의 진로가 막혔다. 급할 때 문제가 발생했으니 야이로의 마음이 얼마나 타 들어갔을까 짐작된다.

그 사이에 12년간 혈루증을 앓던 여인이 예수님의 옷자락에 손을 대니 그 병이 즉시 나았다. 혈루증은 자궁에서 하혈하는 병이다. 하혈은 종교적으로 부정한 것으로 간주된다(레15:19 – 30). 그녀는 12년간 이 병을 앓아 왔다. 이 긴 기간은 이 병이 난치병임을 보여 준다. 특히 의사인 누가가 이런 표현을 사용한 것을 보아 당시 의사도 고칠 수 없는 병인 것으로 간주되었다. 성경은 그가 얼마나 이 병을 고치기 위해 노력했는가를 적고 있다. "많은 의원에게 많은 괴로움을 받았고 있던 것도 다 허비했으나 아무 효험 없고 도리어 중하던 차에."(막5:27) 이때 예수의 소문을 듣고 옷에만 손을 대어도 나을 것으로 생각한 것이다.

그녀는 예수님의 옷자락에 손을 댔다. 당시 유대인들은 겉옷의 네 귀퉁이에 '술'을 달았는데 이 술을 만졌을 것으로 보인다. 그는 예수의 능력을 확신했다. 그 옷자락만 만져도 나을 것이다 확신한 것이다. "이는 제 마음에 그 겉옷만 만져도 구원을 받겠다 함이라."(마9:20) 옷을 만지자마자 그녀의 병이 나았다. 비록 그녀는 기적만을 바라는 불완전한 믿음을 가졌지만 주님은 받아 주셨다. 주님은 자신에게서 능력이 나간 것을 스스로 아셨다(막5:30). 그 소란한 틈 사이에 일어난 일까지 아시는 주님은 바로 전지전능한 분이시다.

당황한 그녀에게 예수님이 말씀하신다. "딸아 네 믿음이 너를 구원하였으니 평안히 가라." 믿음은 하나님의 구원과 기적을 가져오게 한다(마17:14 - 20). 이것은 신적 능력이 인간의 믿음과 연결되어 있음을 보여 준다. 주님은 이 믿음을 통해 구원과 평안을 주시는 분이시다. 몸의 구원은 영혼의 구원으로 이어지고, 믿음은 병으로부터의 자유를 얻게 하며, 죄의 용서는 믿음이 그 통로임을 보여 준다. 이 사건을 통해 야이로는 깊이 깨달았어야 한다.

예수님이 혈루증을 앓던 여인에게 이 말씀을 하실 때 야이로의 집에서 사람이 와서 딸이 죽었다고 말해 주었다. '딸이 죽었다'는 이 통고는 야이로에게 있어서 결정적인 것이었다. 더 이상 어찌할 도리가 없구나 하는 절망감과 좌절감, 지체된 것에 대한 분노, 그리고 왜 일찍 주님을 찾아오지 않았는가에 대한 후회가 일시에 그의 마음을 점령했을 것이다. 전달자는 그의 소망을 더 앗아 갔다. "딸이 죽었으니 선생을 더 괴롭게 마소서." 병을 고칠 수 있을지는 몰라도 죽은 자를 살릴 수는 없을 터이니 예수님께 매달려 봤자 소용이 없다는 말이다. 믿음이 없는 그 말 속에는 예수님을 향한 신뢰를 찾아볼 수 없다. 인간이 더 이상 할 수 없는 그때에 주님의 능력이 나타날 수 있다는 것을 왜 모를까.[3]

---

3) 마태복음 9장 18 - 26절의 기록은 누가복음과 마가복음의 기록과는 차이가 있다. 18절을 보면 한 직원이 와서 "내 딸이 방장 죽었사오니 오셔서 그 몸에 손을 얹으소서 그러면 살겠나이다."라고 말한다. 회당장을 한 직원으로 묘사한 것도 특이하다. 칼빈은 이에 대해 간략하게 하기 위해서 실제로는 시간이 얼마 지난 후에 일어난 사건을 맨 처음에 일어난 것처럼 기록했다고 해석한다. 사건의 순서로 볼 때 야이로는 자기 딸의 병을 고쳐 주실 것을 부탁했다. 그땐 살아날 것을 소망할 정도로 믿음이 확실하지는 않았다. 하지만 예수님께서 그에게 일단 용기를 불어넣어 주시자 죽은 데서 살려 줄 것을 요청했다는 것이다. 두려워함에 대해 주님으로부터 꾸중을 듣고 나서부터는 그가 집을 나섰을 때보다 더 큰 소망을 갖게 되었다는 것이다.

이 말을 들으신 예수님은 믿음과 신뢰가 얼마나 중요한 것인가를 깨우쳐 주셨다. "두려워 말고 믿기만 하라 그리하면 딸이 구원을 얻으리라." 두려워 말라는 이 말씀은 부족한 우리의 믿음을 강하게 하시는 주님이심을 보여 준다. 의심하지 말고 온전히 나를 믿으라는 것이다. 예수님에 대한 전적 신뢰에서 기적이 일어난다. '그리하면' 예수님을 믿기만 하면 해결의 길이 있다. 소망이 있다. 죽은 딸도 나을 수 있다. 야이로는 이 말씀의 의미를 혈루증을 앓던 여인이 믿음으로 고침을 받았던 잠시 전의 사건을 통해 배웠어야 한다. 혈루증을 앓던 여인의 사건이 중도에 삽입된 것도 이 중요한 깨우침을 주시기 위함이었으리라. 이 믿음을 가지면 신적 능력, 곧 구원·새 생명 얻음·소망·살아남·부활·기적이 일어난다. 믿음과 신적 능력은 서로 연결되어 있다. 믿음을 가지는 것은 우리가 해야 할 일이다. 그 결과는 하나님이 선히(풍족하게) 갚아 주신다. 칼빈은 우리가 하나님의 선하심을 100분의 1도 파악하지 못한다고 말한다.

인간은 의심하는 존재다. 이성을 가졌기 때문이다. 그러나 그 이성이 하나님의 능력과 행하심을 어찌 다 이해할 수 있는가. 혈루증을 앓던 여인은 믿음으로 나음을 얻었고, 라합이 하나님을 믿음으로 그 가족이 구원을 받았으며, 백부장의 믿음으로 종이 나음을 얻었다. 주님은 이 사건을 통해 우리에게도 "의심치 말고 믿기만 하라 그리하면 구원을 얻으리라" 말씀하신다. 얼마나 확신에 찬 말씀인가. 우리도 그 확신 속에 살아야 한다. 주님은 약속을 이루시는 분이시다.

일어나라

야이로의 집에 도착했을 때 모든 사람들은 죽은 아이를 보고 울며 심히 통곡했다(막5:38). 이것으로 끝났다고 생각한 것이다. '훤화하며' 울었다고 적었다(막5:38 - 39). 훤화는 시끄럽게 떠드는 것으로 왁자지껄하게 우는 것을 말한다. 이것은 이방인의 망령 달래는 법을 유대인들이 모방한 것으로, 당시 유대인들의 타락한 습관을 보여 준다. 훤화했다는 것은 이방 풍속에 따라 통곡하느라 여념이 없었으므로 예수님의 말씀이 귀에 들어올 리 없었다.

예수님은 피리 부는 자와 훤화하는 자를 보셨다(마9:23). 당시 유대에서는 초상이 나면 적어도 피리 부는 두 사람과 곡하는 부인 한 사람은 구해야 했다. 예수님은 일찍이 초상집 모습을 빗대어 말씀하셨다. 즉 "우리가 너희를 향하여 피리를 불어도 너희가 춤추지 않고 우리가 애곡하여도 너희가 가슴을 치지 아니하도다."(마11:16 - 17) 느낌이 없는 너희들, 목이 곧은 너희, 예수를 믿지 않으면 멸망한다 해도 듣지 않는 너희라는 말씀이다. 야이로의 집에서 통곡이 심하고 훤화의 소리가 높은 것은 한두 사람이 슬퍼하지 않았음을 보여 준다.

예수님은 울지 말라 하셨다. 무엇보다 "왜 훤화하며 우느냐"(막5:39) 나무라셨다. 앞으로 어떤 변화가 있게 될 것을 미리 아시는 주님의 자신감이다. 칼빈은 이에 대해 부활에 대한 믿음을 견고하게 해 준다고 했다.

나아가 예수님은 그들을 향해 "아이는 죽은 것이 아니라 잔다." 하셨다. 죽음이 최후가 아니라 하나님에 의해 다시 부활할 수 있다는 것을 아시기 때문이다. 주님만이 죽음을 삶으로 바꿀 수 있다. 주님의 이 말씀은 부활에 대한 좋은 시사이다. 그러나 사람들은 아이가 죽은 것을 알았기 때문에 비웃었다. 그들은 어느 누구도 더 이상 어찌할 수 없다고 생각했다. 예수님의 신적 능력에 대한 신뢰도 없었고 확신도 없었다.

예수님은 죽은 아이의 손을 잡고, 아이를 부르며 명령하셨다. "아이(소녀)야, 일어나라." 달리다굼! 이 말은 마치 아침에 잠든 아이를 깨울 때 어머니가 사용하는 말이다. "얘야, 그만 자고 일어나렴." "이제 일어날 시간이다." 그 한마디 말씀에 그 영이 돌아왔다. 소녀는 일어났을 뿐 아니라 걷기까지 했다(막4:52). 하나님의 능력이 나타난 것이다. 지금도 주님은 우리의 잠자는 영혼을 깨우신다. 우리도 그 명령을 따라 새로운 삶으로 바뀌어야 한다.

소녀가 일어나자 부모가 놀랐다. 사람들도 크게 놀라고 놀랐다(막5:42). 크게 놀라고 놀랐다는 것은 놀람의 정도가 아주 컸음을 말해 준다. 이만큼 놀란 것은 이 사건 전만 해도 예수님에 대한 믿음과 확신이 없었음을 보여 준다. 신앙생활을 한다 하면서도 우리도 얼마나 확신이 없는 모습을 보여 주는가. 우리가 지금 살아 숨 쉬고 있는 자체만으로도 놀라운 일인데 감사하기는커녕 그것을 오히려 당연한 것으로 생각지 않는가. 하늘나라에 가서 비로소 '아, 그렇구나.' 하지 말고 지금 이 시간 우리가 처한 장소에서 하나님의 나라가 임하도록 해야 한다. 하늘나라의 삶은 예수 그리스도를 전적으로 의지하고 확신하는 삶에서 시작된다. 예수님만이 우리에게 구원을 주시고 새로운 삶을 주시기 때문이다. 그 주님은 지금도 우리를 향해 "일어나라, 깨어나라, 거듭나라, 변화를 받으라." 하신다.

이제 우리도 자신의 신앙을 총점검하며 새롭게 태어날 필요가 있다. 이를 위해서 우리가 먼저 해야 할 일은 주님 앞에 참으로 엎드리는 것이다. 더 이상 인간적인 나를 내세울 것이 아니라 주님을 전적으로 의지하며 주님의 능력을 힘입어 살아야 한다. 엎드림의 절실함과 겸손이 있을 때 주님은 기뻐하신다. 또한 세상일로 두려워하지 말고 주님을 온전히 믿는 생활을 해야 한다. 우리의 믿음이 구원에 이르게 한다. 주님은 "믿기만 하라" 하셨다. 주님에 대한 절대적인 확신과 절대적인 신뢰가 있어야 한다. 주님을 신뢰하지 않고 믿음생활을 한다는 것은 거짓된 것이다. 끝으로, 날마다 일어나는 생활을 해야 한다. 잠자는 영혼, 죽은 영혼을 매일, 매시, 매 순간 깨우고 일으켜야 한다. 주님과 함께 일어나고, 주님과 함께 걸으며, 주님의 말씀에 따라 힘 있게, 새롭게, 기쁘게 생활하는 것이 보람된 삶이다. 지금 주님은 우리의 손을 잡으시고 말씀하신다. "일어나라!"

제5장 육적 구원에서 영혼 구원에 이르기

예수님은 병든 자를 고쳐 주셨다. 그것은 그들에게 은혜의 해가 전파됨이요 하나님의 나라의 임함이다. "주의 성령이 내게 임하셨으니 이는 가난한 자에게 복음을 전하게 하시려고 내게 기름을 부으시고 나를 보내사 포로 된 자에게 자유를, 눈먼 자에게 다시 보게 함을 전파하며 눌린 자를 자유케 하고."(눅4:18) 병자들은 육적인 고침만 얻은 것이 아니라 영적 구원에까지 이른다. 치유를 통해 그 나라의 영원한 평안을 얻게 된 것이다.

영적 소경 상태 벗어나기

예수님이 길을 가시면서 날 때부터 소경 된 사람을 보셨다. 제자들은 이 사람이 이렇게 된 것이 뉘 죄 때문이냐고 물었다. 주님은 그 사람이나 그 부모의 죄 때문이 아니라 그에게서 하나님의 하시는 일을 나타내고자 하심이라 하셨다(요9:3). 아무도 정죄하지 않으셨고, 옳고 그름을 따지지도 않으셨다. 사랑의 마음으로 다가가신 것이다. 그리고 땅에 침을 뱉어 진흙을 이기고 그 눈에 철떡철떡 바른 다음 "실로암 못에 가서 씻으라." 하셨다. 이것은 그로 하여금 의미 있는 삶을 찾게 하신 것이다.

소경도 눈에 진흙을 덕지덕지 바른 채 주변의 멸시를 뚫고 실로암까지 걸어갔다. 인간적으로 창피한 일이지만 예수님의 따뜻한 말한마디에 그대로 따랐다. 그러자 기적이 일어났다.

이 사건을 통해 주님은 제자들에게 말씀하신 것이 있다.

첫째, "때가 아직 낮이매 나를 보내신 이의 일을 우리가 하여야하리라 밤이 오리니 그때는 아무도 일할 수 없느니라."(요9:4) 지금 하나님의 일을 할 수 있을 때 해야 한다는 말씀이다.

둘째, 그를 통해 하나님의 하시는 일을 나타내고자 하는 뜻이 담겨 있다는 것이다. 이것이 이 사건의 중심을 차지하고 있다. 제자들은 소경을 인간의 시각으로 바라보았다. 그러나 주님은 하나님의 시각으로 바라보았다. 이런 의미에서 우리도 장애인을 하나님의 시각으로 바라볼 필요가 있다.

정신지체 가운데 자폐증이나 발달장애가 있다. 우리는 이런 장애자를 보면 능력이 모자랄 것으로 생각한다. 그러나 조사에 따르면 그들에게 감춰진 천재성이 있다고 한다. 이른바 세반트 신드롬(savant syndrome)이다. 이것은 장애자지만 어떤 분야에서는 천재성을 발휘하는 것을 말한다. 세반트는 총명한 학자를 뜻한다.

영화 '레인 맨'의 주인공 킴 픽은 54세지만 어린아이 같은 행동을 한다. 그러나 그는 계산에 천재성을 가지고 있다. 쏟아지는 이쑤시개 수를 금방 알아낸다. 그는 9600권의 책을 읽고 외워 걸어다니는 백과사전이라 한다. 성경도 통째로 외운다. 말레시아의 11살 난 남자 핑 리안(Ping Lian)은 자폐증 환자다. 집중력도 없고 산만하다. 그러나 그는 놀라운 색채감각을 가지고 있어 천재화가로 통한다. 코디 태현 리는 왼쪽 뇌 손상을 입어 오른쪽 뇌에 의존해 산다. 그런데 그는 놀라운 연주 실력을 가지고 있다. 그들 모두 경이로운 천재들(prodigious genius)이다. 이들이 어떻게 이렇게 될 수 있었을까. 그 답은 하나다. 가족들의 사랑과 이해가 있었다는 것이다. 사랑과 이해가 놀라운 힘을 발휘하는 것이다.

실로암은 보냄을 받았다는 뜻을 가지고 있다. 소경은 지금까지 자기를 이해해 주는 사람을 처음 만났다. 눈으로 볼 수 없었지만 그는 주님의 사랑스러운 말씀, 그리고 자기를 감싸 안는 배려를 온몸으로 느낄 수 있었다. 이제 자신이 그 사랑에 응답할 차례다. 그가 뚜벅뚜벅 실로암까지 갔을 때 이미 기적은 시작되었다. 하나님의 하시는 일을 나타내기 위한 걸음, 걸음이다.

사람들은 그가 눈 뜬 것에 대해 놀라지 않을 수 없었다. 전에 구걸하던 걸인 소경이 아니던가. 그런데 그의 눈이 밝아졌다니. 바리새인들은 이 일이 안식일에 벌어진 것에만 신경을 썼다. 그러나 소경은 달랐다. 그는 눈을 떴을 뿐 아니라 진리도 깨달았다. 주님을 만나 "주여 내가 믿나이다." 고백하게 된 것이다. 그는 소경에서 벗어난 것뿐 아니라 진리를 깨달음에 더 큰 감격을 안고 살게 되었다. 과거엔 돈만 알았던 그, 육적으로 어둠에 매어 있던 그가 이젠 영적 세반트가 된 것이다. 이에 반해 바리새인들은 눈을 떴음에도 불구하고 영적 소경임을 드러냈다. 주님은 말씀하신다. "너희가 소경 되었더면 죄가 없으려니와 본다고 하니 너희 죄가 그저 있느니라."(요9:41) 이제 영적 소경 상태를 벗어나 주님의 사랑을 바라볼 때다. 사랑이 이긴다.

네 믿음이 너를 구원하였느니라

누가복음 17장에는 한꺼번에 열 문둥병자를 고치는 사건이 나타난다. 한 사람도 아니고 열 사람이나 고치셨으니 단일 사건, 단일 병으로는 희귀한 사건임에 틀림없다.(눅17:11-19) 그런데 10명 모두 기적의 사건을 경험하고서도 정작 감사하러 온 사람은 사마리아인 한 명뿐이었다는 사실이다. 이에 대해 주님은 "이 이방인 외에는 하나님께 영광을 돌리러 돌아온 자가 없느냐" 하시고, 그를 향해 "일어나 가라 네 믿음이 너를 구원하였느니라." 하셨다. 말세의 특징 중 하나는 감사치 않는다는 것이다. 오늘 당신의 감사지수(Gratitude Quotient)는 어떤가?

열 나병환자 이야기로 들어가 보자. "예루살렘으로 가실 때에 한 촌에 들어가시니 문둥병자 열 명이 예수를 만나 멀리 서서 소리를 높여 가로되 우리를 불쌍히 여기소서."(11, 13절) 예수님이 십자가 사건을 앞에 두고 예루살렘을 향해 가실 때 사마리아와 갈릴리 사이에 있는 한 촌에 가시다 열 문둥병자의 외치는 소리를 듣게 되었다. 그들은 멀리 서서 소리를 높여 "예수 선생님이여 우리를 긍휼히 여기소서."라고 외쳤다.

당시 문둥병은 하늘의 저주를 받은 천형으로 여겼고, 가족이나 공동체에서 추방되고 격리되었다. 레위기에 따르면 그들은 사람을 만날 때 "나는 부정하다, 부정하다"(레13:45) 외쳐야 했다. 사람들로부터 철저히 소외당한 그들은 실로 마음이 아픈 자들이었다. 유대 웃시야 왕도 문둥병에 걸리자 별궁에 격리돼, 영화를 잃었다.

주님을 찾아온 열 명의 문둥병자 가운데 아홉 명은 유대인이고, 한 명은 사마리아인이었다. 유대인과 사마리아인은 서로 상종도 하지 않았는데 같이 있는 것을 보면 그들이 얼마나 사람 취급을 받지 못했는가를 보여 준다. 우리도 그와 같은 처지에 있었던 죄인이었다.

그들은 예수님이 지나가는 것을 보자 절규했다. "선생님이여 나를 불쌍히 여기소서." 그들은 멀리 서서 소리를 높였다. "우리를 구원하옵소서. 불쌍히 여기 주옵소서."

예수님은 그들을 만나 주셨다. 그리고 "가서 제사장에게 네 몸을 보이라." 하셨다. 제사장 검증을 받으라는 것은 나을 것에 대한 확신을 심어 주시는 말씀이다. 그들은 제사장에게 가는 도중에 나음을 입었다. 믿음으로 가면 나음을 얻는다.

그런데 나음을 입은 열 명 가운데 한 사람, 곧 사마리아인만 돌아와 감사를 했다. 그 사람은 사마리아인으로 이방인으로 취급받았던 사람이었다. 그는 예수님의 발아래 엎드렸다. 이것은 예수님께 돌아와 감사했음을 의미한다. 예수님은 이를 두고 "하나님께 영광을 돌렸다.”고 하셨다. 감사를 하나님께 영광 돌린 것으로 간주하신 것이다.

주님은 그 한 사람만 온 것에 대해 몹시 불쾌하게 생각하셨다. 감사할 줄 모르는 유대인들에 대한 섭섭함도 있었을 것이다. 왜 오지 않았을까. 제사장이나 바리새인들이 예수를 싫어한다는 사실 때문일까. 그렇다면 왜 처음부터 예수님께 나음을 요청했을까. 여러 의문들이 있을 수 있다. 하지만 그들은 오지 않았다.

예수님을 찾아와 진심으로 감사하는 사마리아인을 향해 “네 믿음이 너를 구원했다.”고 하셨다. 누가복음 19장에서 삭개오에게 “오늘 구원이 이 집에 이르렀으니 이 사람도 아브라함의 자손임이로다.” 하신 것과 같다. 그는 감사로 구원을 얻었다. 감사행위로 인해 영적인 문제까지 해결함을 받았다는 것을 보여 준다. 찾아오지 않은 아홉 명은 몸만 깨끗함을 받았지만 찾아온 한 명은 몸과 영혼 모두 구원을 받았다는 점에서 다르다. 9:1이다. 즉 몸만 구원 얻은 아홉과 몸과 영혼 모두 구원을 얻은 한 사람이다. 훗날 열 사람 모두 죽는다. 그러나 그중에 한 사람만 영혼 구원을 받는다. 영혼 구원은 몸 낫는 것보다 더 중요하다.

유대인은 태어날 때부터 절기와 안식일을 통해 감사를 배웠던 사람들이었다. 그러나 그들은 예수님께 감사할 줄 몰랐다. 그들의 신앙생활은 그저 매너리즘에 빠진 것이었음을 보여 준다. 그 아홉 명이 이 사건으로 자극을 받아야 하는데 그들은 나타나 감사치 않았다. 그들은 무딘 심령을 가졌음을 보여 준다. 우리는 영적으로 민감해야 한다.

이 사건이 주는 의미는 믿음으로 구원받았다는 것이 무엇이냐 하는 것이다. 몸만 구원을 받아서는 안 된다. 몸과 영혼 모두 구원을 받아야 한다. 나아가 하나님의 긍휼과 자비는 유대인에게만 있는 것이 아니라 이방인을 포함해 모두에게 주어진다. 중요한 것은 그 구원에 대해 얼마만큼 하나님께 감사하는가 하는 것이다. 그 유대인들만 탓할 것이 아니다. 우리를 구원해 주신 것에 대해 우리는 얼마나 감사하고 있는가. 죽어서만 하나님 나라에 들어가는 것이 아니다. 이 구원에 대한 감사와 감격이 없다면 우리는 아직도 문제가 있다.

주님은 이 사건을 통해 전체에 변화를 주고자 했다. 남을 탓하지 말자. 변화는 나 한 사람으로부터 일어난다. 펌프에서 물이 꽐꽐 나오려면 내가 가진 물 한 바가지를 퍼 넣어야 한다. 내가 그 마중물이 되어야 한다.

히브리서 13장 15절은 이렇게 기록되어 있다. "이러므로 우리가 예수로 말미암아 항상 찬미의 제사를 하나님께 드리자 이는 그 이름을 증거 하는 입술의 열매니라." 찬미의 제사는 바로 감사다. 잭 힌튼 목사가 선교지에서 나환자촌을 방문해 예배를 드렸다. "얼굴을 들고 찬양합시다." 해도 보기 흉한 얼굴을 드러내기 싫어했다. 그런데 한 여인이 뭉툭한 손을 들며 외쳤다. "우리 모두 '크신 복을 세어보아라' 찬송하십시다." 그러자 모두 얼굴을 들고 찬송했다. 힌튼 목사는 그 모습을 보며 감격하지 않을 수 없었다.

제5부

예수 윤리

제1장 재물이냐 하나님이냐

예수님은 재산소유, 저축, 물질을 누리는 것을 금하지 않으신다. 그러나 성경은 이기적 재산축적, 유물주의, 탐욕을 금한다. 문제가 있기 때문이다. 재산을 소유할 수 있지만 가난한 이웃에 대해 관심이 없다면 문제다. 칼빈은 인간의 광적 소유욕을 가리켜 인류가 가진 큰 전염병이라 하였다. 유물주의는 하늘 가는 길을 포기한 자들의 생각이다. 탐욕은 마귀에게로 이끌어 준다.

보물을 하늘에 쌓아 두라

마태복음 6장 19 – 21절을 먼저 보자. 예수님은 무엇보다 보물을 하늘에 쌓아 두라 하신다. 재산을 이 땅에 쌓아 두는 것은 인간적으로는 매력적이지만 영적으로는 헛되기 때문이다. 행복이 하늘에 있다는 것을 믿는 자가 땅에만 관심을 갖는 것은 이상한 일이다. 하늘은 우리가 소망을 두는 곳이며, 그곳에 완전한 기쁨이 있다. "보물을 하늘에 쌓으라." 하신 것은 높은 곳에 마음을 두어 이 땅에서도 하늘의 생활에 열정적으로 불타오르도록 한 것이다.

19절 말씀을 보자. "너희를 위하여 보물을 땅에 쌓아 두지 말라 거기는 좀과 동록이 해하며 도둑이 구멍을 뚫고 도적질하느니라." 여기서 보물은 재물, 우리가 소유한 귀중한 것들이다. 물질적인 것뿐 아니라 정신적인 것 모두 포함된다. '땅에 쌓아 두지 말라.'는 것은 네 귀중한 것을 자기를 지키기 위해서만 사용하지 말라는 뜻이다. 소모되어 없어지고, 탈취당하기도 하며, 허사가 된다(전1:2-3). '거기는 좀과 동록이 해하며' 좀은 옷을 갉아먹는 벌레다. 당시는 옷도 중요한 재산목록에 속했다(욥27:16; 수22:8). 동록은 쇠붙이로 된 돈에 녹이 슬어 삭아 버리게 만드는 것(화학적 작용)을 말한다. 도둑이 구멍을 뚫고 도적질하기도 한다. 세상 재산을 그만큼 지키기도 어렵다. 세상 재산은 영원하지 못하다.

20절은 19절의 대구이다. "오직 너희를 위하여 보물을 하늘에 쌓아 두라. 저기는 좀이나 동록이 해하지 못하며 도적이 구멍을 뚫지도 못하고 도적질도 못 하느니라." '하늘에 쌓아 두라.'는 것은 이 땅보다 천국곳간에 쌓아 두라는 말씀이다. 어떻게 쌓아 둘 수 있을까? 그것이 물질이라면 하나님이 기뻐하시는 일을 위해 사용하도록 하든지 하나님 뜻에 따라 구제를 한다. 그것이 정신적인 것이라면 마음과 뜻과 정성을 다해 하나님을 경외하는 것으로 나타날 것이다. 예수님은 "구제를 위하여 네 소유를 팔라." 하셨다. 구제는 선한 사업(딤전6:17)이다. 이를 위해 소유를 정리하는 것은 힘들고 고통스럽다. 그러나 주님은 이것이 보물을 하늘에 쌓아 두는 일이라 하신다. 이렇게 하면 좀이나 동록도 해하지 못하고, 도적도 끌지 않는다. 없어지지 않는다는 것이다. 하나님께서 갚아 주시기 때문이다(잠19:17). 이것은 하늘에 쌓아 둔 우리의 보물이자 하나님 앞에서 받을 우리의 상급이다. 잠언 기자는 말한다. "불쌍한 자들을 후하게 대하는 자는 여호와께 꾸어 주는 자"(잠19:17)이다.

예수님은 한마디로 "네 보물이 있는 그곳에는 네 마음도 있느니라."(21절) 하셨다. 보물을 땅에 둔다면 우리의 관심은 이 세상이 될 것이며, 하늘에 쌓아 둔다면 우리의 관심은 그 나라가 될 것이다. 우리의 보물을 어디에 쌓아 둘 것인가? 하늘에 쌓아 두자. 물질은 물론 마음 모두 다하여 하나님이 기뻐하신 쪽으로 담고 살아간다면 하나님은 우리의 마음을 지키시고, 우리의 보물 또한 더 귀하게 하실 것이다.

성한 눈으로 보라

마태복음 22절에서 24절까지는 두 주인을 섬기지 못한다는 것을 분명히 하고 있다. 재물이냐 하나님이냐 하는 것이다. 이 결론에 앞서 예수님은 눈의 역할을 통해 우리의 마음이 건강해야 할 것을 가르치신다.

22절을 보자. "눈은 몸의 등불이니 그러므로 네 눈이 성하면 온몸이 밝을 것이요." 왜 갑자기 눈이 나올까? 그것은 눈의 역할이 중요하기 때문이다. 몸이 넘어진다면 우선 눈에 책임이 있다. 다른 모든 지체에 대한 책임이 눈에 있는 것이다. 이것은 파수꾼의 책임과 같다. 눈을 '몸의 등불'이라 한 것은 이 때문이다. 눈은 몸이 제 기능을 다하도록 분별해 준다. 신명기에 따르면 눈은 마음과 같다(신15:9). 마음이 몸을 주관하는 것이다. "네 눈이 성하면 온몸이 밝을 것이요." 이것은 마음이 바르면 그 사람 전체가 바르게 된다는 것을 의미한다. 그 역도 성립한다.

눈이 성하다는 것은 건강한 눈을 가졌다는 뜻이다. 질병이 없는 깨끗한 눈을 가져야 바로 볼 수 있고, 온몸을 바르게 인도할 수 있다. 우리의 마음도 순전하면 바른길로 가게 된다. 이때 바른길이란 재물도 탐하고 하나님도 섬기는 두 갈래의 길이 아니라 오직 하나님께로만 나 있는 길로 가는 것을 말한다.

잠언 기자는 악한 눈을 가지지 말라고 말한다. "악한 눈이 있는 자는 재물을 얻기만 급급하고 빈궁이 자기에게로 임한 줄은 알지 못하느니라." 악한 눈은 마음이 바르지 못한 자를 말한다. 이런 자는 결국 어둠이 심해 자신이 서지 못한다는 것조차 알지 못한다. 재물은 하나님을 섬기는 데 쓰라고 주신 것이다(잠3:9). 재물을 탐하느라 하나님을 바르게 섬기지 못하는 것은 주종이 바뀐 것이다. 이런 사람에게 마음이 밝을 수 없다.

23절도 계속 눈의 역할이 중요하다는 것을 말하고 있다. "눈이 나쁘면 온몸이 어두울 것이니 그러므로 네게 있는 빛이 어두우면 그 어두움이 얼마나 하겠느냐." 눈이 나쁘다는 것은 마음의 눈이 계속 재물에 끌리는 것을 말한다. 영적인 눈이 흐려져 온몸이 바른길을 찾지 못하고 어두운 길을 갈 수밖에 없다. 참된 가치관을 상실하면 우리 가는 길도 험하다.

예수님은 우리에게 있는 빛이 어두우면 그 어두움이 얼마나 심하겠느냐고 말씀하신다. 빛이 어둡다는 것은 육신의 천한 욕망으로 타락하게 되는 것을 말한다. 어두움이 심한 것은 우리의 모든 삶이 어두움에 빠져 어디로 가는지 볼 수 없게 된 것을 말한다. 이미 얻었던 마음의 빛도 어두워져 빛을 얻기 전(처음)보다 더 악화되었다(마12:45). 아주 어두워진 것이다. 재물에 심취한 나머지 분별력을 잃고 하나님에 대해 무관심하게 되거나 심지어 하나님을 공격하기에 이른다. 실수를 하게 되는 것이다.

그래서 주님은 우리 속에 있는 빛이 어둡지 아니한가 보라 하신다. "그러므로 네 속에 있는 빛이 어둡지 아니한가 보라. 네 온몸이 밝아 조금도 어두운 데가 없으면 등불의 광선이 너를 비출 때와 같이 온전히 밝으리라."(눅11:35 – 36) 내 안에 빛을 간직하는 것이 얼마나 복된 것인가를 깨닫게 하신다. 내 속에 있는 빛은 구원 얻은 자의 생명의 빛이기 때문이다.

눈이 가야 할 목표를 보듯이 우리도 확실한 목표에 집중하며 최선의 삶을 살아야 한다. 우리 마음의 눈이 어두움으로 덮여 있다면 큰 문제다. 목표를 상실하고 죄 속에서 방황할 수밖에 없다. 그러므로 그 빛을 잃지 않아야 한다.

두 주인을 섬기지 못한다

24절은 결론적으로 말한다. "한 사람이 두 주인을 섬기지 못할 것이니 혹 이를 미워하며 저를 사랑하거나 혹 이를 중히 여기며 저를 경히 여김이라 너희가 하나님과 재물을 겸하여 섬기지 못하느니라." 우리가 가야 하는 길은 둘이 아니라 하나다. 우리가 갈림길에서 망설이고 있다면 그것은 재물을 우상처럼 섬기고 있는 것이다. 하나님은 우리의 온전한 헌신, 절대적인 헌신을 원하신다. 재물 때문에 하나님을 경외하지 못하게 되는 것을 경계하기 위해 예수님은 이처럼 단언적으로 말씀하셨다. 믿는 자가 하나님으로부터 소외되어 가는 것은 있을 수 없다.

그렇다고 이 세상에 살면서 재물을 무시하고 철저하게 가난하게 살라는 것은 아니다. 사업을 하고 돈을 벌되 가치 있게 사용하며,

절대 돈의 노예가 되어서는 안 된다는 것이다. 인간이 소유물의 노예가 되면 온전한 신앙을 유지할 수 없다. 이미 그 마음에 돈이 중요한 자리를 차지하고 있기 때문이다. 하나님이 우리에게 재물을 주신 것은 자기 유익만 추구하기 위해 주신 것이 아니다. 우리에게 직업을 주신 이도 하나님이요 재물을 주신 이도 하나님이시다. 그 모든 주인은 하나님이요 우리는 그의 청지기(종)일 뿐이다. 그 재물도 내 것이 아니다. 청지기는 주인의 것을 주인의 것이라 인정하는 사람이다. 종이 주인의 것을 자기의 것이라 말한다면 그 종은 불충하다.

이사야에 이런 말씀이 있다. "나는 내 영광을 다른 자에게, 또한 내 찬송을 우상에게 주지 아니하리라." 우리의 영광과 찬송을 받을 분은 오직 하나님 한 분뿐이시다. 나도 아니고 다른 사람도 아니고 우상도 더욱 아니다. 입으로는 하나님을 사랑한다, 섬긴다 하면서도 행동으로 그것을 보이지 않는다면 그 사랑은 손끝 사랑이 아니라 혀끝 사랑일 뿐이다. 말로만 주님을 사랑하는 자는 위선자다. 욕심꾸러기, 쾌락추구자, 술고래, 세상 욕심에 물든 사람들에게서는 빛을 찾을 수 없다. 우리의 자리는 그 어두움 속이 아니다.

제2장 구제, 은밀히 하라

선행의 실천과 상여원칙

마태복음 5장이 천국생활의 원리를 보여 주었다면 마태복음 6장은 천국생활의 실천원리를 잘 보여 주고 있다. 특히 6장의 1절은 선행의 원칙을 제시한다. 실천원칙이다. 그리고 2 - 4절은 그 보기로 구제를 들었다. 구제를 할 경우 은밀하게 하라는 것이다.

여기서 예수님은 서기관과 바리새인의 잘못됨을 지적하였다. 그들의 외식행위를 들어 천국생활의 원리도 바르지 않고, 실천도 바르지 않음을 지적하셨다. 이것은 우리가 신앙생활을 할 때 생활의 원리도 바르고, 실천도 바라야 한다는 것을 잘 가르쳐 주고 있다.

실천원리에 해당하는 1절을 보자. "사람에게 보이려고 그들 앞에서 너희 의를 행치 않도록 주의하라 그렇지 아니하면 하늘에 계신 너희 아버지께 상을 얻지 못하리라."

사람들은 자기의 의를 드러내고 싶어 한다. 사람들로부터 인정을 받고 싶기 때문이다. 바리새인들도 마찬가지였다. 선행은 마땅히 해야 한다. 그러나 내가 이런 선행을 한다고 자랑하는 것은 하나님보다 사람들로부터 인정을 받고 싶다는 것이어서 문제가 있다. 그리스도인의 선행은 남이 보든지 말든지, 인정과는 상관없이 오직 주님의 사랑을 펴는 것이다. 예수님은 "그들 앞에서 너희 의를 행치 않도록 주의하라." 명령하셨다.

예수님은 사람으로부터 인정을 받으려 선행을 하지 말고 하나님으로부터 인정을 받도록 하라 하신다. 사람을 기준하지 말고 하나님을 기준으로 삼으라는 것이다. 이 세상에 하나님의 인정을 따를 인정은 없다.

주님은 선행에 상이 따를 것을 말씀하셨다. 하나님 아버지로부터 얻는 상이다. 사람에게 보이려고 한 선이면 그 상은 사람에게서 받을 것이다. 이 세상의 상이다. 그러나 하나님의 뜻을 따라 은밀히 한 것이면 그 상은 하나님으로부터 받는다. 천국의 상이다.

이것은 예수님의 상여원칙이다. 하나님으로부터 상을 얻지 못하는 것은 하나님보다 사람의 눈을 의식한 선행이므로 하나님의 눈으로 볼 때 아름답지 못하다.

그러므로 세상의 상을 받기 위해 선행을 하지 말라. 선행을 하는 것은 하나님의 뜻을 받드는 일(엡2:10)이다. 사람들로부터 인정을 받기 위한 행동은 그 동기가 좋지 않다. 그리스도인이 세상의 상급을 바라는 일이 되므로 하나님이 보시기에 선하지 못하다. 세상의 상급을 바라지 않고 하나님의 뜻을 따라 은밀히 선행을 했을 때 하나님께서는 이를 가상히 보시고 오히려 상을 주실 것이다.

서기관과 바리새인, 무엇이 문제인가?

실천원리가 있으면 그 원리가 어떻게 적용되는지 살피는 것은 당연하다. 예수님은 그 사례로 서기관과 바리새인의 잘못된 구제행위를 들었다. 2절의 말씀을 보자. "그러므로 구제할 때에 외식하는 자가 사람에게 영광을 얻으려고 회당과 거리에서 하는 것같이 너희 앞에 나팔을 불지 말라. 진실로 너희에게 이르노니 저희는 자기 상을 이미 받았느니라." 서기관과 바리새인은 이미 자선가라는 영예를 얻었다. 얻고자 하는 칭찬과 인정을 이미 얻은 것이다. 이것은 세상 사람으로부터 얻은 상급이다. 하늘의 상을 추구하는 사람들이 이 헛된 상을 받고 좋아한다면 이것은 스스로 속이는 것이다. 그들에게는 하나님으로부터 받아야 할 참된 상은 없다.

그러므로 나팔을 불지 말자. 그것은 사람들 앞에서 자기의 선행을 떠벌리는 것이기 때문이다. 한국교회도 바리새인과 결코 다르지 않다. 사람들을 모아 놓고 거기에 모인 자들을 대상으로 구제하며 인정을 받는 것을 좋아했기 때문이다. 그들로부터 얻은 칭찬과 높임을 즐겼다.

은밀히 구제하라

예수님은 결론적으로 말씀하신다. "너는 구제할 때에 오른손이 하는 것을 왼손이 모르게 하라." 이것이 은밀히 하는 주님의 방법이다. 오른손이 한 일을 왼손이 모를 리 없지만 그 원칙에 철저히 임하라는 것이다.

'왼손이 모르게'는 사람들에게 보이려고 나팔을 불지 말라는 말씀과 맥락을 같이한다. 오른손이 한 것을 왼손이 눈치 채지 못할 정도로 스스로를 다스리라는 것이다. 이를 위해서 우리가 해야 할 것이 있다.

첫째, 자기 스스로도 구제한다는 긍지로 하지 않아야 한다. 내가 구제 사업을 하니 내가 얼마나 장하냐는 생각이다. 자긍하지 말자.

둘째, 자기에게 있는 것을 자기의 것이라 생각하지 말고 하나님의 것으로 구제하는 일에 수종을 든다 생각해야 한다. 내 것을 준다고 생각하면 진정한 의미에서 은밀히 베푸는 구제가 될 수 없다. 자기의 것으로 했다 생각하는 것은 우리를 교만하게 만든다. 그것이 우리의 것이던가. 하나님의 것이 아니던가. 우리의 재물은 우리의 것이 아니라 하나님(주인)의 것을 잠깐 맡아 가지고 있는 것(대상29:11)이다. 주인이신 하나님이 종인 우리에게 관리하도록 맡긴 것이다. 하나님의 것으로 도왔기 때문에 자긍할 것 없다.

하나님이 갚으시리라

4절은 주님의 결론이다. "네 구제함이 은밀하게 하라. 은밀한 중에 보시는 너의 아버지가 갚으시리라." 은밀하게 하는 구제라야 하나님께서 아시고 갚아 주신다.

예수님은 이 말씀을 하시면서 하나님은 '은밀한 중에 보시는' 분임을 확실히 하셨다. 우리 하나님은 다 아시는 분이다. 아무리 은밀히 하여도 하나님께서는 다 아신다. 시편기자에 따르면 "하나님의 눈앞에서는 밤과 낮이 일반이라 흑암과 빛이 같다."(시139:12) 낮의 것, 빛 가운데 한 일만 아실 것이라 생각하는 것은 하나님의 능력을 제한하는 것이다. '일반이라.' 낮에 한 일이든 밤에 한 일이든, 흑암에 한 일이든 빛에서 한 일이든 다 아신다. 하늘은 물론 음부에서도 숨기지 못한다(시139:8). 보이지 않는 우리의 마음의 생각과 뜻까지 감찰하신다(히4:12). 모든 것을 세밀히 아신다.

하나님은 우리가 은밀히 하는 선행을 오늘도 보시며 거기에 대해 바로 갚아 주고자 하신다. 전도서에 따르면 그 갚으심도 참으로 정확하다. 물 위에 던진 것 같아도 다 돌아오도록 갚아 주신다(전11:1). 바울은 말한다. "누가 주께 먼저 드려서 갚으심을 받겠느냐."(롬11:35) 잠언 기자도 말한다. "가난한 자를 불쌍히 여기는 것은 여호와께 꾸이는 것이니 그 선행을 갚아 주시리라."(잠19:17)

제3장 모세율법보다 더 깊은 예수님의 가르침

모세율법과 예수님의 가르침의 차이

모세의 율법은 애굽이나 바벨론 등 이방 율법에 비해 여러 가지 점에서 공통점과 차이점이 있다.

공통점의 첫째는 의식의 공통성이다. 애굽 라스 사므라 비석에 따르면 동물의 제물 사용, 죄, 평화, 공물, 첫 열매 등에 관한 기록이 있다. 이 점은 몇 가지 점에서 제사의식에 공통점이 있지 않았을까 추정하게 만든다. 둘째는 사회적 율례의 공통성이다. 함무라비 법전에 따르면 백성들이 지켜야 할 것들이 언급되어 있는데 어느 것들은 모세율법에도 나타나 있다. 일부가 같다고 해서 어느 것이 어느 것을 모방을 했다고 말할 수는 없다. 기원이 다르기 때문이다.

모세율법은 이방율법과 차이가 있다. 모세율법은 제정일치를 위해 하나님이 정해 주셨다는 것이고, 형법 적용에서 인간적인 면을 고려했다는 점에서 뛰어나며, 이방 법전에 많은 우상숭배 정신이 하나도 없고, 인간 생명을 높이 평가해 모든 것을 하나님 사랑 및 이웃 사랑과 관련시키고 있다는 점이 독특하다.

예수님은 모세율법보다 내용 면에서 더 깊이 있는 사고와 실천을 요구하고 있다는 점에서 차이가 있다. 예수님께서 율법을 완성했다고 인정받는 것도 이 때문이다. 다음은 그 보기들이다.

눈은 눈으로, 이는 이로 갚으라(레24)

- 원수를 사랑하고 미워하는 자를 선대하며 저주하는 자를 축복하고 모욕하는 자를 위해 기도하라(눅6:27, 28).
- 악한 자를 대적하지 말라. 오른뺨을 치거든 왼뺨도 돌려 대며 송사하여 속옷을 가지고자 하면 겉옷도 주고 억지로 오 리를 가게 하거든 십 리를 동행하고 구하는 자에게 주고 꾸고자 하는 자에게 거절 말라(마5:38 - 42).
- 대접을 받고자 하는 대로 남을 대접하라(마7:12; 눅6:31).

아내에게 수치 되는 일이 있음을 발견하거든 이혼증서를 써서 내보내라(신24:1)
- 누구든지 음행한 연고 없이 아내를 내어버리고 다른 데 장가 드는 자는 이미 간음하였느니라(마19:9).

살인하지 말라 누구든 살인하며 심판을 받게 되리라
- 형제에게 노하는 자마다 심판을 받게 되고 형제에게 라가(욕)라 하는 자는 공회에 잡히게 되고 형제에게 미련한 놈이라 하는 자는 지옥 불에 들어가리라.
- 형제와 먼저 화목하고서 예물을 드리라. 송사하려는 자와 급히 사회하라(마5:21ff).

간음하지 말라
- 여자를 보고 음욕을 품는 자마다 마음에 이미 간음하였느니라. 네 오른 눈이 너를 실족게 하거든 빼어 버리라 네 백체 중 하나가 없어지고 온몸이 지옥에 던져지지 않는 것이 유익하며(마5:27ff).

헛맹세를 하지 말고 맹세한 것은 주께 지키라

● 도무지 맹세하지 말지니 하늘(땅, 예루살렘)로도 말라. 이는
하나님의 보좌(발등상, 큰 임금의 성)임이요 네 머리로도 말
라. 이는 네가 한 터럭도 희고 검게 할 수 없음이라(마5:33).

네 이웃을 사랑하고 네 원수를 미워하라

● 너희 원수를 사랑하며 핍박하는 자를 위해 기도하라 너희를
미워하는 자를 선대하고 저주하는 자를 축복하며 모욕하는
자를 위해 기도하라(마5:43; 눅6:27, 32ff).

한마디로 주님이 가르치신 법이 더 완전하다는 것을 알 수 있다.
이것은 우리로 하여금 그만큼 더 완전하게 살라는 말씀이 아닐까.

원수를 사랑하며 핍박하는 자를 위해 기도하라

예수님의 가르침 가운데 사랑 부문에 대해 좀 더 숙고할 필요가
있다. 바리새인의 사랑관에 문제가 있기 때문이다. 마태복음 5장
43 - 48절은 사랑에 대한 서기관과 바리새인의 잘못된 가르침과 예
수님의 가르침에 대해 소개하고 있다.

서기관과 바리새인들은 이렇게 말한다. "네 이웃을 사랑하고 네
원수를 미워하라 하였다는 것을 너희가 들었으나." 43절에 있는 이
말씀으로 미루어 볼 때 그들의 사랑관에 상당한 이해가 필요하다.

우선 '네 이웃을 사랑하고' 부분은 십계명이 하나님을 사랑하고
이웃을 사랑하라는 두 대강령으로 이루어져 있음을 볼 때 하등 토

를 달 것이 없다. 당연하기 때문이다. 그러나 문제가 되는 부분은 '네 원수를 미워하라 하였다는 것'이다. 이 부분은 유전으로 전해 오면서 그들이 덧붙인 것으로 보인다. 그러나 이것은 "원수를 갚지 말며 동포를 원망하지 말며 이웃 사랑하기를 네 몸과 같이 하라 나는 여호와니라." 하신 레위기 19장 18절의 말씀과 상치된다. 출애굽기 23장 4절에도 "네가 만일 네 원수의 길 잃은 소나 나귀를 만나거든 반드시 그 사람에게로 돌릴지며."라 하였다. 성경은 기본적으로 원수 사랑을 가르친다. 그러나 서기관과 바리새인들의 유전은 이 가르침에 어긋나 있음을 알 수 있다.

예수님은 서기관과 바리새인의 잘못된 가르침을 바르게 하고자 하였다. 그것은 '원수를 사랑하라'는 것이다. 그것이 율법의 근본정신이기 때문이다. "나는 너희에게 이르노니 너희 원수를 사랑하며 너희를 핍박하는 자를 위하여 기도하라." 44절의 이 말씀은 원수를 사랑하고 나아가 그를 위해 기도하는 데까지 나아가라 가르친다. 이것이 참사랑의 실천이라는 것이다.

사실 이것은 얼마나 어려운 일인가. 인간적으로 볼 때 이웃을 사랑하는 것은 쉬워도 원수를 사랑하는 것은 차원이 다른 경지다. 바리새인들의 말이 우리에게는 더 현실적으로 들린다. 그러나 예수님은 우리로 하여금 이 경지까지 나가라 하신다. 이것이 주님의 가르침이라면 우리는 그 가르침에 순종하지 않을 수 없다. 우리는 그분을 따르는 그리스도인이기 때문이다.

주님은 우리가 이 경지에 이를 경우 얻을 것이 확실히 있다고 하신다. "이같이 한즉 하늘에 계신 너희 아버지의 아들이 되리니 이는 하나님이 그 해를 악인과 선인에게 비춰게 하시며 비를 의로운 자와 불의한 자에게 내리우심이니라." 하나님 아버지의 아들이 되는 권세를 얻는다는 것이다. 하나님 아버지의 아들이 되려면 그 경지에까지 다다라야 하는 것이다.

어떤 이는 이것을 원수를 사랑하게 되면 비로소 아들이 된다는 것으로 해석하면 아들이 될 수 있는 사람은 우리 가운데 그리 많지 않을 것이라 말한다. 그래서 이 말씀은 원수를 사랑하면 비로소 아들이 된다기보다 이미 하나님의 아들 됨이 나타나 알려지게 된다는 뜻이 더 크다고 주장한다. 그러나 이러한 생각은 주님이 하시고자 하는 의미를 축소시킬 수 있다는 점에서 오히려 문제를 낳는다. 오히려 정도가 강한 쪽을 택하는 것이 의미를 강화시킬 수 있을 것이다.

예수님은 우리가 원수를 사랑해야 할 이유에 대해 해와 비를 들어 설명하신다. 해와 비는 생명이 계속되는 데 필요한 것들로 하나님은 선인과 악인 구분 없이 골고루 주신다. 선인이든 악인이든 골고루 사랑하시는 것이다. 하나님의 아들인 우리가 살아야 할 방식은 우리의 방식이 아니라 바로 이 하나님의 방식이다. 이 방식대로 살아간다면 사람들도 그리스도인들을 달리 보게 될 것이다.

46절과 47절은 결론적인 부분이다. 우선 46절을 보자. "너희가 너희를 사랑하는 자를 사랑하면 무슨 상이 있으리요 세리도 이같이 아니 하느냐." 사랑하는 자를 사랑하는 것은 인간의 본능이다. 부모가 자식을 사랑하고, 남편이 아내를 사랑하는 것은 당연하다. 그런데 이 같은 사랑행위는 사람만 그러는 것이 아니라 금수도 그렇게 한다. 사랑하는 이웃을 사랑하고 원수를 미워하는 것은 세리도, 죄인도, 불신자도 그렇게 한다. 사랑하는 자를 사랑하는 것에게 상이 없다는 것은 그 같은 행위가 결코 칭찬받을 일이 못 된다는 것이다.

그러나 잠시만 우리 행위를 돌아보자. 우리는 사랑하는 사람을 초청하고 그들과 어울리기 좋아한다. 대접을 하면 나도 상대에게 대접한다. 그것이 무슨 잘못이 있을까. 인간관계에서 자연스러운 일이 아니던가. 그러나 주님은 원수를 사랑하고, 돈이 없어 갚을 길이 없는 사람을 초청하라고 말씀하신다. 우리의 생각과는 확실히 다르다. 구별 없이 사랑하라는 것이다.

47절은 더 확실히 하고 있다. "또 너희가 너희 형제에게만 문안하면 남보다 더하는 것이 무엇이냐 이방인들도 이같이 아니하느냐." 이 말씀은 46절의 반복이다. 강조에 강조를 더한 것이다.

주님은 결론적으로 말씀하신다. "그러므로 하늘에 계신 너희 아버지의 온전하심과 같이 너희도 온전하라." 48절은 원수 사랑이 하나님의 온전하심에 이르는 길임을 가르쳐 준다. 아버지의 온전하심은 아버지가 악인이나 선인을 구분하지 않고 사랑하심을 말한다. 하나님의 아들인 우리도 이웃이나 원수를 구분하지 않고, 차별 없이 사랑을 하는 것이 마땅하다. 미워하는 자가 있는가. 그를 더 사랑하라. 원수로 생각하는가. 그러면 그를 위해 기도하자. 그러면 하나님은 과연 내 아들이구나 말씀하실 것이다.

제4장 복수, 소극적 무저항이 아니라 적극적 은혜 베풂으로

눈은 눈으로? 잘못 가르친 것이다

마태복음 5장 38절에서 42절은 복수에 대한 예수님의 가르침이 소개되어 있다. 서기관과 바리새인들은 복수하는 것을 당연하다고 가르쳤다. 그러나 예수님의 가르침은 달랐다.

예수님은 그들의 가르침에 대해 한마디로 이렇게 표현하고 있다. "또 눈은 눈으로, 이는 이로 갚으라 하였다는 것을 너희가 들었으나." 38절의 이 말씀은 이 가르침이 잘못되었음을 나타낸다. '눈은 눈으로, 이는 이로'는 개인 복수에 대한 것이 아니다. 재판할 때 재판관이 공정한 재판을 하라는 한 것이다. 그러나 우리는 이것을 개인복수 차원에서 이해하는 우를 범하고 있다.

이것에 대해 언급하는 구약은 재판에 적용할 형법조문에 관한 것이다. 출애굽기 21장 24절, 레위기 24장 20절, 신명기 19장 21절에 언급된 이것은 모두 재판하는 판결법규로 말한 것이다. 출애굽기 21장 23절에 "재판장의 판결을 좇아"라는 전문이 있다. 레위기에서는 하나님을 훼방하는 자를 돌로 치라 지시하시면서 다른 여러 가지를 추가로 말씀하신 것이다. 신명기의 경우 무고죄를 재판하는 규정(18)으로 말씀하신 것이다. 그런데 서기관과 바리새인은 이것을 개인이 복수해도 좋은 것으로 해석하고 가르쳤으니 잘못된 것이다.

복수가 아니라 은혜를 끼치라

예수님의 가르침은 다르다. 복수하면 안 된다. 도리어 은혜를 끼치는 생활을 하라 하신다. 예수님의 이런 가르침을 무저항주의로 받아들이곤 한다. 그러나 이것을 예수님의 무저항주의로 해석하는 것은 잘못된 것이다. 은혜를 베풀어 악을 악으로 갚지 말고 은혜를 베풀어 선으로 악을 이기는 자가 되는(롬12:21) 정신을 가르치신 것이다. 오히려 적극적인 사랑의 자세를 가르치신다. 그러므로 주님의 경우는 소극적인 무저항주의가 아니라 적극적인 은혜주의다.

예수님의 적극적 행동주의를 살펴보자. 먼저 39절을 보자. "나는 너희에게 이르노니 악한 자를 대적지 말라. 누구든지 네 오른편 뺨을 치거든 왼편도 돌려 대며." 악한 자를 대적하지 말라는 것은 복수하지 말라는 말씀이다. 성경에 따르면 복수는 하나님의 권한에 속한 것이고(신32:35; 롬12:19), 하나님께 맡겨야(삼상26:10) 한다. '왼편도 돌려 대며'는 자기를 박해하는 자를 선대하라는 것이다. 이것은 오히려 박해자의 머리에 숯불을 쌓아 놓는 것(롬12:20)이요 악을 선으로 이기는 길이다. 그러므로 그리스도인은 박해를 항상 각오하고 그것을 달게 받아야 한다. 복수는 그리스도 정신이 아니다. 40절, 41절, 42절은 39절에 이은 계속적인 적극적 행동의 보기들이다.

40절은 "또 너를 송사하여 속옷을 가지고자 하는 자에게 겉옷까지도 가지게 하며."라 한다. 나를 대하여 송사하는 자가 얼마나 미운가. 그러나 그를 적대시 말고, 복수하지도 말며, 도리어 긍휼히 여기고, 은혜를 끼치도록 하라 하신다.

41절은 "또 누구든지 너로 억지로 오 리를 가게 하거든 그 사람과 십 리를 동행하고."라 가르친다. '억지로'는 당시 로마 군인들이 짐을 지우느라 강제 징집을 하는 것에서 나온 것으로 보기도 한다. '십 리를 동행하고'는 그런 경우 억지로 하지 말고 도리어 요구하는 이상을 해 주라는 것이다. 즉, 악한 자를 악으로 갚지 말고 오히려 은혜를 입히는 자라 되라는 말씀이다.

42절은 우리 일상의 거래 관계에서 가져야 할 태도를 보이신다. "네게 구하는 자에게 주며 네게 꾸고자 하는 자에게 거절하지 말라." 이 말씀은 아무나 돈을 꾸어 달라는 사람에게 손해를 보고서라도 꾸어 주라는 말씀이 아니다. 여기서 '구하는 자'나 '꾸고자 하는 자'는 어려운 사람을 말한다. 그런 힘든 상황에 있는 자들을 돌보아 주라는 것이다. 이 모든 예들은 우리로 하여금 소극적 무저항이 아니라 적극적 은혜 베풂으로 나아가라는 말씀이다.

제5장 이혼, 음행한 이유 없이는 안 된다

음행한 연고 이외에는 안 된다

성경은 이혼에 관해 관용하지 않는다. 그렇다고 이혼을 절대 금지하는 것은 아니다. 단 조건이 있다. 음행한 이유 외에는 허락되지 않는다. 이 내용은 마태복음 5장 31절과 32절에 잘 나타나 있다.

31절을 보자. "또 일렀으되 누구든지 아내를 버리거든 이혼증서를 줄 것이라 하였으나." 이것은 서기관과 바리새인이 신명기 24장 1절을 잘못 가르치고 잘못 전달하고 있음을 보여 준다. 그들은 이혼을 당연한 것으로 생각하고, 이혼할 때 증서를 주어 내보내라고 했다.

다음은 신명기의 말씀이다. "사람이 아내를 취하여 데려온 후에 수치 되는 일이 그에게 있음을 발견하고 그를 기뻐하지 아니하거든 이혼증서를 써서 그 손에 주고 그를 자기 집에서 내어 보낼 것이요." 여기에서 보면 구약에서 이혼사유가 되는 조건으로 두 가지가 있는 것을 알 수 있다. 하나는 '수치 되는 일이 있으면'이고, 다른 하나는 '남편이 기뻐하지 아니하거든'이다. 수치 되는 일이란 음행에 관계되는 것이다. 문제는 '기뻐하지 아니하거든'이란 말에 있다. 음행이 있었다 해도 '기뻐하거든'은 예외다. 기뻐할 수야 없지만 이 표현은 용서하고 받아들인 경우를 말한다. 그런 경우 이혼하지 말고 용서하며 살라는 말이다. 그러나 기뻐하지 않으면 내보낸다. 신약에서는 이를 버리는 것으로 표현하고 있다. 같이 살 수 없어서 내보낸다는 뜻이다.

이혼증서는 남편의 권위로부터 해방되었다는 일종의 면제증서이다. 그들은 '이혼증서를 주라'고 말한다. 이혼이 그들의 율법과 일치하는 한 비난할 수 없는, 당연한 것으로 인식하고 있음을 알 수 있다. 그들은 이것으로 자기 아내에게 책임을 다한 것으로 생각하였다.

그러나 예수님의 생각은 달랐다. 32절을 보자. "나는 너희에게 이르노니 누구든지 음행한 연고 없이 아내를 버리면 이는 저로 간음하게 함이요 또 누구든지 버린 여자에게 장가드는 자도 간음함이니라." 음행 외에는 절대로 이혼하지 못한다는 말씀이다. 이것은 결혼의 신성함을 지적하신 것이다. 결혼이 인간의 욕심에 따라 깨어지기에는 너무나 성스러운 것이기 때문이다. 이들을 끊을 수 없는 끈으로 묶는 이는 하나님이시다.

"아내를 버리면 이는 저로 간음하게 함이요."라는 말씀은 결혼의 근본정신대로 음행 외에는 절대로 이혼하지 말라는 뜻이다. 거룩한 혼인으로 맺어진 아내를 버림으로써 그 아내를 다른 남자들의 간음 대상으로 전락시키는 것은 거룩하지 못한 행위이다. 주님은 음행으로 이혼당한 여인에게 장가드는 것도 간음이라 하셨다. 이것은 주님이 간음을 싫어하신다는 것을 보여 준다. 간음은 인간적인 것이다. 하나님의 거룩한 속성과는 멀다. 하나님의 형상을 가진 우리는 이러한 죄의 원초적인 모습을 과감히 벗어나야 한다.

제6장 간음죄, 근본부터 다스려라

간음하지 말라는 것은 십계명 중 제7계명에 속한다. 그만큼 간음을 정죄하고 있다. 바울은 몸과 영의 정절을 강조하였다(고전 7:34). 이것은 우리가 이 땅에서 얼마만큼 순결함을 유지해야 하는가를 보여 준다. 로마 가톨릭에서는 "정욕은 온 마음이 움직이기 전에는 죄가 아니다."라 했다. 칼빈은 이 같은 말을 위선이라 비판하고, 이것은 죄를 흐리멍덩하게 만드는 것이라 주장했다.

예수님은 간음의 경우 그 근본부터 다스려야 한다고 하신다. 근원을 제거하여 범죄 하지 않도록 해야 한다는 말씀이다. 이 말씀은 마태복음 5장 27절에서 32절에 잘 나타나있다.

27절을 보자. "또 간음치 말라 하였다는 것을 너희가 들었으나." 이 말씀은 간음하지 말라는 말이 잘못 전하여 들은 것이 아니라는 말씀이다. 그러나 더 깊은 의미가 담겨 있다. 즉, '간음치 말라'는 말로만 들었다면 그것은 드러난 것만 경계하는 일이 될 것이다. '너희가 들었으나.' 이것은 외부 조문에만 흐르고 근본문제를 도외시하는 잘못을 지적하신 것이다. 조문 지키는 것만 위주로 삼고 근본정신을 망각하고 있다는 뼈 있는 지적이다.

그러면 예수님의 생각은 어떤가? 28절은 주님의 간음관을 명쾌히 정의하고 있다. "나는 너희에게 이르노니 여자를 보고 음욕을 품는 자마다 이미 간음하였느니라."

여기서 여자는 여성 모두에 해당된다. 특히 여자를 거론한 것은 남자가 이 문제에 대해 능동적이므로 예로 든 것뿐이다. 간음은 남자에게만 해당되는 것이 아니다. 여자에게도 적용되는 문제다. 그러므로 남녀 모두를 지칭하는 말로 받을 필요가 있다.

'여자를 보고.' 이 말은 간음의 첫 동기는 보는 것임을 알 수 있다. 시선을 누구에게 두느냐가 문제다. 그 다음은 '음욕을 품는 자마다.' 여기서 간음의 두 번째 동기를 발견할 수 있다. 그것은 마음이다. 마음에 음욕이 일어나는 것이 문제이기 때문이다. 그러므로 눈과 마음은 죄가 들어오는 통로임을 알 수 있다. 이 두 통로를 거쳐 음욕을 품었다면 이미 간음했다. 마음에 간음한 것이 행동보다 더 중요할 수 있다. 이미 저지를 마음을 갖고 있다면 기회가 있을 때마다 행동으로 옮기려 할 것이다. 그렇게 하지 못하도록 제어하는 것도 마음이다. 따라서 이런 문제에 관한 한마음으로부터 간음하지 않도록 해야 한다.

예쁜 여자가 지나갈 때 눈길을 주지 않는 남자라면 정상적인 남자라 할 수 있을까. 누구든 그 여자를 볼 수 있다. 그러나 그 여자를 예쁘다고 보는 것과 음욕을 품는 것은 질적으로 다르다. 칭찬으로 끝나는 것과 성의 대상으로 삼는 것은 차이가 있다. 어떤 이는 지나는 여인을 세 번만 뒤돌아보면 이미 간음한 것이라 말하기도 한다. 두 번까지는 봐줄 모양이다.

그러나 예수님은 간음의 원인을 철저히 제거하라 하신다. 29절을 보자. "만일 네 오른 눈이 너로 실족게 하거든 빼어 버리라 네 백체(百體) 중 하나가 없어지고 온몸이 지옥에 던지우지 않는 것이 유익하며." 이 구절을 읽을 때 섬뜩한 마음이 들 것이다. '차라리 눈을 빼라.' 얼마나 단호하신가. 눈을 빼라는 말씀은 간음의 첫 번째 동기가 되는 원인을 제거하라는 말씀이다. 오른 눈을 없앤다고 왼쪽 눈이 보지 않는 것이 아니다. 말씀의 요지는 이처럼 결단하지 않으면 여전히 범죄 할 가능성이 높다는 것이다.

'실족게 하거든'은 눈만 뜨면 유혹이 굴러 들어오는 것을 말한다. '빼어 버리라'는 말씀은 눈을 제거해서라도 간음을 제거해야 한다는 뜻이다. 그 지체를 없앤다고 죄를 범하지 않는 것은 아니다. 오히려 마음을 다스리는 것이 중요하다. 그렇다고 마음까지 제거할 도리는 없다. 그러므로 여기서는 눈만 아니라 범죄 하게 만드는 것 그 어느 것이라도 제거해야 한다는 것이다. 그렇다고 눈을 빼려 하지 말라. 칼빈은 제거하는 것이 하나님의 뜻은 아니라 말한다. 주님의 말씀은 지체를 희생할 만큼 죄를 범하지 말라, 방해되는 것을 근본적으로 제거하라는 것이다.

이를 위해서는 범죄 하지 않으려는 결단이 필요하다. 결단하는 모습으로도 주님은 우리를 기뻐하실 것이다. 설혹 우리의 어느 지체가 손상되었다 해서 천국에 가서 그 지체 없는 장애자로 산다고 생각지 말라. 기이한 영체로 완전히 회복될 것이기 때문이다.

30절에서 주님은 재차 강조하신다. "또한 만일 네 오른손이 너로 실족게 하거든 찍어 내버리라 네 백체 중 하나가 없어지고 온 몸이 지옥에 던지우지 않는 것이 유익하니라." 오른손은 간음을 행동으로 옮긴 것을 의미한다. 미처 눈을 제동하지 못하였다면 손을 제동해서라도 죄를 범하지 않도록 하라는 말씀이다. 이것은 자신에 대해서 절대로 관대하지 말고 철저해야 한다는 것을 말해 준다.

당신의 눈이나 손이 제거대상이 되지 않도록 매사에 조심하라. 아울러 마음의 제동이 중요하다. 잠언 기자에 따르면 "마음을 지키는 것이 생명의 근원"(잠4; 23)이요 "마음을 다스리는 자는 성을 빼앗는 자보다 낫다."(잠16:32)

제7장 살인죄, 미움부터 다스려라

죄에 대한 예수님의 생각은 원인부터 다스려야 한다는 것이다. 원인을 중시해 그 근본을 뿌리 뽑아야 한다. 바리새인과 서기관은 율법의 근본정신을 망각하고 조문에만 치우쳐 외식에 빠졌다. 자기들 나름대로 세칙을 만들어 그것만 지키느라 애썼다. 그 정신에는 약했다.

예수님은 바리새인보다 더 나아야 한다고 하신다(마5:20). 예수님은 율법을 완성하러 오셨다(마5:17). 율법에서 주님이 중시하는 것은 외식이 아니라 근본정신이다. 근본정신을 이해하고 바로 지키라는 것이다. 예수님은 바리새인의 잘못된 율법관을 하나하나 고쳐주고자 하셨다. 그리고 우리에게 말씀하신다. "너희 의가 서기관과 바리새인보다 낫지 못하면." 여기서 주님은 우리의 의와 서기관 및 바리새인의 의를 대비시키셨다. 최소한 그들보다 나아야 한다는 것이다. 서기관과 바리새인의 의는 율법을 지켜 의롭다 함을 얻으려는 의다. 이것으로는 의를 얻을 수 없다(롬9:31 - 32). 예수 그리스도의 의를 힘입고, 예수를 믿어 죄 사함을 받아야 한다(롬1:17).

율법은 무엇인가? 예수의 의를 깨닫게 하고(롬3:20), 우리를 그리스도로 인도하는 인도자 역할을 한다(갈3:24). 천국은 이 의를 얻어야 들어가는 곳이다. 예수님은 말씀하셨다. 이 의 없이는 "결단코 천국에 들어가지 못하리라."(마5:20)

당시 서기관은 율법을 기록하고 보존하며 해석하고 가르치는 역할을 맡았다. 율법으로 재판하는 일도 맡고, 세칙을 제정할 만큼 율법전문가였다. 교법사(마22:35; 눅5:17)라 불리기도 하고, 랍비라 불리기도 했다(요3:10). 바리새인은 '분리되었다'는 뜻을 가졌다. 그만큼 구별되었음을 의미한다. 그 구별된 삶은 율법을 철저히 지키는 것으로 나타났다. 그들의 율법준수가 정신이 빠진 외식이라며 예수님의 질타를 받았다. 그들은 배타주의자들로 교만하기 이를 데 없었다. 예수님 당시 바리새인은 약 6천 명 있었다고 한다.

계명의 근본정신부터 알라

예수님은 살인죄 항목을 들어 그들의 잘못된 생각을 고치고자 하셨다. 근본정신을 깨닫게 하시려는 것이다. 살인죄에 대한 말씀은 마태복음 5장 20절에서 26절에 있고, 21절과 22절은 근본정신을 가르치고 있다.

21절을 보자. "옛사람에게 말한 바 ○○하였다는 것을 너희가 들었으나." 이것은 옛 율법을 '서기관과 바리새인들이 잘못 전해 주었음을 지적하고 있다. 예수님이 율법을 반대하는 것이 아님을 알 수 있다. 전하려면 바로 전했어야 한다는 것이다. ○○ 부분은 이렇다. "살인하지 말라 누구든지 살인하면 심판을 받게 되리라." '살인하지 말라'는 제6계명 본문 전문이다. 이것은 하나님이 모세에게 준 계명이다(출20:13; 신5:17). 이는 살인했을 경우의 구약의 가르침이다. 살인자가 도피성으로 도피했을 경우 그 성의 장로들이 재판을 한다. 의도적인 살인이 아닌 경우 대제사장이 죽을 때까지 그 성에서 살고, 의도적 살인인 경우 복수하려는 자에게 내주어 죽게 한다(민35:9 - 28). '누구든지 살인하면 심판을 받게 되리라.' 라는 부분은 6계명에다 그들이 덧붙인 것이다. 하나님의 심판이 아니라 그들의 지방재판을 의미한다. 지방재판은 7인 위원으로 구성되어 있으며, 이 위원은 7인 공의회의 직속 하급기관이다.

이에 비해 예수님의 가르침은 어떤가? 22절을 보자. "나는 너희에게 이르노니 형제에게 노하는 자마다 심판을 받게 되고 형제를 대하여 라가라 하는 자는 공회에 잡히게 되고 미련한 놈이라 하는 자는 지옥 불에 들어가게 되리라." 아예 살인의 원인이 되는 것으로부터 벗어나라는 것이다.

'형제에게 노하는 자마다 심판을 받게 되고.' 예수님은 살인의 원인이 되는 분노에 초점을 맞추었다. 미움의 발로, 이 원인부터 제거하라 경고하신다. 미워함이 살인이다(요일3:15). 미움을 뽑아 버리면 살인이 있을 수 없다. 여기서 심판은 지방재판에 해당된다. 뒤에 공회가 나오기 때문이다.

'형제를 대하여 라가라 하는 자는 공회에 잡히게 되고.' 라가의 뜻은 알 수 없으나 욕설 가운데 하나이다. 아람어로 '골빈 놈'

(senseless, empty – headed) 정도의 욕이다. 라가라 하는 것은 겉으로 드러내 행동하는 것을 말한다. 분노가 욕설로 나타났기 때문에 더 진전된 범죄이다. 죄가 장성하면 사망에 이른다(약1:15). 공회는 예루살렘 72인 공의회(보통 70인 공회라 한다.)로 최고재판소에 해당한다. 이 회는 제사장·서기관·바리새인으로 구성되었다. 예수님도 빌라도에게 넘겨지기 전 이 공회의 재판을 받았다.

'미련한 놈이라 하는 자는 지옥 불에 들어가게 되리라.' 미련한 놈이라 하는 것은 욕설이다. 원어로는 '모레'다. 여기서는 '미련한 놈'이라 했지만 정죄하는 욕설로 최고로 진전된 상태를 나타낸다. 이 상태를 행동으로 옮길 경우 살인으로 이어진다. 지옥은 '게엔나'로 '힌놈의 골짜기'를 뜻한다. 이 골짜기는 예루살렘 서남쪽에 있으며, 자녀를 몰록에게 불태워 제사한 곳이다(왕하23; 10; 대하 28:3; 렘7:31). 예루살렘이 포위되었을 때 시체가 쌓여 장사를 지낼 수도 없었던 곳이다(렘7:32 – 33; 19:6 – 8). 그래서 지옥의 대명사가 되었다.

원인부터 다스려라

21 – 22절은 살인에 대한 잘못된 인식을 바로잡고 계명의 근본정신을 알게 하고자 했다면 23 – 26절은 먼저 원인을 제거하도록 가르치고 있다.

23절과 24절을 보자. "그러므로 예물을 제단에 드리다가 거기서 네 형제에게 원망 들을 만한 일이 있는 줄 생각나거든 예물을 제단 앞에 두고 먼저 가서 형제와 화목하고 그 후에 와서 예물을 드리라."

여기서 '원망들을 만한 일'이란 내가 미워한 것이 아니라 해도 형제가 미워할 수 있는 원인이 내게 있으면 그것부터 청산하라는 것이다.

'먼저 가서 형제와 화목하고'는 예물 드리는 일보다 화목하는 일이 더 중요하다는 뜻이 아니다. 죄의 원인이 될 수 있는 것을 가지고는 하나님을 공경할 수 없다는 뜻이다. 형제로 범죄 하게 하는 원인이 내게 있다면 그것은 나의 죄이므로, 그 죄를 가지고서는 하나님을 경배할 수 없다는 뜻이다.

'그 후에 와서 예물을 드리라.'는 것은 먼저 죄를 청산하고 하나님을 경배하라는 말씀이다. 죄를 회개함에 있어서 먼저 인간과 관계된 문제를 해결하고, 그 다음 하나님 앞에 용서를 빌어야 한다는 것을 가르쳐 준다. 주기도문에서도 "우리가 우리에게 죄 지은 자를 사하여 준 것같이 우리 죄를 사하여 주옵시고." 하지 않았는가.

먼저 화목하라

25 – 26절은 송사문제를 통해 이 문제에 접근하였다. "나를 송사하는 사람과 길에 있을 때 급히 사과하고 화목하라 재판관에게 넘겨져 옥에 가두면 호리라도 남김없이 갚기 전에는 거기서 나오지 못하리라."

'길에 있을 때 급히 사과하고 화목 하라.' 길에 있을 때는 재판하러 가는 길을 말한다. 재판 전에 해결하라는 것이다. 형제와 해결함이 없다면 하나님 앞에서도 사함을 받지 못한다. 회개의 표가 형제와 맺힌 것을 푸는 것이다.

호리란 로마시대 때 제일 작은 동전 '고드란트'를 말한다. 헬라의 두 렙돈에 해당한다(막12:42).

'갚기 전에는 거기서 나오지 못한다.' 죄를 빚으로 비유하신 말씀이다. 죄는 빚이어서 한 푼이라도 갚지 않고서는 그 빚에서 풀려나지 못한다. 주기도문을 보자. "우리에게 죄 지은 자를 사하여 준 것같이 우리 죄를 사하여 주옵시고." 원어는 "우리가 우리에게 빚진 자를 탕감하여 준 것같이 우리 빚도 탕감하여 주옵시고"(마 6:12, 난외주 볼 것)이다.

죄는 원인부터 제거해야 한다. 범행으로 전개된 다음 율법으로 처벌해도 그 죄는 그치지 않는다. 그 원인부터 벌써 죄를 잉태하고 있다. 분노하고 욕하기 전, 형제를 죽이기 전 그 원인인 미움부터 다스려야 한다.

제6부

예수의 가르침

제1장 반석 위에 집을 짓는 신앙

모래 위에 집을 짓지 말고 반석 위에 집을 지으라는 주님의 말씀은 산상수훈의 결론적 권면이다. 아무리 좋은 말을 들었어도 흘려버리면 아무 유익이 없다. 믿음에는 행함이 따라야 참믿음이라 할 수 있다. 행함은 말씀에 대한 순종이요, 순종의 사람이 바로 주님이 원하는 사람이다. 가르침에 대해 분명히 반응을 요구하시는 주님이심을 알 수 있다.

반석 위에 집을 짓는 사람에 관한 말씀은 마태복음 7장 24절에서 27절까지, 그리고 누가복음 6장 47절에서 49절까지 잘 소개되어 있다. 이것은 우리로 하여금 순종하는 신앙, 행함이 있는 신앙을 강조하고 있다. '주여! 주여!' 부르짖기만 하지 말고, 실제 생활에서 신앙의 열매를 맺으라는 것이다. 주님은 이름뿐인 그리스도인을 원치 않으신다. 집은 겉으로만 봐서는 안 된다.

말씀을 실천하는 자

마태복음 7장 24-25절은 말씀을 실행에 옮기는 그리스도인이 될 것을 강조하고 있다. 이런 사람은 반석 위에 집을 지은 사람,

기초가 튼튼한 사람이다. 24절을 보자.

> "그러므로 누구든지 나의 이 말을 듣고 행하는 자는 그 집을 반석 위에 지
> 은 지혜로운 사람 같으리니."

'이 말'은 산상에서 주님이 지금까지 가르치신 말씀이다. 마태복음 5장 1절에서 7장 23절까지 소개된 산상수훈이다. 이 말씀은 신앙생활에 기초가 되는 말씀이다. 집은 우리가 이 땅에서 지어야 하는 믿음의 집이요 교회이다.

반석은 희랍식 건축에서 하는 기초 작업을 나타낸 것이다. 누가복음에 따르면 깊이 파고 주초를 반석 위에 놓았다(눅6:48). 성경에서 반석은 주로 하나님(삼하22:2; 시71:3; 사26:4), 예수 그리스도(고전3:11; 10:4; 엡2:20), 하나님의 말씀을 가리킨다. 반석 위에 지었다는 것은 한마디로 주님의 말씀에 기초하여 잘 지은 것을 말한다. 우리는 하나님과 예수님의 진리 말씀 위에 세우고 그 말씀에 따라 신앙생활을 해야 한다. 이를 위해서는 철저한 자기부정이 필요하다. 이런 사람이 지혜로운 사람이다. 자신을 하나님의 성전이 되게 했기 때문이다(고전3:16; 6:19; 고후6:16; 엡2:21).

25절은 왜 반석 위에 지은 집이어야 하는가를 말해 주고 있다.

> "비가 내리고 창수가 나고 바람이 불어 그 집에 부딪히되 무너지지 아니하
> 나니 이는 주초를 반석 위에 놓인 연고요."

비·창수·바람은 환난·핍박·박해 등 신앙생활에 거세게 닥쳐오는 사단의 공격이다. 비는 위에서, 바람은 옆에서, 창수는 큰 물 곧 홍수로 아래로부터 온다. 위·옆·아래는 언제 어디서 올지

모른다는 것으로 언제 어디서 오더라도 대비해야 한다는 것을 보여 준다. 큰물이 나서 탁류가 오더라도 잘 지었기 때문에 요동치 않는다(눅6:48). 건축은 비·바람에 대비해야 하는 것처럼 신앙의 건축도 환난을 각오하고 대비해야 한다.

말씀을 실천하지 않는 자

마태복음 7장 26절에서 27절은 하나님의 말씀을 실천하지 않는, 불순종하는 영혼의 불안정함을 잘 보여 주고 있다. 기초가 없는 집은 집 모양은 갖추었지만 견고하지 못해 어느 때고 무너질 운명에 처해 있다. 너무 허술하기 때문이다. 26절을 보자.

> "나의 이 말을 듣고 행치 아니하는 자는 그 집을 모래 위에 지은 어리석은 사람 같으리니."

모래는 기초가 없는 신앙을 말한다. 신앙의 기초인 하나님의 말씀 위에 지은 것이 아니라 거짓 선지자의 교훈, 서기관과 바리새인의 그릇된 가르침, 또는 인간적 허세와 허영에 바탕을 둔 것이라 주초 없이 흙 위에 집을 지은 것과 같다(눅6:49).

27절은 모래 위에 지은 집이 왜 문제가 되는가를 보여 준다.

> "비가 내리고 창수가 나고 바람이 불어 그 집에 부딪히매 무너져 그 무너짐이 심하니라."

시험받으면 휩쓸려 허무하게 무너지게 된다. 무방비 상태라는 것이다. 박해에 견딜 수 있는 힘이 없기 때문이다. 주와 단절된 사람들은 박해를 당할 때 주님이 붙들어 주시지 않는다. 주와 단절된 자는 주님의 말씀을 지키지 않는 자요 주님을 사랑하지 않는 자요(요14:15, 21, 23), 주 안에 거하지 않는 자며(요일3:24), 그 사랑에 거하지 않는 자이다(요일4:16). 주님도 이런 사람 안에 거하지 않으신다. 이런 사람이 하나님의 심판 앞에서도 견디지 못할 것은 두말할 필요가 없다. 크게 자극하는 경고요 경계의 말씀이 아닐 수 없다. 이것은 지금까지 가르치신 모든 말씀을 잘 지켜 행하라는 것이다.

주님의 이 가르침은 우리로 하여금 항상 주님의 말씀을 잘 지켜 나갈 것을 강조하고 있다. 이를 위해서는 주님이 언제나 우리 안에 거하도록 해야 한다. 그래야 주님이 어떤 환난에서도 능히 이길 수 있는 힘을 주신다.

행함은 구원의 조건은 아니다. 믿음으로, 은혜로 구원을 얻을 수 있기 때문이다. 그러나 행함이 없는 믿음은 열매가 없어 문제가 크다. 행함은 믿는 자의 생활이다. 실천하는 생활의 모습이 있어야 그 믿음도 증명된다(약2:18). 행함은 믿음의 증거이다. 증거 있는 삶을 살아야 마귀도 얼씬 못 한다. 예수 그리스도의 말씀 위에 확고히 서 있기 때문이다. 참된 그리스도인은 반석 위에 지은 사람이다. 말씀에 그 뿌리를 깊게 내리고, 지속적인 헌신과 행동으로 열매를 맺으며, 어떤 시험이 와도 굴하지 않는다. 주님은 우리에게 이처럼 흔들리지 않는 신앙을 원하신다.

제2장 마음이 온유한 자는 복이 있나니

"마음이 온유한 자는 복이 있나니 저희가 땅을 기업으로 받을 것임이요"(마5:5) 산상수훈에 나오는 예수님의 말씀이다. 온유는 하나님 나라 백성의 특성으로, 이 땅에서 그 나라 백성답게 살기 위해서는 온유해야 한다는 것을 가르쳐 준다.

예수님에 따르면 온유한 자는 땅을 기업으로 받는다. 이 말씀은 이 땅에서 하나님 나라를 구현하기 위해서는 온유(gentleness, meekness)의 삶을 살아야 한다는 말이다. 온유가 그리스도인의 삶의 비결이다. 문제는 이 땅에서 어떻게 온유한 삶을 살 것인가 하는 것이다.

온유한 자가 돼라

요즘같이 험난하고 각박한 세상에서 그리스도인에게 어떤 삶의 자세가 필요할까? 그것은 온유가 아닐까. 물론 경쟁이 심하고 누구에게나 지지 않으려는 세상에서 온유하게 살아간다면 뒤처지기 딱 알맞다고 말할 수 있다. 하지만 세상 사람들도 그리스도인마저 세상에 지지 않으려 경쟁적으로, 투쟁적으로 살아가는 것을 기대하지 않을 것이다. 오히려 우리로도 충분하니 너희는 제발 그렇게 살아가지 말라고 당부하지 않을까.

성경은 여러 곳에서 우리로 하여금 온유한 자로서 살라 가르치고 있다. 다음은 그 보기이다.

- "오직 우리가 너희 가운데 온순한 자가 되어"(살전2:7)
- "마땅히 주의 종은 다투지 아니하고 모든 사람을 대하여 온유하며 〔- -〕 거역하는 자를 온유함으로 징계할지니"(딤후 2:24, 25)
- "아무도 훼방하지 말며 다투지 말며 관용하며 범사에 온유함을 모든 사람에게 나타낼 것을 기억하게 하라."(디도서3:2)
- "너희 관용(gentle attitude)을 모든 사람에게 알게 하라. 주께서 가까우시니라."(빌4:5)

온유란 무엇인가?

온유와 겸손은 우리 내면의 속사람을 가꿔 주는 기둥과 같은 단어들이다. 그리고 주님을 따라 배울 때 나타나는 우리의 변화된 모습이다.

1) 통제된 힘

온유는 결코 연약한 것을 의미하지 않는다. 그리스어로 온유는 '강하지만 절제하는 힘(strength under control)'을 가리킨다. 야생종마(wild stallion)가 훈련을 받아 주인을 위해 일하는 모습에 비유된다. 훈련된 종마는 우리 안에서는 온순해 보이지만 달릴 때는 그의 강함을 드러낸다. 바울은 자신을 가리켜 "너희를 대면하면 겸비하고 떠나 있으면 담대한 나 바울."(고후10:1)이라 했다. 교인들을 대할 때는 온유하지만 복음을 전파하는 데는 담대하다는 말이다. 그만큼 절제된 삶을 산다는 말이다.

예수님도 통제된 힘을 보이신 적이 한두 번이 아니다. 대표적인 보기가 바로 말고의 귀를 자른 사건에서 나타난다. 베드로가 검을 들어 그의 귀를 잘랐을 때 예수님은 말씀하셨다. "네 검을 도로 집에 꽂으라. 검을 가지는 자는 다 검으로 망하느니라. 너는 내가 내 아버지께 구하여 지금 열두 천사를 보내시게 할 수 없는 줄로 아느냐."(마26:52, 53) 천사를 부를 수 있지만 그 권한을 사용하지 않으셨다. 다음은 이어지는 예수님의 말씀이다. "내가 만일 그렇게 하면(천사를 동원하면) 이런 일(십자가에 달리시고 죽으심으로 우리를 죄에서 구원하시는 일)이 있으리라 한 성경이 어떻게 이루어지리오."(마26:54)

온유는 세상적인 무기를 사용하는 것이 아니라 하나님의 주권 아래 우리 자신을 두는 절제된 힘이다. 그러므로 온유를 약하게 인식해서는 안 된다.

2) 온순, 부드러움, 비폭력

온유는 '부드럽다, 인내한다, 보복을 하지 않는다, 폭력을 사용하지 않는다' 등 여러 의미를 갖고 있다. 익룡, 공룡, 사자, 산돼지 등은 강하고 포악하다. 그러나 지금은 찾아보기 힘들다. 고양이, 돼지, 개, 닭은 이와는 달리 약하지만 많다. 땅을 차지하고 있다. 아수르, 로마, 히틀러, 스탈린은 강하다. 이에 비해 농부 퓨리턴은 약하다. 누가 살아남았는가. 부드러운 혀, 물, 공기, 영혼, 불, 사랑, 정신력, 인도주의는 약해 보이지만 놀라운 힘을 가지고 있다. 무력이 항상 이기는 것은 아니다. 사람도 점점 난폭해져 간다. 난폭할수록 신앙은 등한시되고 있다. 이러한 때에 우리에게 필요한 것은 보다 온유해지는 것이다. 요한도 보아너게, 곧 번개라는 별명을 가졌다. 그런 그가 변화하여 사랑의 요한이 되었다. 신앙이 깊어지면 온유해지는 것은 마땅하다. 간디가 그의 비폭력 정신을 예수님에게서 배웠다는 것은 잘 알려진 사실이다.

3) 순종

온유에는 순종이라는 의미를 담고 있다. 양은 온유하다. 그러나 바보스러울 정도로 순종적이다. 이용규 교수가 쓴 책 『내려놓음』을 보면 죽임을 당할 때 양과 염소는 아주 차이가 있다고 말한다(이 용규, 2006: 131). 양은 죽임을 당하는 것을 알아도 전혀 반항하지 않는다. 칼에 목이 베여 피가 내장으로 흘러 들어가는 순간까지(몽골에서는 양을 잡을 때 피가 밖으로 새지 않고 내장에 고이게 한다) 반항하지 않는다. 그저 그 선한 눈으로 하늘을 바라보며 조용히 숨을 거둔다.

염소는 죽기 전에 심한 저항을 하는 것으로 알려져 있다. 보통 성인 남자 두 명 정도가 염소를 붙들고 다리를 묶어야 한다. 죽을 때 심하게 괴성을 지르며 몸을 버둥거리기 때문에, 염소를 잡으면 동네 사람들이 다 알 정도이다.

이 교수는 최후를 맞는 양과 염소의 모습을 보면서 하나님의 자녀로서 나는 과연 어느 쪽인지 생각해 보았다. 우리가 우리의 최후나 극한상황을 어떤 모습으로 맞이하는가가 곧 우리가 하나님 앞에 양인지 염소인지를 분별해 줄 것이다. 또한 우리가 실패했을 때 어떤 모습으로 서 있는가가 우리 신앙의 성숙도를 보여 줄 것이라고 믿는다.

순종은 절제된 에너지다. 에너지는 어느 때든 유익하게 사용되어야 한다. 물질 에너지든 인간 에너지든 모두 절제 있게 사용될 때 아름다운 문화를 만들어 낼 수 있다. 믿음생활에서도 마찬가지다. 절제된 마음과 행동으로 하나님 뜻에 100% 온전히 순종할 때 하나님께서 기뻐하신다. 그리스도인은 주님께 전적으로 순종하는 자이다. 순종이 살아 있는 믿음을 보여 준다.

4) 사랑과 용서 그리고 겸손

온유는 우리가 성령의 지배를 받을 때 나타난다. 대인관계의 측면에서 볼 때 온유는 거친 마음을 다스리는 성령의 열매이다. "성령의 열매는 사랑과 희락과 화평과 오래 참음과 [- -] 온유와 절제니 이 같은 것을 금지할 법이 없느니라."(갈5:23) 온유는 사랑, 용서, 오래 참음, 절제, 겸손 등과 같이 간다는 것을 알 수 있다.

예수님의 사랑은 용서하는 사랑이다. 간음한 여인에 대해 정죄하기보다 "죄 없는 자가 먼저 치라."며 그 여인을 불쌍히 여기셨다. 사람들은 죄목을 따지기 좋아한다. "간음했다. 사기다. 도적질했다." 그러나 예수님은 다르다. 먼저 사랑하고 용서하라는 것이다. "나도 너를 정죄하지 않겠다. 다시는 죄를 짓지 말라." 예수님의 이 용서 앞에 돌을 들 수는 없을 것이다. 주님은 간음한 여인을 용서하셨을 뿐 아니라 우리의 모든 죄를 지셨다. 대속의 용서다. 자기는 피를 흘리면서 우리에게는 제2의 기회를 주신 것이다. 우리는 주님의 온유와 겸손을 배워야 한다.

온유는 인간관계에서만 필요한 것이 아니라 하나님의 말씀을 받을 때도 필요하다. 야고보는 말한다. "마음에 섬긴 (그리스도의) 도

를 온유함으로 받으라.”(야고보1:21)

온유의 멘토

성경은 맨 먼저 모세를 온유한 자로 소개하고 있다. “모세는 그 온유함이 지면의 모든 사람보다 승하더니.”(민12) 온유한 모세는 폭력군주 바로를 이겼다.

그러나 온유에 있어서 멘토 중의 멘토는 우리의 영원한 스승 예수 그리스도시다. 예수님은 일찍이 자신을 온유하고 겸손하다 하시고 나의 멍에를 메고 내게 배우라 하셨다. “나는 마음이 온유하고 겸손하니 나의 멍에를 메고 나를 배우라. 그러면 너희 마음이 쉼을 얻으리니 이는 내 멍에는 쉽고 내 짐은 가벼움이라.”(마11:29) 예수님은 하나님이시면서도 자기를 비우실 만큼(그것을 내세우지 않으실 만큼), 나귀 새끼를 타시면서도 자존심을 내세우지 않으실 만큼, 때리고 비웃음을 당해도 묵묵히 참으실 만큼 온유하셨다.

히틀러나 나폴레옹은 힘으로 세계를 정복하고자 했다. 그러나 실패했다. 나폴레옹은 이렇게 고백했다. “나는 폭력으로 세계를 정복하고자 했으나 실패했다. 그러나 예수는 사랑으로 세계를 정복했다.” 예수는 온유함으로 세상을 이겼다.

삶에서 온유를 어떻게 나타낼 것인가?

1) 자기의 감정을 누르고

온유한 사람은 자신의 감정을 누를 줄 아는 사람이다. 성을 잘 내거나 혈기가 있는 사람은 온유한 사람이라 말할 수 없다. 온유 는 절제할 수 있는 힘이 있어야 가능하다. "이기기를 다투는 자마 다 모든 일에 절제하나니 저희는 썩을 면류관을 얻고자 하되 우리 는 썩지 아니할 것을 얻고자 하노라."(고전9:25)

2) 유연하게 대하며

당신의 의견에 동의하지 않고 따지는 사람이 있을 때 상대를 항 복시키려 들지(surrender) 말고 유연하게(tender) 대한다. 상대가 따지 려 들 때 우리는 여러 방법을 취할 수 있다. 두려움을 가지고 물러 나는 방법, 분노로 대응하는 방법, 온유하게 답하는 방법 등. 이 가 운데 가장 바람직한 것은 온유하게 대하는 방법이다. 온유한 자는 명령조(demanding)로 말하지 않고 이해하는 태도(understanding)를 취한다.

3) 상대를 판단하지 않고

당신을 실망시키는 사람이 있거든 그 사람을 판단하지(judgmental) 말고 사랑으로 대한다. "형제들아 사람이 만일 무슨 범죄 한 일이 드러나거든 신령한 너희는 온유한 심령으로 그러한 자를 바로잡고 네 자신을 돌아보아 너도 시험을 받을까 두려워하라. 너희가 서로

짐을 지라. 그리하여 그리스도의 법을 성취하라."(갈6:1 - 2)

사랑으로 죄인을 대하는 사람은 온유한 사람이다. 바리새인들은 간음한 여인을 예수님 앞에 데려왔다. 남자도 데려와야 하는데 여인만 데려온 것은 불공평하지 않는가? 돌로 쳐야 하는지 물었지만 그들은 이미 마음속으로 돌을 들었다. 그들은 정죄했지만 예수님은 정죄하지 않았다. 그리고 부드러운 음성으로 "다시는 죄를 범치 말라" 하셨다. 이 모습이 바로 온유한 자의 모습이다. 온유한 자는 자기 자신에게는 엄격하고 다른 사람에게는 너그럽게 대한다.

4) 인내하며

온유한 자는 인내하는 사람이다. 당신에게 상처를 줄 때 그것을 싫어하고 거부하는 자(reactor)가 되지 않고 적극적으로 수용하고 반응하는 자(actor)가 된다. 상대를 존중해야지(respect) 거부해서는 (reject) 안 된다. 인내로 반응하게 되면 결국 승리자가 될 수 있다. 주님도 참으셨음을 기억하라. "욕을 받으시되 대신 욕하지 아니하시고 고난을 받으시되 위협하지 아니하시고 오직 공의로 심판하시는 자에게 부탁하시며."(벧전2:23) 주님이 왜 할 말이 없었겠는가.

구약의 요셉은 감옥에 갇혔어도 억울하게 들어왔다며 변명하거나 핑계하지 않았다. 원망도 불평도 하지 않은 채 인내했다. 그의 모습에서 예수님을 보게 된다. 그는 나이 30에 애굽을 다스리는 국무총리가 되었다.

신약의 요셉도 정혼한 여인 마리아가 임신한 사실을 알고 가만히 끊고자 했다. 다른 사람 같았으면 참지 못하고 돌로 쳐 죽여야 한다고 말했을 것이다. 온유한 그에게 천사가 나타나 성령으로 잉태되었음을 알림으로써 모든 의문은 풀리게 된다.

5) 책망을 달게 받고

당신의 행동에 대해 고치라고 말할 때 '이제 당신과는 끝이야'(I'm through)라며 다시는 상대하지 않으려는(unreachable) 태도를 취하지 말라. 오히려 가르쳐 달라며 가르침을 받으려는(be teachable) 자세를 취한다. 어느 날 장로들이 20여 가지 항목을 들고 한 경직 목사를 찾아와 "목사님 이 점은 고쳤으면 합니다."라고 말했다. 당신이 목사라면 어떻게 대하겠는가. 대부분 장로들을 정죄하려 들 것이다. 장로들을 마귀 집단으로 몰아세울지도 모른다. 그러나 그분은 그렇게 하지 않으셨다. "장로님, 저를 잘못 보셨습니다. 제가 고쳐야 할 것은 20가지가 아니라 200가지가 넘는데요." 장로님들은 할 말을 잃었다. 온유한 자는 충고를 거역하는 것이 아니라 기꺼이 받아들이는 것이다. 텔레비전 프로그램에 상대가 거짓말로 공격을 해 와도 '물론입니다.'라고 대답하는 것을 보았다.

온유한 자는 상대방의 말을 존중하고 그 말을 기꺼이 받아들인다. 우리는 어린아이로부터도 배울 점이 있다는 것을 기억해야 한다. "사람마다 듣기는 속히 하고 말하기는 더디 하며 성내기도 더디 하라."(약1:19) 다윗 왕은 나단 선지자의 책망에 겸손히 무릎을 꿇고 회개했다. 세례요한도 회개를 강조했다. 칭찬은 사람을 교만하게 만들 위험성이 있다. 그러나 책망은 겸손하게 만든다.

6) 끝까지 그리스도의 마음을 닮으며

온유한 자는 끝까지 그리스도의 마음을 닮는다. "각각 자기 일을 돌아볼뿐더러 또한 각각 다른 사람들의 일을 돌아보아 나의 기쁨을 충만케 하라 너희 안에 이 마음을 품으라. 곧 그리스도 예수의 마음이니."(빌 2:4, 5) 그리스도를 닮으면 닮을수록 온유가 더욱 드러난다. 그리스도의 온유와 관용과 겸손이 세상을 바꾼다.

온유한 자에게 주어진 하늘의 상급

온유는 그리스도인이 추구해야 할 중요한 태도 가운데 하나다. "의와 경건과 믿음과 사랑과 인내와 온유를 좇으라."(딤전6:11) 우리가 그리스도의 증인으로 살 때, 즉 복음을 공유하며 살 때 우리가 나타내야 할 중요한 증거 중 하나가 바로 온유이다. "너희 마음에 그리스도를 주로 삼아 거룩하게 하고 너희 속에 있는 소망에 관한 이유를 묻는 자에게는 대답할 것을 항상 예비하되 온유와 두려움으로 하고."(벧전3:15)

이 땅에서 온유한 삶을 살기는 어렵다. 말씀대로 살면 손해를 많이 보게 될 것 같은 생각마저 든다. 그러나 이 세상에서 손해를 볼 수 있다 해도 하나님은 알아주신다. 우리가 삶의 현장에서 그리스도의 온유를 나타내며 살 때 주님은 복을 받을 수 있다고 약속하셨기 때문이다.

"마음이 온유한 자는 복이 있나니 저희가 땅을 기업으로 받을 것임이요." 니체는 예수의 이런 가르침은 약자의 변명이라 비웃었다. 그리고 기독교를 약자의 종교라 하였다. 그는 우리에게 필요한 것은 이런 약한 모습이 아니라 강인한 초인이라고 주장했다. 히틀

러는 그의 초인사상을 이어받아 게르만민족의 우월성을 드러내고
자 하였다. 두 사람 다 어찌 되었는가. 니체는 미쳤고, 히틀러는
살인자가 되었다. 그들은 초인사상을 통해 땅을 자기 것으로 만들
고자 했지만 아무것도 가진 것이 없게 되었다. 그러나 온유한 자
는 지금도 땅을 기업으로 받는다. 이 땅이 아니라 이 세상에서 얻
을 수 없는 하나님의 나라, 새 하늘과 새 땅이다.

온유한 자는 악한 자들이 세워 놓은 견고한 진을 파하는 능력을
하나님으로부터 받는다. 온유한 자는 오늘도 하나님을 대적하기 위
해 쌓아 놓은 모든 사상을 파하며 그리스도에게 온전하게 복종하
기를 원한다. 그리스도인이 오늘도 해야 할 일은 삶에서 그리스도
의 성품인 온유를 드러내는 일이다. 우리가 온유로 그리스도를 증
거 하고 승리하는 삶을 살 때 이 세상도 하늘의 평안을 누릴 수
있다.

제3장 달란트 비유, 하나님의 신뢰와 삶의 결산

마태복음 24장이 마지막 때를 말하고 있다면 25장은 마지막 때
의 삶의 문제를 다루고 있다. 주님은 생활을 통해 비유의 말씀을
주셨다. 특히 25장 14절에서 30절까지 소개된 달란트 비유는 우리
의 삶의 유형과 태도가 어떠해야 하는가를 잘 가르쳐 주고 있다.

우리를 신뢰하시는 하나님

주인은 떠날 때 종에게 할 일을 주며 떠난다. 먼저 종들을 불렀다. 목회자만 하나님의 종이 아니다. 그리스도인은 모두 하나님의 종이다. 그리고 자기 소유를 맡긴다. 이것은 내가 가진 모든 것이 내 것이 아니라 하나님의 것임을 가르쳐 준다. 하나님의 것을 우리 각자에게 맡긴 것(entrustment)이다. 먼 길을 떠날 때 누구에게 돈을 맡기고 가겠는가? 대부분 신뢰하는 사람에게 맡긴다. 이것은 주인이 종들을 자기의 분신처럼 여기고 철저히 신뢰했음을 의미한다. 우리를 믿고 신뢰하신 주님께 감사하자.

주인은 종들에게 달란트를 주었다. 1달란트는 약 6천 데나리온이며, 1데나리온은 노동자의 하루 수입이다. 그날그날 먹고사는 노동자의 경우 20년 일해 벌 수 있는 큰돈이다. 1달란트를 우리 돈으로 환산하면 약 1억 8천만 원, 5달란트는 9억 원에 해당한다. 글래이저(R. Glazer)에 따르면 달란트는 하나님이 우리 각자에게 주신 기본적인 능력(basic ability), 곧 지능·창의력·적성 등이다. 달란트는 하나님 나라 완성에 기여할 수 있는 모든 것에 해당한다. 그것은 시간·재능·기회·생업·건강·재물·성공·목숨 등 여러 형태를 지닌다.

중요한 것은 주인이 각각 그 능력에 따라 기대를 하며 소유를 맡겼다는 사실이다. 재능대로 주신 것은 능력에 맞춰 주었음을 의미한다. 이것은 주인이 종의 능력을 잘 알고 있었음을 말해 준다. 주인은 이처럼 자상하고 배려가 있다. 주인이 자신의 능력을 인정하고, 그 능력에 맞게 달란트를 받았다는 확신을 하면 기쁘게 일할 것이다. 지금도 주님은 소질과 재능에 따라 우리 각자에게 하나님 나라의 임무(mission)를 주신다. 차별성이 있다.

그러나 하나님의 종에게는 모두 달란트가 주어졌다는 점에 특색이 있다. 우리 가운데 받지 못한 사람은 아무도 없을 뿐 아니라 받은 것도 각각 다르다. 즉 하나님은 우리 각자에게 맞는 달란트, 가장 아름다운 것을 주셨다. 그것은 모두 다양하고 서로 다를 만큼 차별성이 있다. 하나님이 나에게 주신 것이 각자에게 최고의 달란트이다. 각자가 가진 것을 소중히 여겨야 한다. 남의 것을 부러워하고 질투해서는 안 된다. 주인이 종을 신뢰하고 아들처럼 대하자 충성이 뒤따랐다. 은혜가 먼저 있고, 그 뒤 충성이 있었다.

우리를 믿고 주신 달란트는 하나님의 영광을 위해 사용하기 위한 것이다. 하나님은 각자의 달란트를 하나님 나라를 위해 사용하도록 하셨다. 사람들은 양, 곧 하나님으로부터 얼마나 많은 달란트를 받았느냐에 관심이 많다. 하지만 정작 중요한 것은 양이 아니라 얼마만큼 주님을 위해 최선을 다했느냐 하는 것이다. 달란트를 남기는 것은 선택이 아니라 무조건 해야 하는 일이다. 중요한 것은 이 일을 진리 안에서 발휘해야 한다는 것이다. 자신을 위한 것이 아니라 하나님과 이웃을 위해 사용해야 한다.

기다리시는 하나님과 결산하시는 하나님

달란트 비유는 기다림의 삶을 가르쳐 준다. 주인도 기다리고, 종도 기다린다. 이 기다림은 돌아올 주인을 기다림이요 결산의 날을 기다림이다. 좋은 결과를 가진 자에게는 기쁨의 기다림이 되겠지만 그렇지 못한 자에게는 절망의 기다림이 될 것이다.

‘주인이 돌아와 회개할 새’는 결산하는 날이 온다는 것을 말해준다. 하나님은 각자에게 맡긴 달란트의 투자결과를 알고자 하신다. 하나님이 우리 각자에게 맡긴 달란트를 활용해 더 큰 달란트를 만들라는 명령이 주어져 있기 때문이다. 주님은 달란트의 상대적 크기에 따라 평가하시는 것이 아니라 절대적 평가, 곧 기본능력에 준거해서 하나님 나라를 위해 얼마나 노력했고, 실제 어떤 결과를 가져왔는가에 관심을 가지고 계신다.

- 하나님은 우리 각자에 대한 믿음과 신뢰를 가지고 계신다.
- 우리는 얼마나 하나님의 목적에 맞게 살았는가에 대해 평가를 받는다(goal – oriented evaluation).
- 우리는 그 결과에 대한 평가를 받게 된다(result – oriented evaluation).

‘당신은 달란트를 받았다고 생각하는가?’ 이 질문에 대부분의 사람은 동의한다. 그러나 ‘당신은 최선을 다해 달란트를 드리고 있는가?’에 대해서는 확신이 없다. 달란트를 남기지(최선을 다하지) 않았다면 결산하는 날 문제에 봉착하게 된다.

주님은 이 땅에서 게으름과 중단이 아니라 충성의 삶을 원하신다. 이 세상에 살면서 힘써 책임을 다함으로써 결국 주인과 기쁨의 자리에 함께하기를 바라신다. 받는 자가 해야 할 일은 충성이다. 충성은 성스러운 책임이다. 충성된 삶은 십자가의 삶을 사는 것을 말한다. 고통과 불면의 밤이 있어도 신실하게 임해야 한다.

“잘하였도다 착하고 충성된 종아 네가 작은 일에 충성하였으매”(마25:21, 23). ‘잘하였도다’는 ‘에페’(epe)로 계속 칭찬했음을 뜻한다. 주님은 “well done, excellent, wonderful” 하시며 계속 칭찬하신 것이다. '착하고 충성된 종아'는 종들의 충성이 주인에게 기쁨을 안겨 주었음을 나타낸다. 충성은 'pistos'로 믿음을 나타내는 'pistis' 와 유사성을 띠고 있다. 충성할 수 있는 사람은 믿음 있는 사람이다. 믿음 있는(faithful) 사람만이 하나님 앞에 충성할 수 있다.

이 칭찬은 다섯 달란트 받은 자뿐 아니라 두 달란트 받은 자에게도 똑같이 하셨다. 능력이 많고 적음, 이익이 많고 적음에 관계없이 차별을 두지 않고 똑같이 칭찬하셨다. 이것은 이익을 얼마나 남겼느냐 하는 것이 중요한 것이 아니라 얼마나 충성했느냐 하는 것이 칭찬의 기준임을 알 수 있다. 다섯 달란트를 남겼든 두 달란트를 남겼든 모두 같이 칭찬을 받았다. 이것은 하나님은 상대적 평가를 해서 서로 차별하지 않고 이들이 하나님 나라를 위해 열심히 일했느냐를 기준으로 절대평가를 했음을 의미한다. 모두 성취했기 때문에 칭찬을 받았다. 주인의 이러한 태도는 예수님에게서 볼 수 있는 것이어서 이 주인은 예수님의 예표로 간주된다.

'네가 작은 일에 충성하였으매.' 주인이 볼 때 그들이 남기는 일은 아주 작은 일, 곧 능히 할 수 있는 일이었다. '작은 일'은 '올리바'(oliba)로 짧은 시간에 할 수 있는 일을 가리킨다. 다섯 달란트나 두 달란트 남긴 종들은 달란트를 받는 즉시 곧 남겼다. 힘들지 않게 남긴 것이다. 그러나 주인은 오랜 후에(19절) 돌아왔다. 즉시와 오랜 후 사이에는 시간의 간격이 있다. 그런데도 그들은 벌써 남긴 것이다.

계명을 지킴도 작은 일이다. 힘든 일도, 먼일도 아니다. "내가 오늘날 네게 명한 이 명령은 네게 어려운 것도 아니요 먼 것도 아니라 ― ― 오직 그 말씀이 네게 심히 가까워서 네 입에 있으며 네 마음에 있은즉 네가 이를 행할 수 있느니라."(신30:11, 14)

"하나님을 사랑하는 것은 이것이니 우리가 그의 계명들을 지키는 것이라 그의 계명들은 무거운 것이 아니로다. 대저 하나님께로서 난 자마다 세상을 이기느니라. 세상을 이김은 이것이니 우리의 믿음이니라."(요일5:3, 4)

우리는 이 작은 일에 충성하는 종을 격찬하는 주인을 보게 된다. 칭찬은 하기 어렵다. 칭찬은 몸에 배어 있을 때 나온다. 여기서 주인은 칭찬이 몸에 배어 있고, 작은 것까지도 칭찬하는 것을 잊지 않았고, 그것을 격찬하였다. 주인은 좋은 사람임에 틀림없다. 우리는 큰일이 아닌 경우 좀처럼 칭찬하지 않는다. 그러나 주인은 작은 일에도 칭찬하였다. 그가 쓴 안경은 칭찬의 안경이자 볼록렌즈를 가진 안경임에 틀림없다. 볼록렌즈는 작은 것을 크게 볼 수 있게 만들었기 때문이다.

착하고 충성된 종은 무익한 종과 대비된다. 충성된 종은 하나님의 목적에 충실하고 맡은 것으로 그 목적을 분명히 이루고자 했다. 종은 '하나님의 영광을 위해서 일한다.'는 궁극적인 목적, 이상적인 목적이 분명했다. 그는 앞으로 무엇을 해야 하는가를 알아 과정목적에도 충실했고, 오늘 내가 무엇을 해야 하는가 하는 것도 알아 좋은 결과를 얻고자 했다.

충성된 종은 모험을 한다. 노아는 청명한 날임에도 불구하고 하나님의 명령에 따라 방주를 만들었다. 비가 올 것 같지 않아도, 남이 비웃어도 그 명령을 준수했다. 궂은일도 마다하지 않았다. 충성된 종은 자기희생을 한다. 충성된 종은 모험을 한다. 재산과 건강을 잃기도 한다. 충성된 종은 결코 포기하지 않는다.

충성하기만 하면 하나님은 하늘의 창고 문을 열고 더 큰 은혜를 주실 것이다. "나를 사랑하고 내 계명을 지키는 자에게는 천대까지 은혜를 베푸시느니라."(출20:6) "네 재물과 네 소산물의 처음 익은 열매로 여호와를 공경하라 그리하면 네 창고가 가득히 차고 네 즙틀에 새 포도즙이 넘치리라."(잠3:9, 10) 처음 익은 열매는 조금이다. 그러나 그 작은 충성도 받으시고 창고가 넘치고, 즙 틀에 새 포도즙이 끊이지 않게 하신다. 계속 축복하시는 것이다. 조금 충성했는데도 복은 메가톤급으로 받는다.

다섯 달란트 받은 자가 다섯 달란트를 남겼다는 것은 하나님 나라를 위해 열심히 일했다는 것을 의미한다. 다섯 달란트 맡은 종이 다섯 달란트 남긴 것에 대해 하나님은 '작은 일'로 보시고, 앞으로 많은 것으로 네게 맡길 것이라 하였다. 지금은 시험 삼아 해본 것이고, 더 큰 것을 주어 하나님 나라를 발전케 하시겠다는 것이다. 그리고 "많은 것으로 네게 맡기리니 네 주인의 즐거움에 참예할지어다."라고 말씀하신다. 주인의 즐거움은 천국잔치를 뜻한다. 큰 복을 주실 것을 의미한다. 신실·정직·근면을 인정했기 때문에 더 큰 것을 맡기신다. 부모를 기쁘게 하는 자녀가 좋은 것처럼 주님을 기쁘시게 하는 종처럼 좋은 종은 없다.

무익한 종이 되지 않도록 하기

달란트 비유에는 착하고 충성된 종, 곧 유익한 종에 대비해 무익한 종이 나온다. 결산 결과가 너무 나빴기 때문이다. 당신은 이 비판받은 종에 대해 어떻게 생각하는가. 나는 그렇게 되지 않아야지 하는 정도인가, 아니면 그가 충성된 종이 되도록 돕지 못한 것에 대한 죄책감을 느끼는가. 그리스도인이라면 오히려 후자의 마음을 가져야 할 것이다.

달란트 비유에서 한 달란트 받은 사람은 부정적 태도를 가지고 있음을 알 수 있다. 결국 그는 무익한 종이 되었다. 이 종은 서기관이나 바리새인에 비유된다. 서기관과 바리새인들은 진리의 말씀과 율법을 받았음에도 불구하고 독선적이었고 폐쇄적이었다. 율법을 있는 그대로 보존하였다. 율법을 박물관 골동품, 죽은 진리로 만들었다. 그들에게 있어서 율법은 수고하고 무거운 짐이 되었다. 주님이 "수고하고 무거운 짐 진 자들아 다 내게로 오라." 그들에게 자유를 주려 함에도 불구하고 듣지 않았다. 주님이 자유선언을 하고 그들을 해방시키려 함에도 듣지 않았다. 그들은 종교적 위선을 가지고 있다. 형식만 가지고 있지 삶에 어떤 대답을 가지고 있지 못함에도 불구하고 주님을 받아들이지 않았다. 그리고 남을 판단하고 정죄했다. 진리에 대해 진지성이 없는 것은 무익하다. 진리를 참되게 재해석되는 곳에 하나님이 살아 계신다. 열린 마음으로 믿음의 삶을 살자. 우리의 폐쇄성 속에 하나님을 가둬 두어서는 안 된다.

결산을 통해 한 달란트 받은 사람은 여러 모로 문제가 있음을 알 수 있다. 이 사람은 기본적으로 주인에 대해 부정적인 인식을 가지고 있다. 인간관계에 문제가 있다. 주인과의 관계가 좋지 않은 사람은 주인이 부탁하면 주인의 말을 듣지 않음으로써 보복하고자 하는 심리를 가지고 있다. 반항적이 되는 것이다. 그의 태도는 불손하고 당돌하다. 주인을 향해 "당신은 굳은 사람이라 심지 않은 데서 거두고"(24절)라고 말한다. 주인을 가리켜 "당신은 착취하는 사람이요 구두쇠입니다. 나는 희생자입니다."라고 비난하고 있는 것이다. 주인을 욕심쟁이, 수전노로 보는 등 나쁜 주인으로 간주하였다. 이것은 다른 종들과는 주인관이 아주 다름을 알 수 있다.

왜 그렇게 되었을까? 이렇게 된 데는 종의 마음에 문제가 있음을 보여 준다. 마음가짐의 문제이다. 마음이 깨어져 있으면 이미 하고자 하는 마음도 없게 된다. 또 그런 사람이 일을 한다 해도 물 컵을 완전히 채울 수도 없다. 기껏 채운다 해도 깨어진 부분 이상을 넘지 못한다. 깨진 물 컵을 가지고는 달란트를 충분히 발휘할 수 없다.

몸이 따라 주지 않을 수도 있다. 체력이 없으면 게을러지고 잠만 자고 싶어 한다. 지적 통합(학습)능력이 모자랄 수도 있다. 달란트를 남기는 방법을 모르면 남길 수도 없다. 자기 통제력이 부족할 수도 있다. 자기관리 능력이 모자라면 자기가 지금 땅을 파고 묻을 것이 아니라 지금 당장 무엇을 해야 하는가 우선순위(priority)를 알았을 것이다. 우리는 달란트를 제대로 발휘하지 못하고, 문제 속에서 헤매는 이웃이 있다면 이런 문제들로부터 벗어나도록 도와 줄 필요가 있다.

이 종은 두려워했다. "두려워하여 나가서"(25절) 주인에 대한 두려움일까, 낮은 성적 때문일까. 오래도록 그를 점령하고 있었던 두려움이 그로 하여금 달란트를 활용하지 못하도록 만든 것은 아니었을까. 두려움은 자기의문(self-doubt), 올무(snare), 자기연민(self-pity)을 가져온다. 우리도 두려움으로 실패할 수 있다(personal failure). 베드로나 가룟 유다도 실패했다. 그러나 베드로는 회개와 함께 교회탄생의 주역을 맡았고, 유다는 자살로 막을 내렸다. 두려울 때마다 우리가 어떻게 대처하느냐에 따라 결과가 달라질 수 있다. 우리는 각자에게 부여된 달란트에 대해 "이걸 가지고 뭘 한단 말인가" 비관하지 않고 오히려 그것을 귀하고 자랑스럽게 생각하며 그것을 더욱 활용하도록 해야 한다. 이 병든 몸을 가지고 무엇을 할 것인가 말하지 말자. 오히려 그 자리에서 하나님께 영광 돌릴 수 있는 길을 찾자.

그는 말한다. "당신의 달란트를 땅에 감추어 두었었나이다."(25절) 주인을 비판적으로 보았던 그는 처음부터 주인을 위해 일할 생각이 전혀 없었던 것 같다. 단지 맡긴 돈을 도둑맞지 않게 하기 위해 땅을 파묻었고, 주인이 오자 그것을 돌려주었다. 이것은 받은 달란트로 어떤 노력도 하지 않고 무성취의 삶을 살았다는 것을 의미한다. 하나님을 위해 어떤 목적도 없이 살았다는 것은 비판을 받아 마땅하다. 받은 양만 따지며 최선을 다하지 않는다면 문제가 크다. 그렇다고 이 사람을 나무랄 수만은 없다. 대부분의 사람들이 이렇게 생각하며 살고 있지 않는가. 이것이 보통 사람들의 생각 아니던가. 이런 사람들을 도와야 한다. 또한 달란트를 발휘하고 싶어도 할 힘이 없는 사람도 도와야 한다.

주인은 말한다. "내 본전과 변리를 받게 할지니라." 최소한 본전과 변리를 받을 수 있는 일(최소한의 일)은 했어야 한다는 것이다. "그 한 달란트를 빼앗아 열 달란트 가진 자에게 주어라." 하나님이 각자에게 맡긴 달란트를 활용하지 않으면 그것마저 잃게 된다. "있는 자는 받아 풍족하게 되고 없는 자는 그 있는 것까지 빼앗기리라." 달란트를 활용하면 할수록 더욱 커지게 된다.

그리고 더 엄한 벌이 내려진다. "이 무익한 종을 바깥 어두운 데로 내어 쫓으라." 무익한 종은 착하고 충성된 종과 대비된다. 무익한 종은 불충한 종이고, 자기희생이 없는 종이다. 모험을 할 줄도 모른다. 그러나 충성된 종은 헌신적이고, 모험적이며, 자기희생을 할 줄 아는 종이다. 달란트 받은 자가 달란트를 발휘하지 못하면 밖으로 쫓겨나며 거기서 슬피 울며 이를 갈게 되는 벌에 처해지게 된다. 달란트 받은 자가 달란트를 발휘하지 못하면 밖으로 쫓겨나며 거기서 슬피 울며 이를 갈게 되는 벌에 처해지게 된다.

다섯 달란트 받은 자여. 착하고 충성된 종이라 칭찬을 받은 자여. 칭찬을 받은 것으로 만족하지 말라. 이 무익한 종을 보며 고소해하지 말라. 오히려 징벌을 받는 이웃을 보며 마음을 찢으라. 하나님은 모두가 성취자가 되게 하고자 하신다. 인간의 논리로 볼 때 지금과 같은 무한경쟁시대에 모두 성취자가 된다는 것은 이치에 맞지 않는다. 한 사람, 한 기업에만 승리자가 있을 뿐이니까. 그러나 모두가 성취자가 될 수 있다는 것이 하나님의 논리이다. 하나님은 예외 없이 모두 하나님의 나라의 삶을 살기 원하신다. 아예 무익한 종이 없기를 바라신다.

GE의 웰치 회장은 구성원을 5등급으로 나누고 가장 나쁜 5등급에 속하는 5%를 다시 보고 싶지 않은 사람으로 분류하고 과감히 제거했다. 그리스도인 가운데 이 5%에 해당되는 부정적인 인물도 있다. 그런 사람은 쫓겨나고 탈락될 수 있다. '바깥 어두운 데'를 꼭 지옥으로 볼 필요는 없다. 그러나 그 땅은 부끄러운 땅이다. 하나님을 위한 부자가 아니라 자기를 위해 부자가 된 사람이 너무나 많다. 자기 자신만을 위해 살고 주님을 위해서는 인색한 사람이 과연 구원을 받을 수 있을까?

이 비유는 최선을 다해 충성함으로써 주님을 기쁘시게 해야 한다는 것을 가르쳐 준다. 하나님의 일을 맡은 자에게 남은 것은 충성뿐이다. 이 말도 맞다. 그러나 하나님은 우리 모두가 충성된 자가 되기를 바라신다. 한 사람의 낙오자도 없이 구원받기를 원하신다. 우리 자신의 방법이 아니라 하나님의 방법을 따라 우리 모두가 성공하기를 바라신다. 자녀를 키우든 무슨 일을 하든 주님의 명령을 생각하라. 그리고 우리 주변에 더 이상 무익한 종으로 결산되지 않도록 그들을 도우라.

삶의 원칙 다시 생각하기

하나님은 우리에게 달란트를 주시고, 그것을 보다 가치 있는 것에 투자하기 바라신다. 투기가 아니다. 정직한 모험이다. 정직한 모험이란 삶의 바른 의미와 목적에 진실한 것을 의미한다. 편안과 안주가 축복이 아니다. 유용한 삶, 끊임없이 창조적인 삶을 사는 것이다. 나태하고 무기력한 삶이 아니라 사고와 행동, 그리고 모든 관계에서 하나님을 찬양하고 영광을 돌리는 삶이다. 한 번뿐인 당신의 삶을 더 이상 무의미하고 공허한 장으로 만들어서는 안 된다. 하나님이 원하고 기뻐하시는 것에 과감히 자신을 던져야 한다.

하나님은 결산의 때를 기다리신다. 그때 우리 모두가 충성된 종으로 인정되기를 기대하신다. 우리도 마찬가지다. 우리는 영원한 지평 위에 나타나실 주님을 기다린다. 오시고 계시는 그 하나님을 기다리는 것이다. 풍성한 결실의 달란트를 가지고. 예수님이 주신 달란트 비유는 이 땅에서 우리가 명심해야 할 여러 삶의 원칙을 가르쳐 주고 있다. 이제 그 원칙을 생각하고 그것에 충실 때다.

- 소유(ownership)의 원칙: 내가 가진 모든 것은 진정으로 하나님께 속한 것이다. "어떤 사람이 타국에 갈 새 그 종들을 불러 자기 소유를 맡김과 같으니"(마25:14)
- 배분(allocation)의 원칙: 하나님은 각자에게 다른 독특한 달란

트를 주셨다. "각각 그 재능대로 하나에게는 금 다섯 달란트를, 하나에게는 두 달란트를, 하나에게는 한 달란트를 주고 떠났더니"(마25:15) "우리에게 주신 은혜대로 받은 은사가 각각 다르니"(롬12:6)

- 책임(accountability)의 원칙: 하나님은 나에게 맡겨 준 달란트를 사용하여 뭔가 유용한 다른 것을 만들어 내기를 기대하신다. "오랜 후에 그 종들의 주인이 돌아와 저희와 회계할 새" (마25:19)

- 활용(utilization)의 원칙: 하나님이 나에게 주신 것을 땅에 묻는 것은 나쁘다. 첫 번째 사람은 다섯 달란트로 다섯 달란트를 남겼다. 두 번째 사람도 두 배를 남겼다. 그러나 세 번째 사람은 자기의 달란트를 땅에 묻었다(마25:18). 달란트를 땅에 묻은 종에 대한 주인의 반응은 '악하고 게으른 종아'라는 것이었다(마25:26, 27).

- 성취(achievement)의 원칙: 하나님은 각자에게 달란트를 주시며 남기도록 하셨다. 즉 성취의 삶을 살도록 하신 것이다. 하나님은 우리가 각자의 삶에서 주를 위해 얼마나 성취의 삶을 살았는가에 관심을 가지신다.

- 동기부여(motivation)의 원칙: 두려움으로 인해 달란트를 사용하지 않고 땅에 묻었다. 우리 각자에게 부여된 능력에 대해 비관하지 않고 오히려 자랑스럽게 생각하며 그것을 더욱 활용하도록 해야 한다.

- 적용(application)의 원칙: 내가 달란트를 활용하지 않으면 그것을 잃게 된다. "그에게서 그 한 달란트를 빼앗아 열 달란트 가진 자에게 주어라."(마25:28)

- 보상(compensation)의 원칙: 나의 달란트를 현명하게 사용하면 보상을 받는다. "잘하였도다 충성된 종아 네가 작은 일에 충성하였으매 내가 많은 것으로 네게 맡기리니 네 주인의 즐거움에 참예할지니라."(마25:23) 칭찬, 더 많은 것을 맡기는 신뢰감, 주인의 기쁨의 축하잔치에 참예하는 영광을 얻는다. "모든 선한 일에 너희를 온전케 하사 자기 뜻을 행하게 하시고 그 앞에 즐거운 것을 예수 그리스도로 말미암아 우리 속에 이루시기를 원하노라."(히13:21)

제4장 안식일은 사람을 위하여 있는 것

안식일의 히브리어 '샤바트'는 '멈추다, 중지하다, 쉬다'는 의미를 가지고 있다. 안식일을 거룩히 지키라는 계명에 따라 안식일에는 일을 멈추고 쉬는 날이 되었다. 구약의 경우 안식일은 제6일(금) 저녁부터 제7일(토) 저녁까지(레23:32)이다. 예수님의 부활 이후 주 첫날 모여 예배를 드린 데서 안식일은 주일이 첫날이 되었다.

예수님은 안식일 문제로 바리새인과 불편한 관계를 유지했다. 예수님이 안식일에 제자들과 하신 일로서 이삭을 잘라먹은 일(마12:1; 눅6:1), 병자들을 고친 일(눅13:14; 요5:10; 요9:14), 회당에서 가르친 일(막1:21; 눅4:31; 행18:4), 그리고 기도하신 일(행16:13)을 들 수 있다. 그 가운데 이삭을 잘라 먹은 일과 병자들을 고친 일은 바리새인에게 있어 시비의 대상이었다.

마가복음 2장 23 – 28절은 이삭을 잘라먹은 사건을 기록하고 있다. 바리새인들은 안식일에 39가지 노동금지법을 만들어 지켜 왔다. 그중에 하나가 추수작업에 관한 것이 있다. 안식일에 일하지 말라는 명령을 지키기 위함이다. 그들이 볼 때 이삭을 자르는 행위는 추수에 해당하고, 비벼서 먹는 행위는 노동에 해당한다. 예수님의 눈으로 볼 때 안식일을 지키는 것은 바람직하지만 문자적인 것에 치중한 나머지 안식일이 주는 참된 의미를 상실한 것은 더 문제다. 바리새인의 안식일 규례는 자기 위주이지 하나님을 위한 것이 아니기 때문이다.

누가복음 13장 10-17절은 안식일에 18년 동안 귀신 들리고 병든 여인을 고쳐 준 사건이 소개되어 있다. 고침을 받은 여인은 하나님께 영광을 돌렸다. 바리새인인 회당장이 이 광경을 보고 안식일에 병을 고쳤다며 화를 냈고, 예수님은 바리새인들의 외식을 지적했다. "외식하는 자들아 너희가 각각 안식일에 자기의 소나 나귀나 마구에서 풀어내어 이끌고 가서 물을 먹이지 아니하느냐 그러면 18년 동안 사단에게 매인 바 된 이 아브라함의 딸을 안식일에 이 매임에서 푸는 것(해방, 구원)은 합당치 아니하냐." "바리새인들아, 너희들이 가축 물 먹이는 것은 괜찮고 내가 병 고치는 것은 나쁘다고 생각하느냐"는 말씀이다. 이 말을 들은 바리새인들은 아무 말 못 하고 부끄러운 태도를 보이고 온 무리는 예수님의 일을 기뻐했다.

바리새인들은 의식주의자다. 그들은 이 의식 지킴을 자랑했다. 하나님께 돌려져야 할 영광이 결국 자기 영광으로 바뀌었다. 형식과 의식에 치중한 나머지 안식일의 의미를 상실한 것이다.

어찌하여 안식일에 하지 못할 일을 하나이까?(막2:24)

"어찌하여 안식일에 하지 못할 일을 하나이까?" 이것은 예수를 향한 바리새인의 비판이다. 여기서 '하지 못할 일'이란 하나님이 만든 규례라기보다 유대인들이 스스로 만든 규례이다. 이 규례는 인간이 만들고, 인간이 스스로 자기를 묶는 규례라는 점에서 인간의 규례이다. 이 규례는 인간 스스로 규범의 노예로 만들어 자유가 없는 상태로 이끈다.

가나안 정복 직전에 하나님은 안식일을 지킬 것을 다시금 언급하셨다(신5:12 – 15). 특히 15절에서는 "너는 기억하라 네가 애굽 땅에서 종이 되었더니 너의 하나님 여호와가 강한 손과 편 팔로 너를 거기에서 인도하여 내었나니 그러므로 너의 하나님 여호와가 너를 명하여 안식일을 지키라 하느니라."며 안식일 준수를 강조하셨다.

이 말씀에서 우리는 두 가지에 주목할 필요가 있다. 첫째는 '종 된 것을 기억하라'는 말씀이다. 종은 자유가 없는 몸이다. 종은 언제든 주인의 명령에 따라 일해야 하는 존재다. 애굽의 이스라엘 사람들은 노예상태에서 그들의 명령에 순복하며 살 수밖에 없었다. 지금 바리새인들은 자신들이 만든 법에 억눌려 노예처럼 살아가고 있다. 둘째는 여호와가 인도하여 내었음을 기억하는 말씀이다. 인도하여 내었음은 노예상태로부터의 해방이다. 해방을 주신 하나님을 기억하고 감사하는 날이 바로 안식일이다. 이날은 하나님께서 이스라엘에 선물로 주신 거룩한 날, 하나님의 날이다(출16:23). 엿새 동안의 노동으로부터 쉼을 주시는 것도 마찬가지다. 안식일을 지키며 하나님의 구원을 기념하는 것이다. 이에 반해 바리새인의 규범은 자신을 스스로 노예화하였다. 그들이 만든 규범은 하나님을 영화롭게 하는 것과는 하등 상관이 없다. 바리새인은 지금 자기들이 만든 자로 예수님을 비판하고 있다.

다윗이 자기와 및 함께한 자들이 시장할 때에 한 일을 읽지 못하였느냐(막2:25)

이에 대한 예수님의 대답은 간단했다. "다윗이 자기와 및 함께한 자들이 시장할 때에 한 일을 읽지 못하였느냐?" 다윗이 한 일은 사무엘상 21장 1-6절을 가리킨다.

다윗이 사울을 피하여 놉으로 도망했다. 그곳에서 제사장 아히멜렉을 방문했다. 목적은 두 가지였다.

첫째, 제사장을 통해 하나님의 뜻을 알고자 했다. 자기의 장래 (신변) 문제에 관해 논의하고 싶었던 것이다. 그만큼 다윗의 자세는 성결했다. 당시 왕이나 그 심복은 하나님의 뜻과는 무관하게 행동했으므로 제사장을 찾는 경우가 드물었다. 아히멜렉은 다윗의 갑작스러운 방문에 놀랐다. 다윗 체포령이 발표된 직후였으므로 그도 이 사실을 알고 있어 더욱 신변에 위협을 느꼈을 것이다.

둘째, 다윗은 물론 그와 함께한 무리 모두 배가 고팠다. 성경은 핍절했다고 적었다. "당신 수중에 무엇이 있든 있는 대로 내 손에 주소서." 얼마나 시장했으면 그랬을까.

제사장은 항용 떡(일상 식생활에서 먹는 떡)은 없지만 거룩한 떡(성전에서 사용하는 진설병)은 있다며 함께 온 사람들이 부녀를 가까이하지만 않았다면(성결하면) 줄 수 있다고 대답했다. 성결을 조건으로 내세운 것이다. 진설병은 누룩을 넣지 않은 순결한 떡으로 성결한 헌신을 상징한다. 12개를 두 줄로 진설하며 매주 안식일에 새로 바꾸어 놓는다. 따라서 성결을 요구하는 것은 당연한 일이 아닐 수 없다. 다윗은 함께한 사람들이 3일 동안 부녀를 가까이하지 않았으며, 보통 집 밖에 나와도 성결한 사람들인데 지금 큰일을 하느라 온 사람들이 성결치 아니하겠는가 대답했다. 다윗은 물론 함께 온 사람 모두 성결하다는 말이다. 제사장은 그의 말을 믿고 거룩한 떡을 내주었다. 그가 내준 떡은 새 떡(더운 떡)이 아니라 여호와 앞에서 물려 낸 떡(묵은 떡)으로 오직 제사장들만 나누어 먹을 수 있는 것이었다. 일반 사람이 먹을 수 있는 것은 아니었다.

예수님도 "그가 아비아달(아히멜렉) 대제사장 때에 하나님의 전에 들어가서 제사장 외에는 먹지 못하는 진설병을 먹고 함께한 자들에게도 주지 아니하였느냐"(막2:26) 하심으로 그 떡이 보통 떡이 아니지만 다윗과 함께한 자들이 이 떡 먹은 것을 정당한 것으로 인정하셨다. 이 인정에는 크게 두 가지 이유가 있을 것으로 본다. 첫째, 긍휼의 법이나 생명을 보전하는 도덕적 의무가 제사법보다 우위에 있다는 것이다. 둘째, 진정한 성결과 헌신은 진설병을 먹어서는 안 된다는 종교적 규례보다 앞선다는 것이다. 이로 보아 성결을 확인하고 먹인 행위는 제의 식사의 당연한 의미를 실현한 것이다. 하나님은 제사보다는 회개를 좋아하시며, 형식보다는 성결을 기뻐하신다. 다윗과 함께한 자들이 제사장이 자발적으로 준 그 거룩한 떡을 먹음으로써 성결과 헌신을 더 다짐하고, 더욱 하나님의 뜻에 따르고자 했을 것이므로 결코 의미 없는 제공이 아니었다.

필요한 경우 하나님이 정하신 규례를 어길 권한이 다윗에게 있었다면 하나님이신 예수님께서 사람이 정한 안식일 규례를 파하실 권한이 없겠는가. 바리새인이어, 다윗이 하나님의 전에서 그리한 것을 너희는 마땅하다 인정하면서 예수님께서 그것도 그의 제자들이 배고파 이삭 자른 일을 너희가 세운 규례에 맞지 않는다고 비판할 수 있겠는가. 지금 우리도 바리새인처럼 우리의 자로 예수님을 판단한 일은 없는가? 우리의 규례로 우리 자신을 묶어 둔 일은 없는가?

안식일은 사람을 위하여 있다(막2:27)

예수님은 결론적으로 안식일은 사람을 위해 있는 것이지 사람이 안식일을 위해 있는 것이 아니라 하셨다.

안식일이 사람을 위해 있다는 근거는 무엇인가? 무엇보다 안식일보다는 사람이 먼저 창조되었다(창1:26 - 2:3). 또한 안식일은 사람에게 복이 되도록 만들어졌다. 안식일은 복되고 거룩한 날(창2:2; 출20:11)이요 사람은 하나님이 베푸는 안식에 동참한다(히4:4, 5). 하인과 객과 육축들도 쉬게 함으로써(출20:10; 신5:14) 육신적으로나 정신적으로 건강을 유지한다. 그날에는 매매도 금지된다(느13:15 - 20). 따라서 우리는 하나님께서 사람을 위해 무엇을 했는가를 생각하고, 감사하고, 영광 돌리는 것은 당연하다. 하나님은 사람을 위해 창조하셨다. 우리는 그 창조를 기억하고(창2:2, 3; 출20:8 - 11), 하나님께서 우리를 구원하신 것을 기념한다(신5:12 - 15).

따라서 우리가 안식일에 해야 할 일이 있다. 첫째, 하나님을 향한 예배다(겔46:3). 예배는 하나님에 대한 감사와 찬송이다. 안식일에 창조주 하나님을 묵상하며, 하나님 앞에서 즐거워한다(사58:13, 4). 안식일은 즐거운 날이다. 예배하고 기도하는 것은 이 기쁨을 나타낸다. 둘째, 생명을 보살핀다. 이것은 이웃을 향한 사랑을 나타냄으로써 가능하다. 병자를 살피고 낙심된 자를 위로한다. 위기에 처한 사람뿐 아니라 동물도 구해 준다(눅14:5). 말씀을 가르치고 전도하며 그들을 위해 기도하는 것도 생명을 보살피는 일이다. 셋째, 소망 가운데 기쁨으로 영원한 안식의 때를 기다린다. 이스라엘이 가나안에서, 우리가 이 땅에서 누리는 안식은 영원한 안식의 모형이다(히4:8). 안식일의 완성은 내세에서 예수 그리스도 안에서 이루어진다(히4:10, 11). 안식일은 장래 일의 그림자이다(골2:16, 17). 이 영원한 안식도 사람을 위해 있는 것이다. 안식일은 사람을 위해 있는 것이지 사람이 안식일을 위해 있는 것이 아니다(막2:27). 사람이 안식일을 위해 있다면 우리는 참안식을 알지 못한 채 오늘도 바리새인처럼 살아갈 수밖에 없을 것이다.

인자는 안식일에도 주인이니라(막2:28)

예수님은 결론적으로 말씀하셨다. "인자는 안식일에도 주인이니라."(막2:28) 안식일의 규례를 만드신 분은 여호와 하나님이시다. 예수님은 하나님과 하나이신 분이다(요10:30). 하나님이 모든 권세를 가지듯 예수 그리스도께 모든 권세를 가지셨다(마11:27; 28:18). 이 권세 속에는 안식일에 관한 규례들을 친히 제정하실 권한까지 포함되어 있다. 그러므로 안식일 문제에 대해서 왈가왈부할 수 있는 사람은 바리새인이 아니라 예수 그리스도뿐이다. 그럼에도 불구하고 바리새인들은 자기들 나름대로 규례를 만들어 이것을 자기들의 전권사항으로 오해했다. 그들이 만든 규례는 인간적인 것이며 의식에 불과하다. 그들은 자기들이 만든 것으로 남을 판단했고, 결국 예수님까지 비판하는 죄를 범했다.

하나님 아닌 자들에게 종노릇하지 말자. 바리새인이나 거짓 선지자들의 가르침이나 외식에 속지 말자. 바울은 말한다. "너희가 그때에는 하나님을 알지 못하여 본질상 하나님이 아닌 자들에게 종노릇하였더니 이제는 너희가 하나님을 알 뿐더러 하나님의 아신 바 되었거늘 다시 돌아가서 다시 저희에게 종노릇하려느냐. 내가 너희를 위하여 수고한 것이 헛될까 두려워하노라."(갈4:8 - 11) 안식일의 문자적 준수(하나님의 뜻은 모두 빼 버리고 인간의 뜻만 넣어 놓고 지키는 것)는 복음을 헛되게 하고 율법 아래 매이게 한다. 율법은 인간을 묶어 놓는다. 그것을 지키지 않으면 죄라고 정죄한다. 그러나 복음은 그것의 허구성을 고발하고 오히려 죄로부터 참된 자유를 선포한다.

우리는 복음에 순종함으로써 영원한 안식을 대망해야 한다. "우리가 저 안식에 들어가기를 힘쓸지니 이는 누구든지 저 순종치 아니하는 본에 빠지지 않게 하려 함이라."(히4:11) '저 순종치 아니하는 본'이란 마음이 강퍅한 자, 예수 그리스도를 거역하고 배반하는 자를 가리킨다.

주님은 우리를 위해 안식일을 만드셨고, 우리는 이러한 주님을 위해 안식일을 거룩히 지킨다는 것을 인식해야 한다. 사랑의 주님을 기억하고 그 은혜에 감사하면서 지켜야 한다. 이날은 우리에게는 복된 날이고, 주님을 위해 거룩히 구별해야 할 거룩한 날이다.

이날을 하나님은 창조 후 일곱째 날로 정하셨고(창2:1 - 3), 모세는 십계명을 받기 전에도 준수했다(출16:22 - 30). 하나님은 시내산의 율법으로 명하셨고(출20:8 - 11), 가나안 정복 직전에도 다시 언급하셨다(신5:12 - 15). 하나님은 이사야를 통해 안식일 준수를 강조하셨고(사56:2 - 7), 포로 귀환 후 느헤미야를 통해 안식일 준수를 강조하셨다(느10:31). 예수님은 안식일 준수의 왜곡에 대해 교훈하셨고(눅13:14 - 17), 바울은 안식일을 지키도록 하였다(골2:16, 17). 그리스도인은 예수님의 부활을 기념하고 다시 오심을 대망하며 주일을 안식일로 지킨다(요20:19; 고전16:1, 2). 그래서 주일 또한 기쁨의 날이다.

안식일을 지키는 것은 언약의 영속성, 하나님의 구원, 예수 그리스도의 다시 오심과 영원한 안식, 죄로부터의 해방, 주의 영광됨을 믿는 것이다. 이것은 바리새인의 외식이나 그들의 왜곡된 가르침과는 거리가 있다. 이 안식일에 하나님의 말씀에 가까이 가고, 영혼이 고침을 받으며, 구원을 얻을 때 더 큰 기쁨이 있다. 이 안식일에 주 앞에서 더욱 성결할 때 주께 기쁨이 된다.

제5장 형제가 죄를 범했을 때

"누가 다른 사람에게 피해되었다 하여 소송할 때에 치리회는 그 원고로 하여금 마태복음 18장 15 - 17절에 있는 주님의 교훈에 의하여 먼저 피고인과 화목하게 하여 볼 동안에는 재판을 열지 말지어다." 권징조례 제9조의 내용이다. 죄 있다고 판결하기 전에 화해와 화목이 원칙임을 보여 준다.

마태복음 18장 15절에서 22절은 형제가 죄를 범했을 때 그리스도인은 어떻게 행동해야 하는가를 잘 가르치고 있다. 권징조례에서도 이 말씀이 나오는 것을 보면 죄에 대해 우리가 용서하는 자세가 필요하다는 것을 가르쳐 준다.

현대인의 문제 가운데 하나는 참을성도 없고, 남을 용서하지 못하는 태도라 할 것이다. 교회에서나 개인의 생활에서도 이 점에 나타난다. 예수를 믿는다 하면서 이 점에 관해 세상 사람과 다르지 않다면 사람들은 우리를 어떻게 볼 것인가.

네 형제가 죄를 범하거든

15절은 '네 형제가 죄를 범하거든'으로 시작된다. 이때 죄를 어떻게 볼 것인가가 이 문제를 푸는 관건이다. 죄의 근본은 하나님에 대한 인간의 잘못된 관계에서 비롯된다. 하나님의 말씀과 하나님의 의에서 벗어나면 죄가 대신 그 자리를 차지한다. 교만·살인·탐욕·거짓말·도적질 모두 하나님의 말씀과 연관된다. 죄를 멀리하는 것은 하나님 나라의 질서를 세우는 일과 연관된다. 그러므로 '네 형제가 죄를 범하거든'은 하나님의 말씀에 입각하여 문제를 풀어야 한다는 것을 보여 준다.

형제가 죄를 범하면 구약의 경우 그 죄에 상응하는 빚을 갚도록했다. 몇 배를 갚기도 한다. 이것은 물리적 청산이다. 그러나 신약의 경우는 다르다. 권고(권징)하고 용서한다. 물리적 청산이 아니라정신적 청산이다. 형식적 용서가 아니라 마음으로부터의 근본적인 용서가 필요하다. 이 용서를 위해서는 무엇보다 회개가 기본이다. 권고와 용서의 바탕에서는 회개를 촉구하는 내용이 담겨 있다. 회개를 하면 용서하고 또 용서하라는 것이다. 이것이 진정한 용서요 영원한 용서이며 완전한 용서가 된다는 것이다.

15절 앞에서 예수님은 잃은 양 한 마리의 중요성을 강조하셨다. 그리고 소자 하나도 실족게 하지 말라고 당부하셨다. 그리고 그 뒤에 용서를 강조하는 말씀을 하셨다. 탕감을 통한 용서의 비유까지 들며 우리를 깨우치고자 하셨다. 우리의 큰 죄를 용서하신 예수님을 안다면 우리도 형제의 죄를 용서할 줄 알아야 한다는 것이다.

죄와 용서는 인간관계처럼 보이지만 그 속에는 잘못된 하나님과의 관계를 회복하는 중요한 내용이 담겨 있다. 하나님은 우리의 회개를 기뻐하신다. 우리가 회개하는 한 하나님에게는 용서하지 못할 죄는 없다. 회개하면 우리는 하나님과의 관계가 회복된다. 그리스도인이 이웃을 용서하는 것은 우리 공동체 안에 그리스도를 회복시키는 중요한 일이다.

권고하라

교인이 잘못하면 교회는 어떻게 해야 할까? 먼저 권고한다. 교회가 해야 할 일 가운데 하나가 바로 권징이다. 권징은 바로 권고의 성격을 띠고 있다. 권고와 권징은 회개케 하는 데 그 뜻을 두고 있다. 그를 변화시켜 그리스도인의 삶으로 돌아오게 하는 것이다.

말씀의 정당한 전파, 성례의 정당한 시행, 그리고 권징의 신실한 시행을 가리켜 교회의 3대 표지라 한다. 권징은 교회 안에 하나님의 질서를 세우는 일이다. 성경에 '질서 있게 하라'는 것이 권징의 필요성을 내포하고 있다. 권징은 진리를 보호하고, 그리스도의 권위와 존영을 견고히 하며, 악행을 제거하고, 교회를 정결케 하며, 덕을 세우고, 범죄 한 자의 신령한 유익을 목적으로 한다. 벌을 주는 형태로 권계·견책·정직·면직·수찬정지·출교의 방법이 있다. 출교는 최후의 방법이다. 시벌을 했지만 회개하고 변화의 모습을 보이면 해벌을 한다. 이런 과정을 통해 교회에 질서를 세운다. 이이의 향약 4강목 가운데 과실상규(過失相規)가 있다. 이것은 과실을 서로 고쳐 준다는 것이다. 교회에서의 권징도 서로의 잘못을 바로잡아 주는 데 뜻이 있다.

권징은 그저 벌을 주기 위한 것이 아니다. 권징은 여러 특성이 있다.

그 첫째는 권징 자체가 예배행위이므로 성실하게 시행해야 한다는 것이다. 칼빈은 이런 점에서 권징이 부지런히 시행되어야 한다고 말한다. 권징을 자신의 권력의 행사로 잘못 인식하여 권징을 남발하는 것도 안 되지만 권징을 하지 않음으로써 교회 내 질서가 무디어지게 하는 것도 문제다.

둘째, 권징은 성경에 근거한다는 점이다. 권징은 하나님으로부터 받은 명령으로, 교회가 수행해야 할 중요한 요소이다.

셋째, 권징은 영적인 것이다. 하나님 나라에 합당한 질서를 세우는 일이자 회개에 합당한 열매를 맺게 하는 일이다. 권징은 육체적 체벌이 아니다.

끝으로, 권징을 벌과 동일시하지 않는다는 점이다. 권징은 사랑의 원리로 시행된다. 권징을 '파이데노'(paideno)라 하는데 이것은 교훈·훈련·교정·양육의 뜻을 가지고 있다.

교부 크리소스톰은 말한다. "너희가 사람을 무서워하면 사람이 너희를 비웃으리라, 너희가 하나님을 두려워하면 너희가 사람들 가운데서 높임을 받으리라." 사람보다 하나님을 두려워하여 권징하라는 것이다. 이것은 권징이 왜 필요한가를 잘 말해 주고 있다. 부모가 자식을 무서워하여 자식의 잘못을 책망하지 않겠는가.

성경은 여러 곳에서 권징을 시행함에 있어서 일반교인에게도 일정한 책임과 의무가 있음을 가르치고 있다.

우선 마태복음 18장 15절을 보자. "네 형제가 죄를 범하거든 가서 너와 그 사람과만 상대하여 권고하라. 만일 들으면 네가 네 형제를 얻은 것이요." 하나님의 말씀에 위반되는 행위를 한 경우 직접 가서 타일러 주라는 것이다. 직접 대면해서 그가 무엇을 잘못했는지 구체적으로 지적해 준다. 만일 그가 그 말을 들으면(listen, confess, repent) 잃었던 형제를 얻는 것(won back, gain)과 같다. 누가복음 17장 3절은 이렇게 표현한다. "너희는 스스로 조심하라. 만일 형제가 죄를 범하거든 경계하고 회개하거든 용서하라." '들으면'이 회개라는 것을 가르쳐 준다. 회개가 따르도록 해야 한다는 것을 보여 준다. 마가복음 9장 50절은 "소금이 그 맛을 잃으면 무엇으로 짜게 하리오. 너희 속에 소금을 두고 서로 화목하라."고 했다. 여기에서는 권고에도 화목의 정신을 잃지 않아야 한다는 것을 강조하고 있다. 사랑의 법칙에 따라 화목이 우선하는 것이다. 권징조례 2장 9조도 이런 내용을 포함하고 있다. 여기서 소금은 예수님의 제자로서 마땅히 가져야 할 성품, 곧 진리·우애·평안·기쁨 등이다. 이러한 성품을 드러내며 화목을 이끌어 내라는 것이다. 그래야 소금다운 소금이 될 수 있다.

이렇게 해도 듣지 않으면 어떻게 해야 하는가? 마태복음 18장

16절을 보자. "만일 듣지 않거든 한두 사람을 데리고 가서 두세 증인의 입으로 말마다 증참케 하라." 사람들은 어떤 일이 있어도 좀처럼 자신의 잘못·과오·범죄를 인정하려 하지 않는다. 자신의 행위를 합리화하려 하고, 공격까지 한다. 이럴 경우 문제가 발생한다. 여기서 증참케 한다는 것은 모든 사실을 밝히는 것으로 말 하나하나 확인하고(confirming), 증인을 세워 그가 말한 모든 것을 입증하는 것(proving)까지 포함하고 있다. 나아가 "만일 그들의 말도 듣지 않거든 교회에 말하고"(마18:17상)라 하였다. 증인들의 권고에도 불고하고 무시하거나(neglect) 계속 거부하면(refuse to listen) 이 문제를 더 이상 개인의 차원에서 해결하려 하지 말고 교회의 문제로 가져가라는 것이다.

이런 점으로 볼 때 일반교인은 서로 권면하는 정도의 권징 책임이 있음을 알 수 있다. 여기서 권징대상은 교회 사람에 국한된다. 우선 집단이 아닌 개인상대로 권면한다. 부부가 잘못한 경우 각기 별도로 취급한다.

개인의 차원을 넘어설 경우 교회가 이를 맡아 해결하도록 한다. 이것은 권징에 관한 한 교회의 의무와 책임이 있음을 보여 준다. 교회에서 권징을 다루는 기관으로 당회가 있다. 당회에서 우선 올라온 문제를 검토한 뒤 상대를 불러 교회 차원에서 권면한다. 당회는 공정하게 판단해서 권징할 책임이 있다. 숨은 죄는 은밀히 권면하고 불복할 경우 공적인 권징 절차에 들어간다. 공적인 죄를 범했을 경우 정직 혹은 면직을 당한다. 마태복음 18장 17절 하반절에 이런 말씀이 있다. "교회의 말도 듣지 않거든 이방인과 세리와 같이 여기라." 고집스럽게 회개하지 않을 경우다. 이방인과 세리와 같이 여긴다는 것은 출교(excommunication)에 해당한다. 교회가 권징을 하면 교인은 그것을 달게 받아야 한다. 그러나 현대교회는 권징을 제대로 실시하지 않을 뿐 아니라 개인조차 권징을 달게 받지 않으려 한다는 점에서 문제다. 교회 헌법에 따르면 면직된 장로나 집사가 복직(해벌)되었으나 그 교회에서 다시 피선 되지 못하면 시무하지 못한다. 해벌은 회개 여부가 초점이다. 터튤리안은 권징을 받았다가 재차 범죄 하는 신자는 교회법으로는 회복되지 못한다 했다. 재범하지 않도록 해야 한다는 말이다.

키프리안(Cyprian)은 "교회에 잘못된 일이 있으면 시정하도록 힘써야 한다. 그러나 참음과 친절함과 부드러움으로 하라."고 말한다. 권징은 자비롭고 온유한 마음으로 해야 한다. 교회 헌법에 따르면 치리회는 자비한 마음으로 그 일을 판단하고 온유하고 겸손한 뜻으로 그 사람을 경계하도록 하되 또 자성하여 자기도 유혹됨이 없도록 주의해야 한다고 했다. 그리고 치리자들은 수찬정지를 당한 자와 자주 교제하고 그로 더불어 같이 기도하며 그를 위해 기도하라 가르친다. 권징을 통해서도 주님의 뜻이 나타나도록 해야 한다.

합심하여 구하라

칼빈은 어거스틴의 말을 인용해 권징을 할 경우 엄혹을 피하라 한다. 엄혹은 화평을 깨뜨릴 위험이 크기 때문이다. 이를 위해 가장 좋은 방법은 그를 위해 합심 기도하는 것이다. 그와 함께 기도하고, 그를 위해 기도한다. 이것은 교회 안에서 하나님의 의가 바로 세워지도록 그의 영혼을 위해 기도하는 것이요, 그의 회개를 통해 하나님의 의가 세워지고 하나님의 나라가 이뤄지는 것이 중요하기 때문이다.

마태복음 18장 18절을 보자. "진실로 너희에게 이르노니 무엇이든지 너희가 땅에서 매면 하늘에서도 매일 것이요 무엇이든지 땅에서 풀면 하늘에서도 풀리리라." '진실로 너희에게 이르노니'는 강조하는 말씀이다. 이 땅에서 하나님의 말씀과 그분의 뜻에 따라 매거나(bind) 풀면(free, loose) 하늘에서도 그렇게 된다. 하나님의 말씀과 뜻이 기준이요 규범이다.

앰플리화이드(Amplified) 성경은 이렇게 말한다. "너희가 이 땅에서 (하나님의 법에 비추어) 금지하고 부적합하며(improper) 불법이라고(unlawful) 선언하면 하늘에서도 그것은 이미 금지된 것이요, 이 땅에서 허용하고 적합하며 적법이라고 선언하면 하늘에서 그것은 이미 허용된 것이니라." 하나님의 법, 하나님의 공의는 이 땅에서든 하늘에서든 똑같이 적용된다. 같기 때문이다. 이 땅에서 하나님의 의가 설 때 하늘에서 그 기쁨은 말할 수 없이 크다.

같은 장 19절은 이것을 더 강화시켜 준다. "진실로 다시 너희에게 이르노니 너희 중에 두 사람이 땅에서 합심하여 무엇이든지 구하면 하늘에 계신 내 아버지께서 저희를 위하여 이루게 하시리라." '다시'는 재차 강조하는 말이며, '합심하여'는 마음을 모아 하나님의 뜻대로 이루어지기를 구할 때 응답하시겠다는 것이다.

앰플리화이드 성경은 다음과 같이 말한다. "너희 가운데 두 사람이 이 땅에서 무슨 일이든 어떤 일이든 뜻을 모아(서로 조화를 이루어, 함께 심포니를 만들어) 간구하면 하늘에 있는 내 아버지께서 그들을 위하여 찾아와 그 뜻을 이루어 주실 것이다." '뜻을 모아'에서 그 뜻은 인간의 뜻이 아니라 하나님의 뜻이다. 그분의 뜻대로 간구하는 것이다. '무슨 일이든'에는 죄 범한 형제를 위한 기도가 포함되어 있다. 이 땅에서 하나님의 뜻을 이루기 위해 뜻을 모아 기도하면 하나님께서 들어 주신다는 것이다. 합심기도는 이 때문에 중요하다.

같은 장 20절은 더 확신을 준다. "두세 사람이 내 이름으로 모인 곳에는 나도 그들 중에 있느니라." '내 이름으로 모인 곳'은 주님의 뜻을 바로 세우고자 합심하여 기도하는 곳이다. 바로 그곳에 주님이 함께하시겠다는 약속이다.

이 땅과 하늘은 주님의 뜻 안에서 연결되어 있다. 이 땅은 이 땅이고, 하늘은 하늘이 아니다. 서로 주님의 선하신 뜻으로 직결되어 있다. 나아가 이 땅에서 우리가 주님의 뜻을 이루고자 할 때 주님은 기뻐하신다. 그 기쁨은 우리와 함께 하심으로 나타난다. 그리고 주님은 이 땅에서 그 뜻을 이루게 하신다. 이것은 하나님이 임마누엘의 하나님, 섭리하시는 하나님임을 드러내고 있다.

용서하고 또 용서하라

예수님은 궁극적으로 용서를 강조하셨다. 이 용서는 그리스도 안에서의 용서로, 사랑의 또 다른 말이다. 사랑과 용서가 서로 연결되어 있다는 말이다. 주님은 왜 용서를 강조하셨을까? 그것은 용서가 회개에 이르도록 하는 중요한 방편이자 최후의 방법이기 때문이다. 용서를 받을 때 더욱 죄를 깨닫게 된다. 하나님이 우리의 죄를 용서하실 때 우리는 더욱 죄인 됨을 깨닫고 다시는 죄를 지으려 하지 않게 된다. 주님도 용서하시면서 "다시는 죄를 짓지 말라." 하지 않으셨는가.

현대인들은 용서하기를 주저한다. 용서할 줄 모르는 것은 근본적으로 사랑이 없기 때문이다. 그것은 우리가 그만큼 교만하다는 것을 보여 주는 것이요 그만큼 우리가 문제가 있다는 말이다. 우리가 용서하기 시작하면 우리 안에 하나님이 회복된다. 우리 안에 주님이 계시면 용서할 수 있다.

우리가 성경적으로 용서하려면 어떻게 해야 할까? 무엇보다 예수님의 모범을 따라 용서한다. 구약에서 용서는 '덮다'(to cover), '딴 데로 들어 올리다'(lift away), '멀리 보내다'(send away)는 뜻을 가지고 있다. 그러나 신약에서 용서는 그리스도의 보혈의 은혜에 힘입어 죄인이 자기 죄로부터 멀어지게 하는 것이다. 보혈과 은혜를 말하는 것은 우리가 남을 용서할 수 있는 근거가 하나님의 자비, 하나님의 의, 그리고 그리스도의 보혈에 있기 때문이다.

- 하나님의 자비: "하나님은 자비하심으로 죄악을 사하사 멸하지 아니하시고 그 진노를 여러 번 돌이키시며"(시78:38)
- 하나님의 의: "우리가 우리 죄를 자백하면 저는 미쁘시고 의로우사 우리 죄를 사하시며 모든 불의(죄)에서 우리를 깨끗게 하실 것이요."(요일1:9)
- 그리스도의 보혈: "우리가 그리스도 안에서 그의 은혜의 풍성함을 따라 그의 피로 말미암아 구속 곧 죄 사함을 받았으니."(엡1:7)

우리가 남을 용서할 수 있는 것은 우리 자신의 그 무엇 때문이 아니다. 모두 그리스도 때문이다. 그리스도께서 우리 안에 역사하지 않으면 남을 용서하기 어렵다. 그리스도의 사랑이 우리 안에 있지 않으면 결코 남을 용서할 수 없다. 주님의 내재하심이 필요한 것은 이 때문이다. 우리가 바로 용서하는 삶을 살기 위해서는 내 안에 그리스도가 있어야 한다. 주님은 우리를 향해 '용서하라' 명령하신다. 주님이 우리를 용서하심같이 용서하라 하신다. "내가 너희를 사랑함과 같이 너희도 이웃을 사랑하라."

죄와 용서의 가르침은 오늘을 사는 우리에게 그리스도 이름으로 죄 사함을 얻게 하는 회개가 필요하다는 것을 일깨워 준다. 누가복음 24장은 이런 회개가 예루살렘으로부터 시작하여 모든 족속에게 전파될 것을 말하고 있다. 현대교회는 하나님의 질서가 이 땅 위에 바로 자리 잡도록 권징하는 일, 회개를 촉구하는 일을 게을리 하지 않아야 한다. 하나님의 의가 이 땅 위에 바로 서도록 합심하여 간구해야 한다. 이 땅에서도 하늘에서와 마찬가지로 하나님의 법이 확립되어야 한다. 우리는 주님이 보여 주신 십자가의 도를 따라 용서하고 사랑해야 한다. 죄 때문에 우리 안에 잃어버린 예수 그리스도를 우리의 회개와 용서를 통해 다시 회복해야 한다.
교회는 지금 세상눈을 의식하여 권징을 소홀히 하고 있지 않는가. 좋은 것이 좋다며 방관하고 있지 않은가. "남의 아픈 곳을 찌르지 말자. 모두 덮어두자." 이렇게 말하고 있지 않는가. 나는 나의 잘못을 받아들이고 진심으로 회개하고 있는가. 진심으로 연약한 자를 위하여 합심하여 기도하고 있는가. 오히려 형제의 잘못됨을 고소해하고 있지 않은가. 형제를 중심으로 용서하고 있는가. 주님은 말씀하신다. "내가 너희를 용서한 것과 같이 너희도 서로 용서하라."

제6장 일흔 번씩 일곱 번이라도 용서하라

마태복음 18장 21 – 35절에 용서에 대한 예수님의 교훈이 소개되어 있다. 베드로가 묻는다. "형제가 내게 죄를 범하면 몇 번이나 용서하여 주리이까 일곱 번까지 하오리까?" 용서의 한계를 묻는 말이다.

당시 유대인들은 대체로 3번까지는 용서한다는 개념을 가지고 있었다. 따라서 유대 풍습에 익숙한 베드로가 '일곱 번까지'라고 한 것은 아주 넉넉하게 잡은 것이다. 이에 대해 주님은 일곱 번뿐 아니라 일흔 번씩 일곱 번이라도 하라고 하셨다. 일흔 번씩 일곱 번(70×7)은 숫자적으로는 490번이지만 뜻으로는 '끝까지, 한계를 정하지 않고'라는 뜻을 가지고 있다. 끝까지 용서하는 것이다. 예수님은 우리를 용서하고 또 용서하신다. 그리고 우리로 하여금 그 같은 용서의 삶을 살라 하신다.

누가복음 17장 4절을 보면 "만일 하루 7번이라도 네게 죄를 얻고 7번 네게 돌아와 '내가 회개하노라' 하거든 너는 용서하라." 하셨다. 회개하거든 용서하라는 것이다. 그리스도 안에서 용서는 회개가 전제된 용서라는 것을 알 수 있다. 회개하면 그것이 인간적으로 용서할 수 없는 것이라 할지라도, 몇 번을 따지지 않고 용서하는 것이 그리스도인다운 용서이다.

일만 달란트 빚진 종을 탕감해 주신 하나님

그 다음 예수님은 비유를 들어 말씀하셨다. 그 비유의 첫마디,

"이러므로 천국은"(23절)은 매우 의미가 있다. 이것은 용서의 삶은 천국백성이 마땅히 지켜야 할 생활윤리임을 가르쳐 준다. 이 윤리는 우리가 죽은 다음 천국에 가서 지켜야 할 윤리를 말하는 것이 아니다. '우리 가운데' 곧 이 땅에서도, 우리의 삶의 현장에서, 인간적 관계에서 실천되어야 할 윤리이다. 하나님의 나라는 공간이나 지리적인 개념이기보다 하나님이 다스리는 나라, 하나님의 뜻이 지배하는 나라이다. 하나님의 나라는 하나님의 윤리가 실천되어야 하는 나라이다. 그리스도인은 이 땅에 살면서도 그 나라의 삶을 살아야 한다. 우리가 사랑과 용서의 삶을 살아야 하는 것은 우리가 그 나라의 백성이기 때문이다.

임금이 그 종들과 회계하는 장면이 소개된다. 여기서 종은 노예가 아니라 높은 직책을 가진 관리들(경영자들)을 가리킨다. 회계(account)는 그들이 얼마나 경영을 잘했는가를 결산하는 것을 말한다.

한 종이 왔는데 그는 일만 달란트 빚진 자였다. 1만 달란트는 거금이다. 한 달란트는 6천 데나리온이다. 당시 노동자의 하루 품삯은 한 데나리온(마20:2)인 것을 감안할 때 한 달란트는 노동자가 안식일을 빼고 20여 년 동안 일해야 벌 수 있는 큰 액수이다. 따라서 일만 달란트는 20만 년(20년×만 년)을 갚아야 하는 금액에 해당한다. 1만 달란트는 인간이 도저히 갚을 수 없는 천문학적인 빚을 상징한다. 이것은 그 종(경영자)이 얼마나 부실경영을 했는가를 보여 준다. 주인이 그에게 네 몸과 처와 자식들과 모든 소유를 다 팔아 갚으라고 말한 것을 보면 그 빚의 액수가 얼마나 큰가를 보여 준다. 자식 대대로 벌어도 갚을 수 없는 액수이다. 이 금액은 우리가 하나님 앞에 얼마나 큰 죄를 지었는가를 상징한다. 나뿐 아니라 자손 대대로 갚아도 못 갚을 만큼 큰 죄를 지었다. 사람이 갚을 수 있는 빚의 정도가 아니다. 죄의 값이 너무 크기 때문이다. 이것을 통해 주님은 우리가 얼마나 큰 죄인인가를 깨닫게 해 주신다. "몸과 처와 자식들과 모든 소유를 다 팔아."(25절) 당시 빚진 자는 아내와 자식을 팔아서라도 갚아야 하는 것이 당시 관습이었다. 갚지 못하면 죄인처럼 살아야 했다.

종은 갚겠다고 했지만 주인이 생각하기에는 불가능한 일이고, 그가 당할 일을 생각하니 불쌍한 마음이 들었다. 주인을 결국 그를 불쌍히 여겨 탕감하여 주었다(27절). 갚을 수 없는 액수를 갚겠다고 말하는 그를 불쌍히 여긴 것이다. '불쌍히 여겨'는 우리에 대한 주님의 파격적인 은혜가 있었음을 말한다.

탕감은 채무증서를 없앨 정도의 완전한 용서(forgive debts)를 의미한다. 죄로부터 완전히 자유로움을 얻은 것이다. 이 죄를 용서받은 것은 평생 갚지 못할 빚을 용서받은 자, 곧 크게 용서를 받은 자임을 나타낸다. 예수님은 십자가의 피로 단번에 그토록 큰 죄악을 용서해 주셨다. 주님은 십자가 상에서 "다 이루었다." 곧 "다 용서했다."고 말씀하셨다. 이것은 상상할 수 없는 용서이자 사랑이다.

채무해결은 우리 자신의 노력으로 된 것이 아니다. 오직 채주이신 주님만이 탕감해 주실 수 있다. 탕감선언과 함께 우리는 죄로부터 해방되었다. 따라서 그리스도인은 탕감받은 기쁨을 가져야 한다. 그 은혜에 대한 감사와 찬송이 넘치는 곳이 바로 천국이다. 이것은 하나님 나라가 아니면 누릴 수 없는 축복이다. 우리는 눈물겹도록 감사해야 한다.

일백 데나리온도 용서하지 못하는 우리

비유는 계속된다. 문제는 탕감을 받은 종이 나가서 다른 형제들에 대해 악행을 한 것이다. 그 종이 나가다 자기에게 100데나리온 빚진 동관(fellow servant) 하나를 만났다(28절). 일만 달란트에 비하면 비교할 수 없을 만큼 작은 액수이다. 20만 년 일해야 하는 것에 비해 100일 정도 일하면 갚을 수 있는 것이고, 일만 달란트에 비하면 60만 분의 1에 불과하기 때문이다. 그는 동관의 목을 잡고 빚을 갚으라며 엄히 다스렸다. 갚겠다며 좀 참아 달라고 하는 데도 옥에 가두고 말았다. 그는 주님으로부터 엄청난 죄 용서함을 받았으면서도 그 은혜를 망각하고 이웃의 잘못에 대해 가혹하게 대한 것이다.

우리가 주님으로부터 받은 용서는 조건적이 아니다. 하나님은 우리를 조건 없이 용서하셨다. 우리도 그 은혜를 생각하며 무조건 용서해야 한다. 그러나 여기서 종은 돌아서 그 은혜를 잊었다. 은혜를 망각하는 순간 교만해져 자기에게 조금 잘못한 이웃을 비방하며 옥에 가둔 것이다. 일백 데나리온도 용서하지 못하는 우리가 아닌가.

너도 네 동관을 불쌍히 여김이 마땅치 아니하냐?

다른 동관들이 이 모습을 보고 민망하여 주인에게 다 고했다. 그러자 주인이 그 종을 다시 불러 말했다. "악한 종아 네가 빌기에 내가 네 빚을 전부 탕감하여 주었거늘 내가 너를 불쌍히 여김

과 같이 너도 네 동관을 불쌍히 여김이 마땅치 아니하냐?"(32, 33절)

노한 주인은 그 빚을 다 갚도록 하고 그를 옥에 가두었다. "그 빚을 다 갚도록 저를 옥졸에게 붙이니라."(34절) 큰 용서의 은혜를 받고도 이웃의 작은 허물을 용서하지 못하는 삶을 살면 결국 용서하지 않으며 산 것에 대한 책임을 물으신다. 그 책임을 물으실 때 과거의 것도 따지게 된다. 옥졸에게 붙이게 되는 것은 영원한 파멸의 나락으로 떨어져 하나님 나라의 밖으로 밀려날 수밖에 없음을 보여 준다. 용서하지 않는 삶은 하나님 나라의 삶이 아니기 때문이다.

이 비유를 마치신 예수님은 결론적으로 말씀하셨다. "너희가 각각 중심으로 형제를 용서하지 아니하면 내 천부께서도 너희에게 이와 같이 하시리라."(35절) '중심으로 형제를 용서하지 아니하면.' 얼마나 중요한 말씀인가. '중심으로'는 진실한 용서, 완전한 용서를 말한다. 그 속에는 더 이상 정죄(눅6:37)나 원망이 없다(약5:9). 용서했다고 하면서 계속 욕하고 원망한다면 그것은 용서한 것이 아니다. 주님은 일만 달란트(큰 죄, 죽을 죄)나 되는 우리의 죄를 용서해 주셨는데 형제의 백 데나리온(소소한 것)의 죄를 용서하지 못하면 되겠는가. 용서는 진심으로 하는 것이다. 용서를 하지 못하면 기쁨도 없다. 요셉은 두려워 떠는 형제들을 향해 "두려워 마옵소서. 주님이 앞서 나를 애굽에 보내었나이다."며 중심으로 용서했다.

"천부께서도 너희에게 이와 같이 하시리라." 우리는 "죄지은 자를 사하여 준 것같이 나의 죄를 사하여 주옵시고."라고 주기도문을 암송하여 그대로 살 것을 하나님 앞에 약속한다. 그 약속은 '내가 용서하는 삶을 살지 않으면 나를 용서하지 말아 주소서'라는 것과 같다. 우리가 용서하지 않으면 하나님께 가까이 갈 수 없다. 용서하지 않으면 장막이 가려 주님을 볼 수 없다. "불화하거든 먼저 화해하고 나에게 오라"고 하신다. 용서한 다음에 주님께 오라는 것이다. 용서 없이 주님을 만날 생각을 하지 말라는 것이다. 진정 죄로부터 자유하기를 원하면 용서하는 삶을 살아야 한다.

천국은 은혜로 탕감받은 자들이 사랑의 빚을 갚으며 살 때 계속 확장된다. 주님은 지극히 작은 자에게 한 것이 곧 나에게 한 것이라고 말씀하신다. 빚 갚으며 사는 것이 바로 신앙생활이다. 사랑과 용서, 전도와 봉사는 모두 빚 갚는 일이다. 그것을 자신의 희생이라고 생각해서는 안 된다. 희생은 자신이 손해 보는 것이다. 그러나 빚 갚는 일은 탕감받은 자로서 마땅히 해야 할 의무이자 하늘나라의 상급이 약속된 것이다. 그러므로 더더욱 기쁨으로 감당해야 한다. 용서의 동기는 내가 아니라 하나님이시다.

예수님의 말씀하신다. "내가 너희를 사랑함같이 너희도 남을 사랑하라." "내가 너희를 불쌍히 여김같이 너희도 네 동관을 불쌍히 여기라." "악을 악으로 갚지 말라." "비판하지 말라 정죄하지 말라 용서하라."

제7장 외식을 경계하라

먼저 안을 깨끗이 하라

예수님은 인간의 악행과 위선에 대해서는 날카로운 비판을 하고 노여움을 보이셨다. 그 가운데 하나가 바로 외식에 대한 경계다.

외식은 겉치레를 말한다. 경계는 예수님의 천둥과 번개 같은 말씀으로, 우리를 향해서 치는 경고의 말씀이다.

마태복음 23장 26절에 "먼저 안을 깨끗이 하라." 하셨다. 이것은 예수님이 무리와 제자들을 대상으로 말씀하신 것이다. 그들을 대상으로 바리새인들의 잘못을 지적하고 경계를 삼으라는 것이다.

22장을 살펴볼 때 무리 가운데는 서기관과 바리새인들이 있었다. 그들은 예수님을 책잡으려 했다. 바리새인들은 세금문제를 들고 나왔고, 사두개인은 부활 후 문제를, 그리고 서기관은 계명문제를 들고 나왔다. 이들은 자기들이 최고이고, 가장 경건하며 가장 믿음이 좋고, 유대지도자라 생각했다. 그들은 메시아를 대망하고 살았지만 오히려 그 자신들을 그 위치에 올려 놓고 있었다.

당시 유대지도자들은 성경에 '인도자들', '랍비라 칭함 받기를 좋아하는 자들'로 묘사되어 있다. 하나님보다 세상 인기를 좋아하는 자들이라는 것이다. 그러면서도 먼저 믿은 자들로 우대받기를 좋아했다. 율법과 형식(절차)을 먼저 내세운다. 남들은 자기와 비교될 수 없다고 생각하며 다른 사람들을 차별한다. 탕자 비유에서 맏아들로 하나님의 참된 사랑의 의미를 모르는 인물들이다.

당시 유대 지도자들에게만 돌을 던져서는 안 된다. 현대의 바리새인들이 우리 자신이 아닐까 반성해 볼 필요가 있다. 그리스도의 재림을 대망하면서도 오실 그리스도 대신 우리는 우리 자신을 더 내세우고자 하지 않는가.

예수님을 시기한 그들, 무엇이 문제인가?

1) 진정한 회개가 없는 그들

예수님은 하나님 나라의 도래를 선포하고, 복음을 전파했다. 22 장을 보면 "천국은 마치 00과 같으니"라 하셨다. 천국의 성격을 쉽게 설명하기 위해 여러 비유를 드셨다. 복음은 죄에 갇힌 자에게 해방을 선포하시는 말씀으로, 모든 사람에게 해당한다. 복음은 특권층만을 위한 것이 아니다.

복음이 특권층인 자기들에게만 해당되어야 하는 것인데, 그러지 않으니 예수님은 그들로부터 미움을 받을 수밖에 없었다. 그들은 사람들의 관심이 예수님께 집중되는 것이 싫었다. 그들의 생각과 행위와는 다른 것을 가르치고, 그들의 잘못됨을 질책하기 때문이다.

그러나 사람들은 예수님의 새로운 가르침에 매료되었다. 말씀을 통해 살길, 영생의 길이 있음을 새롭게 발견했기 때문이다. 그들이 당하는 고통의 원인이 죄 때문인 것을 깨달았다. 죄 인식은 신앙 생활의 기초이다. 죄 인식이 있어야 하나님 앞에 죄인 됨을 깨닫고, 그 앞에 겸손하게 나아갈 수 있다. 자기는 죄가 없다고 생각하는 사람은 하나님 앞에 바로 설 수 없다. 진정한 회개가 있어야 한다. 세례 요한과 예수님이 강조한 것은 "회개하라, 천국이 가까웠느니라."이다. 회개하면 하나님을 받아들일 수 있고, 그 안에 참다운 하나님의 평안이 자리 잡을 수 있다. 회개 없는 곳에 하나님이 들어설 자리는 없다.

그들이 예수님을 시기한 것은 그들 마음속에 참으로 회개하는 양심이 없음을 보여 준다. 왜 회개하지 않는가? 예수님보다 자기가 중요하다고 생각하기 때문이다. 도저히 낮아질 수 없다고 생각하고, 도저히 자존심이 허락하지 않기 때문이다.

2) 높은 자리에 앉고 싶어 한 그들

그들은 이스라엘의 지도자(인도자), 선생(랍비), 아비, 큰 자로 자처했다. 그들은 예수님을 그리스도라기보다 '선생' 정도로 여겼다. 선생이란 말은 예우를 갖춘 표시이기는 하지만 그렇게 말한 것에는 그들의 교만이 배어 있다. 당신도 기껏해야 우리와 다를 것 없다는 것이다. 예수와 경쟁해서 뒤지고 싶은 생각이 없다는 인간적 생각이 앞서 있다. 지위, 명예, 인기, 재고 싶음 등 자고와 교만 때문이다. 그들이 '모세의 자리(권위)'에 앉았다는 23장 2절의 표현이 이를 잘 나타낸다. 모세의 자리는 이스라엘에서 사람이 오를 수 있는 가장 높은 자리(상좌)로, 자기들의 말이 최고의 권위가 있다고 생각했다.

그들은 잔치에 가면 언제나 상석을 차지하고자 했고, 회당에서도 상좌를 원했으며, 거리에 나가서도 인사받기를 좋아했다. 세상이 자기를 알아주는 것, 존경받기를 좋아한 것이다. 현대에서도 그것들이 우상이 아닌가. 그들의 관심은 하나님에 있지 않고 사람에게 있었다. 그들이 참으로 하나님을 섬기는 사람이라면 사람보다 하나님으로부터 인정을 받는 것을 최우선으로 여겼어야 했다.

예수님은 선생, 아버지, 큰 자, 지도자는 인간 너희들이 아니라 하나님이요 그리스도임을 가르쳤다. 선생은 하나이니 곧 하나님이다. 그러니 너희들은 선생이라 칭함을 받지 말라. 아버지는 하나이니, 곧 하늘에 계신 자이다. 큰 자는 섬기는 자이다. 지도자는 하나이니 곧 그리스도이다. 누구든지 자기를 높이는 자는 낮아지고 자기를 낮추는 자는 높아지리라. 겸손한 자라 존귀하게 여김을 받는다는 것이다.

그리스도인은 자기를 낮추는 자들이다. 자기보다는 그리스도를 나타내는 자들이요 그리스도를 높이는 자들이다. 이기적인 나, 자기중심적인 나가 아니라 그리스도의 사랑과 그 인격을 드러내는 자들이다.

세속적인, 너무나 세속적인 그들

그들의 행동 근저에는 사람들에게 '보이고자' 하는 마음이 가득했다. 하나님에게 본심을 보이는 것이 아니라 사람에게 인정받기 위해 위선적인 행동을 한다는 것이다. 겉으로 드러난 그들의 행동은 깨끗하고 깔끔하여 흠잡을 데가 없다. 경건미 100점이다. 말도 맞고 행동도 그럴듯하다. 그러나 실속은 없다. 실속 점수는 0점이다. 겉으로는 하나님을 말하지만 속으로는 세상이 알아주는 것을 더 중하게 생각하기 때문이다.

그래서 그들을 가리켜 '위선자'(hypocretes)라 한다. 위선자는 원래 연극하는 사람을 가리킨다. 연극배우는 가면을 써서 인간의 성격을 드러낸다. 성격을 뜻하는 페르소나(persona)가 가면이라는 뜻을 가지고 있음도 우연이 아니다. 위선(僞善)은 위악(僞惡)과 다르다. 위악은 본질은 선하지만 겉으로는 악한 척하는 것이다. 하지만 위선은 본질은 악한데 겉으로는 선한 척하는 것을 말한다.

그들의 위선을 보자. 우선 그들은 차는 경문을 넓게 하였다(마

23:5). 손목에 차는 경문을 넓게 하는 것은 사람들에게 보이기 위한 것이다. '나는 이런 사람이오.' 과시하고자 하는 것이다. 또한 옷 술을 크게 했다(마23:5). 옷은 겉옷을 말하며, 술은 그 옷의 가장자리를 뜻한다. 이것은 '나는 이렇게 하나님의 말씀을 중시하여 외고 붙이고 다닌다.'며 자기과시를 하는 것을 말한다. 외식이요 겉치레다.

예수님은 이들에게 대해 "너희는 바로 천국 문을 사람들 앞에서 닫고 너희도 들어가지 않고 들어가려 하는 자도 들어가지 못하게 하는 자"(마23:13)라 하셨다. 천국 가려는 사람을 훼방하는 사람들이라는 것이다. 참으로 그리스도의 복음을 믿고 따르려는 사람들까지 방해하는 사람들이다. 그러면서도 자기들만이 '인도자'라 자처하고, 자기들의 행위만이 바르다고 한다. 그들은 교인을 오히려 지옥자식으로 만드는 자들이다(마23:15). 이 교인들은 바다와 육지를 두루 다니며 얻은 사람들이요 남이 힘들게 전도하여 얻은 사람들이다. 그런데도 그들은 이 사람들을 향해 '너희들은 지옥자식'이라 말하는 것과 무엇이 다르냐는 것이다. 사단이 아니라면 그런 말을 할 수 있을까. 예수님이 오죽 화가 나셨으면 그들을 향해 이런 말씀을 하셨을까? "뱀들아, 독사의 자식들아."(마23:33)

말과 행동이 일치하지 않은 그들

그들은 언행이 일치하지 않았다. 한마디로 앞뒤가 맞지 않는 사람들이다. 예수님은 "저희 말하는 바는 행하고 지키되 저희 하는 행위는 본받지 말라." 하셨다. 말은 그럴듯한데 행동은 전혀 바람직하지 않기 때문이다. 그들은 율법에 따라 십일조는 정확하게 바친다. 그만큼 형식과 규칙을 중시한다. 그러나 율법이 중시하는 의, 인, 믿음은 버렸다. 정신은 빠져 버렸다.

예수님은 그들에 대해 여러 가지로 표현하셨다. 그중에 첫째는 '자기는 안 지고 가면서 남의 어깨에는 무겁게 짐을 지우는 사람'(마23:4)이다. 자기는 손가락 하나 까딱하지 않으면서 남은 왜 그러냐고 비웃는다. 근본적으로 동정심과 사랑이 없다. '나는 안 그런데 왜 너는 그러냐.' 비판만 한다.

둘째로, 예수님은 이들에 대해서 '소경 된 인도자', '소경 된 바리새인'이라 하셨다. 소경은 자기의 들보를 보지 못하면서 남의 티만 보는 사람이다. 남은 비판하면서도 자기를 비판하지 못하는 사람이다. 남의 잘못은 곧잘 들추어내면서 자기 잘못은 전혀 모르는 사람이다.

셋째, 예수님은 그들을 향해 겉과 안이 다르다 하셨다. 잔과 대접의 겉을 깨끗하게 해서 보기에는 좋지만 안으로는 탐욕과 방탕으로 가득 차 있다는 것이다. 겉만 좋은 것이다.

끝으로, 예수님은 그들을 가리켜 회칠한 무덤(마23:27)이라 하셨다. 무덤에 회가 칠해 있어 겉으로는 보기 좋지만 그 안에는 사람의 뼈와 썩고 더러운 모든 것이 가득 들어 있다. 겉으로는 보기 좋은데 속으로는 외식과 불법(마23:28), 썩은 마음과 행실로 가득하다.

바리새인들은 선지자들의 무덤을 쌓고 비석을 꾸미면서 말한다. "우리가 그때 있었더라면 선지자를 피 흘리게 하지는 않았을 것이라."(마23:30) 하지만 예수님은 말씀하신다. "너희가 그때 있었으면 더했을 사람들이다." 지금 예수 그리스도를 죽이려 하지 않는가.

"너희들이야말로 지옥의 판결을 못 면할 사람들이다."(마23:33)

이제 우리는

이제 우리는 어떻게 해야 하는가? 먼저 안을 깨끗이 해야 한다. 안을 깨끗하게 하면 자연히 외양도 깨끗하게 되기 때문이다. 안을 깨끗하게 하기 위해서는 무엇보다 진정한 회개가 있어야 한다. 우리의 완악한 심령이 깨어져야 한다. 그렇게 되면 우리 속에 하나님이 들어설 자리가 마련된다. 그 다음, 그리스도 중심의 생활로 변화되어야 한다. 허욕과 육체의 생활을 버리고 본래의 자기, 곧 하나님이 우리에게 주신 참된 자아를 회복해야 한다. 본질회복이다. 본질회복은 잃는 것이 아니라 찾는 것이다. 이런 과정을 거치게 되면 언행일치의 생활이 가능해진다. 예수님은 "이것도 행하고 저것도 버리지 말아야 하느니라."(마23:23) 하셨다. 외적인 행함뿐 아니라 행함의 참뜻, 곧 내적인 행함도 병행되어야 신앙생활을 조화롭게 할 수 있다.

37절에는 예수님의 탄식이 소개되어 있다. "예루살렘아, 예루살렘아, 선지자들을 죽이고 네게 파송된 자들을 돌로 치는 자여 암탉이 그 새끼를 날개 아래 모음같이 네 자녀를 모으려 애썼으나 너희가 원치 않았도다." 강퍅한 이스라엘을 향한 주님의 외침이다. 이것은 지금 우리를 향한 주님의 외침이 아닐까. 그들은 예수님을 십자가에 못 박았다. 지금 우리는 예수님을 십자가에 못 박고 있지 않은가. 현대의 바리새인인 우리를 향한 주님의 피맺힌 외침을 결코 외면해서는 안 된다. 주님을 더욱 사랑하자.

제8장 거짓 선지자를 경계하라

　마태복음 7장 13－23절은 거짓 선지자를 경계하라는 예수님의 말씀을 담고 있다. 거짓 선지자는 주님의 뜻대로 행하지 않는 신앙을 가진 자를 말하며, 위선자·사단·적그리스도·교회에 대한 사기꾼 등으로 표현되기도 한다. 이들은 믿음을 떨어뜨리는 사람들로, 한눈파는 사람을 세상적인 유혹으로 낚아챈다. 교회 안에서 믿음보다 직위나 명예만을 추구하는 거짓교사나 삯군목자들이다. 교회는 투쟁하는 교회가 되고, 우리는 그 군사가 되어 믿음으로 무장해야 함은 물론 경계를 게을리 해서는 안 된다.

좁은 문으로 들어가라

　예수님은 이를 위해 "좁은 문으로 들어가라" 하셨다. 13절과 14절에는 좁은 문과 넓은 문을 구분하고 있다. 좁은 문은 생명으로 인도하는 문인 데 반해 넓은 문은 멸망으로 인도하는 문이다. 전자는 천국 문이라면 후자는 지옥문이다.

　좁은 문에는 문이 좁고 길이 협착하여 찾는 이가 적다. 이 신앙의 길이 협착하다는 것은 길이 험한 것을 나타난다. 그러나 이 길은 우리를 생명으로 이끈다. 길이 험하다는 것은 신앙생활을 함에 있어서 구애받는 일이 많다는 것을 의미한다. 하나님의 말씀을 사랑하고, 계명도 지켜야 하며, 악한 세상에서 선한 양심을 가지고 살아가야 한다. 구원받은 자로서의 생활은 세상적인 것과는 판이하다. 그래서 많은 사람이 다니지 않을 만큼 좁고 가시밭길이다. 박해와 핍박이 따르고(행14:22; 딤후3:12), 마귀의 시험과 유혹이 있으며(약1:14 - 15; 마4:1; 창3:1 - 5; 욥1:9 - 11; 2:4 - 5), 거짓 선지자들이 진리를 혼미케 하여 길을 바로 못 찾게 만든다(겔22:35). 우리가 때로 우왕좌왕하게 되는 것도 이 때문이다. 생명에 이르는 길은 이처럼 어렵다. 그러나 그 길이 참길이요 이 길을 따르는 자만이 알곡으로 인정을 받는다.

넓은 문은 문이 크고 그 길이 넓어 그리고 들어가는 자가 많다. 넓고 평탄해서 가기도 좋다. 계명도 구애받지 않고, 양심도 구애받지 않을 만큼 행동에 어떤 제약이 없다. 신앙생활보다 세상 욕망이 앞서고, 허영·허욕·허세가 많다. '허'가 많다는 것은 그 삶이 진실과 먼 가짜 인생임을 말한다. 무절제와 타락으로 빠지게 한다. 이 길은 불신앙의 길이요 멸망의 길이다. 그래서 이 길은 가는 사람은 쭉정이로 인정받을 수밖에 없다.

거짓 선지자를 삼가라

선지자는 예언자이자 남을 가르치는 자이다. 그런데 이 선지자가 진짜가 아닌 가짜라면 문제가 아닐 수 없다. 이들은 그리스도의 복음이 아닌 다른 거짓 된 것을 복음인 양 가르친다. 그들의 가르침은 모두 자기욕심을 위한 것이다(요7:18). 이 가짜 선지자는 자신은 물론 남을 해친다는 점에서 우리가 삼가야 해야 할 대상이다.

그리스도인은 무엇보다 거짓 선지자를 잘 분간할 줄 알아야 한다. 첫째, 그들의 묘한 위장술에 넘어가지 않아야 한다. 위장으로 남을 속이기 때문이다. 15절을 보자. "양의 옷을 입고 너희에게 나아오나 속에는 노략질하는 이리라." 양이 아닌 이리가 양으로 가장하여 행동한다. 선하지 않으면서 선한 체한다. 주님을 사랑하지 않으면서도 겉으로는 주님을 부르고 찾는다. 그러나 그들은 양을 잡아먹는 이리다. 이리 행위가 나타나기까지 우리는 속기 쉽다. 이리는 개같이 생겼지만 개같이 순하지 않고 가까이 오는 자를 잡아먹는다. 거짓 선지자는 양을 잡아먹는다(겔34:3; 슥11:16). 신자들의 영혼을 죽이기 때문이다. 그러나 선한 목자는 도리어 양을 위해 목숨을 버린다(요10:11).

둘째, 그 열매를 보아서 안다. 열매는 가르침과 그 가르침에서 이루어지는 결과이다. 거짓 선지자들은 거짓교훈을 받아들이게 하려고 가장 경건한 것처럼 가장한다. 그들의 가르침은 성경과 어긋나므로 우리가 성경 말씀을 잘 알아야 한다.

16절을 보자. "가시나무에서 포도를, 엉겅퀴에서 무화과를 따겠느냐." 성경에서 가시나무나 엉겅퀴는 죄를 상징하고(창3:18), 포도나 무화과는 선민을 상징한다(겔15:2; 사5:7; 시80:8; 호10:1). 그만큼 서로 다르다. 거짓 선지자의 교훈은 구원의 열매를 맺을 수 없고, 아름다운 열매를 맺을 수 없다. 그 속에는 근본적으로 하나님의 말씀을 거역하는 악이 있기 때문이다. 칼빈은 16절을 해석하면서 목사로 임명된 자와 가르치는 사명을 부여받은 자들이 자기들의 직무를 성실하게 따르지 않을 경우 소명 그 자체도 큰 의미를 가지지 못한다고 말한다. 행동으로 입증해야 한다는 것이다. 그 전에는 직위에 아무 의미가 없다. 아름다운 열매는 그만큼 중요하다.

17절은 "좋은 나무마다 아름다운 열매를 맺고 못된 나무가 나쁜 열매를 맺나니."라고 선언하고 있다. 좋은 나무는 구원을 가져오는 교훈을 가르치는 자, 곧 참선지자다. 이 나무는 아름다운 열매를 맺는다. 이에 반해 못된 나무는 구원이 아닌 다른 문제를 가르친다. 그 가르침은 세상적인 것이요 인간적인 것들이다. 그 가르침으로 아름다운 열매를 맺을 수 없다.

거짓 선지자의 결국은 지옥이다. 19절은 아주 단호하다. "아름다운 열매를 맺지 않는 나무마다 찍혀 불에 던지우느니라." 아름다운 열매를 맺지 않는 나무는 거짓 선지자요 불은 지옥이다.

거짓 선지자가 지옥에 가는 이유는 무엇인가? 21절 전반 절에 그 답이 있다. 주님을 향해 주여, 주여 한다고 해서 다 천국에 들어가는 것이 아니라는 것이다. 거짓 선지자가 아무리 주를 부르며 주의 이름으로 가르쳤다고 해도 천국에 들어가는 바른 교훈(십자가 대속)을 가르치지 않았다면 천국에 들어갈 수 없다. 그 교훈을 따르는 자도 마찬가지다. 여기서 '주여, 주여' 하는 자는 누구일까? 칼빈은 양을 잡아먹는 거짓 선지자, 헌신할 마음이 없으면서 거짓으로 일하는 삯꾼 목자, 위선자, 가르침보다 존경을 받고자 하는 (자기도취에 빠진) 거짓교사들이라 말한다. 이런 가짜들에 대해서는 존경심을 갖지 말라 한다.

그러면 누가 천국에 들어갈 수 있는가? 21절 후반절을 보자. "하늘에 계신 내 아버지의 뜻대로 행하는 자라야 들어가리라." 십자가의 대속을 통하여 구원하시는 하나님의 뜻을 따라 그리스도를 믿고, 말씀대로 행하는 자이다. 예수 그리스도의 제자가 되고자 하는 사람은 예수 그리스도를 실제로 믿어야 하고(요6:40), 행동으로 주님을 드러내며, 온 마음을 다해 달라진 삶을 살아야 한다. 아름다운 열매를 맺는 것이다.

거짓 선지자의 변명과 주님의 고함

우리 모두 하나님의 심판대 앞에 선다. 22절을 보자. "그날에 많은 사람이 나더러 이르되 주여, 주여 우리가 주의 이름으로 선지자 노릇 하며 주의 이름으로 귀신을 쫓아내며 주의 이름으로 많은 권능을 행치 아니하였나이까 하리니." 그날은 심판 날이요 타작마당이다. 알곡과 쭉정이, 양과 염소가 구별되는 날이다. '주여, 주여'는 마음 신자가 아니라 입술 신자를 가리킨다. '주의 이름으로'는 예수 그리스도의 권위를 바탕으로 능력을 행하며, 그리스도를 삶의 주인으로 모시고 산다는 것을 의미하지만, 그들의 경우 겉으로만 그렇게 한다는 것이다. 그러니 그 행사가 무가치하다는 것이다. 그러나 주의 이름을 걸고 기적과 이사를 행하기 때문에 사람들은 속기 쉽고 유혹받기 쉽다.

기독교는 십자가의 대속을 믿어 죄 사함 받고 구원 얻는 진리를 중시하지 잘못된 교훈으로 미혹하면서 이적과 기사를 행하는 것을 중시하지 않는다. 주님은 거짓 선지자들이 큰 표적과 기사를 보이더라도 그들의 교훈을 따르지 말라 하신다(마24:23 – 24).

거짓 선지자들의 변명에 대한 주님의 답변은 매우 준엄하다. 주님은 심판 때 이렇게 말씀하리라 하신다. 23절을 보자. "그때에 내가 저희에게 밝히 말하되 '내가 너희를 도무지 알지 못하니 불법을 행하는 자들아 내게서 떠나가라' 하리라." 지옥으로 가는 판결문이다. 그들은 하나님 앞에서 쫓김을 당한다. 이제 우리는 어떻게 해야 할까? 우리는 오직 생명의 길을 걷고, 예수님의 가르침만을 따르며, 신실하게 신앙생활을 해야 할 것이다.

제9장 두려움 없는 외침과 가르침

누가복음 12장은 예수님께서 두려움 없이 외치시는 모습을 보게 된다. 우리에게 가르치고자 하시는 목적이 뚜렷하기 때문이다.

핍박을 두려워하지 말라(1 – 12절)

이 말씀은 서기관과 바리새인들이 누가복음 11장 끝 절의 상황과 깊게 연관된 가운데 예수님이 주신 말씀이다. 바리새인들은 예수님을 맹렬히 달라붙으며 힐문하고 못살게 했다. 그럼에도 불구하고 수만의 무리들은 오히려 주님의 말씀을 들으려고 애썼다.

"무리 수만 명이 모여 밟힐 만큼 되었더니."(1절) 사람들이 이처럼 많이 모였다는 것은 예수의 말씀을 듣고자 하는 열망이 얼마나 강했는가를 보여 준다. 그의 말씀이 다른 사람과는 달랐을 뿐 아니라 권세와 능력이 있었기 때문이다. 예수님만 있으면 다르다. 이런 상황에서 주님이 강조하신 말씀은 다음과 같다.

위선의 신앙을 버려라

"바리새인들의 누룩을 주의하라."(1절) 바리새인들의 외식을 경계하라는 말씀이다. 외식을 누룩으로 비유한 것은 누룩이 조그만 들어가면 밀가루의 전체 질까지 변질시킬 만큼 미치는 영향이 강하기 때문이다.

외식은 왜 문제가 되는가?

- 외식은 평토장한 무덤과 같다. 겉은 화려해 보여도 안은 썩어 있다.
- 외식은 가면과 같다. 안과 밖이 다르다. 본심이 다르다.
- 외식적 신앙은 남에게 보이기 위한 것이다. 사람은 인기와 명성과 겉치레를 중시하지만 하나님은 은밀한 것을 보신다. 따라서 사람들로부터 박수갈채 받는 것까지도 피하라.
- 외식은 하나님으로부터 보상을 받지 못한다. 사람들로부터 이미 보상을 받았기 때문이다.
- 외식은 하나님의 형상이 형성되지 못하게 한다. 외식은 하나님의 성품이 아니다.
- 외식은 성령님의 지성소를 만들어 놓지 못하게 한다. 이것은 하나님으로부터 통제받지 못한다는 것을 의미한다. 이것은 매우 중대한 문제이다. 그리스도인은 가진 것이 없다 해도 잔잔하게 하나님으로부터 통제를 받는 것이 무엇보다 중요하다. 이것이 기독교가 가지고 있는 신비이다.
- 외식은 우리를 부자유하게 만든다. 진리의 말씀을 따르는 것만이 우리를 자유롭게 한다.

하나님을 속이려 하지 말라

"감춘 것이 드러나지 않을 것이 없고."(2절) 하나님은 전지전능하시다. 하나님은 모든 것을 아신다. 우리는 사람을 속일 수는 있어도 하나님을 속일 수는 없다.

3 - 4절의 말씀을 다윗이 쓴 시편 139편 1 - 4절과 비교해 보라. "감춘 것이 드러나지 않을 것이 없고 숨은 것이 알려지지 않을 것이 없나니 이러므로 너희가 어두운 데서 말한 것이 광명한 데서 들리고 너희가 골방에서 귀에 대고 말한 것이 집 위에서 전파되리라."(3 - 4절)

- 시편 139:2 "주께서 나의 앉고 일어섬을 아시며 멀리서도 나의 생각을 통촉하시오며."
- 시편 139:3 "나의 길과 눕는 것을 감찰하시며 나의 모든 행위를 익히 아시오니."
- 시편 139:4 "여호와여 내 혀의 말을 알지 못하시는 것이 하나도 없으시니이다."

두려워할 자를 두려워하라

주님은 다음 말씀을 하시면서 "내 친구 너희에게 말하노니"(4절)라 하셨다. 이 너희는 일차적으로 제자이지만 주님을 따르려는 현대의 그리스도인들에게 친구에게 말하듯, 곧 진실을 하나도 감추지 않고 간곡한 심정으로 두려워하지 않을 자와 참으로 두려워해야 할 자가 있다고 말씀하신다.

우리가 두려워하지 말아야 할 자는 몸을 죽이고 그 후에는 능히 더 못하는 자들이다(4절). 그러나 우리가 마땅히 두려워해야 할 자는 죽인 후에 또한 지옥에 던져 넣는 권세 있는 그이다(5절). 그는 바로 하나님이시다.

서기관과 바리새인들을 두려워할 것이 아니라 하나님을 두려워하라는 말씀이다. 보이는 사람을 두려워 할 것이 아니라 보이지 않으시나 심판 날 지옥에 던져 넣을 수 있는 하나님을 두려워해야 한다는 것이다.

하나님의 사람은 보호를 받는다

예수님은 참새도 하나님의 보호를 받는데 하물며 너희일까 보냐고 말씀하신다. "참새 다섯이 앗사리온 둘에 팔리는 것이 아니냐. 그러나 하나님 앞에는 그 하나라도 잊어버리시는 바 되지 아니하는도다. 너희에게는 오히려 머리털까지도 다 세신 바 되었나니 두려워하지 말라. 너희는 많은 참새보다 귀하니라."(6 - 7절)

참새는 가난한 사람의 식물로 취급될 만큼 값이 싸고 천하게 여겨졌다. 사람이 천하게 여기는 그것도 하나님은 잊어버리지 않으신다. 하물며 하나님의 형상, 생명을 지닌 인간에 대한 하나님의 관심은 말할 것도 없다. 하나님은 우리의 머리털 하나까지도 보호하실 만큼 관심이 크시다고 말한다. 사람의 머리털은 8만에서 10만을 헤아린다. 하나님의 보호는 이처럼 구체적이고 적극적이다. 이 말씀은 우리에 대한 하나님의 관심이 이처럼 면밀하시므로 사람이 아무리 핍박을 한다 해도 두려워하지 말라는 것이다.

하나님이 우리에 대한 관심을 거두시면 우리는 죽을 수밖에 없다. 호흡은 금방 끊어진다. 우리는 순간순간 하나님의 은혜를 느낄 수 있는 민감성을 가져야 한다.

사람 앞에서 주님을 담대히 시인하라

예수님은 "누구든지 사람 앞에서 나를 시인하면 인자도 하나님의 사자들 앞에서 저를 시인할 것이요 사람 앞에서 나를 부인하는 자는 하나님의 사자들 앞에서 부인함을 받으리라."(8 – 9절) 하셨다. 이것은 시인에는 시인, 부인에는 부인의 결과를 낳게 될 것임을 보여 주고 있다. '하나님의 사자들 앞에서'는 '심판대 앞에서'라는 말이다. 우리는 심판대 앞에서 '나는 너를 모른다.'는 말을 듣지 않도록 이 땅에서도 하나님이 인정하는 삶을 살아야 한다.

예수님이 주님에 대한 부인을 말씀하시는 것은 가까이는 예루살렘에서 부딪힐 사건들에 대한 경고이기도 하다. 베드로가 사람들의 눈이 무서워 예수를 모른다고 부인했고, 예수를 따라온 그 많은 무리들도 바리새인과 서기관들의 편을 들며 "예수를 십자가에 못 박으라" 외치며 그리스도의 존재를 부인했다. 외식하는 믿음을 가진 사람은 주님을 시인하기 어렵다. 그러나 참믿음을 소유한 사람은 어떤 상황에서도 주님을 시인하고 따라야 한다.

우리도 삶 전체 속에서, 언제 어디서나 주님을 시인하며 살아야 한다. 돈을 사용할 때도 주님을 생각하고, 명예가 주어질 때도 주님을 생각하며, 시간을 사용할 때도 주님을 생각해야 한다.

성령을 모독하지 말라

예수님은 "누구든지 말로 인자를 거역하면 사하심을 받으려니와 성령을 모독하는 자는 사하심을 받지 못하리라."(10절) 하셨다.

사람은 말에 실수를 할 수 있다. 사람의 눈치, 권력자들에 대한 두려움 때문에 마음에 없는 말도 할 수 있다. 주님은 인간의 연약함을 알고 계셨다. 그래서 주님은 누구든지 말로 인자를 거역하면 사하심을 받을 수 있다고 하셨다. 베드로가 주님을 부인했지만 회개한 후 용서를 받은 것은 그 보기에 속한다.

그러나 주님이 용서할 수 없는 것은 성령을 모독하는 것이다. 성령을 모독한다는 것은 하나님의 뜻, 하나님의 능력을 부인하는 것을 말한다. 바리새인들은 주님이 병자를 고쳐도 바알세불을 힘입어 고쳤다고 말했다. 그것은 하나님의 뜻과 그분의 능력을 전적으로 모독하는 것이다. 우리가 하나님의 뜻과 다른 행동을 하는 것은 성령을 근심케 하는 것이다.

성령과 함께 담대하라

예수님은 핍박의 마지막 장면을 상정해 놓으시고, 그런 상황에서도 절대 두려워 말 것을 당부하신다. "사람이 너희를 회당과 정사 잡은 이와 권세 있는 이 앞에 끌고 가거든 어떻게 무엇으로 대답하며 무엇으로 말할 것을 염려치 말라. 마땅히 할 말을 성령이 곧 그때에 너희에게 가르치시리라."(11 - 12절)

최악의 상태에 이르면 사람은 당황하게 된다. 그러나 주님은 그러한 상태에서도 두려워하지 말고 오히려 담대하라고 하신다. 성령이 우리와 함께하시고, 때맞춰 해야 할 말을 가르쳐 주시기 때문이다. 이것은 은혜가 아닐 수 없다. 그러므로 우리는 성령을 전적으로 믿고 의지하는 생활을 해야 한다. 어떤 역경이라 할지라도 순간순간 성령의 인도함을 받아 하나님의 뜻을 세워 나갈 때 우리는 하나님의 사람으로서 진정한 삶을 살게 된다. 다음은 다윗의 고백적인 시이다.

> "여호와는 나의 목자시니 내가 부족함이 없으리로다. [--] 내가 사망의 음침한 골짜기로 다닐지라도 해를 두려워하지 않을 것은 주께서 나와 함께 하심이라 주의 지팡이와 막대기가 나를 안위하시나이다."(시23:1, 4)

우리는 어떻게 살아가야 하는가? 그것은 외식을 벗어나는, 그리고 외식을 넘어서 성령과 함께하는 생활이다. 그러면 우리는 더 이상 사람을 보지 않고 성령과 동행하며 담대히 하나님의 뜻을 이뤄 나가게 된다.

제7부

예수의 비유와 하나님 나라의 삶

제1장 비유가 아니면 말씀하지 아니하시고

비유로 말씀하시는 예수님

예수님은 말씀을 하실 때, 특히 천국의 속성에 관해 설명을 하실 때 비유를 많이 들으셨다. 헌터(A. M. Hunter)에 따르면 비유는 자연이나 일상생활에서 소재를 취하여 영적인 진리와 비교함으로써 그 진리를 비추어 주려는 것이다.

마가복음 4장 34절은 비유가 아니면 말씀하지 아니하셨다고 기록하고 있다. 그래서 예수님에게 '비유의 왕, 비유의 천재'라는 별명이 붙여지기도 한다. 예수님은 저희가 알아들을 수 있는 대로 말씀을 가르치셨다(막4:33). 깨달음을 위한 도구로 비유를 사용하신 것이다. 그 깨달음을 통해 회개에 이르게 하고, 천국에 대한 소망을 갖게 하셨다.

예수님에게는 비유로 가르치신 목적이 분명히 있다.

그 첫째는 생각하여 깨닫게 하는 것이다. 마태복음 13장 1-23절에 씨 뿌리는 자의 비유가 나온다. 예수님은 이 비유를 통해 비유의 목적과 함께 비유에 대한 해석을 해 주셨다. 구체적으로 조목조목 들어 설명해 주신 것이다. 아무런 설명 없이 처음 이 비유를 전할 때 제자들은 물었다. "어찌하여 저희에게 비유로 말씀하시나이까?" 제자들조차 이해하기 어려웠기 때문이다. 그때 주님은 말씀하셨다. "내가 저희에게 비유로 말하기는 저희가 보아도 보지 못하며 들어도 듣지 못하며 깨닫지 못함이라."(마13:13) 말씀을 해도 깨닫지 못하는 사람들이 그들 가운데 있었다는 사실이다.

예수의 말씀을 들으러 온 사람들 가운데는 혹시 예수님이 기적을 행해 자신의 병을 고치기 위한 사람들도 있었고, 무슨 말씀을 하시는가 말씀을 들으러 온 사람도 있었고, 예수님을 책잡으려는 바리새인과 서기관들도 있었다. 무리의 성격이 똑같지 않다는 말이다. 특히 완고한 바리새인들이나 서기관들은 '자신은 죄와 무관하다'는 생각을 가지고 있어 주님이 회개하라는 말씀을 해도 귀에 들어오지 않았다. 그럴수록 예수님은 그들의 외식과 형식적인 믿음을 질타하셨다. 그들의 귀에 예수님의 말씀이 순수하게 들어올 수 있는 여지는 더 적어졌다. 더 완악해진 것이다. 예수님은 이처럼 완고한 이스라엘을 향해 심중하게 더 깨닫도록 여러 비유를 들으셨고, 때로는 그 비유를 풀어 설명해 주셨다.

둘째, 완고한 이스라엘에 대한 심판을 경고하기 위함이다. 누가복음 8장 10절을 보자. "하나님 나라의 비밀을 아는 것이 너희에게는 허락되었으되 다른 사람에게는 비유로 하나니 이는 저희도 보아도 보지 못하고 들어도 깨닫지 못하게 하려 함이라." 이 말씀은 다른 구절과 뉘앙스가 다르다. 보아도 보지 못하고 들어도 깨닫지 못하는 완악한 무리가 확실히 있는데 이것은 다 이유가 있다는 뜻이다. 그들의 완악함을 심판하기 위한 것이라는 것이다.

이 말씀은 이사야 선지자가 예언한 말씀의 성취이기도 하다. 예수님은 이사야 6장 9-10절에 있는 말씀을 인용하면서 이 예언이 이루어졌다고 하셨다. 주님의 말씀을 보자. "이사야의 예언이 저희

(완악한 무리)에게 이루었으니 일렀으되 너희가 듣기는 들어도 깨닫지 못할 것이요 보기는 보아도 알지 못하리라. 이 백성들의 마음이 완악하여져서 그 귀는 듣기에 둔하고 눈은 감았으니 이는 눈으로 보고 귀로 듣고 마음으로 깨달아 돌이켜 내게 고침을 받을까 두려워함이라 하였느니라.”(마13:14 – 15)

하나님은 말을 듣지 않는 이스라엘에 선지자들을 보내 경고하고 예언하게 하셨다. 구약 때는 목이 곧은 이스라엘 백성들이 그 대상이다. 신약 때 또한 이스라엘 백성, 특히 잘 믿는다는 바리새인까지 포함되어 있다. 그들은 여전히 옛날과 다름없이 목이 곧았다. 그들은 보는 눈, 들을 수 있는 귀, 깨달을 수 있는 마음을 가졌지만 하나님의 말씀을 거부했다. 완악하여 고침 받기를 두려워한 것이다. ‘자기’가 무너질까 두려워 그 마음을 하나님으로부터 멀리한 것이다. 자만한 그들에게 있어서 하나님은 자기를 위한 치장물에 불과했다. 말로는 하나님을 말하지만 그 속에는 하나님이 없는 것이다. 완악함, 말씀을 깨닫지 못하는 것 자체가 하나님의 심판을 받은 것이다. 하나님을 떠난 백성은 그 떠남 자체가 이미 심판받은 것이기 때문이다.

셋째, 천국의 비밀을 알게 하기 위함이다. 그 비밀을 알게 하시는 것은 우리를 향한 하나님의 축복이다. “천국의 비밀을 아는 것이 너희에게는 허락되었으나 저희에게는 아니 되었나니.”(마13:11) 천국의 비밀은 인간에게 알려지지 않은 하나님의 신비나 구원의 경륜을 나타내는 말이다. 비밀은 비유로 비밀스럽게 말씀하시는 내용 그 자체다.

이 비밀에는 예수님이 메시아라는 사실이 담겨 있다. 이른바 ‘메시아 비밀 사상’이다. 예수님이 메시아라는 것이 비밀이기 때문에 예수님은 이스라엘 백성들에게 자신의 신분을 감추셨다. 병을 고치시고도 아무에게도 말하지 말라 당부하셨다. 자신을 드러내고자 하는 바리새인과는 달리 예수님은 겸손하셨다. 그러나 예수님은 예외적으로 제자들에게 자신이 수난받으실 메시아임을 밝히셨고, 자신이 메시아임을 세상에 알리지 않도록 경고하셨다(마16:16 - 20). 백성에게는 자신의 신분을 감추시고 제자들에게만 밝히셨고, 백성들에게는 알아들을 수 없는 비유로만 말씀하시고 제자들에게는 따로 그것을 설명해 주셨다.

마가복음 4장 34절을 보면 예수님이 혼자 계실 때 제자들에게 모든 것을 해석하시었다. 이것은 제자들이라고 해서 다 깨달은 것이 아님을 보여 준다. 예수님이 제자들을 상대로 설명을 해 준 것은 주님이 제자들만 사랑하시기 때문이 아니다. 바리새인들이 바른 마음으로 주님을 따랐다면 사랑의 주님께서는 그들을 사랑하시고 더 자세히 설명해 주셨을 것이다. 문제는 예수님을 향한 제자들의 태도와 바리새인들의 태도가 달랐다는 데 있다. 제자들은 말씀을 따르고자 했고, 바리새인들은 말씀을 책잡고자 했다. 제자들의 마음 밭이 좋았다면 바리새인들의 마음 밭은 돌 짝이요 길가요 가시떨기와 같다. 좋은 밭에 떨어지면 열매를 맺지만 그렇지 못한 밭에는 열매를 맺기 어렵다.

예수님이 보시기에 열매를 맺는 좋은 밭은 이미 축복을 받았지만 그렇지 못한 밭에는 저주가 임한다. 마태복음 13장을 보자. 16절과 17절에는 축복의 선포가 있지만 12절에는 저주가 선포되어 있다.

먼저 16절을 보자. "그러나 너희 눈은 봄으로 너희 귀는 들음으로 복이 있도다." 주님의 말씀을 읽고 깨닫는 것이 복이라는 것이다. 17절은 이 내용을 더 구체화한다. "내가 진실로 너희에게 이르노니 많은 선지자와 의인이 너희 보는 것들을 보고자 하였고 너희 듣는 것들을 듣고자 하여도 듣지 못하였느니라." 구약의 선지자와 의인들이 메시아를 간절히 기다렸다. 하지만 그들은 그 소망을 이루지 못한 채 믿음 가운데 세상을 떠났다. 그런데 예수님의 제자들은 대망의 메시아를 직접 보고 그 말씀을 친히 들었으니 실로 복 있는 눈과 귀를 가졌고, 복 있는 자라 아니할 수 없다.

12절은 축복과 저주를 명확하게 드러낸다. "무릇 있는 자는 받아 넉넉하게 되되 무릇 없는 자는 그 있는 것도 빼앗기리라." 여기서 있는 자와 없는 자는 물질의 소유에 관한 것이 아니다. 있는 자란 예수님을 아는 자, 믿는 자, 따르는 자다. 영적인 비밀을 아는 자는 하나님 나라의 축복을 받아 날로 번성한다는 것이다. 기쁨과 소망과 사랑이 넘쳐 30배, 60배, 100배의 결실을 맺는다. 그러나 없는 자는 다르다. 없는 자는 그 마음에 예수님이 없고, 오히려 그분을 배척하는 자들이다. 그들은 그들이 가지고 있다고 생각되는 피상적인 지식과 소망마저 빼앗긴다. 달란트를 더 남긴 자에게는 축복이 임하지만 달란트를 묻어 둔 자는 그 달란트마저 빼앗기고 밖에 버림을 당해 슬피 울게 되는 것이다.

그런 완악한 무리, 나같이 완악한 사람들을 위해 예수님은 자신의 몸을 아낌없이 주었으니 얼마나 크신 주님의 사랑인가. 저들의 완고함으로 주님은 수난당하실 것을 예고하셨고, 결국 수난을 당하셨다. 우리의 완고함으로 주님은 지금도 수난을 당하고 있다. 누가 예수 그리스도를 십자가에 못 박았는가? 완고한 그들이다. 누가 지금 예수 그리스도를 못 박고 있는가? 완고한 우리들이다.

비유의 중요성

예수님은 씨 뿌리는 비유를 제자들에게 자세히 풀이하시면서 말씀하셨다. "너희가 이 비유를 알지 못할진대 어떻게 모든 비유를 알겠느뇨?" 주님은 이 비유를 알면 모든 비유를 깨달을 수 있다며 이 비유의 중요성을 말씀하셨다. 이 비유가 모든 비유를 여는 열쇠라는 것이다.

비유는 알레고리(풍유)와 다르다. 알레고리는 그 내용을 이루고 있는 소재 하나하나에 의미를 부여하는 것을 말한다. 예를 들어 노아의 방주에서 창은 구원의 등불이고, 물은 세상풍파나 죄악을 의미한다고 보는 것이다. 하지만 비유는 그 전체의 내용을 통해 중요한 교훈 하나를 던지려 한다. 따라서 비유를 읽을 때 그 비유가 무엇이 초점을 맞추어 비교하고 있는지 알아야 한다. 교부 크리소스톰도 "비유를 해석할 때 그 안에 있는 가장 긴요하고 핵심되는 요소를 파악해야 한다. 지엽적인 것에 시간을 낭비하지 말라." 하였다. 로마시대 때 알레고리식 해석이 크게 유행한 것에 대한 지적이기도 하다. 한국 부흥사들도 알레고리를 많이 사용했었다.

예수님은 "이 비유를 바로 알라" 하셨다. 씨 뿌리는 이 비유의 핵심이 무엇인가를 알아야 한다는 말씀이다. 이것은 크리소스톰이 긴요하고 중심 되는 핵심을 알라는 것과 맥을 같이한다. 예수님이 이 비유를 통해 가르치고자 하는 것은 하나님의 말씀을 바로 듣고, 받고, 깨달아 결실을 맺으라는 것이다. 좋은 땅에 뿌리어 결실을 맺는 것이다.

좋은 땅에 뿌리었다는 것은 무슨 의미인가? 무엇보다 하나님의 말씀(씨)을 듣는 자, 받는 자, 깨닫는 자가 되는 것이다. 하나도 흘러 버리지 않도록 열심히 듣고, 조심스럽고 중하게 받으며, 말씀을 통해 나의 연약함을 깨달으며 주님의 능력을 힘입어 변화될 필요성을 절감하는 것이다. 이럴 때 주님은 나의 힘이요 방패요 구원자이심을 알게 된다. 누가복음 8장 15절에는 "착하고 좋은 마음으로 말씀을 듣고"라 했다. 착하고 좋은 마음이란 선한 마음이다. 이 마음은 주님을 따르는 자들이 가져야 할 마음이다. 악한 마음, 의심하는 마음, 흠잡으려는 마음이 아니라 선한 마음으로 말씀을 받아들이고 이해해야 한다. 서기관과 바리새인들은 신앙이 있다고 자부하는 자들인데도 예수님의 말씀을 들을 때는 그 말씀 속에 무슨 잘못이 없는지 살피고, 이치에 닿지 않는 부분이 없는지 따지려 들었다. 이것은 말씀을 듣는 자로서 바른 태도가 아니다.

그 다음으로 중요한 것은 결실을 맺어야 좋은 땅에 뿌린 보람이 있다. 본전 찾기가 어려운 현실에서 이익을 낸다는 것은 얼마나 귀한 것인가. 그런데 그 결실이 두 배나 세 배가 아니라 30배, 60배, 100배다. 이러한 엄청난 결실은 나의 힘으로 될 수 있는 것이 아니다. 그것은 주님의 능력으로, 주님이 주시는 힘으로 되는 것이다. 누가 씨를 자라고 열매를 맺게 하는가? 그것은 주님이시다. 주님이 축복하셔야 이런 놀라운 결과를 얻을 수 있다. 이러한 결과를 얻기까지 필요한 것은 인내다. 누가복음 8장 15절에서는 말씀을 듣고 지키어 인내로 결실하는 자에 대해 말하고 있다. 오래 참음이 필요하다는 것이다. 농부는 참고 애써야 한다. 하나님께 기도하며 인내해야 한다.

세상에는 두 종류의 인간이 있다. 하나는 주님을 따르는 자요, 다른 하나는 바리새인처럼 주님을 따르지 않는 자다. 주님을 따르는 자는 인내한다. 주님의 말씀을 굳게 믿고 지킨다. 자기의 의지나 능력을 의지하기보다 주님의 능력을 의지한다. 이런 자가 주님으로부터 축복을 받을 수 있다. 주님을 따르지 않는 자는 하나님의 말씀을 받아도 자기 편의대로 해석하며 이용한다. 주님보다 자기 자신을 더 내세운다. 그 속에는 주님이 없다. 오히려 주님을 몰아내고 책잡아 죽이고자 한다. 그 속에 주님이 들어갈 틈이 없다. 그 마음에 씨 뿌릴 곳이나 씨가 뿌리 내릴 곳조차 없다. 그러니 하나님의 말씀이 자랄 수 없고 결실이나 주 안에서의 소망을 가질 수 없다. 저주스러운 삶을 살 수밖에 없다.

귀 있는 자는 들으라

비유의 말씀을 마치신 주님은 무리를 향해 외치셨다. "귀 있는 자는 들으라."(마13:9) 다른 성경에는 "들을 귀 있는 자는 들으라." 하셨다(눅8:8; 막4:8). 비유의 말씀을 올바로 이해하라는 명령이다.

우리는 주님의 이 외침을 결코 흘려들어서는 안 된다. 그 말씀을 바로 받아 우리의 마음 속 깊은 밭에 심어 결실을 맺도록 해야 한다. 길가나 돌밭, 가시떨기 위에 두지 않고 좋은 땅에 심어야 한다. 말씀을 흘려버리거나 짓밟거나 소홀히 하지 말라. 말씀에 최우선을 두고, 말씀대로 살며, 말씀으로 승리하라.

예수님의 이 외침을 어떻게 받아들여야 하는가? 겸손한 마음으로 받아들이라. 내가 아니라 주님을 앞세우며, 그 앞에 무릎을 꿇고 내 삶의 모든 것을 그분에게 맡긴다. 착한 마음으로 받아들이라. 선한 마음, 올바른 마음으로 말씀을 바로 받고 바르게 실천한다. 순종하는 마음으로 받아들이라. 순종이 제사보다 낫다. 순종은 하나님의 절대주권을 믿는 믿음에서 나온다. 감사하는 마음으로 받아들이라. 하늘나라의 비밀을 가르쳐 주심에 감사하고, 듣고 깨닫게 하심에 감사하며, 말씀을 따라 살게 하심에 감사한다. 이것은 다시없는 축복이다. 상한 마음으로 받아들이라. 회개하는 마음, '어찌할꼬' 하는 마음을 가진다. 거듭난 마음으로 받아들이라. 이 마음은 할례를 받은 마음, 정결한 마음, 새롭게 된 마음이다. 이 마음은 믿어 구원에 이르는 마음이요 하나님을 사랑하고 그 뜻을 행하는 마음이다. 예수님은 말씀하신다. "너에게 귀가 있느냐 나의 말을 들으라. 너에게 마음이 있느냐 너희는 이 마음을 품으라."

제2장 포도원 품꾼 비유, 나중 된 자로서 먼저 되고

마태복음 20장에 포도원 품꾼 비유가 있다. 예수님은 선언하신다. "천국은 마치 품꾼을 얻어 포도원에 들여보내려고 이른 아침에 나간 집주인과 같으니"(1절) 여기서 집주인은 일꾼이 부족해서가 아니라 일자리 구하기 어려운 시기에 일자리가 없어 애태우는 사람을 구제하려는 선한 마음에서 이른 아침부터 장터에 나갔다는 것을 꼭 기억할 필요가 있다. 일이 필요해서가 아니라 돈을 주기 위해 부르러 나가는 것이다. 약자를 배려하는 마음이 크다. 이 마음이 바로 천국 주인의 마음, 죄인 된 우리를 향하신 주님의 애틋한 마음이다.

품꾼을 부르시는 주님

포도원 주인은 하루에 한 데나리온씩 주기로 하고 품꾼을 들인다. 그런데 주인은 이른 아침 한 번만 나가서 품꾼을 들이는 것이 아니라 삼시, 육시, 구시, 십일시에도 나가 품꾼을 들였다(1, 3, 5, 6절). 이른 아침은 우리 시간으로 오전 6시경이고, 삼시는 오전 9시, 육시는 12시, 구시는 오후 3시, 십일시는 오후 5시다.

오전 6시경에 온 사람은 조금이라도 빨리 일자리를 구하고 싶은 마음에서 나왔을 것이다. 포도원 주인이 일자리를 주자 너무 감사한 마음으로 포도원에 들어갔을 것이다. 그런데 주인은 오전 9시, 12시, 오후 3시, 그리고 5시에도 나가 사람을 불러들였다. 오후 6시는 해 지는 시간으로 농장의 문을 닫는 시간이자 더 이상 일을 할 수 없는 시간이다. 오후에 나온 사람들은 아주 절망적인 상태로 일자리를 구하고자 했을 것이다. 특히 5시에 들어간 사람은 얼마나 행운아인가. 오늘은 아무것도 못하고 돌아갈 줄 알았는데.

언제 부름을 받았든지 간에 주인이 일꾼으로 불러 준 것만으로도 감사해야 한다. 일해서 돈을 벌 수 있다는 것, 그리고 굶지 않고 먹고살 수 있게 되었다는 것이 얼마나 감사한 일인가. 구원의 시각에서 보면 주님은 우리를 포도원, 곧 하나님의 나라로 부르신다. 새벽에 나가 부르시고, 정오에도, 오후에도, 문 닫기 전에도 나가 우리를 부르신다. 그 사랑이 얼마나 크신가. 지금도 우리를 부르시고 구원의 문을 여신다. 그 문이 언제 닫힐지는 아무도 모른다.

주인은 삼시, 육시, 구시에 부른 사람들에게 약속했다. "포도원에 들어가라 내가 너희에게 상당하게 주리라."(4절) 얼마 줄지 모르지만 상당한 가치를 쳐 줄 것이니 믿고 간다. 오히려 주인은 놀고 있는 사람들을 향해 말한다. "너희는 어찌하여 종일토록 놀고 여기 섰느뇨." 아무도 자신을 품꾼으로 쓰는 이가 없다고 말하자 "너희도 포도원에 들어가라" 했다. 주인은 우리가 일해야 굶지 않고 먹고살 수 있다는 것을 아시기에 불렀다. 주님은 우리가 구원을 받아야 할 존재인 줄 아시기에 우리를 부르신다.

구원, 그것은 주님의 뜻

문제는 일당을 받는 자리에서 일어났다. 포도원 회계에게 일당을 지불하되 나중에 온 자부터 지불하라고 명령한다. 십일시에 온 사람에게 한 데나리온이 지급되었다. 그러자 이보다 먼저 온 사람들은 생각했다. "십일시에 온 사람에게 한 데나리온이 지급되었다면 나는 조금 더 받겠지."

그러나 정작 그에게 돌아온 것은 약속한 한 데나리온이었다. 그러자 먼저 온 자들이 주인을 원망하기 시작했다. "한 데나리온이라니요!" 그들은 무례하게 불평했다. 더 많이 수고했는데 더 달라는 것은 하등 이상할 것이 없다. 그들의 말대로 "종일 수고와 더위를 견딘 우리와 같게 하였나이다."(12절) 불평할 수 있다. 당시 바리새인이나 사두개인들은 예수님이 가난하고 병든 자들, 세리들, 창녀들, 이방인들을 불쌍히 여기고 자기들에 대해서는 혹독하게 비판하는 것이 못마땅했다. 일찍 온 품꾼들의 불평은 바로 이들의 불평이다.

하지만 주인은 그들에게 한 데나리온을 주기로 약속하지 않았는가. 당시 한 데나리온은 하루 일당에 해당한다. '더 받겠지'는 자신의 생각이지 주인의 생각은 아니다. 자신의 생각과 기준에 따라 원망한 것이다. 주인은 우리의 기준과 생각과 달리 약속을 지켰다.

우리는 비교하는 마음을 가지고 있다. 불공정성 지각이나 상대적 빈곤감을 느끼게 되면 초라한 느낌을 갖게 한다. 그러나 그리스도인은 내 생각과 내 기준이 아니라 하나님의 기준과 생각을 가지고 원망하지 않아야 한다. 그저 우리가 각자의 처소에서 주께 찬양하고 말씀대로 사는 것을 오히려 감사해야 한다. 우리는 원래 포도원에 들어올 자격이 있는 사람이 아니었다. 하나님이 우리를 불쌍히 여겨 구원의 자리로 불러 주셨다. 그러므로 불러 주신 것만으로도 은혜요 감사할 조건이 충분하다.

예수님은 주인의 입을 빌려 불평하는 사람들을 향해 말씀하신다. "친구여 내가 네게 잘못한 것이 없노라 네가 나와 한 데나리온의 약속을 하지 아니하였느냐 네 것이나 가지고 가라 나중 온 이 사람에게 너와 같이 주는 것이 내 뜻이니라. 내 것을 가지고 내 뜻대로 할 것이 아니냐. 내가 선하므로 네가 악하게 보느냐."(13 – 15절) 이에 대해 할 말이 있을까.

나중 된 자로서 먼저 되고

나아가 예수님은 한 말씀 덧붙이셨다. "이와 같이 나중 된 자로서 먼저 되고 먼저 된 자로서 나중 되리라."(16절)

먼저 된 자는 먼저 신앙생활을 한 자를 가리킨다. 그는 하나님을 먼저 알고 일찍이 하나님을 경험했다. 먼저 믿었기 때문에 성경도 많이 알고, 교리도 많이 안다. 그러나 자신이 많이 안다고 자기교만에 빠지고 자기고집에 매이게 되었다. 바리새인의 문제점이 거기에 있었다. 고착된 고정관념을 버려라. 자기지식, 자기경험을 모두 주님 앞에 내려놓고 언제나 겸손하게 신앙생활을 할 필요가 있다. 먼저 된 자는 스스로 개혁하는 노력이 필요하다. 개혁은 변화에 응답하는 적극적인 방법이다. 개혁을 위해서는 생각을 바꿔야 한다. 생각이 안 바뀌면 나중 된 자로 전락할 수밖에 없다.

나중 된 자는 늦게 부름을 받은 자를 말한다. 이 사람은 늦게나마 불러 주어 감격하는 사람이다. 더 열심히 해야겠다고 생각하는 사람이다. 이 사람은 초심을 잃지 않아야 한다. 늦게나마 불러 주셨다는 이 감격, 감사를 잊지 않아야 한다. 감격과 감사가 사라지고 불평하고 불만하며 고집을 부린다면 문제 있는 그리스도인으로 전락하게 된다.

나중 된 자가 먼저 되고 먼저 된 자로서 나중 될 수 있다. 그 기준은 자신의 생각과 기준으로 사는가, 하나님의 기준으로 사는가 하는 것이다. 아무리 오래 믿었다 할지라도 아직도 자신의 기준에서 벗어나지 못한다면 나중 될 수밖에 없다. 먼저 된 자는 자리를 빼앗기지 않도록 더 열심히 해야 할 것이고, 나중 된 자도 처음의 마음을 잃지 않고 열심을 다해야 할 것이다.

한 데나리온은 세상 사람이 보는 표준이다. 눈으로 보이는 한 데나리온 때문에 큰 것을 잃어서는 안 된다. 하나님이 우리에게 주실 것은 한 데나리온보다 더하다. ‘상당하게’ 주실 그 크기는 주님만이 아신다. 우리는 하나님의 놀라운 비밀 속에 살고 있다. 우리는 불평보다 희망을 가지고 살아가야 한다.

봉사의 시각에서 이 문제를 볼 필요도 있다. 우리 모두 주님의 일에 동참하고 있기 때문이다. 주님은 동일한 시간에 우리를 한꺼번에 부르지 않으시고 다양한 시간에 다양하게 부르셨다. 주님을 위해, 그 나라를 위해 일하게 하셨다는 것만으로도 얼마나 감사한 일인가. 시간마다 주님을 위해 자신을 드릴 수 있다는 것만으로 감사하다.

그럼에도 불구하고 우리는 가끔 누구는 집사가 되고 장로가 되고, 누구는 사람들로부터 인정받고 자신은 아무도 눈여겨보지 않는 것에 대해 불평하기도 한다. 불만이 생길 때면 그 불만에 종이 되지 말라. 오히려 나 자신이 바리새인의 허식에 물들어 가고 있음을 한탄해야 한다.

우리는 초심을 잃지 않아야 한다. 하나님을 위한 우리의 일은 아무런 대가를 바라지 않고 순수한 마음으로 드려야 한다. 하나님의 뜻과 생각이 무엇인가를 생각하고 그 뜻을 지켜 나가야 한다. 봉사(사랑, 근로)하는 자는 언제나 주님이 나를 불러 이 일을 시키신다는 기쁨을 가져야 한다. 이 땅에서의 품삯은 나중 일이다. 이 땅에서 충분히 받지 못한다 해도 하늘나라에서 그 상급이 클 것이다. 그 누구보다 주님이 알아주시면 되는 것 아니겠는가.

제3장 선한 사마리아인의 비유, 영생의 길을 묻는 자에 대한 대답

내가 무엇을 하여야 영생을 얻으리이까?

"내가 무엇을 하여야 영생을 얻으리이까?"(눅10:25) 율법사(lawyer)

는 종교적으로 의문을 가진 사람들의 질문에 답을 주는 유대의 종교전문가이다. 대답을 해 주어야 할 입장에 있는 그가 다른 율법사가 아닌 목수의 아들에게 이 질문을 던진다. 매우 색다른 상황이 아닐 수 없다.

이 비유는 누구나 잘 아는 비유이다. 그러나 본질보다 곁가지를 더 잘 아는 비유이다. 우리는 이 비유를 흔히 '선한 사마리아인의 비유'라 한다. 그래서 선한 사마리아인이 한 선행에 초점을 맞추려 한다. 이로 인해 이 비유를 인간을 위한 휴머니즘적 비유로 착각하기도 한다. 그러나 우리는 이 말씀의 초점을 '누가 네 이웃입니까?'라는 두 번째 질문보다 '어떻게 하여야 영생을 얻으리까?'라는 첫 번째 질문에 대한 주님의 대답에 맞춰져야 한다. 그 다음 우리 삶에서 강도 만난 이웃, 곧 사마리아인적 삶을 살아야 하는 일이 우리에게 과제로 남는다는 것을 잊어서는 안 된다.

율법사는 영생을 유업으로 상속받는다는 것을 알고 있었다. 그러나 그 영생은 율법을 지켜 얻을 수 있는 영생이 아니다. 율법은 우리가 절망할 수밖에 없는 상태만 보여 준다. 하나님의 은혜만이 우리를 그 상속자가 될 수 있게 한다. 우리가 예수의 생명을 이웃에게 내어주는 그때, 하나님이 우리에게 준 자원을 이웃에게 내어주는 그때 우리는 예수의 생명의 삶을 살기 시작한다. 영생의 삶을 살게 된다.

예수님은 영생을 얻기 위해 어떤 삶을 살아야 하는지 율법은 무어라 가르치는지 되물으셨다. 율법사는 주저하지 않고 대답했다. "네 마음을 다하며 목숨을 다하며 힘을 다하며 뜻을 다하여 주 너희 하나님을 사랑하고 또한 네 이웃을 네 몸과 같이 사랑하라 하였나이다."

이것은 단면이 아니라 다면적 접근을 해야 한다는 것을 가르쳐 준다. 달란트를 발휘할 때도 마찬가지다.

- 마음(heart, 심력): 우리의 마음(heart)이 온전해야 한다. 깨어 진 마음, 포기한 마음 가지곤 하나님과 이웃을 향해 사랑을 베풀 수 없다. 마음의 힘(심력)이 강해야 한다.
- 목숨(soul, understanding, 지력): 지적 능력, 학습능력과 통합 능력이 있어야 한다. 학습방법도 좋아야 한다.
- 힘(strength, 체력): 몸이 쇠하면 작심삼일이 된다. 주의 일을 하기 위해서는 체력을 비축해야 한다.
- 뜻(mind, 자기통제능력): 뜻을 실천하기 위해서는 자기관리능 력이 있어야 한다. 우선순위를 따져 무엇을 먼저 해야 하는 가를 알아야 한다.
- 사랑(love, 인간관계 능력): 부모와 자식, 선생과 제자 등 인간 관계가 좋아야 갈등이나 자학을 하지 않고 일을 잘 수행할 수 있다. 관계가 나쁠 경우 지시해도 따르지 않음으로써 앙 갚음을 하게 된다.

예수님은 그 대답이 맞다 하시고 "이를 행하라 그리하면 살리 라."(눅10:28) 하셨다. 그의 대답은 주님이 여러 차례나 강조하신 내용과 같다. 주님은 그에게 "그 말씀대로 실천하라. 그리하면 영 생을 얻을 것이다."고 말씀하신다.

내 이웃이 누구오니이까?

율법사는 기분이 좋았다. 그래서 자신을 보다 잘 보이기 위해 "그러면 내 이웃이 누구입니까?"(눅10:29) 되물었다. 그 물음에 주님은 강도 만난 어떤 이와 선한 사마리아 사람을 들어 비유로 말씀하셨다. 이 비유는 하나님은 얼마나 사랑을 받아 마땅한 분(선한 사마리아인)이신가 하는 것과 죽음에서 구원을 받은 그리스도인(강도 만난 어떤 이)이 왜, 그리고 어떻게 이웃을 사랑해야 하는가를 비유로 가르쳐 주고 있다.

이 비유에 있어서 첫째 중요한 초점은 강도 만난 사람이 누구를 만나 구원을 받았는가 하는 것이다. 강도 만난 사람은 (영적으로) 죽어 가는 사람(유대인)이고, 그를 살린 사람은 유대인들이 그토록 배척을 하는 예수님(선한 사마리아인)이다. 강도 만난 사람이 선한 사마리아인을 만나 구원을 받았듯이 영적으로 죽을 수밖에 없는 우리도 예수를 만날 때 비로소 구원을 받을 수 있다.

둘째는 구원함을 받는 사람은 자신이 구원받은 것으로 만족하지 말고 이웃을 구원하는 일에 동참해야 한다는 사실이다. 우리는 강도 만난 우리 이웃의 생명을 구원하는 일에 적극적으로 동참하는 그리스도인이 되어야 한다. 이것이 주님이 주시는 근본적인 메시지다.

강도 만난 어떤 사람

"어떤 사람이 예루살렘에서 여리고로 내려가다가 강도를 만나매"(30절) 예루살렘에서 여리고로 내려가는 길은 아주 오가기 힘들

정도로 험했다. 하도 강도를 당해 죽는 일이 많아 '피의 길', '붉은 길'이라는 별명이 붙어 있을 정도였다. 로마군은 이곳을 오가는 여행자들의 안전을 확보하기 위해 군대를 파견해 지키기도 했다. 예수님은 이런 상황을 잘 아시고, 이곳을 예로 들어 비유로 말씀하셨다.

예루살렘에서 여리고로 내려가는 사람은 유대인으로 추정된다. 주님이 꼭 집어 유대인이라고 말씀하지 않았기 때문이다. 유대인은 기본적으로 사마리아 사람을 가까이하지 않는다. 그들을 싫어하기 때문에 만약 그 사람이 견딜 만한 정도라면 사마리아 사람을 거들떠보지도 않았을 것이다. 도움을 주겠다고 하면 호의를 거절했을 것이다. 그 사랑을 받아들이지 못하는 사람이다. 우리 가운데도 서로를 받아들이지 못하는 사람들이 꽤 있다. 심지어 교회 안에서까지.

이 사람이 왜 강도를 만났는지 알 수는 없다. "내려가다가"라고 말씀하신 것에 주목하라. 성경에 내려가다, 올라가다는 지형과 연관되어 있다. 예루살렘은 산지에 있고, 여리고는 저지대에 있어 내려간다는 단어가 사용되었다. 그러나 이것을 영적으로 보면 어떨까. 우리가 영적으로 올라가는 생활을 하지 않고 내려가는 생활을 하면 문제를 만난다. 주님을 믿는다고 하면서도 그분을 진정으로 영접하지 않고 형식적인 신앙생활을 한다면 그는 내려가는 사람이다. 주님의 호의를 받아들이지 않고 아직도 교만한 마음을 가지고 있다면 내려가는 사람이다. 우리는 이처럼 지극히 개인주의적이고 거만하다. 심지어 주님과의 관계에서까지.

강도들을 만난 사람의 상태는 매우 절망적이었다. 다음의 상황이 그것을 보여 준다.

- 옷을 벗기고: 강제로 옷을 벗겼다. 단순히 옷만 벗긴 것이 아

니라 강제로 옷을 찢었다. 이 땅에는 정치적 이유에서 옷뿐 아니라 영적으로도 강제로 옷을 벗긴 민족이 있다는 것을 기억하지 않으면 안 된다.

- 때려: 구타를 당해 상처가 심했다.
- 거반 죽은 것을 버리고 갔더라. 거반 죽게 되었다는 것은 산 자로서의 활동적인 기능이 마비되었음을 보여 준다. 이런 절망적인 사람을 팽개치고 가 버렸다.

거반 죽게 되었다는 것은 인사불성 상태에 빠졌음을 보여 준다. 여기서 우리는 강도 만난 사람과 이를 치료한 사람과의 관계에 주목해야 한다. 강도 만난 유대인이 죽게 될 정도로 심각한 상태이지 않았다면 사마리아 사람의 호의를 받아들이지 않았을 것이다. 그 사람의 호의를 받아들였을 때 생명을 얻을 수 있게 되었다. 죽어 가는 사람이 주님을 만나 치료를 받고 구원을 얻게 된 것이다.

죽게 된 이 사람은 사마리아 사람을 받아들였을 때 살 수 있었다. 교만하지 않고 용납할 때 그 삶에 중요한 변화가 일어난다. 우리는 영적으로 강도를 만나 거반 죽게 된 몸이었다. 예수를 만나 그분을 그리스도로 영접함으로 말미암아 구원을 얻게 되었다. 죽음에서 생명의 삶으로 옮기게 된 것이다. "어떻게 하여야 영생을 얻을 수 있으리이까?" 그 길은 오직 그리스도를 영접하는 일이다. 주님을 붙잡는 일이다.

한 제사장의 회피

"한 제사장이 그를 보고 피하여 지나가고"(31절) 제사장은 그가 죽었을지 모른다고 생각해 못 본 척하고 피한 것으로 보인다. 제사장이 피해 지나가는 경우를 두 가지 상황으로 생각해 볼 수 있다.

첫째, 죽은 자를 만지면 불결해진다는 생각이 앞섰을 것이다. 제사장의 직무는 날마다 돌아오지 않는다. 24반차에 따라 자기 순번이 돌아올 때 제사장 직을 수행할 수 있다. 얼마나 기다렸던 기회인가. 그런데 제사장직을 수행하러 가는데 강도를 만나 피투성이인 사람을 보았다. 제사장으로 손에 피를 묻히거나 시체를 만지는 날엔 성전에도 들어가지 못한다. 그러니 직무상 어찌 그를 도울 수 있겠는가.

둘째, 제사장직을 마치고 집이 있는 여리고로 돌아가는 길이라고 생각해 보자. 이제 자기가 해야 할 종교적 직무를 다 마치고 가는데 '이 일까지 내가 해야 하는가'라는 생각을 했을지 모른다. 자기의 직무에만 충실하려는 사고와 태도가 깔려 있을 수 있다.

제사장의 이러한 태도는 당연한 것일 수 있다. 우리가 제사장이라면 얼마든지 그럴 수 있다. 그러나 주님이 보시기에는 문제가 있다. 죽은 자를 만지는 것은 불결하다는 생각으로 못 본 척 피해 갔다면 이는 영적 기만이자 영적 무분별이다. 종교적 직무만 다하면 된다며 피했다면 그것은 종교가 타락했음을 보여 준다. 주님은 이런 종교적 변명보다 생명을 살리는 일이 더 급하고 중요하게 여기셨다.

한 레위인의 회피

"한 레위인도 피하여 지나가되"(32절) 레위인도 피하여 지나갔다. 어떤 성경역본에는 이 레위인은 제사장보다 더 나쁜 사람으로 묘사되고 있다. 강도 만난 사람을 이리저리 살펴본 뒤, 그가 살아 있다는 것을 알았으면서도 도망치듯 피한 것으로 묘사하고 있기 때문이다. 레위인이 피한 이유는 무엇일까?

첫째, 그도 내 일에만 충실하면 된다는 생각을 가졌을 것이다. 레위인은 성전봉사만 전문으로 하는 사람이었다. 농사도 짓지 않았다. 늘 그래 왔듯이 레위인은 강도 만난 사람을 돕는 일은 다른 사람의 할 일이고, 나는 내 일에만 충실하면 된다고 생각했을 것이다.

둘째, 자기보다 앞서 제사장이 지나간 것을 알고 있었다면 '제사장도 그저 지나갔는데 내가 이 일을 하면 제사장은 어떻게 되지?' 이런 생각으로 지나갔을 것이다.

이것은 얼마든지 보통 사람의 생각일 수 있다. 그러나 주님의 생각은 다르다. 자기 직무에 충실한 것도 좋지만 사람을 구원하는 일이 더 중요하다.

비유는 제사장이나 레위인들이 영적인 구원사역에 얼마나 무관심했는가를 지적해 주고 있다. 그들은 강도 만난 사람을 보고 지나가야 할 사람이 아니었다. 자세히 살펴보고 조치를 취했어야 할 사람들이었다. 그런데도 죽어 가는 그를 보고도 오히려 피했다. '나도 강도를 만나면 어쩌지' 걱정하면서 그가 죽든 말든 상관하지 않았다. 이것은 영적인 직무유기이다.

제사장이나 레위인은 성직을 수행하는 사람들이다. 믿음이 있다는 사람들이다. 그들은 지금 단순한 여행이라기보다 직무수행차 이 길을 지나갔을 것이다. 그럼에도 강도 만난 자의 이웃이 되어 주지 못했다. 그러면서도 회당에서는 이웃을 사랑해야 한다고 강론했을 것이다. 우리 신앙인들도 시시때때로 이처럼 직무를 유기한다. 생명을 살리는 일에는 어떤 제도나 어떤 기관이 문제가 아니다. 무엇보다 그 사람을 살리는 것이 중요하다.

어떤 사마리아인

강도 만난 사람이 유대인이고 이를 선히 돌보아 준 사람이 사마리아인이라는 것은 매우 대조적이다. 왜냐하면 유대인과 사마리아인은 서로 미워하고 적대적이기 때문이다.

사마리아인은 여행 중이었다. 주님은 죽어 가는 영혼을 구원하시기 위해 이 땅에 오셨다. 그는 강도 만난 우리를 그냥 두지 않으셨다. 가야 할 길이 바쁘고, 하실 일이 많기 때문에 얼마든지 지나갈 수 있었다. 그러나 주님은 지나치지 않았다. 오히려 그는 자기의 최선을 다해 그를 도와 생명을 구했다.

그는 강도 만난 사람을 불쌍히 여겼다. '유대인 참 잘 당했다'며 고소해하지 않았다. 사랑을 실천한 사마리아인의 특색은 컴패션을 가졌다는 점이다. '불쌍히 여겨'는 크리스천 컴패션(Christian compassion)의 중요성을 일깨워 준다. 컴패션은 '함께'(com)와 남의 고통과 아픔(pain, suffering)을 뜻하는 패션(passion)을 합친 말이다. 패션은 정열을 뜻하기도 하지만 고통과 아픔을 뜻하기도 한다. 그러므로 컴패션은 남의 고통에 함께하고 공감하는 마음을 뜻한다. 우리말에

'불쌍히 여겨' '측은히 여겨'는 자신이 상대보다 우월한 입장에서 상대를 불쌍히 여기는 행동이라는 느낌을 준다. 그러나 컴패션은 우열을 따지지 않고 인격 대 인격으로 대하는 것을 말한다.

신앙이나 사랑은 우리의 삶에 매우 중요하고 의미 있는 말이다. 그러나 그런 말에도 반작용이 있다. 신앙이라는 이름으로 전쟁도 하고, 사랑이라는 이름으로 남을 죽이기도 하기 때문이다. 이처럼 이름값 하지 못하고 잔인한 결과를 낳는다. 그러나 캠패션은 하나님이 인간에게 주신 가장 순수한 선물이자 영혼의 항독소이다. 예수님은 우리를 불쌍히 여기셨으며 이 교훈을 통해 크리스천 컴패션을 가지도록 권고하고 계신다.

"가까이 가서."(34절) 피하거나 외면하지 않았다. 적극적으로 다가갔다. 어려운 처지에 있는 사람을 가까이 찾아가 도움을 주는 것은 크리스천 컴패션을 가진 사람이 행동으로 옮기기 위한 첫걸음이다.

"기름과 포도주를 그 상처에 붓고 싸매고 자기 짐승에 태워 주막으로 데리고 가서 돌보아 주고"(34절) 사마리아인은 상처를 긴급하게 치료해 주고, 위험한 장소에서 피하기 위해 여관으로 데리고 가 돌보아 주었다. 사마리아인의 행동특성은 필요를 충족시켜 주었다는 점이다. 배고픈 사람에게 먹을 것을 주어야 하듯 강도 만난 사람에게 치료와 함께 위험에서 벗어나 생명을 구했다. 그리스도인의 사랑 실천은 필요를 채우는 봉사여야 한다는 것을 가르쳐 준다.

"부비가 더 들면 갚으리라."(35절) 비용이 더 들 경우 그것에 대해서도 자기가 책임지겠다고 말한다. 앞서 언급한 그의 행동만으로도 감격스러운데 앞으로의 일까지 염려하고 책임을 지겠다고 했다. 주님은 이렇듯 사랑이 많으신 분이시며 우리의 과거와 현재뿐 아니라 미래의 것까지도 책임져 주시는 분이시다. 이렇듯 우리에게 사랑을 부어 주시는 하나님을 믿고 우리의 온 마음과 목숨과 힘을 다하여 사랑하지 않을 수 있겠는가.

주님은 강도 만난 우리에게 있어서 '어떤 사마리아인'이다. 이 비유 속에서 예수의 사랑을 받아들이지 않으려는 완악한 유대인과 그 사람들에게 사랑을 베풀려는 주님의 모습을 찾아야 한다. 강도 만난 사람이 사마리아 사람의 호의를 받아들여 생명을 얻을 수 있었던 것처럼 예수를 영접함으로 영생을 얻을 수 있게 된다. 어떤 제도나 기관이 생명을 살리지 못한다. 오직 주님만이 살릴 수 있다. 아직도 주님의 호의를 거부하며 교만하게 살아가는 우리는 아닌가? 나의 교만한 자존심, 잘못된 신앙을 버릴 때 살아날 수 있다.

자원(돈, 재물)이 필요(가난한 사람, 강도 만난 이웃)를 만나면 기회가 될 수 있다(우리가 주의 팔이 되어 돕고, 복음을 전할 수 있다.). 우리도 얼마든지 강도 만난 자의 이웃이 될 수 있다. 당신은 당신의 자원을 이용할 준비가 되어 있는가?

너도 이와 같이 하라

사마리아인은 유대인에게 있어서는 이방인이고 선민도 아니었다. 유대인이 상종도 하지 않는 사람들이었다. 예수님이 비유를 마치시고 "누가 강도 만난 자의 이웃이 되겠느냐"고 물었을 때 그는 '사마리아 사람'이라 하지 않고 '자비를 베푼 자'라고 한 것을 보아도 유대인들이 사마리아사람을 얼마나 무시하는가를 쉽게 알 수 있다. 그런데 그 사마리아 사람이 강도 만난 자의 이웃이 되어 주었다.

지금 주님이 "누가 강도 만난 자의 이웃이 되겠느냐?" 물으신다면 우리는 무엇이라 대답할까. 우리 주변에 강도 만난 사람들이 많다. 주님은 우리 주변에 쓰러져 가는 영혼을 구원하는 일에 적극적으로 나설 인물이 필요하시다는 말씀이다. 추수 때 추수할 일꾼이 필요한 것처럼 주님은 오늘도 영적인 추수 밭에서 열심히 일할 동역자를 필요로 하신다.

여기서 이웃은 필요에 적극적으로 반응을 보여 주는 사마리아 사람이다. 영적으로 절망 가운데 있는 사람을 구원하기 위해 자신을 던질 수 있는 그리스도인을 오늘도 주님은 필요하시다고 말씀하신다.

세상에는 세 종류의 사람이 있다. 첫째, 만나서는 안 될 사람이다. 강도와 같은 사람이다. 그런 사람은 있어서는 안 될 사람이다. 둘째, 만나나 마나 한 사람이다. 강도 만난 사람을 보고도 피해 간 제사장이나 레위인과 같은 사람이다. 그런 사람은 있으나 마나 한 사람이다. 끝으로, 꼭 만나야 할 사람이다. 선한 사마리아인과 같은 사람이다. 그런 사람은 꼭 있어야 할 사람이다.

주님은 말씀하신다. "너도 이와 같이 하라."(37절) 이 말씀 속에는 '너도 컴패션을 가져라' '행동으로 사랑을 실천하라'는 말씀이다. 사랑을 실천하는 사람은 정해진 것이 아니다. 가난한 자든 부한 자든 누구든지 실천해야 한다. 베푸는 사람과 받는 사람이 따로 있는 것이 아님을 가르쳐 주고 있다. 구약시대에는 축복을 받는 사람과 저주를 받는 사람이 구별되어 있다고 생각했다. 그러나 신약시대에는 받던 사람이 주는 사람으로 바뀌어야 한다는 것을 가르쳐 준다. 시간과 공간에 따라 입장이 바뀔 수 있으므로 차별을 두어서는 안 된다. 우월과 열등이 아니라 평등한 관계에서 '나도 내일 그런 사람이 될 수 있다'는 생각 아래 겸손하게 자신을 낮추며 이웃을 찾아 도움을 주는 그리스도인이 되어야 할 것이다.

'너도 이와 같이 하라'는 말씀은 구원 사역에 적극적으로 동참하라는 의미도 포함되어 있다. 주님으로부터 새 생명을 얻은 그리스도인들은 이제 레위인이나 제사장이 보여 준 도피적 삶이 아니라 선한 사마리아인의 참여적 삶을 살아야 한다는 것을 명령적으로 말씀하시고 있다. 주님이 필요로 하시는 그리스도인은 교만한 인간이 아니다. 쓰러져 가는 영혼을 불쌍히 여기고, 그들에게 구원의 약품을 공급하고 필요를 채워 주는 라이프 세이버(life saver)가 되어야 한다. 그리스도인은 제사장이나 레위인처럼 이웃의 아픔에 눈을 감아서는 안 된다. 바쁘다고, 나의 일이 아니라고 말하지 말자. 무엇보다 영적으로 죽어 가는 생명을 살리는 일을 서둘러 해야 한다. 율법사는 어떻게 영생을 얻을 수 있느냐 물었다. 주님은 말씀하신다. "강도 만난 자의 이웃이 되라."

제4장 탕자의 비유, 아버지의 마음으로 돌아가라

누가복음 15장에는 예수님의 탕자 비유가 소개되어 있다. 이 비유에는 탕자의 형과 탕자, 그리고 사랑의 아버지가 나온다. 이 모두 주역들이다. 맏아들은 당시 바리새인과 사두개인과 같은 종교 기득권자이며 현재로 말하면 기성교인들이다. 그리고 둘째는 세리와 창녀처럼 그들로부터 죄인취급을 받는 계층이다. 탕자는 둘째만 해당되는 것이 아니다. 우리는 돌아온 탕자를 크게 부각시켜 탕자는 곧 작은아들로 인식하고 있지만 말씀을 자세히 보면 맏아들이 더욱 마음씨 나쁜 탕자임을 알 수 있다. 주님은 이 비유를 통해 맏아들도 회개해야 할 죄인임을 지적하고 있다. 두 아들 모두 탕자라는 것이다. 우리는 모두 주님 앞에서 죄인이자 탕자이다. 우리는 이에 대한 철저한 인식이 필요하다. 아버지는 그 모두를 무한한 사랑으로 받아 준다. 이 시대에 필요한 것은 바로 아버지의 마음이 아닐까.

내게 돌아올 분깃을 내게 주소서

탕자는 아버지에게 재산을 미리 줄 것을 요구한다. "내게 돌아올 분깃을 내게 주소서."(12절) 지금의 말로 '이왕 주실 유산 지금 주십시오.'라는 말이다. 아버지로 봐서는 용서치 못할 발언이다. 죽지 않았는데 재산분배를 요구했기 때문이다. '죽었으면 좋겠다.' '빨리 죽으라.'는 말과 같은 불효다.

그러나 아버지는 너른 마음을 가졌다. '그 살림을 각각 나눠 주었더니.' 아버지는 작은아들의 몫뿐 아니라 맏아들의 몫까지 다 나누어 주었다. 얼마나 인내심이 강하고 사랑이 많은 아버지인가를 보여 준다.

탕자는 결국 탕자였다. 그의 결국은 다음과 같은 말로 함축된다. "먼 나라에 가 거기서 허랑 방탕하여 그 재산을 허비하더니"(13절) 자유를 누리고자 멀리 갔다. 간섭받기 싫은 것이다. 육체의 욕망에 따라 살고픈 욕구가 얼마나 컸는가를 보여 준다. 그러나 그는 그 모든 재산을 탕진하고 말았다. 둘째 아들은 탕자가 될 수 있는 우리를 대표하고 있다. 미숙하고, 분별력도 없다.

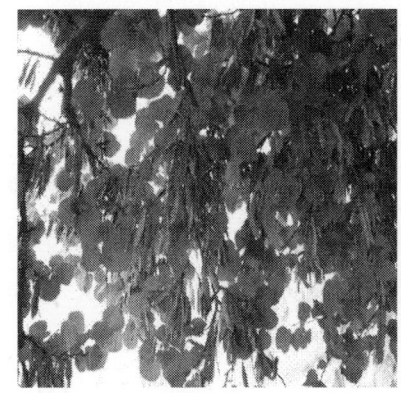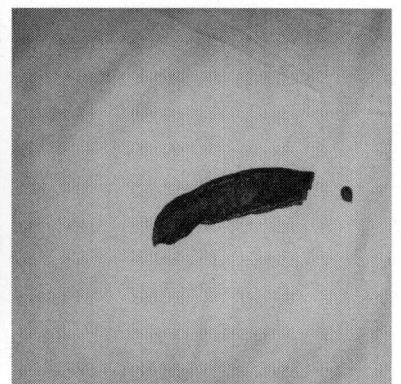

사진: 쥐엄나무와 그 열매

"비로소 궁핍한지라"(14절) 탕자가 아버지 집을 떠나 돈 잘 벌고 성공했다면 그는 영원히 지옥에 갔을 것이다. 그러나 다행히 탕자는 아버지 집을 떠나는 순간부터 문제가 발생하기 시작하여 결국 돼지 음식을 먹는 차원으로까지 내려갔다. "그 나라 백성 중 하나에게 붙어사니 그가 저를 들로 보내어 돼지를 치게 하였는데 저가 돼지 먹는 쥐엄 열매로 배를 채우고자 하되 주는 자가 없는지라."(15, 16절) 돼지 떼를 친다는 것은 그가 끝까지 추락했음을 보여 준다. 유대인에게 있어서 돼지는 불결한 짐승으로 간주되기 때문이다. 그런데 돼지가 먹는 쥐엄 열매조차 얻을 수 없는 형편으로 전락했다.

그 낮은 자리에서 그는 자신을 돌아보고 아버지를 생각했다. 절망 가운데서 아버지를 기억한 것이다. "스스로 돌이켜"(17절) '자기 자신을 찾아가다.'는 뜻이다. 그 순간 '아버지께 돌아가자'며 아버지께 돌아와 무조건 항복을 했다. 아버지의 중요성을 발견한 것이다. 자기 자신을 찾는, 자신을 점검하는 고독의 시간을 가져라. 그 시간은 하나님의 음성을 듣는 시간이다. 나우웬은 말한다. "이 고독의 시간이 자기 자신을 알게 한다. 하나님의 지성소로 우리를 인도한다."

그는 일어나 아버지를 향했다. 그는 돌아가 할 말을 준비한다. 이것은 얼마나 힘들었는가를 보여 준다. 그리곤 속으로 이렇게 말한다. "하늘과 아버지께 죄를 얻었사오니 품꾼의 하나로 보소서 하리라."(18, 19절) 아버지의 아들이라 말하는 것조차 부끄러우니 종으로 사용해 달라 말하겠다는 것이다. 자신을 철저히 낮춘 것이다. 이 말은 죽이든 살리든 마음대로 하라는 무조건적인 항복이다. 우리의 교만도 하나님 앞에서 철저히 깨어져야 한다.

다른 한편 그의 이러한 생각은 '설마 부모가 나를 박대하겠는가.'라는 계산적인 생각이 담겨 있을 수도 있다. 그런 이기적인 생각을 했다 해도 아버지는 그를 너그러이 받아 주신다. 비록 탕자이지만 아버지를 기억하고 신뢰한다는 것만으로도 아버지는 감격한다.

아버지의 기다림

"상거가 먼데 아버지가 저를 보고 측은히 여겨 달려가 목을 안고 입을 맞추니"(20절) 하나님은 우리가 돌아오기를 기다리신다. 아들만 아버지를 신뢰한 것이 아니라 아버지도 아들을 신뢰한다. 주님은 우리 편에 서 계신다. 아버지는 더럽고 냄새나는 아들을 끌어안았다. 용기를 내어 돌아온 아들을 기뻐했다. 우리의 잘못에도 불구하고 기쁨을 이기지 못하여 하시는 하나님을 생각나게 한다.

아들은 그 자리에서 아버지에게 고백한다. 그가 속으로 생각하고 생각했던 말을 꺼낸 것이다. "아버지여 내가 하늘과 아버지께 죄를 얻었사오니 지금부터는 아버지의 아들이라 일컬음을 감당치 못하겠나이다."

아버지는 종들에게 외친다. "제일 좋은 옷을 내어다가 입히고 손에 가락지를 끼우고 발에 신을 신기라. 그리고 살진 송아지를 끌어다가 잡으라. 우리가 먹고 즐기자. 이 내 아들은 죽었다가 다시 살아났으며 내가 잃었다가 다시 얻었노라."(22 - 24절)

"제일 좋은 옷을 입히고"(22절) 아버지는 그를 종으로 삼지 않았다. 오히려 내 아들은 죽었다가 다시 살아났으며 잃었다가 다시 찾은 아들이라며 목을 끌어안고 새 옷을 입히고 가락지를 끼우고 성대한 잔칫상을 베풀며 아들을 기쁘게 맞았다.

아버지는 그가 회개할 때 따지지 않으셨다. 무조건 용서해 주셨다. 아버지는 우리의 과거를 묻지 않으신다. 용서의 하나님이시기 때문이다. 우리가 잘못했을 때 나무라지 않으시고 오히려 따뜻하게 대해 주는 부모를 통해서 우리는 하나님의 모습을 보게 된다.

하나님의 사랑을 매일매일 기억하라. '이는 내 기뻐하는 자다.' 그리고 이 사실을 주장하라. 우리는 보배롭고 존귀하고 거룩한 하나님의 아들, 딸들이다. 우리는 매일매일 하나님께 돌아가야 한다. 우리는 매일 탕자가 될 가능성이 있는 자이기 때문이다.

함께한 종들은 기뻤다. "저희가 즐거워하더라."(24절) 23절과 24절은 아버지뿐 아니라 종들도 얼마나 함께 기뻐했는가를 보여 준다. 이 기쁨은 인간적으로 이해할 수 없는 하나님의 신기한 기쁨이다. 이 기쁨의 의미를 깨닫는 것이 본문비유의 중심이다. 당신의 자녀 가운데 이 같은 자녀가 있으면 정녕 맞으며 하나님처럼 기뻐할 수 있겠는가?

맏아들의 반응

밭에서 일하다 돌아온 형은 동생이 돌아왔고 집안에 잔치가 벌어진 상황을 도저히 받아들일 수 없었다. "저가 노하여"(28절) 아버지뿐 아니라 종들이 그렇게 기뻐하고 즐거워할 이유가 뭐란 말인가. 형의 이 같은 태도는 우리의 일반적 태도를 반영한다. 형의 태도는 너무나 자연스럽고 당연하게 보인다. 그러나 하나님의 관점에서 볼 때 그의 태도는 문제가 있다.

각각 나누어 주어 자기의 것 하나도 잃은 것이 없음에도 맏아들은 반항적으로 변모했다. 이 노는 일시적 흥분이 아니라 마음속 깊이 자리 잡은 노여움을 나타낸다. 그는 아버지 일에 대해 분노를 나타냈다. 이것은 예수님이 죄인과 세리들을 측은히 여기고 영접한 것에 대한 그들의 분노를 비유적으로 나타내신 것이다. 맏아들은 외형적으로는 효자처럼 보이지만 실제적으로는 문제가 많았다.

여기에서 맏아들은 바리새인과 서기관들이다. 그들은 세리와 죄인들이 예수께 나아옴을 싫어했을 뿐 아니라 예수님을 향해 "이 사람이 죄인을 영접하고 음식을 같이 먹는다."며 원망했다. 그들은 신앙에 대한 교만에 빠져 죄인들을 형제로 받아들이기보다 경멸하고 무시하며 차별하는 데 앞장섰다. 우리는 하나님 앞에서 모두 불의한 사람들이다. 우리는 직분을 가졌다고, 성경을 더 잘 안다고,

남과 다른 사람이라고 해서 교만하거나 우월의식을 가져서는 안
된다.

두 아들의 비교

작은아들	맏아들
세리, 죄인	바리새인, 서기관
현실에 대해 불평불만	명령을 잘 지키고 부모에 순종
방탕, 멋대로 삶	탈선하지 않음
잘못을 깨닫고 철저히 회개	믿음에 대한 교만, 사람 차별하고 경멸
은혜로 다시 자녀 회복	교만과 허식으로 비난받음

그들은 주님이 왜 이 세상에 오셨으며 왜 죄인들을 영접하시는
가를 이해하지 못했다. 그들은 단지 주님이 경건하고 율법을 철저
히 지키는 자기들을 상종하지 아니하시고 죄인들과 자리를 같이하
며 그들에게 천국복음을 전하는 것을 못마땅하게 생각했다. 창기와
같이 먹어 버린 그를 도저히 용서할 수 없는 것이다.

그들은 주님이 항상 자기편에 서 있기를 바랐다. 하나님은 다른
사람들의 하나님이 아니라 자신들의 하나님이어야 했다. 그런데 주
님은 그렇지 않으니 분노할 수밖에 없었다. 그들의 신앙은 이처럼
매우 이기적이었다.

그들은 예수님을 향해 분노할 것이 아니라 자기 자신에 대해 분
노해야 했다. 우리는 항상 완악한 자신을 쳐 그리스도에게 복종시
켜야 한다. 그 어떤 사람도 악하다는 이유 때문에 구원에서 제외
될 수 없다.

- 나보다 악한 사람들에 대해 은근히 분노하지 않는가?
- 창녀나 흉악범들이 구원받는 것을 달갑게 보지 않는가?
- 나는 차가운 도덕적 눈을 가지고 있지만 긍휼히 여기는 마음이 부족하지 않는가?
- 지금도 아버지의 기쁨을 이해할 수 없다고 생각하지 않는가?
- 나에게는 전도하기 싫어 젖혀 놓은 사람들이 있지 않는가?

"들어가기를 즐겨 아니 하거늘"(28절) 맏아들은 집안의 다른 사람들과 함께하기를 거부했다. 바리새인들은 경건한 자기들만이 하나님 나라의 백성 될 자격이 있다고 생각했다. 죄인들이 아무리 회개했다 해도 그들과 함께 자리를 할 수 없다며 그들을 철저히 배격했다. 이것은 평소 '나는 너희와 다르다.'고 생각하며 그들을 상종하지 못할 인물로 경멸해 온 것을 나타낸다. 이것은 바리새인들이 얼마나 교만으로 가득 찼는가를 보여 준다. 우리도 교회에서 '누구 때문에 안 된다, 누구 때문에 못 하겠다.'며 교만한 행동을 하지 않는지 자신을 살펴봐야 할 것이다.

예수님은 이 비유를 통해 돌아온 탕자, 회개한 탕자를 나무라는 것이 아니라 회개하지 않은 맏아들, 또 다른 탕자를 향해 회개를 촉구하며 집중적으로 포격을 가하고 있다. 주님은 이 시대의 기성 교인들을 향해 "교회 안에 있는 탕자여 회개하라."고 말씀하신다. 탕자가 되어서도 안 되지만 큰아들이 되어서도 안 된다.

맏아들의 불만

"아버지가 나와서 권한대"(28절) 맏아들이 들어오기를 싫어한다는 전갈을 받고 아버지가 직접 맏아들을 맞으러 나갔다. 아버지는 작은아들이 돌아왔을 때 나왔을 뿐 아니라 맏아들이 왔을 때도 나왔다. 주님은 결코 가만있지 않는 분이시다. 작은아들뿐 아니라 맏아들에게도 똑같은 사랑을 보여 주셨다.

아버지는 맏아들의 이러한 자세를 누그러뜨리려 했다. 이것은 예수님께서 그런 태도를 가지지 말라고 권고하심을 의미한다. 아버지가 직접 문밖에 나와 이런 말씀을 할 때 온 집안의 분위기가 어떠했을까? 맏아들의 거부적 태도는 온 집안의 기쁜 마음을 흩어 놓기에 충분했을 것이다.

"내가, 내게는"(29절). 29절에 자신을 가리키는 '나'라는 말이 네 번씩이나 언급되어 있다. 이것은 그가 얼마나 자기중심적인가를 보여 준다. 맏아들은 부지런하고 책임감이 강하며 효성이 있는 것 같지만 그 효성의 동기는 철저히 자기중심적이다. '나' 잘되기 위한 것이다. 자기 욕심을 채우기 위해 아버지에게 효성을 다한 것이다. 이것은 아버지를 자신의 욕심에 이용한 것에 불과하다. 자기 욕심 다 채우면서 자기 할 일 다 했다고 하는 우리가 아닌지 살펴봐야 한다.

비기독교인들은 기독교인들을 가리켜 "이기적이고, 사랑이 없으며, 행동보다 말이 많다."고 말한다. 이것은 그리스도인들이 그동안 얼마나 자신만을 위해 살아왔는가를 보여 준다. 교회는 모이는 교회만이 아니다. 흩어지는 교회가 되어야 한다. 가정, 직장으로 흩어져 사랑을 전해야 한다. 믿는 남이 안 믿는 친척보다 낮다는 소리를 들어야 한다.

"내가 아버지를 섬겨 명을 어김이 없거늘"(29절) 우월의식이 컸음을 보여 준다. 그는 자신에 대해 과대평가하고 있다. 아버지의 명을 어긴 적이 없다(복종하며 살았다). 머슴처럼 뼈 빠지게 일하며 살았다(충성). 그는 자신이 부모를 위해 희생하며 살았다는 것만 강조한다. 지금 이 아들의 태도는 복종적인 태도가 아니다. 그저 자기의 의에 충만해 있다. 아버지의 심정은 헤아리지도 않았으며, 아버지에 대한 감사도 없고, 은혜를 기억하지 않았다. 사단은 이 아들로 하여금 자신이 고생한 것만 기억하게 만들어 상처받게 만들었다. 이것은 바리새인들의 태도를 나타낸다. 그들은 교만했다. '섬긴다'는 말은 희랍어로 '둘레오'(duleo)로 종처럼 섬긴다는 것을 의미한다. 이 종은 생사권과 소유권도 없이 전폭적으로 주인에게 자신의 삶을 맡기고 충성했음을 말한다.

지금 맏아들인 바리새인들은 이러한 삶을 살아왔노라고 파렴치하게 거짓말을 하고 있다. 왜냐하면 그들은 주인의 뜻이 아니라 자기의 뜻을 위해 살아왔기 때문이다. 자기들이 율법을 철저히 지켰으니 자기들에게만 복을 줘야지 다른 사람에게 줘서는 안 된다는 것과 같다. 맏아들의 순종이 보상을 노린 기복행위였음이 드러난다.

'명을 어김이 없었다.'는 것은 율법은 물론 장로의 유전까지 철저히 다 지킨 완전한 사람이라는 것을 강조한다. 바리새인들은 하나님의 율법을 어긴 일이 없다며 자신의 신앙에 자만심을 나타냈다.

그들의 율법준수는 참마음이나 온 정성이 담긴 것이라기보다 형식적이고 의식적인 것이었다. 그 속에는 회개나 상한 마음이 없었다. 의식의 준행으로 모든 것을 다한 것으로 착각하고 있는 것이다. 우리도 교회에 정규적으로 출석하거나 연보를 드린 것으로 교인으로서의 의무를 다했다고 착각해서는 안 된다. 그들이 죄인에 대해 관심이 없었던 것처럼 우리도 소외당한 자에 대한 관심이 없이 자신의 믿음만을 과대평가하며 살고 있지 않는지 돌아봐야 한다.

"염소새끼라도 주어 나와 내 벗으로 즐기게 한 일이 없더니"(29절) 불공평한 대우, 피해의식을 나타내는 말이다. 맏아들은 자신이 공평하게 대우받지 못했다는 피해의식이 컸다. 그래서 그럴 수 있느냐고 말하는 것이다. 자존심이 크게 상한 것이다. 맏아들은 아버지나 형제보다 물질이나 선물에 더 관심이 많았다. 바리새인의 특징은 감사보다 간구가 더 많았다. 이것은 아버지의 사랑에 대한 인식이 얼마나 부족한가를 보여 준다. 그는 아버지와 함께 있고, 함께 살고 있는 자신이 얼마나 크게 축복을 받은 것인가를 인식하지 못했다. 그는 모든 것을 물질적인 것으로 계산하려 들었다.

"아버지의 살림을 창기와 함께 먹어 버린 이 아들이 돌아오매 이를 위하여 살진 송아지를 잡으셨나이다."(30절) 맏아들로 봐서는 마음 상한 일임이 틀림없다. 그러니 아버지와 동생에 대해 불평, 불만을 늘어놓을 수밖에 없다. 그러나 그는 좀처럼 아버지와 동생의 위치에서 보지 않았다. 우선 동생을 가리켜 동생이라 하지 않고 '이 아들'이라고 말한다. 영어 성경에 보면 '당신의 아들'(your son)이라 말한다. 이것은 그를 동생으로 보지 않았음을 나타낸다. 그만큼 사랑이 없는 것이다. '이 아들'이라 말한 것은 동생에 대한 형의 경멸조의 언어, 차디찬 태도를 보여 준다. 바리새인들은 죄인들을 철저히 무시하고 사람 취급도 하지 않았다. 그들은 아버지(수직적)를 모시고 살며 그분에 대한 관심은 있었지만 형제(수평적)에 대한 관심은 없었다. 따라서 그는 동생을 위해 살진 송아지를 잡은 것, 곧 예수님이 죄인을 구원시키는 일을 이해하지 못했다.

맏아들은 동생의 잘못만 보았지 그가 회개하고 새사람이 되어 돌아온 것을 알려 하지 않았다. 그리곤 계속해서 외친다. "그는 아버지의 살림을 창기와 함께 먹어 버린 사람이 아닙니까?" "그는 하나님의 말씀을 외면하고 죄를 먹고 마시며 산 사람이 아닙니까?" 큰아들은 남을 정죄함으로써 자신의 의를 드러내고 있다. 하나님의 자리에 서서 남을 비판하고 있다. 자신은 아무 잘못이 없다는 것이다. 돌아온 탕자만 있는 것이 아니라 집안에도 탕자가 있었다. 집안의 탕자는 사랑도 없고 마음이 떠난 탕자이다.

동생이 회개하고 돌아온 것을 알았을 때 제대로 된 형이라면 동생의 목을 안고 함께 울며 기뻐해야 했다. 용서하고 따뜻하게 맞아야 했다. 아버지의 심정을 더 알았다면 "그 먼 나라로 가서 동생을 찾아오겠습니다."라고 말해야 하지 않았을까.

그러나 지금 그는 끝까지 동생의 잘못만 기억하고 그것을 물고 늘어지며 아버지에게 따지고 있다. 동생이 집에 돌아와 함께 나누는 것을 거부하고 있다. 아버지에 대한 이해도 없었고, 목자의 심정도 가지지 않았다.

주님은 죄인이 회개하고 오면 따지지 않고 용서하신다. 그런데 우리가 오히려 그들의 옛 과거, 지난 잘못, 과거경력을 묻고 따지고 그것 때문에 용서하지 않으려 하지 않는가? 입만 열면 사랑의 실천을 말하면서 사랑을 말로만 실천하고 있지는 않는가?

아버지의 설득

"애 너는 항상 나와 함께 있으니 내 것이 다 네 것이로되"(31절) 31절과 32절에 나타낸 맏아들에 대한 아버지의 권면은 매우 자상하고 설득력이 있다. 사랑스러운 권면이다. '내 것이 다 네 것이다.'는 말은 '다 네 것인데 송아지 한 마리가 뭐 그리 대단한 것이냐'며 다독인다. 달라 했으면 주지 않았겠느냐. 달라 하지 않아서 그런 것이지. 하나님 아버지는 맏아들도 그만큼 사랑하셨다.

아버지는 "네 동생"(32절)이라고 말함으로써 그를 사랑해야 할 존재로 부각시켰다. 죽은 네 동생이 살아 돌아왔는데 기쁘지 않느냐며 형제들이 사랑하며 화목하게 지낼 것을 바라는 부모의 심정을 나타내고 있다. 이 말씀은 바리새인의 회개를 촉구하고 그들도 천국잔치에 함께 참여하도록 권고하는 사랑의 말씀이다. 이 자리에서 회개하고 돌아와야 할 사람은 분명 맏아들임을 보여 준다. 우리들에게도 나 중심의 맏아들 끼가 있다. 나의 나 된 것은 주님의 은혜라는 존재인식을 하지 못하고 물질을 존재개념과 일치시킴으로써 동생을 위해 베푼 아버지의 사랑을 이해하지 못하고 분노하고 있다.

"기뻐하는 것이 마땅하니라."(32절) 맏아들은 한 지붕 아래 살면서 아버지의 심정을 헤아리지 못했다. 우리도 믿는다 하면서 교회 안에서 주님의 심정을 전혀 헤아리지 못하고 질시하며 신앙생활을 하고나 있지 않는지 자신을 돌아봐야 한다. 아버지는 "네 동생은 죽었다가 살았음 내가 잃었다가 얻었기로 우리가 즐거워하고 기뻐하는 것이 마땅하니라."고 말한다. 하나님은 잃어버린 영혼을 귀하게 여기신다. 천사들도 한 영혼의 구원을 기뻐한다.

주님은 지금도 죄인의 회개를 기다리시고 그 회개를 기뻐하신다. '잃었다가 얻었다.'는 것은 'lost and found'이다. 주님은 죄 없는 의인보다 죄인을 회개시키고 구원을 주시기 위해 이 땅에 오셨다. 주님의 관심은 죄인들의 회개이다. 맏아들은 이것을 이해해야 했다.

바리새인들은 아버지께서 왜 그렇게 기뻐하시는지 알지 못했다. 심지어 그 기쁨에 대해 오해했다. 그들이 만일 아버지와 함께 이 모든 일을 충분히 이해하고 함께 기뻐했다면 주님으로부터 인정을 받았을 것이다.

예수님께서 왜 그토록 바리새인의 허구를 드러내고 그들의 외식과 교만을 치셨는가? 그것은 주님이 그들을 그만큼 사랑하셨기 때문이다. 주님은 작은아들뿐 아니라 큰아들도 똑같이 사랑해 주시는 분이다. 주님은 우리 모두가 죄인인 것을 아시고 회개하고 다 함께 주의 백성이 될 것을 바라신다. 만일 교회 안에 형제에 대해 완악한 성도가 있다면 그들이 바로 교회 안에서 선교가 필요한 사람들이다. 아직도 아버지의 사랑을 이해하지 못하고 있다면 이 주님의 말씀을 통해 우리의 완고한 심령을 깨뜨려야 한다.

이 비유는 큰아들이 집 밖에 있는 것으로 끝을 맺었다. 그 아들이 아버지의 말을 들었는지는 알 수 없다. 중요한 것은 우리다. 우리 각자가 이러한 상황에 처했을 때 아버지의 마음을 이해하고 돌아설지, 계속 고집을 피우며 집으로 들어가지 않을지 선택해야 한다. 주님은 우리로 하여금 바른 선택을 하라 하신다. 그대여, 아버지의 마음으로 돌아가라.

제5장 천국의 제자 된 서기관마다

마태복음 13장 52절에서 예수님은 이렇게 말씀하신다. "그러므로 천국의 제자 된 서기관마다 마치 새것과 옛것을 그 곳간에서 내오는 집주인과 같으니라." 이 말씀을 가리켜 '새것과 옛것의 비유'라 한다. 공동번역은 더 자세히 설명하고 있다. "예수께서는 이렇게 말씀을 맺으셨다. '그러므로 하늘나라의 교육을 받은 율법학자는 마치 자기 곳간에서 새것도 꺼내고 옛것도 꺼내는 집주인과 같다.'" 비유의 결론으로 이 말씀을 하셨다는 것이다. 우리는 여기서 천국의 제자 된 서기관이란 무엇이고, 새것과 옛것은 과연 무엇인지 의문을 가지지 않을 수 없다.

마태복음 13장에는 여러 비유가 소개되어 있다. 씨 뿌리는 비유, 가라지 비유, 겨자씨 비유, 누룩 비유, 감 추인 보화 비유, 값진 진주 비유, 그물 비유, 그리고 새것과 옛것 비유이다. 새것과 옛것의 비유는 여러 비유 가운데 하나이다. 이 비유들은 모두 천국의 모습과 속성을 다양하게 보여 주고 있다.

예수님은 여러 비유를 들어 말씀하신 다음 "이 모든 것을 깨달았느냐?"(마13:51) 물으셨다. 이 모든 것이란 천국이 얼마나 값진 것인가를 보여 주는 것이다.

- 그 나라는 다른 모든 소유보다 귀할 만큼(보화와 진주의 비유) 비교불가의 절대적이고 무한한 가치를 지니고 있다. 그 나라는 심판 때 판가름 난다.
- 이 세상에서는 선과 악이 혼합되어 있어 구별이 어렵다(가라지 비유와 그물 비유). 하지만 종말 때는 확연히 구별되고 분리된다.

- 그 나라는 미미하게 시작되는 것 같지만 엄청난 영향력을 가지고 성장하고 확장된다(겨자씨 비유와 누룩 비유). 작은 시작(전도)이 엄청난 결과(구원)를 가져온다.
- 옥토에 떨어진 씨, 곧 하나님의 말씀을 듣고 깨달은 자는 그 말씀을 실행에 옮겨 영적으로 성장하고 믿음의 결실을 얻는다(씨 뿌리는 비유).

제자들은 모두 "그러하오이다."(Yes, we do), 곧 "잘 깨달았습니다."라 대답했다. 그 다음 주님은 그들에게 새것과 옛것의 비유를 주셨다. 깨달았으면 새것과 옛것 모두를 아우르며 준비하라는 것이다.

천국의 제자 된 서기관마다

그러면 '천국의 제자 된 서기관마다'란 무슨 뜻인가? 서기관은 모세의 율법과 구약, 유전을 옮기고 가르치고 해석하는 사람들이다. 구약에 통달한 자, 곧 율법학자를 가리킨다. 그들은 예수님으로부터 통렬히 비난을 받은 사람들이다. 그런데 왜 여기서 '천국의 제자 된 서기관'이라는 어울리지 않는 형용사가 붙은 것일까. 이것에 대한 해석이 매우 중요하다. 우선 여러 역본에서 어떻게 이 부분을 그려 내는지 살펴보자.

King James Version
"every scribe which is instructed unto the kingdom of heaven."
(하늘나라에 대해서 가르침을 받고 깨달은 서기관은 누구나)

Revised Standard Version
"every scribe who has been trained for the kingdom of heaven."

(하늘나라를 위해 지금까지 훈련을 받아온 서기관은 누구나)

Living New Testament
"those experts in Jewish law who are now my disciples."
(이제는 나의 제자가 된 율법 전문가들)
(유대 법에 능통하지만 이제는 나의 제자가 된 사람들)

Amplified Version
"every teacher and interpreter of the sacred writings who has been instructed and trained for the kingdom of heaven and become a disciple."
(하늘나라를 위해 가르침과 훈련을 받아 이제는 그리스도의 제자가 되어 있는 성경교사와 해석자는 누구나)

우리는 여기서 이 서기관이 일반적으로 우리가 아는 서기관과는 성격이 다름을 알 수 있다. 쉽게 옛 서기관과 새 서기관으로 구별된다. 옛 서기관은 예수님 당시 유대 서기관을 가리키고, 새 서기관은 예수님의 제자들을 가리킨다. 이 둘의 성격은 다음과 같이 구별된다.

옛 서기관과 새 서기관

옛 서기관과 새 서기관		
	옛 서기관	새 서기관
구분	예수님 당시 유대 서기관	예수님의 제자들
율법	모세 율법과 조상들의 유전을 통달 가르치고 해석 외식으로 흘러(형식화)	모세 율법과 구약을 알고 있음
천국의 비밀	천국에 대해서는 모름	예수님이 가르치신 천국을 잘 알고 있음
예수그리스도	예수에 대해 잘 모름	예수에 대해 잘 앎
하나님의 말씀	전통만 고수	예수님의 새로운 가르침을 받아들임
제자	모세의 제자로만 머무름	예수 그리스도의 제자가 됨

이로 미루어 천국의 제자 된 기관은 다음과 같은 의미를 담고 있음을 알 수 있다.

첫째, 서기관이다. 서기관은 모세율법과 구약에 대해 전문성을 가진 사람이다. 여기서 서기관은 꼭 유대 서기관을 지칭하는 것은 아니다. 하나님의 말씀을 잘 아는 자를 의미한다. 구약은 예수 그리스도에 대해 예언하고 있다. 서기관은 사실 이 예언의 말씀을 잘 해석하고 가르쳐야 할 책임이 있다.

둘째, 천국의 제자 된 자다. 이것은 예수 그리스도의 제자 된 자를 말한다. 사실 이것이 중요하다. 예수의 제자는 예수 그리스도의 말씀을 잘 듣고 가르치고 순종하는 자이다. 이 말씀은 천국복음의 말씀이다.

예수님이 이 땅에서 하신 일은 크게 세 가지로 요약된다. 그것은 말씀의 선포(proclamation), 가르치심(teaching), 그리고 치유(healing)이다. 예수님의 선포는 "회개하라. 천국이 가까웠다."라는 외침 속에서 쉽게 찾을 수 있다. 그분의 가르치심은 천국복음과 하늘나라의 삶에 집중된다. 이를 통해서 우리는 어떻게 살아야 하는가를 알 수 있다. 이 말씀을 통해서 영적 자유와 해방을 얻을 수 있다. 그리고 치유는 육적 자유와 해방을 얻게 하셨다. 이것은 하나님이 자기 백성을 영육 간에 돌보신다는 것을 알 수 있다. 예수님은 참자유와 해방을 주시는 자이다. 병을 고치시면서도 "내 죄가 사하여졌느니라." 말씀하심으로 육적인 해방과 영적인 해방을 동시에 주셨다.

천국의 제자 된 서기관은 구약과 신약, 곧 하나님의 말씀을 잘 아는 자요 율법에만 묶이지 않고 하나님이 주신 율례와 함께 예수 그리스도를 함께 소유한 자이다. '천국의 제자 된 서기관'은 우리 안에 예수 그리스도를 모신 하나님의 참백성이다.

마치 새것과 옛것을 그 곳간에서 내오는 집주인과 같다

"마치 새것과 옛것을 그 곳간에서 내오는 집주인과 같다."는 말씀은 이것이 비유임을 드러낸다.

1) 집주인과 같다

여기서 집주인은 천국의 제자 된 서기관, 곧 그리스도의 제자를 말한다. 집주인(householder)은 어떤 특색을 가지는가? 집에 있는 것을 마음대로 할 수 있다. 그는 주인이기 때문에 어떤 사람으로부터 구속을 받지 않는다. 한마디로 자유인이다. 집주인은 집안의 모든 것을 잘 안다. 집안에 무엇이 있고 없는 것을 안다. 물으면 막힘이 없다. 그리스도의 제자들은 천국을 잘 알 뿐 아니라 그 나라를 소유한 백성이다.

집주인은 예수님을 잘 알 뿐 아니라 예수님도 그를 잘 아는 자이다. 예수 그리스도가 내 안에, 내가 예수 그리스도 안에 있는 자이다. 이 집주인은 예수 그리스도를 잘 알고, 그 나라의 비밀도 잘 알고 있다. 그래서 예수 그리스도께서 바라는 대로 잘할 수 있다.

집주인은 선한 청지기가 되어야 한다. 청지기는 나의 것은 나의 것이 아니라 하나님의 것임을 잘 인식하고 있다. 내 것이 아니라 하나님의 것이요, 내 재산이 아니라 하나님의 재산이며, 내 자식이 아니라 하나님의 자녀이다. 하나님의 청지기는 이런 인식이 필요하다.

2) 곳간에서 내오는 사람 같다

곳간은 자기곳간(his storehouse)으로, 자기가 중요하다고 생각되는 것이 있는 곳이다. 곳간은 귀중한 것을 간직하는 곳이다. 우리 몸도, 마음도 귀중한 것을 담는 곳이다. 더러운 것이나 이 세상적인 것이 아니라 하나님의 것, 주님의 것이 귀중한 것이다. 그래서 성경은 우리 몸을 주님의 전이라 하였다. 우리의 마음은 하나님의 마음을 품고 예수 그리스도의 마음을 배우는 곳이다. 하나님을 아는 것이 지혜의 근본이다.

3) 새것과 옛것을 내오는 사람과 같다

새것과 옛것은 한마디로 보화다. 여러 역본에서는 그의 보화(his treasure), 보물(treasure things), 두 보화(double treasure) 등으로 표현하였다. 두 가지 모두 보화라는 말이다.

새것은 무엇일까? 새로운 것(what is new), 신선한 것(fresh), 새보화(new treasure) 등 여러 말로 표현되지만 리빙 바이블은 신약(New Testament)이라 말한다. 신약은 예수님께서 새롭게 가르쳐 주신 보화로 지금까지 잘 알지 못한 천국의 비밀을 담고 있다. 신약은 새롭고 신선할 뿐 아니라 생명력이 있다.

옛것은 무엇인가? 오래된 것(what is old), 친숙한 것(familiar), 오래된 보화(old treasure)로 표현한 것도 있지만 리빙 바이블은 구약(Old Testament)이라 말한다. 구약은 율법, 유전, 유대 전통을 통해서 지금까지 친숙하게 잘 알고 있던 보화다.

옛것이 왜 보화인가? 다시 말하면 구약이 왜 중요한가? 구약은 우리 조상 뿐 아니라 현대를 살아가는 우리에게도 길을 가르쳐 주고 있다는 점에서 귀중한 보화다. 누구를 믿어야 하고, 어떻게 살아야 하는가를 보여 준다. 구약은 우리로 하여금 죄(부정적 삶)에서 '떠나라' 명령하고 있다. 그래서 구약을 가리켜 '떠나라'(가라) 복음(go gospel)이라 한다. 하나님은 아브라함을 향해 "네 본토 친척집(우상을 섬기던 집)을 떠나라." 하셨다. 또한 모세를 향해 "애굽에서 떠나라." 하셨다. 십계명을 주시며 우상을 섬기지 말고 오직 주 여호와를 섬겨라, 안식일을 거룩히 지키라 하셨다. 본토 친척집이나 애굽은 하나님의 눈에서 볼 때 우리가 떠나야 할 세상이다.

구약은 '옛 계약'이라는 뜻을 가지고 있다. 아브라함, 모세, 다윗 등 여러 믿음의 조상들에게 주신 언약의 말씀이다. 그 약속이 신실하게 실행되기 위해서는 우리가 인간이 만든 우상이 아니라 하나님만을 신뢰하고, 그분이 보내실 메시아(그리스도)를 소망해야 한다. 그 신뢰가 믿음이다. 하나님은 우리로 하여금 인간이 만든 허상에 매달리지 않기를 바라신다. 오실 메시아를 고대하며 믿음을 지키면 하늘의 복을 주고 창대케 하리라 약속하신다. 하나님은 고난 가운데서도 이 믿음을 지키는 자, 곧 남은 자(remnant)를 귀히 보신다. 율법은 믿음의 순수성을 지키기 위해 하나님이 주신 계율이다. 그러나 바리새인, 서기관, 모세의 제자들은 회개와 통회 자복 없이 외형적인 법 준수를 강조한 나머지 순수성을 잃었다. 그렇다고 해서 율법이 나쁘거나 폐기된 것은 아니다. 하나님이 우리에게 주신 것이므로 귀한 것이다.

그러면 새것은 왜 보화인가? 다시 말하면 신약이 왜 중요한가?

첫째, 율법을 주었어도 바로 지키지 못하고 선지자들을 보내었어도 회개하지 못하는 인생들에게 하나님께서 먼저 직접 사랑을 보이셨음을 보여 주기 때문이다. 하나님은 이스라엘의 회개를 위해 선지자들을 보냈다. 그러나 그들은 선지자들을 구박하고 채찍질하며 심지어 죽이기까지 했다. 예수님의 비유에서처럼 품꾼들이 주인이 보낸 종들을 죽이고, 급기야 주인의 아들까지 죽인다. 인간은 이처럼 악하다. 이런 줄 알면서도 하나님은 독생자 예수를 이 땅에 보내 십자가에서 죽기까지 참으심으로 우리를 향한 그분의 다함없는 사랑을 보이셨다. 우리가 하나님을 먼저 사랑한 것이 아니라 하나님이 우리를 먼저 사랑하셨다.

둘째, 그 예수님이 천국의 비밀을 가르쳐 주시고 우리로 하여금 하늘나라의 시민, 곧 하나님의 자녀가 되게 하셨기 때문이다. 예수님은 제자들을 향해 "나를 따르라." 하셨다. 그래서 신약은 구약과 달리 '오라' 복음(come gospel)이다. 주님은 "나를 말미암지 않고서는 영생(천국의 삶)을 얻지 못하리라(아버지께로 올 자가 없으리라.)." 하시고, 그를 따르는 사람들로 하여금 거듭난 삶을 살게 하였다. 이 삶이 바로 신앙의 삶이요 영생(천국)의 삶이다.

셋째, 십자가 위에서 우리를 위해 죽으심으로 대신 우리의 죗값을 지불했기 때문이다. 그의 죽으심은 사랑의 극치로 단번에 모두(once for all) 죄를 속죄하셨다. 그 주님이 부활의 첫 열매가 되시고, 재림의 약속을 주심으로 우리에게 새 소망을 갖게 하셨다. 이것이 바로 신약이다. 신약은 예수 그리스도께서 모든 믿는 자들에게 주신 새로운 약속이다.

예수 그리스도의 제자는 두 보화를 곳간에서 내오는 사람이다. 구약, 곧 우리를 구속하기 위해 오실 메시아에 대한 소망을 믿는 자요 구약의 예언이 신약에서 성취되었음을 믿는 사람들이다. 그리고 다시 오실 예수 그리스도를 바라보며 이 땅에서 하나님 나라의 비밀스러운 삶을 살아가는 사람들이다. 그리스도의 사람은 주님이 주신 생명의 씨앗을 간직한 사람들이다. 하늘나라의 백성은 이 두 보화가 지닌 의미와 가치를 익히 알고 전파하며 주님이 요구하시는 삶을 통해 이 땅을 변화시켜 나가야 한다. 이런 사람이 바로 '천국의 제자 된 서기관'이다.

그리스도인은 무엇인가? 예수 그리스도의 제자, 곧 천국의 제자들이다. 그리스도인은 예수님의 말씀대로 이 땅에서도 천국의 삶을 사는 사람이 되어야 한다. 그래야 "뜻이 하늘에서 이룬 것같이 땅에서도 이루어지이다."는 주기도문이 성취될 수 있다.

주님의 제자는 하나님의 말씀을 잘 이해해야 한다. 이를 위해서 두 보화, 곧 구약과 신약은 필수다. 옛것인 구약이 예수님에 대한 예언이라면 새것인 신약은 구약의 성취이자 다시 오실 주님에 대한 약속이 담겨 있다. 미래에 대한 소망이 주님께 있음을 보여 준다. 천국의 비밀은 옛것을 버리지 않고 새것이 옛것을 완성해 나가는 데 있다. 새것은 옛것과 상관없이 이루어진 것이 아니다. 우리가 구약을 많이 봐야 할 이유가 여기에 있다.

그리스도인은 '천국의 제자 된 서기관' 곧 주님의 서기관이 되어야 한다. 서기관은 말씀을 깊이 연구하는 사람이다. 주님의 서기관은 말씀을 연구하고 깨달을 뿐 아니라 언제 어디서나 그 말씀을 곳간에서 내와 먹이고 배불리게 할 책임이 있다. 우리는 부족해서 하나님의 모든 일을 알 수 없다. 그러나 하나님의 말씀인 성경을 통해서, 그리고 성령의 조명을 통해 그 말씀에 가까이 갈 수 있다. 주님이 우리의 영안을 뜨게 해 주셔야 이 모든 것이 가능하다. 주님은 물으신다. "이 모든 것을 깨달았느냐?" 제자들은 "예, 그렇습니다." 자신 있게 대답했다. 예수 그리스도의 제자 된 우리도 "주님, 잘 깨달았습니다."라고 자신 있게 대답할 수 있어야 하겠다.

제8부

예수의 마지막과 십자가

제1장 섬기는 자가 큰 자

고난 주간 제5일 목요일 저녁 때, 곧 잡히시기 전날 밤 유월절 음식을 먹기 위해 자리에 앉았다. 이 자리는 최후의 만찬으로 예수님의 피와 살을 나누는 엄숙한 예식, 곧 성찬예식을 세우신 바로 그 만찬이 있던 자리였다.

그때 제자들 사이에 서로 높은 자리에 앉으려는 자리다툼이 일기 시작했다. 유월절은 유대인에게 있어서 가장 큰 절기이다. 바로 그 유월절 자리에서 누가 예수님 곁에 앉느냐 하는 것이 제자들 사이에 큰 관심거리였다. 예수님 곁에 앉는 것이 곧 큰 자가 되는 것으로 착각한 것이다. 그들 사이에 일종의 주도권 싸움이 있었던 것으로 보인다. 이 과정에서 예수님은 참으로 큰 자는 섬기는 자라는 유명한 말씀을 하셨다. 이 과정을 누가복음 22장 24절에서 30절을 통해 살펴보기로 한다.

예수님을 이해하지 못한 제자들

'누가 크냐?'는 싸움은 그들이 얼마만큼 예수님을 이해하지 못하고 있는가를 보여 준다(24절). 제자들은 무엇보다 예수님이 예루살렘에 입성하셔서 큰일을 하실 것을 기대했다. 그것은 예수님이 세상 나라를 주관하시고 임금이 될 것이라는 기대이다. 그러므로 오늘 밤 저녁 식사 때 유월절 음식 자리에서 예수님 곁에 앉는 것은 그들에게 있어서 무엇보다 중요했다. 그들은 예수님이 늘 말씀하시던 '그 나라' 개념을 세상적으로 해석했다. 예수님이 메시아 왕으로서 예루살렘에 다윗의 왕국을 재건하고 세상을 다스릴 것으로 잘못 생각한 것이다. 세상적인 욕심에 가득 찬 이기적인 제자들. 3년을 따라다녔으면서도 아직도 주님을 바로 이해하지 못하고 있는 제자들만 나무랄 수는 없다. 몇십 년 동안 주님을 믿노라 하면서도 아직도 기복신앙을 벗어나지 못한 우리들 아닌가.

'누가 크냐?'는 싸움은 한마디로 이렇게 잘못 생각한 '그의 나라'에서 서로가 더 높은 자리를 차지하기 위한 욕망의 싸움이었다. 성경은 '다툼이 난지라'라 기록하고 있다. 이는 '다투기를 좋아한다.'는 것으로 욕망의 다툼이 한두 번이 아님을 알 수 있다. 예를 들어 변화산 사건 후 가버나움으로 돌아가는 도중에서도 서로 '누가 크냐?' 쟁론한 적이 있었다(막9:34). 또한 야고보와 요한의 형제 어머니가 두 아들을 데리고 와서 주의 나라에서 자신의 두 아들을 주님의 좌우에 앉게 해 달라고 공공연하게 청탁하기도 했다(마 20:20).

이 자리다툼의 결과 가룟 유다와 요한이 예수님 좌우편에 앉았고, 베드로는 말석에 앉았을 것으로 보는 사람도 있다. 가룟 유다는 제자들 가운데 가장 교육을 많이 받았고, 계산이 빨라 회계를 맡은 인물이다. 요한이 '주님을 팔자가 누구인가'를 물었을 때 요한은 주님의 품에 의지하여 누운 것으로 보아 알 수 있고, 이에 대해 예수님이 대답하실 때 떡 한 조각을 찍어 가룟 유다에 준 것을 보아 아주 가까운 거리에 있었을 것으로 보는 것이다. 베드로가 말석에 앉은 것으로 보는 것은 베드로가 요한을 보고 머릿짓한 것, 그리고 예수님이 제자들의 발을 씻으실 때 맨 끝으로 된 것을 보아 추정한 것이다.

제자들에 대한 예수님의 실망이 매우 크셨을 터인데도 예수님은 끝까지 참고 그들을 교훈하고 가르치셨다. 이미 여러 차례 자신이 고난을 받고 죽임을 당하게 될 것을 말하지 않았는가. 이 길이 마지막 가는 길임에도 제자들은 아직도 그 심각성을 깨닫지 못하고 있다니. 그러나 주님은 사랑이시다. 세상에 있는 자기 사람들을 사랑하시되 끝까지 사랑하셨다(요13:1). 그들의 다툼이 잘못된 것이며, 세상 나라와 하나님 나라는 그 성격부터 완전히 다르다는 것을 교훈할 필요가 있었다.

하나님 나라에서는 섬기는 자가 큰 자

세상 나라에서는 섬김을 받는 자를 큰 자로 여긴다. 25절을 보자. "이방인의 임금들은 저희를 주관하며 그 집권자들은 은인이라 칭함을 받으나." 이방인은 세상 나라를 상징하며, 그 임금과 집권자들은 이 세상에서 권력을 잡아 가장 높은 자로 칭송을 받는 자들이다. 그들은 남을 종으로 지배한다. 폭군이 되어 밑에 있는 사람을 마구 부리고 다스린다. 그럼에도 불구하고 그들에게 은인이라는 칭호가 붙여진다. 은인이란 원래 '좋은 일을 한 사람'이라는 뜻인데 이것이 공로자나 각하 등으로 변질되었다. 집권자일수록, 폭군일수록 칭송받기를 더 좋아한다. 선행비, 공덕비, 개선비까지 세워 자기를 영원히 나타내려 한다. 압살롬은 세울 비가 없자 아들이 없어 한탄하는 비까지 세웠다.

나아가 세상은 '큰 자'(26절), '두목'(26절)을 크다 한다. 큰 자란 가장 높은 사람으로, 지위가 높은 것을 나타낸다. 또한 앉아서 먹는 자(27절)를 크다 한다. 앉아서 먹는 자는 주인, 큰 자, 높은 자로 불린다.

그러나 하나님 나라에서는 섬기는 자가 큰 자이다. 26절에서 예수님은 단호히 말씀하신다. "너희는 그렇지 않을지니"(26절) 26절뿐 아니라 28절, 29절, 30절에서 '너희는'이라 하심으로써 하나님 나라의 백성인 너희는 달라야 한다는 것을 강조하셨다.

26절을 보자. "너희 중에 큰 자는 젊은 자와 같고 두목은 섬기는 자와 같을지니라." 여기서 젊은 자는 '가장 낮은 자'를 의미한다. 겸손한 자, 스스로 낮추는 자가 큰 자라는 것이다. 누가 큰 자이고 누가 두목인가? 겸손한 자, 남을 존경하고 섬길 줄 아는 자, 마음이 가난한 자다. 그들이 바로 위대한 자다. 우리는 이러한 인물을 가장 존경하고 가장 두려워해야 한다.

27절은 큰 자는 '앉아서 먹는 자가 아니라 섬기는 자'임을 분명히 했다. 하나님 나라에서 필요한 인물은 섬기는 자이다. 목에 힘주는 자, 자기중심적인 자, 자기만을 내세우는 자, 앉아서 알아주기를 바라는 자, 자기 체면을 가장 중시하는 자가 아니다. 다른 사람을 위해 자신을 헌신하는 자, 자신을 종으로 자처하는 자이다. 훗날 바울을 비롯해 많은 사도들이 자신을 그리스도의 종으로 자처하고 헌신하지 않았는가. 섬김과 봉사는 하나님 나라의 백성이 취해야 할 가장 기본적인 태도이다. 이름도 없이, 빛도 없이 주를 위해 봉사하는 사람이 아름답다.

나는 섬기러 왔노라

27절에서 예수님은 폭탄과 같은 선언을 하신다. "나는 섬기는 자로 너희 중에 있노라." 예수님이 두목이나 권력자가 아니며 큰 자나 앉아서 먹는 자가 되기 위해 이 세상에 오신 것이 아니라는 말씀이다. 주님은 가장 낮은 자인 죄인을 위해 오셨고, 가난한 자·고아·병든 자·억눌린 자를 해방하고 그들과 함께하기 위해 오셨다.

요한복음 13장에 따르면 예수님은 그 본을 보여 주시기 위해 제자들의 발을 씻으셨다. 그러자 베드로가 묻는다. "주여, 주께서 내 발을 씻기시나이까?"(요13:6) 발 씻기는 일은 종들이나 하는 일인데 어찌 선생이신 주님이 제자들의 발을 씻기려는가 하는 것이다. 하지만 다 옷까지 벗으신 다음 열심히 제자들의 발을 씻기셨다. 그 다음 옷을 입으시고 말씀하셨다."너희가 나를 선생이라 하느냐 주라고 하느냐. 선생인 내가, 주 된 내가 너희 발을 씻겼으니 너희도 서로 발을 씻기는 것이 옳으니라. 내가 너희에게 행한 것같이 너희도 행하라."(요13:14, 15)

서로 잘났다 우기지 말고 서로 발을 씻기라. 서로 존중하고 좋게 말하고 섬기라는 것이다. 우리도 서로 발을 씻겨야 할 그리스도인이다.

너희도 섬기는 사람이 돼라

28절에서 30절은 섬기는 사람이 되라는 말씀이 주를 이루고 있다. 예수님은 우선 우리의 정체성을 확고히 하셨다. '너희는 누구냐?' 그리스도인은 섬기는 자라는 사실이다. 28절은 제자들을 가리켜 "나의 모든 시험 중에 항상 나와 함께한 자들"이라 했다. 이것은 주님의 고난에 참여한 자들이라는 뜻이다. 고난에 참여한 자들은 섬김을 받는 사람이 아니라 섬기는 사람이다. 어떠한 경우에도 변함없이 주님의 길을 가는 사람들이다. 이들은 자기 형편을 고려하지 않는다. 오직 섬김으로 주님의 본을 따른다.

섬김의 도를 다한 자에게 주님은 그의 나라를 맡기신다. 29절을 보자. "내 아버지께서 나라를 내게 맡기신 것같이 나도 너희에게 맡겨." 그러므로 너희는 주님의 나라를 맡아 이어 나갈 자, 주님의 나라에서 주의 백성으로서 영원히 살 자, 섬김의 본을 보이신 예수님을 따라 살아야 하는 자들이다. 우리가 완벽해서가 아니다. 우리는 너무 부족하지만 주님께서 그 섬김을 통해 축복받는 자로 만들겠다는 것이다.

섬김의 도를 다한 사람에게는 하나님 나라에서 상급을 받는다. 30절을 보자. "너희로 내 나라에 있어 내 상에서 먹고 마시며 보좌에 앉아 이스라엘 12지파를 다스려." 천국 잔칫상에 참예할 수 있고, 구원받은 새 이스라엘을 다스릴 자가 된다는 것이다. 미래의 축복을 약속하신 것이다.

우리는 지금 신앙생활을 한다 하면서도 서로 '누가 크냐', '나 아니면 안 된다.' 다투고 있지 않는가. 세상적인 삶의 태도를 교회 안으로 자꾸 끌어들이고 있지 않는가. 심지어 인간적이고, 세속적인 것을 통해 주님으로부터 인정받으려는 우를 범하고 있지는 않는가.

주님은 결코 내가 크다 하지 않으셨다. 오히려 하나님이신 예수님이 우리를 구원하시기 위해 자신을 낮추어 인간으로 오셨다. 그리고 십자가 위에서 피까지 흘리셨다.

제자들은 그것이 최후의 만찬인 줄도 모르고 세로 세력다툼, 자리다툼하기 바빴다. 제자들은 그것이 예수님의 마지막 발 씻기심인 줄도 몰랐다. 알았다면 그 밤은 눈물과 회개의 밤이 되어야 했다. 지금 우리도 애통하는 마음으로 우리의 발을 씻기신다는 것을 알지 못하고 있다. 우리도 얼마나 무지한가.

그럼에도 불구하고 주님은 지금 우리에게 말씀하고 자상하게 가르치신다. 진실로 큰 자는 섬기는 자다. 존경받고, 섬김 받고자 하는 사람보다 더 위대한 사람은 자기를 낮추고 겸손하게 남을 섬기는 사람이다. 진정 우리가 우러러 보아야 할 사람, 본받아야 할 사람은 누구인가. 자기를 낮추고 섬기는 사람이다.

제2장 예수님의 마지막 기도

요한복음 17장은 예수님이 잡히시기 전 마지막 기도를 자세히 소개하고 있다. 이 기도는 복음의 지성소, 대제사장의 기도, 그리고 가장 쉬운 말로 된 기도지만 가장 의미 있는 기도라는 별명이 붙어 있다. 이 기도는 하나님과 예수님의 대화 기록으로 이 세상에 계시면서 마지막 대화이다. 자신을 회고하는 내용과 자신을 위한 기도, 그리고 우리를 위한 기도 등 다양한 내용이 포함되어 있다.

예수님은 먼저 아버지의 때가 이르렀음을 말씀하셨다(1절). 아버지의 때는 십자가에 달려야 할 때를 의미한다. 주님이 십자가에 달리시기 전 드리는 공개적인 기도이기 때문에 주님의 마지막 기도에 속한다.

주님은 "아들을 영화롭게 하사 아들로 아버지를 영화롭게 하옵소서."(1절) 기도한다. 예수님의 최고의 소원은 하나님께 영광을 돌리는 것이었다. 우리의 삶의 목표도 하나님을 영화롭게 하는 것에 두어야 한다는 것을 가르쳐 준다.

'영화롭게'는 희랍어로 '독사조(doxazo)'이다. 이 말은 하나님이 기뻐하시는 일을 행함으로써 그의 영광을 드러내는 것을 의미한다. 영광, 영화를 나타내는 '독사'는 '본질이 드러난다'는 뜻을 가졌다. 십자가에서 하나님의 본질이 드러난다는 것이다. 십자가, 조소, 침뱉음, 피가 쏟아지고 살이 찢어질 때 하나님의 사랑이 드러난다.

십자가의 대속적인 죽음은 하나님을 영화롭게 하는 일이다. 세상의 눈으로 볼 때 십자가는 수치의 상징이다. 하지만 십자가의 죽음은 아가페의 극치이자 심판의 클라이맥스이다. 따라서 주님이 십자가에 달리고, 죽으실 때가 바로 영화롭게 되는 때이다. 우리의 죗값을 대신 지불하는 대속의 죽음은 얼마나 우리를 사랑하시는가를 보여 줌은 물론 우리의 죗값을 마땅히 지불해야 한다는 것을 보여 준다.

'아들을 영화롭게 하사'는 '그 십자가의 죽음을 바로 죽게 하옵소서.'라는 기도와 같다. 십자가의 고통이 아버지를 영화롭게 하는 일임을 아셨기 때문이다. 주님은 십자가의 고통을 영광스럽게 생각하셨다.

예수님은 아버지께서 아들에게 주신 모든 자에게 영생을 주게 하시려고 만민을 다스리는 권세를 아들에게 주셨음을 확고히 하셨다(2절). 영생은 문자적으로 죽지 않고 영원히 산다는 것을 의미한다. 하지만 예수님이 주시는 영생은 질적으로 다르다. 지옥의 영생은 저주이기 때문이다. 예수 그리스도를 통한 영생은 영혼, 기쁨, 만족, 찬양, 사랑, 살 만한 가치가 있다. 예수님은 영생을 "유일하신 참하나님과 그의 보내신 자 예수 그리스도를 아는 것"(3절)이라 하셨다. '안다'는 것은 '믿다'는 뜻을 가지고 있다. 하나님만이 참신이며 예수님이 그리스도임을 믿는 자는 구원을 받고 영생을 얻게 하신다. 주님의 음성을 듣는 자는 살아난다.

예수님은 기도에서 "아버지께서 내게 하라고 주신 일을 내가 이루었다."(4절) 하셨다. 하나님이 예수님으로 하라고 주신 일은 사람들로 하여금 영생을 얻게 하는 일이다. 사람들로 영생을 얻게 하는 일은 하나님을 영화롭게 하는 일에 해당한다. '하나님의 일을 다 마쳤다'는 것은 십자가 사건 이전의 일이므로, 진리를 제자들에게 넘겨 주는 일이다. 주님은 제자들을 훈련하고 가르쳤다. 복음을 받는 사람들이 영생을 얻도록. 이 복음을 세상에 퍼뜨리는 일을 하도록 한 것이다. 이것이 세상을 향한 하나님의 전략이다. 따라서 제자들이 할 일은 다른 사람에게 복음을 전하여 이를 통해 소망을 만민에게 주는 것이다. 우리도 제자를 만들어야 한다.

나아가 9절에서 26절까지는 우리를 위해 기도하신 내용이 담겨 있다. 예수님은 우리의 큰 대제사장으로 우리를 위해 지금도 기도하시는 분이시다. 우리는 주님의 이 기도문을 통해 우리를 세상에 남겨 두셨지만 얼마나 마음을 쓰며 오늘도 기도하고 계신가를 알 필요가 있다. 우리를 향한 주님의 기도내용을 살펴보자.

하나님께 속한 자를 지켜 주옵소서(9절)

9절은 "내가 저희를 위해 비옵나니"로 시작되고 있다. 주님은 우리를 가리켜 '하나님이 자기에게 주신 자들'로 '내 것'이라 하셨다. 내 것은 세상에 속하지 않고 하나님께 속한 자를 말한다. 주님은 이 기도를 통해 '내 것'에 대해 강한 애착심을 보여 주시고 있다. 지금까지 그들을 보호했으며 앞으로도 그들을 잃지 않고 끝까지 보호해 주실 것을 약속하고 있다. "내가 저희와 함께 있을 때에 내게 주신 아버지의 이름으로 저희를 보전하와 지키었나이다. 그중에 하나도 그중에 하나도 멸망치 않고 오직 멸망의 자식뿐이오니 이는 성경을 응하게 함이니이다."(12절)

하나 되게 하옵소서(11, 21, 23절)

주님은 11, 21, 23절에 걸쳐 세 차례나 우리를 하나 되게 해 달라고 기도하셨다. 하나 됨은 주님이 내 안에, 그리고 내가 주님 안에 거함으로 서로가 하나 됨을 의미한다. 주님과 하나 되는 데 목적이 있음을 이 기도 속에서 찾아볼 수 있다.

- 하나님이 왜 예수님을 이 땅에 보내셨는가를 믿게 하기 위함이다(21, 23절). 예수를 그리스도로 고백하는 믿음은 바로 우리가 주님과 하나 되었음을 보여 준다.
- 하나님 아버지가 독생자 예수를 사랑하심같이 하나님이 우리를 사랑하신 것을 알게 하기 위함이다(23절). 즉, 깨닫게 하기 위함이다.

- 보호(보전)해 달라고 기도하신 것도 하나 되게 하신 것과 같은 맥락이다. 분열로부터의 보호다. 분열이 되면 비전을 잃게 되기 때문이다. 초점을 하나로 모으도록 기도하라.

내 기쁨을 저희 안에 충만히 가지게 하옵소서(13절)

주님이 가지신 기쁨은 무엇일까. 무엇보다 십자가의 고통을 기쁨으로 여기셨다. 예수님은 십자가의 고통 앞에서도 오히려 기쁨을 생각하셨다. 십자가의 고통을 기쁘게 생각하고 영광으로 받아들였다. 그 십자가의 영광스러운 고통, 그 기쁨을 저희들이 충만히 가지도록 기도하셨다.

그리스도인은 고통까지도 기쁨으로 받아들일 수 있어야 한다. 주님이 우리에게 주신 고통은 성숙을 위한 하나님의 프로그램이다. 고통에도 뜻이 있다. 성도는 자신의 십자가를 통해 참성도로 다듬어진다는 것을 인식하고 그 고통이 기쁨이 되도록 삶의 자세를 바꿔야 한다. 성도는 예수의 대패와 끌로 다듬어져야 한다.

바울은 병이라는 자신의 십자가를 지고 있었다. 그러나 그는 그 병을 통해 하나님께 영광 돌리는 삶을 살고자 했다. 하나님의 계획이 있다는 것을 알았기 때문이다. 만일 그것을 알지 못했다면 그에게 있어서 병은 단지 고통일 뿐이었을 것이다. 그러나 그 십자가가 오히려 기쁨이며 '나의 영광'이 된다는 것을 인식했다.

복음전파의 기쁨이다. 하나님 뜻 안에 있어야 기쁨이 충만할 수 있다. 주님은 우리로 하여금 주님이 가지신 기쁨을 충만하게 가지도록 기도하신다. 내 기쁨은 하나님이 하고자 하는 일을 하는 것이요 여기서 진정한 만족을 얻을 수 있다. 모든 족속으로 제자를 삼아 하나님의 사랑을 전하는 것이 대지상명령이다.

세상에서 빛으로 살게 하옵소서(15절)

15절에 주님은 이렇게 기도하신다. "세상에서 데려가시기를 위함이 아니요." 주님은 우리를 '내 것'이라 말씀하시면서도 금방 이 세상에서 데려가시기보다 이 세상에 남아 주님의 일을 계승하기를 바라셨다. 그리스도인들을 이 세상 속에 있게 한 것이다. 그리스도인은 세상에서 스스로 자신들을 가둬 놓아서는 안 된다. 교회와 세상 사이에 벽이 있어 교회가 외톨이가 되어서는 안 된다. 세상 속으로 들어가 일하라. 그 속에서 진리의 빛을 전하라. 그러나 세상에 있지만 그 속에 속해서는 안 된다. 하나님의 양들이 이 세상 속에 많아져야 한다.

악에 빠지지 않게 하옵소서(15절)

주님은 우리가 악에 빠지지 않게 하시기를 기도하셨다. 이것은 우리를 악으로부터 보호하시기 위함이다. 악은 단지 범죄행위만 의미하지 않는다. 갖가지 유혹과 핍박이 그리스도인을 주님으로부터 멀게 한다. 제자들도 갈릴리에서 풍랑이 일 때, 물이 배 안으로 들어올 때 두려워하고 떨었다. 이 세상의 풍파가 우리를 파선케 하고자 한다. 그러나 우리가 주님을 의지하는 한 풍랑은 잔잔해질 수밖에 없다.

진리로 거룩하게 하옵소서(17절)

그들을 진리로 순수하게 하옵소서. 하나님 안에 거하게 하옵소서. 진리는 하나님의 말씀이다. 거룩함은 세상과 구별된 삶이다. 우리는 사실 거룩할 수 없다. 악한 욕심과 정욕으로 가득 차 있기 때문이다. 그러나 하나님 말씀에 굴복할 때 거룩하게 된다. 말씀을 통해 예수님을 닮아 가고, 성령의 열매를 맺기 때문이다.

우리는 거룩하다. 우리는 세상에 속하지 않은 주님의 것, 주님의 백성이기 때문이다. 우리 자신의 의로 거룩한 것이 아니라 주님의 의로, 십자가의 보혈로, 하나님의 말씀으로 거룩한 것이다.

하나님의 자녀는 항상 진리로 자신을 거룩하게 지켜야 한다. 다니엘과 세 친구는 항상 하나님의 방법을 택함으로써 거룩함을 지켰다. 우리도 음란이나 세속적인 것으로부터 자신을 지켜야 한다. "주의 법이 나의 즐거움이 되지 아니하였더면 내가 내 고난 중에 멸망하였으리이다. 내가 주의 법도를 영원히 잊지 아니하오니 주께서 이것들로 나를 살게 하심이니이다."(시 119:92, 93) 간디는 "나는 예수 그리스도를 좋아하지만 그리스도인은 좋아하지 않는다."고 했다. 이 말은 우리가 예수를 닮은 모습을 보여 주지 않았기 때문이다.

세상에서 진리를 전하게 하옵소서(18, 20절)

아버지께서 나를 세상이 보내신 것같이 나도 저희를 세상에 보내었고(18절). 세상에서 나를 데려가는 것이 아니라(15절) 오히려 우리를 세상에 보내었다(18). 그러나 우리는 세상에 속한 것이 아니다. 세상(정욕적인 것) 것을 사랑해서는 안 된다(요일2:15 - 17). 우리가 이 세상에서 해야 할 일은 복음을 전하는 일이다. "내가 비옵는 것은 이 사람들만 위함이 아니요 또 저희 말을 인하여 나를 믿는 사람들도 위함이니."(20절) 진리를 전하게 해 달라는 기도인 것이다. 구원사역에 적극적으로 동참해야 할 사명을 우리는 가지고 있다.

나아가 우리 삶을 통해 하나님께 영광을 돌려야 한다. 예수님은 하나님께 영광을 돌리는 것을 최고의 삶으로 여기셨다. 하나님이 예수님을 이 세상에 보내신 것은 하나님께 영광 돌리는 일을 하도록 하신 것이다. 이제 주님께서 우리를 세상에 보내셨다. 이것은 우리도 주님처럼 하나님의 영광을 위한 사람이 되어야 한다는 것을 가르쳐 준다. 성도는 직장, 전공을 통해서 하나님께 영광을 드러내는 삶을 살아야 한다. 아버지께 영광을 돌릴 때 내면에 기쁨이 넘치게 된다. 나는 과연 하나님의 영광을 위한 삶을 살고 있는가 자문할 필요가 있다.

나의 영광을 저희로 보게 하옵소서(24절)

예수님은 "내게 주신 자도 나 있는 곳에 나와 함께 있어 내게 주신 나의 영광을 저희로 보게" 해 달라고 기도하셨다. 우리를 홀로 버려 두지 아니하시고 주님의 영광에 참여케 해 달라고 하신 것이다.

주님의 영광은 놀라운 것이다. 베드로는 변화산에서 환상을 통해 하나님의 영광을 보고 정신을 잃었다. 그리고 그곳에서 살자고 했다. 우리가 주님의 영광에 동참하는 날은 가장 좋은 날이자 최고의 날이다. 그곳에서 우리는 주님과 함께 영원히 왕 노릇 하며 살게 된다. 그리스도인은 이처럼 희망이 있다.

예수님은 20절에서 24절까지도 우리를 위해 계속 기도하셨다. 하나 되도록 반복해 기도하셨다. 우리를 향한 주님의 소망은 이처럼 강하다. 주님은 말씀하신다. 진리로 거룩함을 입으라. 악에 빠지지 말라. 안 믿는 자를 향해 나가라. 복음의 정예가 되어 그들에게 전하라. 그들로 구원을 얻게 하라. 그들 모두를 영광의 자리에 이끌어라.

제3장 겟세마네의 기도

최후의 만찬에서 유월절 음식을 나누고 성만찬을 가진 뒤 그 밤에 예수님은 기도하러 감람산에 올라가셨다. 감람산은 산 전체를 이르는 말이고, 기도하신 곳은 그 산의 서편에 자리 잡은 겟세마네 동산이었다. 이곳은 모리아 산상의 성전이 바라보이는 곳으로 성전에서 1킬로미터 남짓해 안식일에 가기 알맞은 거리였다. 예수님은 이곳에서 성전을 바라보며 기도했을 것이다. 지금은 기도하신 바위를 중심으로 겟세마네 교회가 서 있다. 누가복음은 예수님이 '습관을 좇아 감람산에' 가셨다고 기록하고 있다(눅22:39). 이것은 평시에도 예루살렘에 오시면 이 산에 자주 가시었고, 그것은 주로 기도하기 위한 것이었다.

이번 기도하러 가신 것은 다른 때와는 달랐다. 예수님이 곧 잡히시고, 제자들이 배반하며, 자신이 십자가에서 고난당하실 것을 아셨기 때문이다. 주님의 십자가 고난은 이 겟세마네 기도로부터 시작된다.

겟세마네는 '짠다'는 뜻을 가지고 있다. 그곳에 올리브기름을 짜기 위한 기름집이 있었던 곳으로 추정된다. 예수님은 아버지께서 주신 고난의 쓴잔을 홀로 마시기 위해 기도하시지 않으면 안 되었다. 주님은 더욱 힘쓰고 애쓰고 간절히 그리고 땀방울이 핏방울이 되도록 기도하셨다. 올리브가 기름틀에서 으깨지는 것처럼 겟세마네 동산에서 자신의 몸이 으깨지도록 기도하셨다. 겟세마네의 예수는 기도, 순종, 겸손을 짜기 위한 것이지만 예수님을 잡으러 온 겟세마네의 무리는 무력, 음모, 수탈, 불법을 짜기 위해 있다.

가룟 유다를 제외한 11명의 제자들도 함께 갔다. 예수님은 그들 가운데 8명은 조금 멀리 떨어져 머물게 하고, 베드로·야고보·요한 등 3제자는 좀 더 데리고 가시되 돌 던질 만큼 가까이 떨어지게 하셨다. 주님은 그곳에서 무릎을 꿇고 기도하셨다. '돌 던질 만큼'은 기도소리가 들릴락 말락 한 거리였을 것이다. 예수님이 지성소에 나가 기도하셨다면 3명의 제자는 성소에서, 그리고 8명의 제자는 마당에 있었던 것으로 비유하기도 한다.

시험에 들지 않게 기도하라

예수님은 감람산에 이르자 제자들, 곧 베드로와 야고보와 요한에게 기도하기를 원하셨다. "시험에 들지 않게 기도하라."(눅22:40) 잠자는 영혼을 향해 깨어 있으라는 말씀이다.

마가복음에는 "내 마음이 심히 고민하여 죽게 되었으니 너희는 여기 머물러 깨어 있으라."(막14:34)는 말씀으로 기록되어 있다. 영혼불멸을 믿었던 소크라테스는 죽음을 담대히 받아들였다. 오히려 독약을 혀로 핥는 태연함을 보였다. 예수님이 "심히 고민하여 죽게 되었다"고 말씀하시는 것은 죽음에 대한 두려움 때문이 아니다. 죽음에 대한 두려움 때문에 고민하고 죽게 되었다고 말했다면 주님을 소크라테스보다 못한 존재로 인식하는 결과밖에 안 된다.

예수님의 번민은 잔 때문이다. 그 잔은 하나님의 분노의 잔이요 저주의 잔이요 심판의 잔이다. 그 잔은 우리의 죗값을 대신 치르시기 위한 고난의 잔이요 대속의 잔이다. 언약의 피를 마시기 위한 것이다. 주님이 그 고난의 잔을 대신 마실 때 하나님의 분노가 쏟아질 것이고 순간이나마 하나님으로부터 버림받게 된다. 순간이지만 하나님과의 교제가 끊어진다. 지금까지 단 1초라도 하나님과 끊어져 본 적이 없는 예수님이 아버지 하나님과의 교제가 끊어진다는 것이 두려운 것이다. 그래서 주님은 이때가 지나가기를 간구했고, "이 잔을 내게서 옮기시옵소서."라고 기도했다(마14:35, 36).

주님이 고난을 당한다는 것을 의식하지 못하고 있는 제자들. 그러나 고난의 순간이 다가올 때 그들은 시험에 들게 될 것을 주님은 이미 알고 계셨다. 그들이 넘어질 것을 아신 것이다. 그들의 넘어짐은 그리스도를 부인하는 것에서, 고난의 현장을 피해 달아나는 것에서부터 그리스도를 부인하는 것에 이르기까지 다양한 모습으로 나타날 것이다. 그렇다면 주님의 이 말씀이 지금을 살아가는 우리에게 어떤 명령이 될까? 그것은 주님보다 세상으로 나아가는 영혼들을 향해 시험에 들지 않으려거든 기도하라는 명령이 된다. 자신에게 이득이 된다 할 때는 열심히 따르고, 화가 미칠지 모른다 할 때 그분은 나와 상관이 없다는 식으로 나올 나의 편의주의에 대해 주님은 경고하고 계신다.

예수님은 우리의 연약함을 이미 알고 계신다. 우리가 넘어질 것도 아시고, 시험에 들어 방황하게 될 것도 아신다. "내가 보니 너희들이 시험에 들어 넘어질 것이 확실하다. 믿음을 굳게 하라. 시험에 들지 않도록 성령의 도우심을 간구하라. 깨어 기도하라." 우리를 향하신 주님의 음성이다.

무릎을 꿇고 기도하시는 주님

예수님의 기도하시는 모습은 유대인과는 확실히 달랐다. 유대인들이 보통 하는 기도의 자세는 서서(삼상1:26; 눅18:11; 마6:5), 두 손을 높이 들고(출17:11; 시63:4; 사1:15; 딤전2:8), 하늘을 우러러 보며(스9:6; 시25:1; 눅18:13; 요11:41) 한다. 남에게 보이기 위한 것이 많았다. 예수님이 바리새인의 기도 모습을 비판한 것도 이 때문이다. 그러나 주님은 무릎을 꿇었다. 겸손한 자세의 기도는 무릎을 꿇는 것이다.

- 솔로몬이 무릎을 꿇고 손을 펴서 하늘을 향해 기도했다(왕상 8:54). 성전 낙성식 때 기쁨의 기도를 드리면서도 겸손함을

잃지 않았다.
- 이스라엘 백성들이, 심지어 제사장 중에도 이방 여인을 취하므로 에스라가 근심 중에 일어나 옷을 찢고 무릎을 꿇고 하나님을 향하여 기도했다(스9:5).
- 다니엘은 예루살렘을 향하여 하루 세 번씩 무릎을 꿇고 기도하며 간구했다(단6:10).
- 바울은 하나님 아버지 앞에 무릎을 꿇고 빌었다(엡3:15).

하나님 아버지 앞에서 무릎을 꿇는 것은 당연하다. 우리는 그 앞에서 낮아지고, 깨어져야 한다. 예수님은 단지 무릎만 꿇은 것이 아니었다.
- "얼굴을 땅에 대시고 엎드려"(마26:39)
- "땅에 엎드려"(막14:34)

엎드리는 것은 자기를 내세우지 않으시고 온전히 하나님께 맡기는, 자신을 쳐 굴복시키는 모습이다. 고난을 앞두고 예수님은 더 깊은 기도의 자리에서 땅에 엎드려 하나님을 만나셨다. 이 모습은 주님의 기도가 얼마나 간절했는가를 보여 준다. 우리의 기도 자세를 점검하고 반성하며 주님으로부터 배워야 할 것이다.

내 원대로 마옵시고 아버지의 원대로 되기를

예수님은 기도 가운데 "아버지여 만일 아버지의 뜻이어든 이 잔을 내게서 옮기시옵소서."라는 기도가 있다. 사람들은 이것만을 가지고 예수님도 약한 때가 있었다고 말한다. 또한 예수님이 고난을 앞두고 하나님이 정하신 고난의 길을 피하려는 유혹을 받으신 것이라 주장하기도 한다. 물론 이 고난은 인간적으로 당하기 어려운 수난이다. 그러나 사람으로 이러한 유혹은 당연할 수 있다. 그러나 이 기도는 약함이나 유혹에 초점이 맞춰 있지 않다. 그것은 오히려 하나님 아버지의 뜻을 찾기 위한 것이다. "이 잔(십자가에서 죽으심)을 내게서 옮기시옵소서." 앞에 '만일 아버지의 뜻이어든'이라는 말씀이 있음을 주목해야 한다. 마치 우리의 이런 기도처럼. "주님, 이 길을 꼭 가야 합니까? 가든지 안 가든지 주님 뜻대로 하시기를 원합니다. 만일 안 가는 것이 주님의 뜻이어든 안 가게 해 주세요. 그러나 가는 것이 주님의 뜻이라면 주님 뜻에 따르겠습니다."

그것에 유혹이 있었다 할지라도 예수님은 그 유혹을 기도로써 물리치셨다. 인간적인 욕구를 물리치신 것이다. 이 물리침이 없었다면 우리는 영원히 어둠에 있을 수밖에 없다. 결국 주님은 하나님 아버지의 뜻대로 되기를 간구했다. 인간의 뜻이 아니다. "내 원대로 마옵시고 아버지의 원대로 되기를 원하나이다."(눅22:42) 이것은 예수님의 위대한 기도이다. 인간의 욕구를 죽이고 하나님을 드러내 그분을 영화롭게 하는 기도, 하나님의 뜻이 성취되기만을 바라는 기도이다. 우리는 지금까지 얼마나 '내 원대로, 우리의 원대로' 되게 해 달라고 기도해 왔는가. 부끄러운 일이 아닐 수 없다.

예수님은 비록 짧은 순간의 끊어짐이지만 자신의 뜻보다 아버지의 뜻이 이뤄지기를 기도했다. 예수님은 우리를 사랑하셨으므로 자원하는 마음으로, 기쁜 마음으로, 적극적으로 그 잔을 마셨다. 예수님이 그 잔을 마심으로 하나님과 적대관계에 있던 우리가 하나님과 화해하는 복스러운 관계로 발전하게 되었다. 예수님이 이 고난을 당함으로 인해 우리 속에 기쁨과 화해와 회복의 공동체가 세워지게 되었다. 주님만 이 고난의 잔을 마실 것이 아니라 그리스도인 모두도 주님이 원하시면 그 잔을 마셔야 한다. 우리가 그 잔을 기쁨으로, 사랑으로 마실 때 우리의 공동체가 거듭나게 된다. 이제는 우리가 주님을 위해 무엇을 해야 하는가를 고민할 차례다.

고뇌의 기도 속으로

예수님의 기도는 고뇌의 기도였다(눅22:43 – 44). 너무 애쓰며 진지하고 간절하게 고뇌의 기도를 하시므로 천사가 주님을 도왔을 정도였다. 고뇌의 기도는 기진할 정도다. 그때 사자가 하늘로부터 예수님께 나타나 힘을 도왔다. 사자는 천사를 가리킨다. 천사의 단수를 사용한 것으로 보아 한 천사인 것으로 보인다. 한 천사는 주님의 기도가 고독한 것이었음을 실감나게 한다. 시험받으셨을 때는 여러 천사들(복수)이 나타나 수종을 들었기 때문이다(마4:11). 이와는 대조적이다. 천사는 주님의 고통을 대신할 수도 덜 수도 없다. 다만 기도를 계속하실 수 있도록 영적으로 강하게 했다(strengthen him).

이에 주님은 더욱 간절하게(more intensely) 기도를 드렸다. "힘쓰고 애써 더욱 간절히 기도하시니."(눅22:44) 힘쓰는 기도, 더욱 간절한 기도, 고뇌에 고뇌를 더한 기도를 드린 것이다. 감람산이란 원래 '짜다'는 뜻이 아니었던가. 우리는 얼마나 기도에 힘쓰고, 얼마나 간절히 기도하는가.

"땀이 땅에 떨어지는 핏방울같이 되더라."(44절) 땀에 피가 섞여 나올 정도의 강한 기도, 필사의 기도다. 히브리서 기자는 "그는 심

한 통곡과 눈물로 간구와 소원을 올렸다."고 했다(히5:7). 눈물과
심한 통곡이 있는 기도. 이 기도는 우리를 위한 주님의 기도가 아
닌가.

제자들은 그때까지 자고

그러나 제자들은 자고 있었다. 주님은 기도 중에 두 차례나 오
셔서 제자들을 깨우셨다. 주님은 같은 내용의 기도를 세 차례나
거듭하셨고, 그 사이 두 번씩이나 제자들을 찾아와 깨어 기도하라
당부하셨다(마26:40, 41, 43). 우리가 잠든 이 순간에도 주님은 우
리를 찾아오신다. 깨어 기도할 때라고. 그러나 밀려드는 잠을 어찌
할 것인가.

제자들은 주님의 기도내용이 심상치 않음을 알았던지 슬픈 기색
을 띠며 자고 있었다. "기도 후에 일어나 제자들에게 가서 슬픔을
인하여 잠든 것을 보시고"(눅22:45) 기도 중에 오셔서 보신 것이다.
'슬픔을 인하여'는 제자들 마음속에 느낌은 있었던 것을 알려 준
다. 그러나 육신이 약하여 번번이 잠들고 말았다. 주님께서 밤을
맞도록 기도하셨기 때문에 졸음을 이기지 못했을 수도 있다. 그러
나 제자들이 만일 이 밤이 주님과의 최후의, 마지막 밤이 되리라
는 것을 알았더라면 잠을 잘 수 있었을까. 이 순간이 주님의 말씀
을 들을 수 있는 최후의 순간이라면 우리는 결코 잠 잘 수 없을
것이다.

주님은 잠자는 영혼을 향하여 "어찌하여 자느냐 시험에 들지 않
게 일어나 기도하라."(눅22:46) 하셨다. 누가복음에는 이 말씀을 마

지막으로 기록했으나, 두 번째까지 오셔서 이렇게 당부했을 것이다. 마가복음에는 자는 모습을 보시고 주님은 베드로를 향해 한 말씀 하셨다. "시몬아 자느냐 네가 한시 동안도 깨어 있을 수 없더냐. 시험에 들지 않게 깨어 있어 기도하라. 마음에는 원이로되 육신이 약하도다."(막14:37, 38) 이미 닭이 두 번 울기 전에 세 번 나를 부인하리라는 말씀을 들은 그가 아니었던가. 그럼에도 그는 잠을 이기지 못했다. 그러나 베드로만 탓할 일은 아니다. 우리도 잠을 자고 있기 때문이다. 그런 우리에게 주님은 깨어 기도함으로써 영의 새로운 능력을 힘입어 시험을 물리치라 하신다. 우리에게도 주님의 겟세마네 기도가 필요하다.

마태복음에는 주님의 말씀이 더 기록되어 있다. "(이제는 자고 쉬라) 보라 때가 가까웠으니 인자가 죄인의 손에 팔리우느니라."(마26:45) 그러나 누가복음은 지금 예수님의 말씀을 통해 우리에게 강조하고 있다. "일어나 기도하라." 지금 이 순간은 깨어 기도할 때라는 것이다.

예수님은 마지막까지 기도의 모범을 보여 주셨다. 기도는 우리가 주님과 동행하고, 교통하는 길이다. 주님을 향해서 뚫려 있는 고속도로다. 우리가 신앙생활에서 주님과 동행하고자 한다면 기도해야 한다. 기도할 때 주님이 운전을 맡아 주시고 우리를 지켜 주시고 목적지까지 잘 데려다 주실 것이다.

우리는 언제나 주님 앞에 무릎을 꿇는 생활을 해야 한다. 신학생 때 죠지 뮬러는 다락방 기도원들이 무릎을 꿇고 기도하는 모습을 보는 순간 달라졌다. 주님을 향한 기도가 무엇인가를 깨달은 것이다. 더 이상 형식적인 기도가 아니라 주님의 임재를 체험한 것이다.

주님은 이 시간도 "일어나 기도하라." 하신다. 주님은 우리 영혼에 가장 관심이 많으신 분이다. 우리 영혼이 깨어나기를 소망하신다. 주님은 지금도 우리를 찾아오시고 우리의 몸을 흔들며 "어찌하여 자느냐, 일어나 기도하라." 하신다. 이 외침은 우리의 영혼을 향한 외침이다.

제4장 절체절명의 시간과 하나님의 뜻 따르기

절체절명(絶體絶命). 흔히 '절대 절명'으로 잘못 사용하는 단어다. 이것은 '몸도 목숨도 다되었다.'는 뜻으로, 어찌할 수 없는 궁박한 경우를 비유적으로 이르는 말이다.

성경을 보면 이따금 절체절명의 시간, 곧 한계상황(the most critical time)에 신앙의 선배들이 어떻게 행동했는가를 보여 준다. 다니엘이 그랬고, 에스더가 그랬다. 엘리야 선지자를 비롯하여 이사야나 예레미야 선지자들에게도 절체절명의 시간은 있었다. 예수님의 절체절명의 시간은 어떠했을까?

2008년 1월 예루살렘을 방문했을 때 마침 주일을 맞았다. 우리 일행은 그날 아침 감람산 중턱에 있는 '눈물의 교회'(도미누스 플레빗)에 도착했다. 예수님이 예루살렘을 보며 눈물을 흘리셨다는 그곳이다. 예루살렘이 한눈에 들어왔다.

우리는 예루살렘을 마주하며 예배를 드렸다. 그날 내가 택한 설교본문은 요한복음 18장 1절에서 11절의 말씀이었다.

18장은 예수님이 체포되는 장면이 소개된다. 절체절명의 그 시간이다. 1절은 예수님께서 "기드론 시내 저편으로 나가시니"라는 묘사로 시작된다. 기드론 시내는 성전에서 양의 피로 제사를 드릴 때 그 피가 흘러드는 곳이다. 어린양 예수님이 그 피가 흐르는 골짜기를 건너실 때 마음이 어떠하셨을까 생각해 보라. 기드론 시내 저편은 바로 감람산이다.

이 산에 오르시기 전 주님은 자신이 지실 십자가의 고난을 앞두고, 겟세마네 동산에서 주님은 고통스러운 기도를 하셨다. 오죽하면 "내 아버지여 만일 할 만하시거든 이 잔을 내게서 지나가게 하옵소서." 하셨을까. 이 잔이 얼마나 고통스러웠으면 이런 말씀을 하셨을까. 그 고통의 깊이가 사랑의 깊이로 전해진다.

주님은 이 잔을 아무나 마실 수 없다는 것을 아셨다. 제자를 향해서도 "내 잔을 네가 마실 수 없다." 하셨다. 주님의 결정은 한결같다. "그러나 나의 원대로 마옵시고 아버지의 원대로 하옵소서." (마26:39) 주님은 하나님의 뜻을 우선하셨다.

예수님을 잡으러 왔을 때 예수님은 그들에게 물으셨다. "너희가 누구를 찾느냐?" 예수를 찾는다 했을 때 주님의 대답은 '내로라' (요18:5)였다.

내가 2월 뉴욕을 방문했을 때 마침 헌터 칼리지 강당을 빌려 예배를 드리는 리딤머 교회 예배에 참석했다. 사순절 기간이었는데 목사님도 마침 요한복음 18장의 말씀을 가지고 설교를 했다. 우연이었지만 전혀 우연 같지 않은 느낌을 받았다. 그때 목사님은 '내로라'는 말씀에 담긴 의미가 심중함을 말해 주었다.

그에 따르면 '내로라'는 일반적으로 'I am He'라고 번역되어 있지만 원어로는 'I am'이다. 이것은 '나는 스스로 존재하는 자, 처음부터 있는 자' 곧 '내가 곧 하나님'이라는 뜻이다. 지금 하나님으로 존재하신다는 것이다. 과거형의 'I was'도 미래형의 'I'll be'도 아니다. 자신을 과거형으로 지칭했다면 과거에는 그랬는데 현재는 그렇지 않다는 것일 것이고, 자신을 미래형으로 지칭했다면 과거나 현재 그렇지 않지만 미래에는 전혀 다른 존재가 될 것이라는 의미가 된다. 현재의 주님은 과거에도 하나님이셨고 앞으로도 하나님이시다. 그러므로 '내로라'는 말씀은 신적 권위를 가진 매우 당당한 자기표현이다. 주님은 두 번이나 '내로라'는 말씀을 하셨다.

이 절체절명의 상황에서 예수님의 당당한 모습은 그 다음 부분에서 예수님을 전혀 모른다고 한 베드로의 모습과는 판이하게 다르다. 주님은 위기상황에서 숨기지 않고 당당히 자신을 밝혔다. 베드로가 예수를 부인하면서 "나는 아니라"(I am not)고 말하는 그의 비겁함과 얼마나 대조적인가. 베드로는 "나는 그를 모른다."며 세 번이나 부인했다.

'내로라' 했을 때 그들은 물러가서 땅에 엎드러졌다. 그들이 땅에 엎드러진 것은 여러 가지로 생각해 볼 수 있다.

- 예수님을 잡으러 온 그들이었지만 그들은 평소 예수님이 어떤 분이신 줄 알고 있었기 때문에 그 앞에 엎드린 것이다.
- 'I am'이란 원래 나는 스스로 있는 자라는 여호와의 명칭과 같다. 따라서 이 말씀을 들었을 때 여호와의 영광의 빛이 그들의 마음속에 비쳐 주님 앞에 굴복하게 된 것이다.

8절엔 "너희에게 내로라 하였으니 나를 찾거든 이 사람들이 가는 것을 용납하라 하시니"라 했다. 예수님은 우리를 위해 기꺼이 자신을 드리기로 마음을 굳혔다. 그러므로 그들의 체포를 용납하셨다. 예수님은 자신의 능력으로 천사들을 동원해 병기를 들고 온 무리들을 당장에라도 물리칠 수 있었지만 그리하지 않으셨다. 자신의 권능을 접어 두시고 하나님의 정하신 뜻에 순종하기로 하셨다. 우리를 살리시기 위해 아버지께서 주신 잔의 마지막 한 방울까지 마시고자 하신 것이다. 우리를 그만큼 사랑하셨기 때문이다.

여기서는 나와 이 사람들이 구분된다. 나는 예수님이고, 이 사람들은 그들이다. 예수님이 매이면 그로 인해 그들은 풀어지고, 예수님이 자신의 권리를 포기하면 그들은 오히려 그 권리를 갖게 되며, 예수님이 죽으면 그들은 살게 된다. 예수님은 우리를 위해 자기를 포기하셨다.

> "이는 아버지께서 내게 주신 자 중에서 하나도 잃지 아니하였삽나이다. 하신 말씀을 응하게 하려 함이러라."(9절)

잡히시는 그 순간까지도 구원을 생각하시는 주님을 보게 된다. 그 순간에도 한 생명도 버리지 않으시려는 주님을 보라.

나는 이 말씀 중에 '내게 주신 자 중엣 하나도'라는 말씀이 마음에 와 닿았다. 성경을 많이 읽었지만 이 말씀이 그렇게 크게 들린 적이 없다. 이 말씀은 크게는 인류 구원을 위한 예수님의 크신 마음이 담겨 있다. 그러나 이 절체절명의 순간에 예수님은 자신을 잡으러 온 사람들 하나도 잃지 않으시려는 마음을 갖고 있다. 몽둥이와 칼을 들고 온 그들도 구원의 대상이라는 것이다.

그 순간 베드로가 칼을 들고 가로 막았다. 주님의 말씀과 역행되는 행동을 한 것이다. "베드로가 검을 가졌는데 이것을 빼어 대제사장의 종을 쳐서 오른편 귀를 베어 버리니 그 종의 이름은 말

고라."(10절)

귀 베임을 당한 종의 이름은 말고(Malchus)였다. 말고는 히브리식 이름이 아니다. 이로 보아 이방인으로서 노예 신분임을 짐작할 수 있다. 당시 노예는 사회적으로 버림받은 계층(outcast)으로 천하게 취급을 받았다.

그러나 예수님은 그를 귀한 존재로 인정해 주셨다. 말고는 주님의 능력으로 귀가 회복되었다. 그뿐 아니라 훗날 그가 예수님을 영접했다는 얘기로 보아 구원을 받았음을 알 수 있다. 예수님은 자신이 붙잡히는 순간까지도 한 사람의 영혼을 위해 노력하시었음을 알 수 있다. 이것이 말고를 향한 영혼전도, 영혼 구원의 순간이 될 줄이야. 말고 전도는 극한상황이라 할지라도 그 순간 한 사람의 영혼도 잃어버리지 않으시려는 주님 식 전도방법을 보여 준다.

그때 주님은 말씀하셨다.

"검을 집에 꽂으라. 아버지께서 주신 잔을 내가 마시지 아니하겠느냐."(요 18:11)

우리는 여기서 고난의 잔을 피하지 않고 그것을 기꺼이 받으시는 주님의 당당한 모습, 그리고 하나님의 뜻과 계획에 철저히 순종하시는 모습을 보게 된다. '아버지께서 주신 잔을 내가 마시지 아니하겠느냐.' 하나님의 뜻을 존중하는 말씀이다. 그것이 자신의 처절한 죽음을 가져오게 한다 할지라도.

아버지께서 주신 잔은 세상 죄를 지고 가기 위한 고난의 잔이다. 이 잔은 예수님 한 분 외에 어느 누구도 마실 수 없는 잔이다. 그래서 주님은 독생자 예수로 오셨다.

베드로는 "주여 내가 주와 함께 옥에도, 죽는 데도 가기를 준비하였나이다."(눅22:33)고 말했지만 결국 예수님을 맹세코 부인했다. 법정에서 모욕을 당하시는 주님을 보면서도 그는 그 잔을 함께 마실 수 없었다. 하나님이 주신 잔은 아무도 나눌 수 없는 잔이다. 어린양 예수 홀로 마셔야 우리를 구원하실 수 있는 잔이다. 주님은 우리 죄가 용서받을 수 있다면 나 홀로 이 잔을 마셔야 한다고 말씀하신다. 예수님은 우리가 마셔야 할 진노의 잔을 대신 마시고 우리로 하여금 축복의 잔을 마시도록 하셨다. 우리가 예수님을 믿지 않을 경우 주님이 마신 그 심판의 잔을 우리가 결국 마시게 될 것이라는 점을 잊어서는 안 된다.

- 주님은 이 잔을 기꺼이 마셨다. 우리를 그토록 사랑하셨으므로.
- 주님은 이 잔을 홀로 마셨다. 어느 누구도 마실 수 없는 잔이기에.
- 주님은 억울함에도 마셨다. 우리가 축복받으시기를 그처럼 원하셨기 때문에.

주님은 그들에게 잡히면서도 그 절체절명의 순간에 하나님의 기쁘신 뜻을 생각하셨고, 단 하나의 영혼까지 붙잡고자 하셨다.

제5장 십자가의 의미

십자가는 죄인을 위한 하나님의 사랑의 표현이다. 십자가는 하나님께서 죄를 그만큼 증오하고 계신다는 사실을 보여 준다. 십자가는 죄의 대가를 치르는 것이자 신약의 제단이다.

십자가 처형은 아시리아, 페니키아, 바벨론에서 행해 오다 로마가 노예, 외국인, 로마시민권이 없는 죄수에 대한 형벌로 사용했다. 십자가는 고통과 수치를 가장 많이 주는, 그리고 가장 잔인한 방법이다. 손과 발에 못을 박으면 고통, 굶주림, 목마름, 아픔을 느끼며 매달려 있게 된다. 보통 4−6일 후 죽게 되는데 예수는 약 6시간 후에 죽으셨다(요19:33−34).

325년 현재 성묘교회 아래서 십자가가 발견되어 이것이 예수님이 직접 지신 것이 아닌가 하는 추측을 낳게 했다. 이것을 만진 사람의 병이 나았다는 말도 있고, 이 십자가를 떼어 조금씩 팔았지만 원형에는 손상이 없을 만큼 기적이 일어났다는 말도 전해지고 있다. 사실 예수님이 지신 십자가라고 주장하는 것도 이 밖에 많아 진위는 알 수 없다.

예수는 예루살렘 성 밖 '해골'이라 불리는 곳에서 십자가에 못 박히셨다(요19:17, 20; 히13; 12). 해골은 라틴어로 갈보리라 하고, 히브리어로는 골고다라 한다. 예루살렘 주위에 해골의 언덕이라 불리는 곳이 다메섹 문 가까이, 곧 북쪽 성벽의 바로 바깥쪽에 있다. 이곳은 예레미야가 갇혔던 동굴 바로 위에 있으며, 높이 10미터 바위가 튀어나와 있어 사람의 해골과 비슷하다 하여 붙여진 것이다. 바로 이곳에서 십자가에 못 박히신 것이다.

예수님이 지신 십자가, 그 위에서 흘리신 보혈의 피는 성경적으로 다양한 의미를 가지고 있다. 그 의미를 성경적으로 살펴보자.

하나님의 뜻을 이룬 예수님의 십자가

예수님의 생애는 십자가의 생애였다. 투쟁의 연속이었기 때문이다. 그러나 주님은 그 길을 택하셨다. "한 알의 밀이 땅에 떨어져 죽지 아니하면 한 알 그대로 있고."(요12:24) 주님은 십자가를 통해 밀알이 되신 것이다. 그는 양을 위해 목숨을 버리셨다(요10:17).

이사야는 메시아의 죽음을 예고하였다. 다음은 예수님을 향한 위대한 예언의 말씀이다.

> "그는 멸시를 받아서 사람에게 싫어버린 바 되었으며 마치 사람들에게 얼굴을 가리고 보지 않음을 받는 자 같아서 멸시를 당하였고 우리도 그를 귀히 여기지 아니하였도다. 그는 실로 우리의 질고를 지고 우리의 슬픔을 당하였거늘 우리는 생각하기를 그는 징벌을 받아서 하나님에게 맞으며 고난을 당한다 하였노라 그가 찔림은 우리의 허물을 인함이요 그가 상함은 우리의 죄악을 인함이라. 그가 징계를 받음으로 우리가 평화를 누리고 그가 채찍에 맞음으로 우리가 나음을 입었도다. 우리는 다 양 같아서 그릇 행하여 각기 제 길로 갔거늘 여호와께서는 우리 무리의 죄악을 그에게 담당시키셨도다."(사53:3-6)

유대인들은 이사야 53장의 고난의 종을 이스라엘 민족의 수난의 역사 가운데 민족적 죽음으로 해석하고 메시아의 예언을 거부한다. 그러나 그리스도의 십자가 죽음은 이 예언이 문자적으로 성취되었음을 입증하고 있다.

예수님은 자신이 고난을 당하고 죽게 될 것을 예고하셨다. "인자가 죽임을 당하고 삼일 만에 살아나야 하리라."(막8:31) NIV성경에는 "son of man must suffer many things"(인자가 많은 고난을 당해야만 하리라.)이라 하였다. 여기서 must, 곧 희랍어 'dei'는 메시아 운명의 불가피성을 드러낸다. 그 죽음은 필연적이며, 하나님의 영원한 목적이 담겨 있다. 하나님의 뜻이 그 속에 있다는 말이다. 하나님의 목적과 능력이 십자가에 나타나는 것이 하나님의 뜻이다. 오스틴 파러(A. Farrer)는 이 must를 가리켜 예수님이 자신의 운명이 바로 그것임을 드러내는 메시아의 결의라 하였다.[4] 아담이 받아야 할 고난의 몫을 그가 대신 받는 것이다.

예수님이 자신의 죽음에 대해 이렇게 예고했을 때 베드로는 "그리 마옵소서."라고 했다. 그때 주님은 베드로를 책망하셨다. 하나님의 뜻을 그르치는 발언이라는 것이다. 주님의 이 결의는 예수님이 잡히시기 전날 밤 한 기도에서도 나타난다. "나의 원대로 마옵시고 아버지의 원대로 하옵소서."(마26:39) 하나님의 뜻에 완전히 헌신하시겠다는 것이다.

예수님은 아셨다. "인자는 많은 고난을 받고 멸시를 당하리라." (막9:12) 예수 부활 후 베드로는 일장의 설교에서 "헤롯과 빌라도는 이방인과 이스라엘 백성과 합동하여 하나님의 기름 부으신 거룩한 종 예수를 거슬러 하나님의 권능과 뜻대로 이루려고 예정하신 그것을 행하려고 이 성에 모였나이다."(행4:27, 28)라고 말함으로써 이 모든 사건이 하나님의 뜻을 이루려 한 것임을 밝히 드러냈다.

아버지 하나님에 대한 온전한 순종

하나님은 예수님을 인류를 죄에서 구원하시기 위해 유월절 어린

---

4) Austin Farrer, A Study in Mark, 1951, 230, 280쪽; A. Farrer, The Destiny of the Messiah is the Destiny of Man, 279, 287쪽.

양으로 이 땅에 보내셨다. 세례 요한도 예수를 가리켜 하나님의 어린양이라 하였다. "보라 세상 죄를 지고 가는 하나님의 어린양이로다."(요1:29, 36) 유대인들이 유월절 양을 잡는 그 시간에 예수는 십자가에 못 박히사 죽음으로 세상 죄를 지고 간 하나님의 어린양이 되었다.

십자가에서의 그의 죽으심은 자기를 부인하고, 전폭적으로 하나님 아버지께 순종하심을 보여 준다. 이에 대해서는 성경의 여러 곳에서 말하고 있다.

- "그가 곤욕을 당하여 괴로울 때도 그 입을 열지 아니하였음이여 마치 도수장으로 끌려가는 어린양과 털 깎는 자 앞에 잠잠한 양같이 그 입을 열지 아니하였도다. 공번된 판단을 받지 못하였으니 가히 누가 그 세대를 말하리오. 그 생명이 땅에서 빼앗김이로다."(사53:7, 8)

- "그는 하나님의 본체시나 동등 됨을 취하지 아니하시고 오히려 종의 형체를 가져 사람의 모양으로 나타나셨으매 자기를 낮추시고 죽기까지 복종하셨으니 곧 십자가에 죽으심이라 이러므로 하나님이 그를 지극히 높여 모든 이름 위에 뛰어난 이름을 주사."(빌2:6 - 9)

- "그가 아들이시라도 받으신 고난으로 순종함을 배워서 온전하게 되었은즉 자기를 순종하는 모든 자에게 영원한 구원의 근원이 되고."(히5:8, 9)

- "한 사람이 순종치 아니함으로 많은 사람이 죄인 된 것같이 한 사람이 순종함으로 많은 사람이 의인이 되리라."(롬6:19)

- "저희 구원의 주를 고난으로 말미암아 온전케 하심이 합당하도다."(히2:17)

이사야서의 말씀은 예수의 고난과 순종을 예언한 것이며, 다른 말씀들은 그 순종의 모습을 나타낸 것이다. 십자가의 고통을 두려워해서가 아니다. 하나님의 본체이신 예수님은 자기를 낮추시고 사람으로 이 땅에 오셔서 죽기까지 복종하셨다. 절대 완전한 순종을 통해 하나님의 뜻을 온전히 이루신 것이다.

모든 사람을 위해 죽음을 맛보심

예수님은 십자가를 통해 죽음을 맛보셨다. 그것은 인류를 위한 맛보심이다. "이를 행하심은 하나님의 은혜로 말미암아 모든 사람을 위하여 죽음을 맛보려 하심이라."(히2:9) 이것은 우리를 죽음, 곧 사단의 권세로부터 자유롭게 하기 위함이다. "죽기를 무서워하므로 일생에 매여 종노릇하는 모든 자들을 놓아 주려 하심이니."(히2:15) 이 자유는 생명의 길로 인도한다. 구원을 얻는 것이다.

- "사망으로 말미암아 사망의 세력을 잡은 자 곧 마귀를 없이 하시며."(히2; 14)
- "마귀는 처음부터 범죄 함이라 하나님의 아들이 나타나신 것은 마귀의 일을 멸하려 하심이니라."(요일3:8)
- "저는 사망을 폐하시고 복음으로써 생명과 썩지 아니할 것을 드러내신지라."(딤후1:10)
- "정사와 권세를 벗어 버려 밝히 드러내시고 십자가로 승리하셨느니라."(골2:15)

예수님의 죽음은 죄의 권세를 무용지물로 만들고 마귀의 진지를

여지없이 무너뜨린다. 그리고 우리를 영원한 사망에서 영원한 생명
으로 인도하신다. "사람이 내 말을 지키면 죽음을 영원히 맛보지
아니하리라."(요8:52) 영원한 죽음에서 자유하게 된다는 말씀이다.
"저를 믿는 자마다 영생을 얻게 하려 하심이라."(요3:15) 말씀하지
않으셨는가. 죽음을 맛보신 분이시기에 주님은 우리를 아시고, 우
리를 능히 도우실 수 있다. "자기가 시험을 받아 고난을 당하셨은
즉 시험받는 자들을 능히 도우시느니라."(히2:18) 그리스도로 말미
암아 우리에게 죽음까지도 이김을 주시는 하나님께 감사해야 할
것이다.

공의와 사랑의 성취

그리스도의 희생은 하나님의 공의를 만족시키며 하나님이 그의
희생에 근거하여 죄인을 영접하셨다.

- "하나님이 죄를 알지 못하신 자로 우리를 대신하여 죄를 삼
  으신 것은 우리로 하여금 저의 안에서 하나님의 의가 되게
  하려 하심이라."(고후5:21)
- "그리스도 예수 안에 있는 구속으로 말미암아 하나님의 은혜
  로 값없이 의롭다 하심을 얻은 자 되었느니라. 이 예수를
  [- -] 화목제물로 세우셨으니 이는 하나님께서 길이 참으시
  는 중에 전에 지은 죄를 간과하심으로 자기의 의로우심을 나
  타내려 하심이니."(롬3:24, 25)

나아가 그리스도의 희생은 사랑의 확증이다. 이 사랑은 아무나

할 수 없는 지극한 사랑이며, 최고의 사랑(ultimate love)이다. 이것은 인간에 대한 하나님의 관심이 얼마나 크셨는가를 보여 준다.

- "인자가 온 것은 섬김을 받으려 함이 아니라 도리어 섬기려 하고 자기 목숨을 많은 사람의 대속물로 주려 함이라."(마 20:28)

- "유월절 전에 예수께서 자기가 세상을 떠나 아버지께로 돌아가실 때가 이른 줄 아시고 세상에 있는 자기 사람들을 사랑하시되 끝까지 사랑하시니라."(요13:1)

- "우리가 연약할 때 기약대로 그리스도께서 경건치 않은 자를 위하여 죽으셨도다. 의인을 위하여 죽는 자가 쉽지 않고 선인을 위하여 용감히 죽는 자가 혹 있거니와 그리스도는 우리가 아직 죄인 되었을 때 우리를 위하여 죽으심으로 하나님께서 우리에게 대한 자기의 사랑을 확증하셨느니라."(롬5:6 – 8)

야콥 조키즈는 말한다. "십자가는 죄에 대한 하나님의 응답이다. 전능하신 엄명이 아니라 사랑과 인내로 죄인의 삶에 응답하신 것이다."[5] 하나님은 우리 각자 한 사람 한 사람에게 고난이 있는 사랑으로 자신의 사랑을 입증하셨다. 주님의 사랑은 지금도 우리 삶에서 중단 없이 이어지고 있다.

화목제물

예수님은 화목제물이 되셨다. 그리스도의 죽음으로 우리가 하나

---

5) Jakob Jocz, The Covenant(MI: William B. Eerdmans, 1968), 166쪽.

님과 화목할 수 있게 되었기 때문이다. 예수 십자가의 피가 하나님을 향한 인간의 두려움을 제거하고 하나님께 나올 수 있는 길을 마련했다. 하나님과 인간 사이에 화해가 이루어진 것이다. 이것은 아담의 타락 이후 하나님께서 인간의 죄를 해결해 줌으로써 화평을 이루게 하신 것이다. 인간은 죄에서 해방되고, 참인간성을 회복하게 되었다.

- "우리가 원수 되었을 때 그 아들의 죽으심으로 말미암아 하나님으로 더불어 화목 되었은즉 화목 된 자로서는 더욱 그의 살으심을 인하여 구원을 얻을 것이라."(롬5:10)
- "사랑은 여기 있으니 우리가 하나님을 사랑한 것이 아니요 오직 하나님이 우리를 사랑하사 우리 죄를 위하여 화목제물로 그 아들을 보내셨음이니라."(요일4:10)
- "저는 우리 죄를 위한 화목제물이니 우리만 위할 뿐 아니요 온 세상의 죄를 위하심이라."(요일2:2)
- "이 예수를 하나님이 그의 피로 인하여 믿음으로 말미암는 화목제물로 세우셨으니 이는 하나님의 길이 참으시는 중에 전에 지은 죄를 간과하심으로 자기의 의로우심을 나타내려 하심이니."(롬3:25)
- "그의 십자가의 피로 화평을 이루사 만물 곧 땅에 있는 것들이나 하늘에 있는 것들을 그로 말미암아 자기와 화목게 되기를 기뻐하심이라."(골1:20)

화목제물 되신 주님은 우리도 이 세상에 살면서 화목제물이 되라고 부탁하신다. "저가 그리스도로 말미암아 우리를 자기와 화목하게 하시고 또 우리에게 화목하게 하는 직책을 주셨으니 이는 하나님이 그리스도 안에 계시사 세상을 자기와 화목하게 하시며 저희 죄를 저희에게 돌리지 아니하시고 화목하게 하는 말씀을 우리에게 부탁하셨느니라. 이러므로 우리가 그리스도를 대신하여 사신이 되어 하나님이 우리로 너희를 권면하시는 것같이 그리스도를 대신하여 간구하노니 너희는 하나님과 화목하라."(고후5:18 – 20)

대속물로 드리심

그리스도는 죄인을 위해 대속자가 되시려고 이 세상에 오셨다. 그는 정죄된 모든 사람, 곧 소망 없이 절망적인 죽음의 선고를 받은 자들의 죽음의 자리를 대신하기 위해 오셨다. 그는 갈보리 십자가 위에서 죄인의 자리를 취하시고 죽으신 것이다. 예수님은 인류의 죄를 위해 대속물(substitutionary suffering), 곧 속건제물이 되셨다. 죄인을 대신해 의인이 고통을 받으신 것이다. 앞서 언급한 이사야 53장 5, 6절의 말씀은 이를 대표적으로 보여 준다.

주님은 죄의 값을 대신 치름으로 하나님과 사람 사이의 장벽을 허무셨다. 예수님은 평소 "나는 양을 위하여 목숨을 버리노라."(요10:15) 하셨다. 가야바도 "한 사람이 백성을 위해 죽어서 온 민족이 망하지 않게 되는 것이 너희에게 유익하다."라는 이 말은 예수님이 민족을 위하고 또 하나님의 자녀를 모아 하나가 되게 하기 위하여 죽으실 것을 미리 말함이라 하였다(요11:49 – 52). 예수의 죽음이 어떤 성격을 가지게 되는가를 가야바도 알고 있었다는 말이다.

그럼에도 불구하고 빌라도는 왜 대제사장들의 요구대로 예수를 죽이고자 했는가. 빌라도는 이미 알았다. 예수님을 시기했기 때문이다(막15:10). 예수님의 비유처럼 "농부들이 그(포도원 주인의 사랑하는 아들)를 보고 서로 의논하여 가로되 '이는 상속자니 죽이고 그 유업을 우리의 것으로 만들자.'"(눅20:14) 결국 예수는 우리의 범죄 함을 위하여 내줌이 되었다(요4:25).

- "그가 산 자의 땅에서 끊어짐은 마땅히 형벌을 받을 내 백성의 허물을 인함이요."(사53:8)

- "하나님께서 그로 상함을 받게 하시기를 원하사 질고를 당케 하셨은즉 그 영혼은 속건제물로 드리기에 이르면 그가 그의 씨를 보게 되며 그날은 길 것이요 또 그의 손으로 하나님의 뜻을 성취하리로다. 나의 의로운 종이 자기 지식으로 많은 사람을 의롭게 하며 그들의 죄악을 친히 담당하리라."(사53:10, 11).

- "그리스도께서 하나님의 뜻을 따라 이 악한 세대에서 우리를 건지시려고 우리 죄를 위하여 자기 몸을 드리셨으니."(갈1:4)

- "그가 모든 사람을 위하여 자기를 속전으로 주셨으니."(딤전2:6)

- "그가 우리를 대신하여 자신을 주심은 모든 불법에서 우리를 구속하시고 우리를 깨끗하게 하사 선한 일에 열심 하는 친백성이 되게 하려 하심이라."(딛2:14)

- "너희 조상의 유전한 망령된 행실에서 구속된 것은 은, 금과 같이 없어질 것으로 한 것이 아니요 오직 흠 없고 점 없는 어린양 같은 보배로운 피로 한 것이니라."(벧전1:18, 19)

- "친히 나무에 달려 그 몸으로 우리 죄를 담당하셨으니 이는 우리로 죄에 대하여 죽고 의에 대하여 살게 하려 하심이라.

저가 채찍에 맞음으로 너희는 나음을 얻었나니."(벧전2:24)

단번에 드리심과 구원

예수의 십자가 보혈은 단번에 모든 죄를 해결하는 사건(once and for all act)이다.

- "그의 죽으심은 죄에 대하여 단번에 죽으심이요."(롬6:10)
- "이제 자기를 단번에 제사를 드려 죄를 없게 하시려고 세상 끝에 나타나셨느니라."(히9:26)
- "오직 그리스도는 죄를 위하여 한 영원한 제사를 드리시고 [--] 저가 한 제물로 거룩하게 된 자들을 영원히 온전케 하셨느니라."(히10:12-14)

나아가 자신을 드리심은 우리를 영원한 구원으로 이끄시기 위함 이다.

- "모세가 광야에서 뱀을 든 것같이 인자도 들려야 하리니 이는 저를 믿는 자마다 영생을 얻게 하려 하심이니라."(요3:14, 15)
- "내가 땅에서 들리면 모든 사람을 내게로 이끌겠노라."(요 12:32)
- "그들의 모든 환난에 동참하사 자기 앞의 사자로 그들을 구 원하시며 그 사랑과 긍휼로 그들을 구속하시고."(사63:9)

모세 때 불 뱀에게 물린 자가 장대에 매달린 구리 뱀을 보고 나음을 입은 것(민21:6-9)처럼 예수님은 이 세대의 구리 뱀이 되어 십자가에 매달리셨다(요3:14). 에덴동산에서 죄를 지은 인류는 십자가에 달리신 예수님을 보고 살 수 있다. 여호수아가 유대민족을 약속의 땅으로 이끌고 간 것처럼 예수님이 우리를 구원으로 인도하신 것이다. 여호수아나 예수 모두 구원을 뜻한다. 여호수아가 히브리식 이름임에 비해 예수는 희랍식 이름이다.

멸시와 치욕에서 영광과 존귀로

구약에서 나무에 달린 자는 저주받은 죄인으로 간주했다. "나무에 달린 자는 하나님께 저주를 받았음이라."(신21:23) 죽여서 달았고, 당일에 장사를 지내 하나님의 땅을 더럽히지 않도록 했다. 그런데 예수님이 우리를 위해 스스로 나무에 달린 자가 되신 것이다. "그리스도께서 우리를 위하여 저주를 받은 바 되사 율법의 저주에서 우리를 속량하셨으니 기록된바 '나무에 달린 자마다 저주 아래 있는 자'라 하였음이라."(갈3:13) 율법으로 보면 저주받은 나무에서 승리하셨다. 하나님의 사랑이 저주와 멸시를 이기고 우리를 살린 것이다.

십자가의 주님은 멸시를 받으셨다. 주님은 처절하게 버림받았음을 말씀하셨다. "나의 하나님, 나의 하나님 어찌하여 나를 버리시나이까."(마27:46) 다윗은 이 버림받음의 모습을 다음과 같이 묘사한다. "나를 보는 자는 다 비웃으며 입술을 비쭉이고 머리를 흔들며 말하되 '저가 하나님께 의탁하니 구원하실걸, 저를 기뻐하니 건지실걸' 하나이다."(시22:7, 8). 이 시편상황이 그대로 재현된다. "성전을 헐고 사흘에 짓는 자여 네가 만일 하나님의 아들이어든 자기를 구원하고 십자가에서 내려오라. [--] 저가 하나님을 신뢰하니 하나님이 저를 기뻐하시면 이제 구원하실지라. 제 말이 하나님의 아들이라 하였도다."(마27:40, 43) 멸시요 희롱이다. "나의 신뢰하는 바 내 떡을 먹던 나의 가까운 친구도 나를 대적하여 그 발꿈치를 들었나이다."(시41:9) 주님도 배반을 당하지 않았는가.

  "십자가는 그리스도의 보좌요 가시관은 그의 면류관이다."라는 말이 있다. 이것은 역설이 아닐 수 없다. 치욕의 상징인 십자가가 영광의 상징으로, 절망이 광명으로, 건축자들이 버린 돌이 집 모퉁이의 머릿돌(행4:11)로 바뀐 것이다.

- "죽음의 고난을 받음으로 영광과 존귀로 관 쓰신 예수를 보니."(히2:9)
- "하나님이 그 종 예수를 영화롭게 하셨으니 너희가 저를 넘겨 주고 빌라도가 놓아 주기로 결안한 것을 너희가 그 앞에서 부인하였으니."(행3:13)
- "너희는 저를 죽은 자 가운데서 살리시고 영광을 주신 하나님을 그리스도로 말미암아 믿는 자니."(벧전1:21)

  예수님은 배반을 꿈꾸는 가룟 유다가 나간 후 말씀하셨다. "지금 인자가 영광을 얻었고 하나님도 인자를 인하여 영광을 얻으셨도다."(요13:31) 십자가의 고난이 영광의 고난이 될 것임을 말씀하신 것이다. 이 말씀이 그대로 이루어졌다.

우리가 질 십자가

예수님의 십자가는 더 이상 수치스러운 것이 아니다. 자랑스러운 십자가다. 주님이 우리를 위해 십자가에 못 박히신 것처럼 바울은 세상을 위해 자신이 십자가를 지기를 원했다. "그러나 내게는 우리 주 예수 그리스도의 십자가 외에 결코 자랑할 것이 없으니 그리스도로 말미암아 세상이 나를 대하여 십자가에 못 박히고 내가 또한 세상을 대하여 그리하리니."(갈6:14)

"내가 그리스도와 함께 십자가에 못 박혔으니 이제는 내가 산 것이 아니요 오직 내 안에 그리스도께서 사신 것이라 내가 육체 가운데 사는 것은 나를 사랑하사 나를 위하여 자기 몸을 버리신 하나님의 아들을 믿는 믿음 안에서 사는 것이라."(갈2:20)

이것은 우리도 그리스도와 함께 십자가에 못 박히는 삶을 살아야 한다는 것을 말해 준다. 주님은 손과 발에 못 박히시고 심장을 창에 찔리셨다. 우리도 온몸 손발 묶어 완전한 제물 되어 제단 위에 올려놓아야 한다. 우리가 주 안에서 영원히 살기 위함이다.

예수님은 제자들에게 가르치실 때에도 십자가에 대해 언급하셨다. "누구든지 나를 따라오려거든 자기를 부인하고 자기 십자가를 지고 나를 좇으라."(마16:24) 이 십자가는 우리가 그리스도의 제자로서 져야 할 십자가다.

자기를 부인하라는 것은 내적인 자기 부정이 있어야 함을 의미한다. "모든 생각을 사로잡아 그리스도에게 복종하니."(고후10:5)라 할 만큼 철저히 자기를 포기하는 것이다. 자기를 버리는 대신 그리스도를 받아들이고, 그에게 전적으로 순복하며, 그분을 따르는 것이다.

자기 십자가를 진다(bear own cross)는 것은 우리의 이기주의, 교만, 나위주의 삶을 버리고 주님의 뜻을 따르는 것을 말한다. "그리스도 예수의 사람들은 육체와 함께 그 정과 욕심을 십자가에 못 박았느니라."(갈5:24)

'나를 좇으라.' 이것은 우리도 그 십자가 위해서 죽어야 한다는 것을 의미한다. 제자로서의 삶은 그만큼 힘들고, 고되며, 조용하지 않은 삶이다. "우리가 하나님 나라에 들어가려면 많은 환난을 겪어야 할 것이라."(행14:22) 바울은 빌립보서에서 "내가 그리스도와 그 부활의 권능과 그 고난에 참예함을 알려 하여 그의 죽으심을 본받아 어찌하든지 죽은 자 가운데서 부활에 이르려 하노니."(빌3:10)라 했다. 제자의 삶은 고난에 동참하는 삶이다. 그러나 그 고난은 우리를 축복에 이르게 하고, 구원을 더 확실하게 만든다.

베드로는 고난에 참예는 장래에 기쁨을 넘치게 할 것이라 하였고, 바울은 위로가 넘친다고 고백하였다. "너희가 그리스도의 고난에 참예한 것으로 즐거워하라 이는 그의 영광을 나타내실 때 너희로 즐거워하고 기뻐하게 하려함이라."(벧전4:13) "그리스도의 고난이 우리에게 넘친 것같이 우리의 위로도 그리스도로 말미암아 넘치는도다."(고전1:5)

죄 없으신 예수님이 십자가를 지신 것은 바로 우리 모두 때문이다. 우리를 죄로부터 벗어나 영생을 얻게 하려 함이요(요3:15, 16) 하나님의 자녀를 하나 되게 하기 위함이며(요11:52) 선한 일에 열심 하는 친백성이 되게 하려 함이다(딛2:14). 한마디로 더 이상 사단의 자녀가 아니라 하나님의 자녀로서 살게 하기 위함이다. 주님이 우리를 위해 그 십자가를 지신 것처럼 우리도 이웃을 위해 사랑의 십자가를 질 차례다. 그들도 주님의 자녀이기에.

제6장 한 강도의 회개

예수님은 십자가에 달리신 그 순간에서까지도 죄인의 회개를 기뻐하셨다. 누가복음 23장 39장에서 43절을 보자.

십자가에 못 박히실 때 예수님에 대한 반응은 여러 가지였다. 많은 여인들은 가슴을 치고 슬피 울며 주님을 따라왔다(27절). 이에 반해 관원들은 비웃고, 조롱하고, 희롱하였다(35, 36－37절). "네가 그리스도거든 너나 구원해라." 백성들은 서서 구경했다(35절).

두 행악자가 같은 시간에 십자가에 못 박히게 되었다. 그 행악자는 강도였다(마27:28; 막15:27). 예수님이 강도와 같은 취급을 받으신 것이다. 검과 몽치를 들고 예수님을 잡으러 왔을 때 "너희가 강도를 잡는 것같이 검과 몽치를 가지고 왔느냐" 하셨는데, 사형집행 때도 강도와 같은 취급을 당하신 것이다. 그러나 이것은 예언을 응하게 하신 것이다. "그는 강포를 행치 아니하였고 그 입에 궤사가 없었으나 그 무덤이 악인과 함께 되었으니."(사53:9)

예수님을 비방한 한 강도

39절을 보면 두 강도 중 한 강도는 "네가 그리스도가 아니냐. 너와 우리를 구원하라." 소리쳤다. 그는 예수님을 '구원자'로 보았다. 이것은 "네가 그리스도라고? 그러면 너나 구원해 보지. 그래." 라는 관원들의 조롱과는 성격이 다르다. 그들은 '예수님이 그리스도가 아니다.'는 전제로 비웃었지만 이 강도는 예수를 일단 구원자로 보았기 때문이다.

그러나 그 구원의 간청은 회개가 동반한 것이 아니었다. 네가 하나님의 아들 그리스도니까 무슨 수를 써서라도 이 어려움에서 벗어나게 해 달라는 것이다. 회개는 하지 않고 형벌에서는 벗어나고자 하는 기복적인 신앙을 가진 것이다. 예수를 그리스도로 알고 있었지만 자기 형편을 낫게 하기 위해 예수님을 이용한 것이다.

기복신앙은 문제가 된다. 불교의 경우 여러 보살이 있지만 우리나라에서는 특히 '나무관세음보살'을 외친다. 이것은 기복신앙의 한 단편이다. 나무는 '귀의한다, ○○에게 도움을 청한다'는 뜻을 가지고 있다. 관세음은 이란에서 영향을 받은 것으로 알려져 있는데, 높은 데서 떨어져도 공중에서 보호를 받고 칼이 목을 쳐도 칼을 오히려 부러지게 한다는 전설을 가진 보살이다.

우리는 지금 어떠한 신앙을 가지고 있는가? 십자가에 달리신 예수님을 향하여 '나의 이 어려움을 보살펴 주지 않고 뭐하는 겁니까?' 외치지나 않는가. 예수님의 십자가 고통은 누구를 위한 고통인데 지금 주님의 고통을, 그 고통의 의미를 생각지 않고 나 자신의 순간적인 불편함, 불행, 고통만을 내세우며 왜 이것을 먼저 해결해 주지 않느냐고 고집하지 않는가. 더욱이 한 치의 회개도 없이. 주님은 그러한 우리의 자세를 나무라신다. "왜 너는 회개하지 않느냐? 너만 그리도 중하냐? 네 죄는 어떻게 하고."

최후의 순간에 예수님 편에 선 강도

다른 강도는 달랐다. 오히려 그 강도를 꾸짖었고, 회개하는 모습을 보였다(40 - 41절). 그는 무엇보다 하나님을 두려워하는 사람이었다(40절). 이것은 회개한 자가 가지는 기본적인 태도이다. 회개한 자는 언제나 사람보다 하나님을 두려워한다. 그래서 그는 회개하지 않고 염치없이 요구하는 강도를 꾸짖을 수 있었다.

그는 그 사람을 꾸짖으며 말했다. "네가 동일한 정죄를 받고서도 하나님을 두려워 아니 하느냐." 주님이 우리와 같이 십자가형을 받는 것만 해도 송구스러운 일인데 그런 말을 할 수 있느냐는 것이다.

그는 예수님이 누구이신가를 확실히 알고 있었다(41절). 십자가 형벌은 저주스러운 형벌이다. 형을 받으면 일반적으로 낙심과 좌절과 분노가 앞선다. "나는 안 그랬는데, 누구의 모함이었는데." 자기 죄를 인정하려 들지 않는다. 그러나 이 강도는 자기의 죄를 인정했다. "우리는 우리의 행한 일에 상당한 보응을 받는 것이니 이에 당연하거니와"(41절) 자기의 죄인 됨을 철저히 인식해 형벌받는 것도 마땅하다 생각했다.

그러나 예수님은 형벌을 받을 만한 일을 하지 않으신 분인데 이런 형벌을 받고 있다. "이 사람의 행한 것은 옳지 않은 것이 없느니라."(41절) 그는 예수님이 어떤 분이신가를 바로 깨달았다. 주님이 그에게 어떤 기적을 보여 주지 않았음에도 그는 예수님이 그리스도임을 알고 자신의 죄를 회개하며 주님 편에 섰다. 다른 모든 사람들이 서서 구경하고 비웃고 조롱했지만, 심지어 제자들도 배반하고 숨고 도망했지만, 이 낯선 강도가 최후의 순간에 주님 편에 선 것이다.

주님이 우리에게 잘해 주셨을 때 우리는 주님 편에 서기 쉽다. 그러나 주님도 고난을 당한다고 생각할 때, 주님도 별 수 없구나 하는 생각이 들 때, 우리는 쉽게 주님을 놓아 버리고 잊는다. 그리고 다른 것을 찾으러 다니기 쉽다. 그러나 이 강도는 그렇게 하지 않았다. 어려움의 순간, 최악의 순간에 주님 편에 섰다.

그는 회개했으며 자기 죄를 알았다. 자기가 왜 고통을 당해야 하는가를 알았다. 그리고 주님이 십자가를 지실 죄인이 아닌데도 불구하고 십자가 지심을 알고 있었다. 그 십자가는 인류구원을 위한 십자가요 그분은 하나님의 일에 복종하시는 메시아임을.

그는 주님을 의지했다(42절). 그는 십자가에 달리신 예수님을 힘없는 주님으로 보지 않았다.

"예수여, 당신의 나라에 임하실 때에 나를 생각하소서."(42절)

예수님이 십자가에 매달려 형편없는 모습으로 있지만 그분은 메시아이고 그분의 나라가 임할 것을 믿었다. 신학적으로 볼 때 그는 종말적 구원사상을 가지고 있었고, 영광 중에 재림하실 것을 믿었다.

그의 이 말은 성경에 기록된 그 어떤 기도보다 간절하고, 가장 강한 믿음을 표현하고 있다. 환란과 시련은 믿음을 단련시킨다. 로마의 박해는 기독교를 성장하게 하고 세계 복음화를 앞당겼다. 신사참배와 6 · 25는 한국기독교를 더 발전시켰다. 십자가의 고통은 참다운 신앙을 낳는다. 기독교는 십자가의 종교이다. 핍박, 박해, 순교의 종교이다. 기독교는 이것을 통해 자라고 성장하고 발전했다.

그는 자신을 세상이 아니라 주님께 맡겼다. 그는 회개했고, 종말적 구원을 믿었다. 주님이 죄인인 나를 생각만 해 주셔도 그것으로 만족하겠나이다. 생각만 해 주셔도 모든 일이 해결될 것으로 믿었다. 우리는 지금 누구를 향해 있는가. 누구를 향해 기도하고 있는가. 누구를 의지하고 있는가.

회개하는 자와 함께하시는 예수님

예수님은 그 최후의 순간에도 회개하는 자와 함께하셨다. "내가 진실로 네게 이르노니 오늘 네가 나와 함께 낙원에 있으리라."(43 절) '진실로'는 '진정으로, 꼭'이라는 뜻으로 다짐과 강조의 의미를 가지고 있다. '오늘'은 종말적 구원을 앞당겨 '오늘' 구원을 약속하셨다. '곧, 지금부터'이다. '나와 함께'는 그리스도의 백성이 된 사람들에게 죽음이란 그 순간에 예수님과 함께하는 가장 행복한 상태임을 보여 준다. 나아가 주님은 회개한 그에게 낙원을 약속했다. 유대인들은 구원을 얻은 자들의 죽은 영혼이 예수님 재림하실 때, 부활하기까지 여기서 기다리는 것으로 생각했다. 아브라함도 거기 가서 있는 것으로 생각했다(눅16:22). 그러나 낙원은 예수님과 함께하는 자리이리라. 그곳에 행복이 있고, 기쁨이 있다.

구원의 나라는 죄인이 자기의 죄를 인정하고 자기의 죄를 회개하며 온전히 주님 편에 섰을 때 임하는 것이다. 우리는 마땅히 형벌을 받을 자임을 인정하며 적극적으로 회개하는 자세가 필요하다.

그리스도인은 이 세상적인 것, 정욕, 이기심, 죄악 등을 십자가에 못 박고 주님과 함께 영원히 살아야 할 존재들이다. 우리는 지금 십자가에 달리신 예수님을 향해 무엇이라 외치고 있는가? "이 괴로움, 이 아픔을 당신의 능력으로 피하게 해 주세요." 아직도 나의 유익만 구하고 있지 않는가. 아니면 주님의 고통, 죄 없으신 주님께서 왜 십자가를 지시는가를 생각하고 자기의 죄를 회개하며 그 나라를 사모하고 있는가.

예수님은 십자가에 달리시는 최후의 순간에도 죄인의 회개를 기뻐하고 그 영혼을 담당해 주셨다. 주님은 지금 이 순간에도 우리가 회개하기를 기다리고, 우리의 회개를 받으며, 우리의 눈물을 닦아 주시는 분이다. 그 주님은 지금도 우리를 기다리고 있다.

제7장 보배로운 피, 하나님의 피

종종 그 사람의 설교 속에는 보혈의 피가 없다는 말을 한다. 사람들에게 듣기 좋은 말만 골라서 하면 그것이 무슨 설교냐는 것이다. 요즘 강단에선 보혈의 피 대신 엔터테인먼트가 더 가깝다. 그래서 한국교회는 더 문제 있는 교회로 빠져드는지 모른다.

기독교는 십자가의 종교요 보혈의 피가 있는 종교다. 피를 말하니까 도살장이나 푸줏간 생각이 날지 모른다. 그러나 기독교는 도살장이나 푸줏간 신학이 아니다. 주님의 보혈은 죄인, 곧 우리 모두를 위해 흘려졌다. 만일 우리가 그 피로 속죄함을 받지 못했다면 우리는 아직도 죄 가운데 있을 것이다. 보혈은 사랑의 증거요 화해와 용서의 약속이며 죄인의 두꺼운 휘장을 파괴한다. 피의 복음이 전파될 때 우리를 향한 주님의 사랑이 함께 전해지고, 우리의 삶이 더욱 의미 있게 바뀐다.

그리스도의 보배로운 피, 하나님의 피

보혈은 보통의 피가 아니다. 동물이나 보통 사람의 피가 아니다. 그것은 우리를 위해 흘려 주신 하나님의 피, 신령한 피다. 그리스도의 피만이 화목제물 되사 우리 죄를 대속하실 수 있다. 이 피는 없어지지 않는 보혈이다.

- "너희 조상의 유전한 망령된 행실에서 구속된 것은 은이나 금같이 없어질 것으로 한 것이 아니요 오직 흠 없고 점 없는 어린양 같은 그리스도의 보배로운 피로 한 것이니라."(벧전1:18, 19)
- "너희는 자기와 온 양 떼를 위하여 삼가라 성령이 저들 가운데 너희로 감독자를 삼고 하나님이 자기 피로 사신 교회를 치게 하셨느니라."(행20:28)
- "그리스도께서 장래 좋은 일의 대제사장으로 오사 손으로 짓지 아니한 더 크고 온전한 장막으로 말미암아 염소와 송아지의 피로 아니 하고 오직 자기 피로 영원한 속죄를 이루사 단번에 성소에 들어가셨느니라."(히9:11, 12)

피의 신성함

하나님의 피만 중요한 것이 아니다. 하나님은 짐승이나 사람의 피를 생명으로 간주하셨다. 특히 사람은 하나님의 형상을 가진 존재이기 때문에 살인을 금하셨다.

노아 1홍수 이후 하나님의 최초명령은 피를 먹지 말라는 것이었다. 성경에서는 피를 매우 신성하게 본다. 유대인은 피를 먹지 말라는 레위기의 말씀에 따라 피를 완전히 뺀 '코셔(kosher) 고기'만 먹는다. 사도시대 때도 교인들에게 피를 멀리할 것을 가르쳤다.

- "그러나 고기를 그 생명 되는 피째 먹지 말 것이니라. 내가 반드시 너희 피 곧 너희 생명의 피를 찾으리니 짐승이면 그 짐승에게서, 사람이나 사람의 형제면 그에게서 그의 생명을 찾으리라 무릇 사람의 피를 흘리면 사람이 그 피를 흘릴 것이니 이는 하나님이 자기 형상대로 사람을 지으셨음이라."(창 9:4 – 6)

- "너희 중에 아무도 피를 먹지 말며 너희 중에 우거하는 타국인이라도 피를 먹지 말라 하였나니 {– –} 너희 사는 모든 곳에서 무슨 피든지 새나 짐승의 피를 먹지 말라. 무슨 피든지 먹는 사람이 있으면 그 사람은 다 자기 백성 중에서 끊어지리라."(레7:12, 26 – 27)

- "다만 우상의 더러운 것과 음행과 목매어 죽인 것과 피를 멀리하라고 편지하는 것이 가하니."(행15:20)

피의 제사와 속죄

구약의 피의 제사는 죄를 없애고 성결케 하는 역할을 한다. 그 피가 닿는 곳마다 성결케 된다. 구약의 제사는 그림자와 같다.

- "그 피를 네 손가락으로 단 뿔들에 바르고 그 피 전부를 단 밑에 쏟을지며 {– –} 너는 그 숫양을 잡고 그 피를 취하여 단 위의 주위에 뿌리고."(출29:12, 16)

- "첫 언약도 피 없이 세운 것이 아니니 모세가 율법대로 모든 계명을 온 백성에게 말한 후에 송아지와 염소의 피와 물, 붉은 양털, 우슬초를 취하여 그 책과 온 백성에게 뿌려 이르되 이는 하나님이 너희에게 명하신 언약의 피라 하고 또한 이와 같이 피로써 장막과 섬기는 일에 쓰는 모든 그릇에 뿌렸느니라."(히9:18 - 21)

제사장의 귀 끝, 엄지손가락, 발톱 위에 피를 뿌려 성결케 했다. 귀에 뿌리면 하나님의 말씀에 더 귀 기울이게 될 것이고, 손과 발에 뿌리면 하나님을 위해 더 열심히 일하게 될 것이다. 나아가 이 피는 속죄의 피라는 속성을 가진다. 구속의 값은 피라는 말이다.

- "육체의 생명은 피에 있음이라 내가 이 피를 너희에게 주어 단에 뿌려 너희의 생명을 위하여 속하게 하였나니 생명이 피에 있음으로 피가 죄를 속하느니라 [- -] 그러므로 너희 중에 아무도 피를 먹지 말라."(레17:11)
- "율법을 좇아 거의 모든 물건이 피로써 정결케 되나니 피 흘림이 없은즉 사함이 없느니라."(히9:22)

그리스도의 피, 속죄의 피

그리스도의 피는 속죄의 피다. 그 피는 인간을 구원하려는 하나님의 뜻을 담고 있다. "죽더라도 하나님의 뜻이 이루어져야 한다."는 의지를 담고 있다.

이 피는 단순한 인간의 피가 아니다. 완전한 피, 죄 없고 썩지 아니할 그리스도의 피다. 아담의 피는 죄로 말미암아 부패했다. 죄의 값은 사망이므로 그 죽음을 폐지할 수 있는 것은 그리스도의 생명이다. 그 피가 우리 죄를 속량하기 위한 속전이 된 것이다. 옛날엔 전쟁에 패하여 포로가 되면 노예가 되었다. 노예들을 풀어주기 위해서는 돈을 지불했다. 그리스도는 죄의 노예 된 우리를 해방시키기 위해 피로 속전을 치르셨다.

- "이제 우리가 그 피를 인하여 의롭다 하심을 얻었은즉 그로 말미암아 진노하심에서 구원을 얻을 것이니 곧 우리가 원수 되었을 때 그 아들의 죽으심으로 말미암아 하나님과 화목 되었은즉 화목 된 자로서는 더욱 그의 살으심을 인하여 구원을 얻을 것이니라."(롬5:9, 10)

- "염소와 황소의 피와 암송아지의 재로 부정한 자에게 뿌려 그 육체를 정결케 하여 거룩게 하거든 하물며 영원하신 성령으로 말미암아 흠 없는 자기를 하나님께 드린 그리스도의 피가 어찌 너희 양심으로 죽은 행실에서 깨끗하게 하고 살아계신 하나님을 섬기게 못 하겠느냐."(히9:13, 14)

- "대제사장이 해마다 다른 것의 피로서 성소에 들어가는 것같이 자주 자기를 드리려고 아니 하실지니 그리하면 그가 세상을 창조할 때부터 자주 고난을 받았어야 할 것이로되 이제 자기를 단번에 제사로 드려 죄를 없게 하시려고 세상 끝에 나타나셨느니라."(히9:25, 26)

- "이는 황소와 염소의 피가 능히 죄를 없이하지 못함이라. [ㅡㅡ] 제사장마다 매일 서서 섬기며 자주 같은 제사를 드리되 이 제사는 언제든지 죄를 없게 하지 못하되 오직 그리스도는 죄를 위하여 한 영원한 제사를 드리시고 하나님 우

편에 앉으사 [- -] 저가 한 제물로 거룩하게 된 자들을 영
원히 온전케 하셨느니라."(히10:4, 11 - 12, 14)

- "우리가 빛 가운데서 행하면 그 아들 예수의 피가 우리를 모
  든 죄에서 깨끗케 하실 것이오."(요일1:7)
- "우리를 사랑하사 그의 피로 우리 죄에서 우리를 해방하시고
  그 아버지 하나님을 위하여 우리를 나라와 제사장으로 삼으신
  그에게 영광과 능력이 세세토록 있기를 원하노라."(계1:5, 6)
- "일찍 죽임을 당하사 사람들을 피로 사서 하나님께 드리시
  고."(계5:9)
- "내가 가로되 내 주여 당신이 알리이다 하니 그가 이르되 이
  는 큰 환난에서 나오는 자들인데 그 어린양의 피에 그 옷을
  씻어 희게 하였느니라."(계7:14)

히브리서 10장의 한 영원한 제사는 마지막 피 뿌림이었음을 의
미한다. 이 피는 영원한 성령(히9:14)으로 말미암아 영원하고, 항상
신선하며, 독자적이고 불멸한 생명력을 얻는다.

구약 제사에서 동물의 피는 죄를 완전히 제거할 수 없었다. 당
분간 지나갈 수 있게 하는 역할만 했다. 그러나 그리스도의 피의
제사는 성령을 통해 완전하게 죄를 없앨 수 있다. 하나님은 성령
을 통해서 역사하신다. 요한은 "증거 하는 이가 셋이니 성령과 물
과 피라 또한 이 셋이 합하여 하나이니라."(요일5:8) 하였다. 성령
안에서 보혈의 능력이 효과를 발휘하도록 성령과 보혈을 분리하지
않고 묶은 것이다. 하나님은 성령을 주시고, 보혈의 능력은 성령을
통해서 된다. 그리스도께서 보혈을 흘리실 때 성령은 주님 안에
계셨다. 이 그리스도의 피만이 단번에 영원한 제사를 드리고, 우리

를 죄에서 깨끗게 할 수 있다. 우리는 보혈의 뿌림을 통해서 성결케 된다. 거룩하게 하고 순종하게 하는 성령이 죄인을 하나님의 자녀로 완전히 회복시킨다.

우리에게 힘을 주시는 그리스도의 피

예수의 피는 성소에 들어갈, 즉 하나님께 나아갈 담력을 준다. 그 피로 이기고 또 이긴다. 신적 효능을 가진 피다.

- "그러므로 형제들아 우리가 예수의 피를 힘입어 성소에 들어갈 담력을 얻었나니 [- -] 우리가 마음에 뿌림을 받아 양심의 악을 깨닫고 몸을 맑은 물로 씻었으니 참마음과 온전한 믿음으로 하나님께 나아가자 또 약속하신 이는 미쁘시니 우리가 믿는 도리의 소망을 움직이지 말고 굳게 잡아."(히 19:19, 22, 23)

- "또 여러 형제가 어린양의 피와 자기의 증거 하는 말을 인하여 저를 이기었으니 그들은 죽기까지 자기 생명을 아끼지 아니하였도다."(계12:11)

어린 양은 신격, 인성, 사랑, 순종의 상징이다. 어린양은 우리 죄를 대속하기 위해 기꺼이 희생제물이 되었다. 교만보다 순종함으로. 양처럼 온순하게, 그리고 오래 참음으로. 그 순종을 통해 첫번째 아담이 잃었던 것을 회복했다. 어린양은 찬양을 받는다. "구원하심이 보좌에 앉으신 우리 하나님과 어린양에게 있도다. [- -] 아멘 찬송과 영광과 지혜와 감사와 존귀와 능력과 힘이 우리 하나

님께 세세토록 있을지로다."(계7:10, 12)

그 피로 돌아가야

주님을 우리를 피로 사셨다. 죄에 빠진 우리 인간을 구하기 위해 자신의 피로 속전을 치르신 것이다. 그러므로 우리의 구원은 그저 얻어진 것이 아니다. 우리가 치러야 할 죄의 대가를 주님이 대신 지불하셨다는 것을 잊어서는 안 된다.

이제 주님이 우리를 위해 속전을 지불하셨기 때문에 우리는 그분의 것이 되었다. 피로 사심을 인정하고 받아들이는 것은 바로 자신이 그분의 소유됨을 인정하는 것이다. 그러므로 우리는 죄에서 떠나 주 앞에 나가야 한다. 주님은 아무 클레임도 하지 않으시고 우리를 그대로 받으시고, 우리를 그의 자녀로 삼고 확실히 돌보신다. 우리는 자신의 보혈, 곧 죽음으로 얻은 사랑스러운 자녀가 되었다.

베드로는 편지를 쓰면서 이렇게 썼다. "예수 그리스도의 사도 베드로는 [ㅡㅡ] 곧 하나님 아버지의 미리 아심을 따라 성령의 거룩하게 하심으로 순종함과 예수 그리스도의 피 뿌림을 얻기 위해 택하심을 입은 자들에게 편지하노니 은혜와 평강이 너희에게 더욱 많을지어다."(벧전1:1 - 2) 성도를 가리켜 그리스도의 피 뿌림을 얻기 위해 택하심을 받은 자라 한 것이다. 그리스도를 통해 성결케 되었기 때문이다.

바울은 그 피로 인해 하나님과 가까워졌고, 한 성령 안에서 하나님께 나아감을 얻는다 했다. "이제는 전에 멀었던 너희가 그리스도 예수 안에서 그리스도의 피로 가까워졌느니라. [--] 우리들이 한 성령 안에서 하나님께 나아감을 얻도록 하려고."(엡2:13, 18) 또한 그 피로 인해 화평을 얻었다. "그의 십자가의 피로 화평을 이루사 만물 곧 땅에 있는 것들이나 하늘에 있는 것들을 그로 말미암아 자기와 화목게 되기를 기뻐하심이라."(골1:20) 이제는 그 화평을 이웃과 나눌 차례다. 그리스도의 평안을.

제9부

부활 그 이후

제1장 부활, 그 불감증에서 오는 상실과 회복

  고등학교 동창생 카페에 한 목사 동창생이 부활절을 지나며 단상의 글을 올렸다. 제목은 '부활 불감증' 이 제목을 보는 순간, 우리는 부활절의 깊은 의미를 새기기보다 그저 매년 오는 절기의 하나로 여기지나 않는지 다시금 생각하게 되었다.

  불감증, 영어로 하면 무감각함(insensitive)다. 부활에 대해 불감증 현상이 있다면 우리의 신앙은 매우 위험할 수 있다. 교회는 예수 부활을 생명을 걸고 소리친 사람들에 의해 형성되었을 만큼 중요하기 때문이다. 도드(C. Dodd)에 따르면 부활신앙은 만들어 낸 것이 아니라 교회를 존재하게 만든 믿음이다. 그럼에도 불구하고 부활절을 감사절이나 성탄절과 함께 매년 루틴하게 오는 절기로만 간주한다면 문제가 아닐 수 없다.

  우리 안에는 부활을 사실로 받아들이지 않고, 교회가 강조하고 우리 목사님이 설교하니까 '그러려니 생각하고 그런 것으로 믿는 체'한다면 우리는 많은 것을 잃게 된다. 이런 믿음으로는 구원을 얻을 수 없다. 믿음의 실체에 접근하지 않기 때문이다.

  부활 불감증으로 우리가 잃게 되는 것은 무엇일까? 하늘의 기쁨을 상실하고, 부활의 소망을 상실하고, 우리가 옛사람을 벗어 버리고 새사람을 입는 변화의 기회를 상실하게 된다. 우리는 이 상실을 회복으로 바꿔 놓아야 한다.

예수 부활하셨네

예수님은 부활하셨다. 죽음의 권세를 깨뜨리신 것이다. 예수님의
부활은 우리 부활의 첫 열매가 되신다는 점에서 우리에게 소망을
가져다준다. 혹스(Hooks)에 따르면 기독교신앙에서 그리스도의 부
활은 새로 시작된 시간이며 이 부활은 우리로 하여금 역사를 새로
운 지평에서 이해하게 만든다.

예수님은 평소 자신이 부활하게 될 것을 말씀하셨다. "인자가
장차 사람들 손에 넘기어 죽임을 당하고 죽은 지 제삼일 만에 살
아나리라."(마17:22, 23) "이방인들에게 넘겨주어 그를 능욕하며 채
찍질하며 십자가에 못 박게 하리니 제삼일에 살아나리라."(마20:19)

예수님은 이것을 간접적으로도 비치셨다. "너희가 이 성전을 헐
라. 내가 사흘 동안에 일으키리라."(요2:19) 주님이 말씀하신 성전
은 성전 된 자기 육체를 말하는 것이요(요1:21) 사흘 동안에 일으
키겠다 하신 것은 죽은 자 가운데서 살아나실 것을 의미한다. 이
말씀을 하실 때 유대인들은 이 성전은 46년 동안 지었는데 어떻게
삼 일 만에 일으키겠느냐 비웃었다. 제자들도 이 말씀을 이해하지
못했지만 부활하신 후에 이 말씀을 깨닫게 되었다(요2:22).

마가복음 16장에 따르면 일요일 아침에 부활하셨다. 이날 아침
무덤으로 향유를 가져갔다. 유대 아사 왕 이래 시체에 향유를 발
랐는데(대하16:14) 예수님에게는 그간 향유를 바를 틈이 없었던 것
으로 보인다. 여인들은 "누가 우리를 위해 무덤의 돌을 굴려 내려

주리오." 염려했지만 돌은 이미 굴러 빈 무덤이 되어 있었다.

이 빈 무덤은 여러 가지 점에서 의미가 있다.

첫째, 예수님의 부활은 사망에 대한 생명의 완전한 승리를 보여 주는 사건이다. 주님은 죽음의 쏘는 가시를 꺾어 버리셨다. 루터의 표현대로 '죽음의 죽음'을 보게 하신 것이다. 이것은 죽음이 인간의 종점이 아니라 더 새롭고 영광되고 영원한 삶의 관문임을 부활을 통해 주님이 몸소 보여 주셨다.

둘째, 죄와 악으로부터의 구원, 십자가의 사랑과 화해가 부활을 통해 실현되었다. 우리가 부활을 믿는다는 것은 그리스도의 용서, 사랑, 자유를 믿는 것이다. 구원이 없으면 구원도 십자가도 의미가 없다.

셋째, 부활은 우리가 다시 살 수 있는 생기와 삶의 목표를 바로 잡아 준다. 부활 전 제자들은 실의에 빠졌다. 그러나 부활 후 그들의 삶은 달라졌다. 부활의 주님을 만나기 전 사울은 핍박자였다. 그러나 부활하신 주님을 만난 후 그는 완전히 달라졌다. 삶의 목표가 달라진 것이다.

넷째, 정의와 진리가 불의와 허위에 대해 궁극적으로 승리한 것이다. 회칠한 무덤과 양의 가죽을 쓴 이리 떼들의 위선과 허위가 진리이신 주님을 십자가에 못 박고 굳게 인봉까지 했지만 진리는 사흘 만에 무덤을 헤치고 나왔다. 생명의 주님이 죽음과 함께할 수 없기 때문이다. 진리와 정의는 막아 둘 수 없다.

하이데거는 인간을 가리켜 죽음을 향해 서 있는 존재라 했다. 하지만 그리스도인은 생명을 소유한 자다. 사람들은 죽은 자가 흙으로 돌아갔는데 어떻게 부활할 수 있느냐고 말한다. 말도 되지 않는다는 것이다. 인간은 할 수 없다. 그러나 하나님은 할 수 있다.

우리를 지으신 자는 없는 것을 있도록 부르시는 분이다(롬14:17). 우리는 부활을 통해 하나님이 새롭게 창조하실 수 있는 대상으로 돌아간다.

사후 그리스도인은 어떻게 되나? 세례를 받을 때 우리는 그리스도와 함께 죽고 새사람으로 태어난 사람들이다. 따라서 영적인 속성이 다르다. 골로새서 3장 3 - 4절을 보면 우리의 생명이 그리스도와 함께 하나님 안에 감추어져 있고, 우리 생명이신 그리스도께서 나타나실 그때에 우리도 그와 함께 영광 중에 나타난다. 주님은 우리를 다시 살리시는 분이시다. 요한복음 5장을 보자.

- "아버지께서 죽은 자들을 일으켜 살리심같이 아들도 자기의 원하는 자들을 살리느니라."(21절)
- "죽은 자들이 하나님의 아들의 음성을 들을 때가 오나니 곧 이때라 듣는 자는 살아나리라."(25절)
- "이를 기이히 여기지 말라 무덤 속에 있는 자가 다 그의 음성을 들을 때가 오나니 선한 일을 행한 자는 생명의 부활로, 악한 일을 행한 자는 심판의 부활로 나오리라."(28, 29절)

부활 불감증은 하늘의 기쁨을 상실케 한다

부활은 우리에게 세상이 주지 못하는 기쁨, 곧 하늘의 기쁨을 안겨 준다. 절기의 일상성만으로는 이 기쁨을 만끽할 수 없다. 고난주간이 끝나고 부활주일을 맞으면 사람들의 인상이 달라진다. 서로 'Happy Easter!' 'Happy Resurrection Day!' 하며 기쁨으로 인사를 한다. 이런 모습을 보는 것만으로도 뿌듯하다. 그런데 초대교회

교인들은 '예수님은 살아나셨습니다.' 하면 '진실로 살아나셨습니다.' 응답하며 부활의 기쁨을 나누었다고 한다. 'Happy Easter!'와 '진실로 살아나셨습니다.'에서 오는 느낌을 조용히 비교해 보라. 어느 것에 더 부활의 기쁨이 충만할까. 필자의 경우 초대교회에서 더 깊은 느낌을 받는다.

마태복음 28장은 부활절 아침을 아주 감격적으로 맞은 막달라 마리아를 소개하고 있다. 다른 공관복음도 마찬가지다. 우선 그녀는 예수님이 다시 살아나실 것이라는 기대를 전혀 갖지 못한 채 향료를 준비해서 무덤을 찾았다. 그런데 천사가 내려와 돌을 굴려내는 현장을 목격하게 되었고, 부활의 소식을 맨 처음 듣게 되었으며, 누구보다 먼저 주님을 만나게 되었다. 부활의 예수를 만나는 감격과 기쁨이 어떠했을까. 이 감격과 기쁨이 고스란히 우리에게 넘쳐야 한다. 더욱이 부활절 아침에는.

사도 바울은 고린도전서 15장에서 예수의 부활을 담대히 전하고 있다. 그는 여러 가정법(if)을 사용하면서, 만일 예수 그리스도가 부활하지 않았다면 우리의 전파하는 것도 헛것이요 믿음도 헛것이라 선언한다(고전15:14, 17). 우리는 여전히 죄 가운데 있을 것이고, 우리는 한마디로 망했다 할 것이다. 그는 말한다. "만일 그리스도 안에서 우리의 바라는 것이 다만 이생뿐이면 모든 사람 가운데 우리가 더욱 불쌍한 자리라."(고전15:19) 부활은 그만큼 중요하다는 말이다.

예수님의 부활을 믿는 자에게 하늘의 큰 기쁨이 따른다. 그 기쁨을 소유한 자에게는 세상은 더 이상 절대적인 것이 아니다. 막달라 마리아는 예수님이 십자가에 못 박혀 돌아가셨을 때 큰 절망에 빠졌을 것이다. 그러나 부활하신 주님을 대하면서 그 절망은 곧 희망으로 바뀐다. 육신적 고통, 고난, 걱정 등 모든 근심거리는 더 이상 그녀를 괴롭히지 못한다. 부활하신 주님으로 인한 기쁨만이 그 마음을 점령한다.

예수님의 부활이 우리에게 큰 기쁨을 주는 이유는 무엇인가? 그것은 예수의 부활이 우리가 생각하는 이상으로 엄청난 축복을 가져다주기 때문이다. 바울은 그 축복을 다음 몇 가지로 집약시켰다.

- 예수님이 죄와 사망을 이기고 부활하심으로 우리는 죄와 사단의 역사로부터 놓임을 받는다. 예수님의 승리는 나의 승리가 된다(롬6:6~7).
- 예수 믿는 우리에게 예수의 생명이 주어진다(롬6:4).
- 예수님이 부활하신 것처럼 우리 모두 부활한다(롬6:8).
- 우리는 예수와 함께 영광을 받게 된다(롬8:17).

우리가 예수의 부활을 믿는 한 우리는 이 축복을 받는다. 이 축복은 단순한 물질적 축복을 뛰어넘는다. 하늘의 축복은 이 세상의 것을 뛰어넘는다. 세상적인 쾌락도 이 부활의 기쁨을 대신할 수 없다. 우리 영혼을 살리고, 뛰게 하는 기쁨이요 순수한 기쁨이다. 토마스 아퀴나스는 말한다. "순수한 기쁨은 생명의 한 부분이다." 성령은 오늘도 우리로 하여금 이 기쁨을 소유하도록 하고, 이 기쁨을 통해 세상을 이기도록 한다. 주님은 부활을 통해 세상을 이기셨다. 우리도 부활의 기쁨을 가지고 이 험한 세상을 이겨야 한다. 세상 고통이 아무리 크다 해도 그것이 주님을 이길 수 없다. 그의 자녀도 이길 수 없다. "그 노염은 잠간이요 그 은총은 평생이로다. 저녁에는 울음이 기숙할지라도 아침에는 기쁨이 오리로다."(시30:5) 고난의 저녁이 지난 후 아침에 찾아오는 이 기쁨, 이것이 바로 부활의 기쁨이다.

부활 불감증은 소망을 상실케 한다

예수님의 부활은 우리에게도 부활의 소망을 준다. Easter는 동터 오는 새벽이라는 말이다. 어둠을 몰아내고 모든 것이 회복되는 날이 있음을 말해 준다. 기독교는 어느 종교와는 달리 영원한 소망을 갖게 한다는 점에서 차이가 있다.

하이델베르크교리문답([Heidelberg Katechismus) 제45문에 부활이 우리에게 어떤 유익이 있는가를 잘 보여 주고 있다. 그에 따르면 예수의 부활은 죽음을 이기고, 그의 의에 참여하며, 새 생명을 얻고, 예수의 부활이 내 부활이 되리라는 확실한 보증과 증거가 된다는 것이다. 여기서 우리가 주목해야 할 것은 예수의 부활이 장차 내 부활이 되리라는 소망이다.

주님이 부활하신 지 25년이 지난 후 바울은 예수님의 부활을 의심하는 사람들에게 예수의 부활이 사실이라는 것을 증명하였다.

부활이 사실이라는 것은 여인들을 통해서, 제자들을 통해서 증명되었다. 당시 사람들은 어떤 경우든 여인들이 증인이 되어 말하는 것을 믿지 않으려 했다. 그럼에도 불구하고 여인들이 증인으로 나서게 된 것은 진실이라는 증거다. 제자들뿐 아니다. 주님은 500여 제자들에게 일시에 보이셨다. 바울에게도 보이셨다(고전15:5, 8). 성경의 여러 곳을 종합해 보면 예수님은 모두 14번 자신을 보이셨다. 그 가운데 11번은 승천전이고, 나머지 3번은 승천 후이다. 승천 후에 보이신 것으로는 스데반의 순교 때, 사울에게, 그리고

밧모 섬의 사도 요한에게다. 그중에 당시 살아 있는 사람이 태반이다. 예수님이 부활했다는 것에 대해 로마군병, 대제사장, 빌라도도 아무 말도 하지 못했다. 사실이기 때문이다. 날조했다면 사형을 면치 못했을 것이다. 일부는 부활을 증명하다 순교했다. 거짓은 결코 오래가지 못한다.

부활이 사실인 것은 증인들 때문만도 아니다. 부활했는데도 헝클어지지 않고 머리와 몸을 감은 천이 원형 그대로 있고 몸만 빠져 나간(요20:7) 것이나 십여 명이 힘을 합해야 열 수 있는 심히 큰 무덤돌이 옮겨진(막16:4) 증거들, "내가 보고 들은 것을 전하지 않을 수 없다."고 말하는 베드로나 그렇게 의심 많던 도마가 믿음을 고백하고 순교의 자리로 나갈 만큼 변화된 제자들의 모습, 그리고 성령님이 주시는 마음의 확증(요1서5:6, 7, 8)들도 있다.

바울은 고린도전서 15장 1절을 통해 자신이 전한 복음의 키포인트는 부활임을 강조하였다. 부활의 전제는 십자가의 죽음이다. 부활은 우리 주님이 살아 계신 주이심을 보여 준다. 부활이 있기에 구원이 있고 영생복락이 있다. 그런데 독일목사의 60%가 부활을 믿지 않는다고 한다. 이것은 독일교회가 얼마나 문제가 있는가를 보여 준다. 독일교회가 비어 가는 것도 다 이유가 있다. 우리는 언제나 부활을 확신하는 신앙을 가져야 한다.

바울은 예수님이 성경대로 죽으시고 성경대로 다시 살아나셨음(고전15:3, 4)을 강조한다. '성경대로 죽으시고'는 십자가의 죽으심이 말씀의 성취라는 말이다. 우리의 죽음은 우리의 죗값이지만 예수님의 죽음은 우리의 죄를 위함이었다. 그것은 하나님의 사랑이다. '성경대로 다시 살아나사.' 부활도 말씀의 성취이다. '장사지낸 바 되었다가'는 예수께서 죽으셨다는 것을 전제한다. '성경대로'는 주님의 부활이 우연이나 기적이 아니라 예언된 바 약속대로 사신 것이다. 시편저자는 "이는 내 영혼을 음부에 버리지 아니하시며 주의 거룩한 자로 썩지 않게 하실 것임이니이다."(시16:10) 하였고, 예수님도 "죽임을 당하고 제삼일에 살아나야 할 것을" 가르치셨다 (마 16:21). 부활하신 후에도 제자들을 꾸짖으셨다. "저희에게 나타나사 저희의 믿음 없는 것과 마음이 완악한 것을 꾸짖으시니 이는 자기의 살아난 것을 본 자들의 말을 믿지 아니함일러라."(막16:14)

성경은 말씀의 성취를 강조한다. 이것은 예수님의 생애사에서 더욱 뚜렷하다. 그 모두 말씀을 이루려 하심이라는 단서조항이 붙어 있다. 다음은 그 보기다.

- 예수님의 애굽 거주(마2; 15)
- 베들레헴 유아살해(마2:16 – 18)
- 비유로 말씀하심(마13:34 – 35)
- 부활 때 천사의 말(마28:6)

예수님도 여러 차례나 자신이 죽고 삼일 만에 살아나실 것을 말씀하셨다. 부활사건은 말씀의 성취다. 그렇다면 우리의 부활에 관한 것도 이미 말씀하신 것이므로 우리도 '성경대로' 부활할 것을 믿는다. 이것이 바로 부활신앙이 줄 수 있는 하늘의 소망이다.

예수님은 부활로 인해 잠자는 자들의 첫 열매가 되셨다(고전 15:20). 첫 열매가 되셨다는 것은 예수님의 부활이 대표적인 모델이 되었음을 의미한다. 주님 따라 우리도 부활에 동참하게 된다. 잠자는 자들이란 죽은 자를 말한다. 그런데도 잠잔다고 한 것은 잠자는 자는 깰 때가 있음, 곧 부활이 있을 확신하기 때문이다. 따라서 이것은 부활신앙을 잘 보여 주고 있다. "형제들아 자는 자들에 관해서는 너희가 알지 못함을 우리가 원치 아니하노니 이는 소망 없는 다른 이와 같이 슬퍼하지 않게 하려 함이라."(살전4:13) 주 안에서 잠자는 자들은 소망이 있는 자들이다. 부활은 '깨우다, 일으키다, 건설하다, 고치다'는 의미를 담고 있다.

고린도전서 15장 22절은 "그리스도 안에서 모든 사람이 삶을 얻으리라." 선언한다. 아담 안에 있는 자는 원죄 때문에 모두 죽는다. 이에 비해 그리스도 안에 있는 사람은 모두 산다. 아담은 우리에게 사망을 주었지만 그리스도는 우리에게 생명을 주신다. 기독교는 부활의 종교이다. 부활생명이 있다는 점에서 기독교는 다른 종교와 다르다.

"각각 자기 차례대로 되리니"(23절) 부활에도 순서가 있다는 것이다.

첫째, 예수님의 부활이다. 예수님이 부활의 첫 열매가 되셨다.

둘째, 공중 재림 시 주 안에서 죽은 자가 부활한다.

- "그리스도 안에서 죽은 자들이 먼저 일어나고"(살전4:13)
- "우리 살아남은 자도 자는 자보다 결단코 앞서지 못하리라." (살전4:15)
- "나팔 소리가 나매 죽은 자들이 썩지 아니할 것으로 다시 살고"(살전15:52)

셋째, 공중 재림 시 살아 있는 자도 영화스럽게 변화한다. 영체로 홀연히 변한다.

- "그 후에 우리 살아남은 자도 저희와 함께 구름 속으로 끌어올려 공중에서 주를 영접하게 하시리니"(살전4:17) '끌어올려'는 우리의 육신이 변화될 것을 의미한다.
- "우리가 다 잠잘 것이 아니요 마지막 나팔에 순식간에 홀연

히 다 변화하리니"(고전15:51)
- "나팔 소리가 나매 우리도 변화하리라."(고전15:52)

불신자도 부활한다. 신자의 부활은 영생이지만 불신자의 부활은 영벌이라는 점에서 심판의 부활이다. 그러므로 바울은 그에게 붙은 자(23절)가 되라고 말한다. 이는 부활의 예수 그리스도를 꼭 붙잡는 자, 예수를 모든 죄의 해결자로 확실히 믿는 자를 말한다. 부활을 믿는 자에게는 이렇듯 소망이 있다. 이 소망을 상실하지 말자. 예수님이 부활하고, 살아 계시기에 우리는 결코 낙망하지 않는다.

부활 불감증은 삶의 변화를 가로막는다

필립 얀시에 따르면 예수 부활신앙은 이 세상에서 돌이킬 수 없는 것들을 돌이킬 수 있게 만든다. 그 돌이킬 수 없는 것 중에 나 자신이 있다. 즉 예수님의 부활은 나를 바꾼다는 사실이다.

부활이 우리를 변화시킨다는 것을 확고하게 보여 주는 말씀이 고린도전서 15장 42절에서 44절의 말씀이다. 먼저 42절을 보자. "썩을 것으로 심고 썩지 아니할 것으로 다시 살며." 부활은 죽고 썩을 것을 벗고 썩지 아니할 영원한 것을 얻는다는 것이다. 43절은 "욕된 것으로 심고 영광스러운 것으로 다시 살며 약한 것으로 심고 강한 것으로 다시 살며"라 말한다. 욕된 것은 '아트미마'로 균형이 잡히지 않은 것(imbalance)을 말한다. 우리의 고집 같은 것이다. 이것들로 가득한 우리를 변화시킨다는 것이다. 44절은 우리에게 강한 확신을 준다. "육의 몸으로 심고 신령한 몸으로 다시

사나니 육의 몸이 있은즉 또 신령한 몸이 있느니라." 육의 몸은 죄를 향해 굽어지는 속성을 가졌다. 그러나 우리는 부활하신 주님을 닮아 주 안에서 영적 존재로 다시 태어난다. 변화하고 거듭난다. 건달이었던 조지 횟필드가 로마서 8장 15, 16절을 읽고 거듭나 미국 대각성의 주인공이 되었다. 하나님의 자녀는 변화의 존재다.

"너희는 다시 무서워하는 종의 영을 받지 아니하였고 양자의 영을 받았으므로 아바 아버지라 부르짖느니라. 성령이 친히 우리 영으로 더불어 우리가 하나님의 자녀인 것을 증거 하시나니."(롬8:15, 16)

부활은 결코 끝나지 않는다

부활은 패배가 아니다. 죽음을 승리자의 눈으로 보게 할 만큼 이김을 주신다. "우리 주 예수 그리스도로 말미암아 우리에게 이김을 주시는 하나님께 감사하노니."(고전15:57) 이김은 바로 죽음을 이기게 하신 것을 말한다. 죽음은 마치 깡패처럼 '너는 죽는다.'며 죽음을 통해 우리를 주눅 들게 만든다. 운동이나 식이요법으로 죽음을 조금 늦출 수 있지만 멈추게 할 수는 없다. 예수님만이 죽음의 협박과 공포에서 벗어나게 할 수 있다. 그리스도 안에서 모든 사람이 삶을 얻는다.

사망은 끝이 있다. "맨 나중에 멸망 받을 원수는 사망이니라."(26절) 주님이 마지막으로 처리할 대상은 죽음이다. 우리는 죽음을 패배자의 눈으로 보지 않고 승리자의 눈으로 본다. 죽음을 뛰어넘어 놀라운 영생의 축복을 받게 하신다. 이 땅에 살면서 우리는 죽음을 두려워한다. 그러나 나우엔의 말처럼 죽음은 시간의 세상에서 영원한 세상으로 가는 통로일 뿐이다.

예수님이 부활 이후 하신 일은 무엇인가? 제자들에게 보이시고, 그들을 부르시고, 대사명을 주셨다. 그리고 성령님을 보내 주셔서 그 일을 힘 있게 하도록 하셨다. 부활 이후 우리는 어떤 삶을 살아야 할까? 우리에게도 같은 사명이 주어져 있음을 확인하고, 그 사명에 충실한 삶을 사는 것이다. 바울은 "견고하고 흔들리지 말며 항상 주의 일에 더욱 힘쓰는 자가 되라. 이는 너희 수고가 주 안에서 헛되지 않은 줄을 앎이니라."(58절)고 말한다.

'견고하며 흔들리지 말며.' 우리는 존재 근거를 흔드는 일이 많다. 전도서 기자는 인생을 헛되다고 말한다. 그러나 성경에는 헛되지 않은 일이 있다고 말한다. 다음은 그 보기이다.

- 믿음: 믿는 자에게 영생이 약속되어 있다.
- 복음전도: 하나님께서 기뻐하신다(고전 1:21).
- 재림주 기다리는 것
- 구제
- 기도: 고넬료의 기도와 구제가 기억하신 바 되었다.
- 주를 위해 헌신하는 것: 아브라함은 부지중에 천사를 대접했다.
- 주 안에서 수고: "너희 수고가 주 안에서 헛되지 않은 줄을 앎이니라."(58절)

하나님은 우리의 일한대로 갚아 주신다. 선을 행하되 낙심하지 말 것이다. 때가 이르면 그 열매를 거두기 때문이다.

예수 부활은 이 헛된 세상에서 우리를 흔들리지 않게 만든다. 부활을 믿는 자는 견고하고 흔들리지 않는 신앙을 가지고 살아가야 한다.

나아가 우리는 주의 일에 힘쓰게 하는 자가 되어야 한다. 예수님이 기뻐하시는 일을 한다. 이 일은 교회 일에만 한정되지 않는다. 전도도 중요하고 가난한 자를 돕는 것도 중요하다. 그러나 그것만이 주의 일이 아니다. 가정이나 직장에서의 일이 주의 일이 될 수 있다. 여러 삶의 현장에서 그리스도인이 그리스도인답게 사는 일, 주님이 주신 생명을 힘 있게 드러내는 일 모두 주님이 주신 일이다. 그 일에 최선을 다한다.

주님은 항상 너희와 함께 있겠다고 하셨다. 우리는 부활하신 주님과 함께 인생을 살고 있다. 임재와 내재의 확실한 보장이다. 켄 가이오는 기도문에서 이렇게 말한다. "보이지 않는다 해도 당신이 제 곁에 계신다는 것을 보게 해 주십시오. 저의 삶에 가장 어둡고 추울 때 함께 계심을 감사합니다." 찬송가 151장을 지은 애클레이(A. Ackely) 목사는 말한다.

> "예수 예수 늘 살아 계셔서 주 동행하여 주시며 늘 말씀하시네
> 예수 예수 내 구세주 예수 내 맘에 살아 계시네 늘 살아 계시네."

주님은 지금도 우리 마음속에 부활하시어, 우리를 움직이시고 일하게 하신다. 예수님의 부활은 부활절로 끝나는 것이 아니다. 주님의 부활은 결코 끝나지 않는다(Jesus resurrection never ends!). 지금도 우리 안에 부활로 역사하시는 주님을 바라보자. 우리를 새롭게 하시는 주님을 소망하자. 이제 부활의 기쁨을 회복하자. 부활의 소망을 간직하며 이 땅에서 변화된 삶, 부활의 삶으로 주님이 살아계심을 입증하자. 주님의 부활이 당신 안에 풍성히 임하기를 기원한다.

제2장 제자직의 회복과 주어지는 목자 사명

디베랴 바다와 7제자

요한복음 21장은 주님이 부활하신 이후 디베랴 바닷가에 나타나시고(1 - 14절), 또 베드로에게 다시금 사명을 굳게 하셨음(15 - 25절)을 보여 준다. 전자에서는 제자들의 제자로서의 직이 전체적으로 다시 회복됨을, 후자에서는 베드로의 예를 들어 목자로서의 사명이 다시 주어짐을 보게 된다.

사람을 변화시킨다는 것은 진정 사랑이다. 유창한 말, 많은 지식으로 가르친다 해도 결국 사랑만이 사람을 변화시킬 수 있다. 예수님도 그 사랑 때문에 십자가를 지셨고 부활하신 후에도 제일 먼저 배반한 제자들을 찾아가셨다. 오히려 고기를 잡지 못하고 있는 그들을 향해 그물을 던지라 말씀하신다. 그리고 음식을 준비하며 그들을 맞으셨다. 무엇이 사람을 변화시키는가? 관심과 사랑과 배려다.

예수님께서 디베랴 바다에서 일복 제자에게 자기를 나타내셨다. 디베랴 바다는 갈릴리를 말한다. 이 명칭은 로마의 공식 명칭으로 A.D. 20년경 건설된 티베리아스 시에서 전래된 것이다. 유대인들은 갈릴리 바다라 불렀다. 일곱 제자는 시몬 베드로, 도마, 나다나엘, 세베대의 아들들, 다른 두 제자이다. 이것은 주님이 부활하신 후 3번째로 제자들에게 나타나신 것이다.

시몬 베드로가 "나는 물고기 잡으러 가겠다." 하니 다른 제자들도 함께 가겠다 하고 나가서 배에 올랐다. 그러나 그 밤에 그들은 아무것도 잡지 못하였다. 예수님은 부활하신 후 갈릴리로 가셨다. 갈릴리는 과거에 제자들에게 사명을 주신 곳이자 앞으로 그 사명을 다시 주시기 위한 곳이기도 하다. 주님은 십자가 사건이 있기 전 갈릴리로 가실 것을 말씀하셨다. 그러나 제자들은 예루살렘에 숨어 있었다. 오히려 주님이 예루살렘에 오시어 제자들에게 나타나셨고, 요한복음 20장에서처럼 사명을 주셨다. 이 사건은 그 다음의 일이다.

제자들이 고기를 잡으러 간 사건을 두고 크게 두 주장이 있다. 하나는 주님의 명령을 어기지 않았다는 주장이다. 고기잡이는 자신들의 생계를 유지하기 위한 수단이었다. 갈릴리에서 주님을 기다리는 동안 자신들의 생계를 위해 고기를 잡은 것이므로 주님의 명령을 어겼다고 볼 수 없다. 그들이 갈릴리로 가게 된 것은 무덤에서 천사들이 "그가 죽은 자 가운데 살아나셨고 너희보다 먼저 갈릴리로 가시나니 거기서 너희가 뵈오리라."(마28; 막16)고 여자들에게 말한 것에서 찾아볼 수 있다. 오실 예수님을 기다리면서 먹는 문제를 해결하려고 한 것이다. 자신들이 먹고살고 생활비 충당을 위해 일하는 것은 당연한 것으로 간주된다.

다른 하나는 주님의 명령을 어겼다는 주장이다. 제자들은 위로부터 능력을 입힐 때까지 이 성에 유하라는 자신의 명을 어기고 돌아가 고기잡이를 했다. 그러므로 갈릴리에 가서 고기를 잡은 행위는 영적으로 잘못되었음을 보여 준다는 것이다.

베드로는 갈등하고 있었다. 주님은 영광 속에서 부활하셨지만 베드로는 그 영광에 기꺼이 참여할 수 없을 것으로 생각했을 수 있다. 주님을 위해 죽는 자리에까지 가겠다고 고백했지만 자기는 그렇게 하지 못했기 때문이다. 베드로는 힘들 때 숨어 버린 자다.

두려워 십자가 앞에도 나가지 못했다. 자기 역할을 하지 못한 것이다. 오히려 구레네 시몬과 아리마데 요셉이 그 역할을 담당했다.

예수님에 대한 제자들이 가진 기본감정은 송구스러움, 미안함, 두려움이었다. 목표의식 없이 갈릴리로 물고기 잡으러 가 옛 직업으로 돌아갔다. 이것을 안 주님이 이들을 찾아가셨다. 자연스러운 방법으로 그들에게 다가간 것이다.

날이 새어 갈 때 예수께서 바닷가에 서 계셨지만 제자들은 예수님이신 줄 알지 못했다. 예수님이 제자들을 향해 물으셨다. "얘들아 너희에게 고기가 있느냐?" 고기를 잡으러 갔지만 그들은 한 마리도 잡지 못했다. 실패 가운데 있는 베드로. '얘들아'라는 표현은 가장 친근하게 부르시는 것으로 평소 가르치실 때 사용하지 않는 말이다. 실패 속에 찾아오시는 주님을 보라.

"없나이다." 밤새도록 일했으나 고기를 잡지 못했다. 주님은 벌써부터 빈 그물을 던지는 제자들을 이미 지켜보고 계셨다. 우리도 삶에서 빈 그물을 고통스럽게 던지고 살고 있다. 하지만 주님은 그 자리에 이미 와 우리의 고통을 지켜보고 계신다. 우리가 만선으로 돌아오든 빈 그물로 돌아오든 주님은 그 바닷가에 오셔서 우리를 지켜보고 계신다.

"그물을 배 오른편에 던지라 그리하면 얻으리라." 주님의 이 말씀은 베드로와 요한이 이미 경험한 사실이 아니던가. "너희들 고기가 왜 잡히지 않는 줄 아느냐? 너희들에게 문제가 있다. 베드로, 너는 손 좀 봐야겠다."고 말씀하지 않으시고, 하고 싶은 말 다 묻어 두시고 그들에게 필요를 채워 주시기로 하셨다. 이에 던졌더니 고기가 많아 그물을 들 수 없었다.

예수의 사랑하시는 제자, 곧 요한이 베드로에게 "주님이시다."

외쳤다. 옷을 벗고 있다가 주라는 말을 들은 베드로는 겉옷을 두른 후 다시 바다로 뛰어내렸다. 이 행동에 대해 여러 해석들이 있다.

- 유대인들은 인사할 때 반드시 옷을 입고서만 했기 때문이다 (예절을 갖추기 위해서?).
- 주님을 향한 베드로의 열정과 사랑 때문이다.
- 주님을 뵙기 두려웠기 때문이다.

"다른 제자들은 육지에서 상거가 불과 50간 쯤 되므로 작은 배를 타고 고기 든 그물을 끌고 와서 육지에 올라와 보니 숯불이 있는데 그 위에 생선이 놓였고 떡도 있더라."(8, 9절) '숯불이 있는데' 어떤 이는 주님을 부인한 때의 그 모닥불 사건을 기억나게 하시려고 숯불을 피우셨다고 주장한다. 이미 그 문제로 갈등하고 있는 베드로에게 주님이 그렇게 냉혹한 의미로 모닥불을 피우신 분이 아니다. 예수님은 그런 분이 아니다.

예수님은 "지금 잡은 생선을 좀 가져오라." 하셨다. 베드로가 올라가서 그물을 육지에 끌어올리니 가득히 찬 큰 고기가 153마리였다. 이같이 많았지만 그물이 찢어지지 않았다. 일백쉰세 마리. 제자들은 기적을 체험했다. 주님이 없는 우리는 빈 그물을 던지며 살 뿐이다. 그러나 우리가 주님을 만나면 그 빈 그물이 하늘의 보화로 채워진다. 153마리의 고기는 그것을 체험적으로 가르쳐 준다. 모나미의 송삼석 회장은 나의 친구 되신 주님이 풍성하게 은혜를 채워 주신다는 의미로 볼펜 '모나미 153'을 만들었다. 오혜령은 "주님이 없는 나는 항상 빈 그물이었습니다."라고 고백한다. 주님을 만나면, 회개하고 주님께 돌아오면 고기로 차기 시작한다. 오스왈드 샌더스의 시, 「모래 위의 발자국」을 기억하는가. 우리가 고통

가운데 있을 때 주님은 우리를 등에 업으시고 걸으신다. 실패 때문에 주님 앞에 온 사람들도 많다. 그러나 그 실패는 실패가 아니다. 주님을 만나는 축복의 통로이다.

예수님은 말씀하신다. "와서 조반을 먹으라." 제자들이 주신 줄 아는 고로 당신이 누구냐고 감히 묻는 자가 없었다. 주님은 이미 떨고 나오는 제자를 위해 이벤트를 준비하셨다. 숯불 피워 먹을 것을 준비하셨다. 여기서 우리는 예수님이 제자들에게 관심을 갖고 그들이 당장에 필요로 하는 것을 채워 주시는 주님의 모습을 볼 수 있다. 자신의 명을 어기고 고기잡이에 나선 제자들이었음에도 불구하고 이처럼 사랑과 인내로 대하신 것은 감동적이지 않을 수 없다. 제자들을 위해 봉사하시는 주님, 얼마나 인간적인가. 우리라면 베드로에게 따졌을 것이다. 그러나 주님은 따지지 않으셨다. 실패한 사람에게는 따지지는 것 아니다. 우리보다 우리를 더 이해하시는 주님. '주님과 같이 내 마음 만지는 분 없네.' 구워 주실 때 주님은 그들을 책망하지 않으셨다. 잔소리도 하지 않으셨다. 그것은 주님의 배려와 사랑이었다. 그 사랑이 그들을 감동시켰다.

"예수께서 가셔서 떡을 가져다가 저희에게 주시고 생선도 그와 같이 하시니라." 주님은 떡과 생선을 가져다가 제자들에게 일일이 나눠 주셨다. 영적인 문제에 관심이 있는 사람일수록 상대의 육적인 필요에 관심을 두어야 한다. "우리에게 있는 대제사장은 우리 연약함을 체휼하지 아니하는 자가 아니오."(히4:15) 주님은 우리의 연약함을 아시고 체험을 통해 긍휼히 여기시는 분이시다. 주님은 우리를 찾아 위로하시고, 회복시켜 주신다.

내 양을 치라

주님은 제자들을 찾아 위로하고 관계를 회복시킬 뿐 아니라 새 사명을 주시고 파송하신다. 제자들이 어떤 감정을 가지고 있는가를 아신 주님은 가장 핵심인물이라 할 수 있는 베드로를 택해 가장 중요한 질문을 던진다. "네가 나를 사랑하느냐?"

주님은 사랑하는 마음으로 이 질문을 하셨다. 그 사랑이 베드로를 변화시켰다. 사랑은 변화의 통로이다. 주님은 베드로를 나무라지 않으시고 부끄러운 존재 그 자체를 인정하면서 사랑하셨다. 긍정적으로 봐 주시며 사랑하셨다.

톨스토이는 말한다. "사람은 무엇으로 사는가? 사랑이다." 우리도 주님의 사랑을 베풀어야 하는 그리스도의 사람들이다. 사랑은 훈련이 필요하다. 칭찬이 필요하다. 상대가 부족해도 그를 인정하고 희망을 주는 말을 하자. 변화하려면 주님 곁에 있어야 한다. 주님을 사랑하며 살 때 사랑을 하게 된다. 지칠 때 주님께 뛰어들어 회복되어야 한다.

"네가 이 사람들보다 나를 더 사랑하느냐."(15절) 주님은 '나를 믿느냐'고 묻지 않고 '나를 사랑하느냐'고 물으셨다는 것에 주목하자. 믿음에 대해서는 어느 정도 확신을 가지신 것이 아닌가 생각된다.

요한복음에서는 '이 사람들보다'라고 기록되어 있으나 다른 복음서에는 '이것들보다'라고 기록되어 있다. 그러므로 이것은 인칭대명사뿐 아니라 물질대명사에도 적용된다는 것을 알 수 있다. '이것들보다'라고 했을 때 그것은 무엇일 수 있을까?

첫째, 그들이 생계를 위해 다시 고기를 잡았다고 할 경우 그것은 배나 그물, 고기, 어부라는 직업일 수 있다. 그 모두 그들의 생계에 필요한 것이다. 우리는 생계보다 주님을 사랑하는가?

둘째, 그들이 생계를 가지 않았다 할지라도 취미 삼아 갔을 수 있다. 그 경우 그것은 낚시 등 취미생활일 수 있다. 우리는 등산, 여행, 골프, 각종 오락생활로 신앙생활을 등한시할 수 있다. 우리는 과연 이것들보다 주님을 사랑하는가?

셋째, 세상적인 것을 가리킬 수 있다. 주님은 이 세상적인 것들보다 나를 더 사랑하느냐고 물을 수 있다.

'이 사람들보다' 했을 때 이 사람들은 과연 누구일 수 있을까? 이 사람들은 주님이 아닌 다른 사람들을 가리킨다. 친동생 안드레, 동료 야고보와 요한, 그 밖의 동역자들일 수 있다. 주님은 이들보다 자신을 더 사랑하느냐고 물었다.

'사랑하느냐'는 주님의 물음에 주목하자. 사랑에는 질이 있고 깊이가 있다. '나는 너를 위해 모든 것을 주었으니 이제 너는 나를 사랑하라.'는 요구를 하신다. 하나님은 우리의 질 높은 사랑을 요구하신다. 과거와는 다른 더 아름답고, 깊이 있는 사랑을 요구하신다.

'나를 사랑하느냐'는 질문은 '아가파스 메(agapas me)' 또는 '필레이스 메(phileis me)'로 되어 있다. 그러나 베드로는 필레오로 답한다.

어떤 해석자는 주님이 아가파오로 두 번이나 물었으나 베드로는 계속 필레오로 대답했으며, 그러자 주님이 수준을 낮추어 필레오로 묻고 베드로는 계속 필레오로 대답했다고 주장한다. 예수님이 베드로의 수준으로 낮추셨다는 주장이다. 그러나 사명을 주실 때 기대치를 낮춰 요구하는 예수님이 아니다.

학자에 따라서는 아가파오나 필레오를 구분하여 설명하지만 문자적 구분보다 뜻이 중요하므로 굳이 구분해 설명할 필요는 없다. 이러한 구분은 성경에 기록된 헬라적 구분이지만 주님의 대화는 헬라어가 아니라 아람어였다는 것을 기억할 필요가 있다. 필레오라 해도 성경에서의 '사랑하라'는 말씀은 아가파오의 의미를 담고 있는 것은 이 때문이다.

'나를 사랑하느냐'는 질문은 가장 심각한 질문이다. 질문하기도 어렵지만 대답하기도 어렵다. 그만큼 예수님과 베드로가 중요한 순간에 있음을 보여 준다. 주님은 그런 제자들에게 질책 한마디 하지 않으셨다. 오히려 "내가 이렇게 너를 사랑하는데 너는 나를 사랑하느냐"고 물으셨다. 목이 메고 입이 떨어지지 않았을 것이다.

"네 마음 다 안다. 난 널 사랑해." "다 잊어버리고 일어서라. 과거에 더 이상 매달리지 말라. 사명을 위해 도전하라. 이 일에 남은 인생을 걸라." 다시 일어서기 원하시는 주님. 주님이 이 물음을 던지신 것은 베드로의 상처 난 영적 상태를 치유하고 사도직을 똑바로 회복하며 앞으로 영광스러운 죽음을 준비하기 위한 것이었다.

과거 베드로는 어느 것보다 주님을 사랑한다고 했다. 자기의 목숨보다 주님을 더 사랑한다고 했다. 그러나 그는 결정적인 순간에 예수님을 모른다고 부인했다. 지금은 영적으로 지친 상태에 빠져 과거와 같은 용기와 패기를 찾아볼 수 없다. 그간 주님과 자신과의 관계가 영적으로 끊어져 있었기 때문이다.

주님은 그의 영적 상태를 회복시키고자 했다. '나를 사랑하느냐'는 말씀은 주님을 사랑하는 것이 주님과의 관계를 치유하는 가장 중요한 요소가 됨을 보여 주고 있다. 사랑한다는 말에 병든 사람이 일어선다. 예수님의 사랑이 많은 사람을 일으킨다. 주님은 이 순간 베드로를 일으키고자 하셨다. 주님과의 관계를 회복함으로써 남은 인생 주님을 위해 힘 있게 일하는 베드로를 보고 싶었다. 베드로는 실제 이 사건 후로 자신감을 회복하였고 사도로서 최선의 삶을 살았다.

'나를 사랑하느냐'는 주님의 물음은 그에게 죄책감을 불러일으키고자 하는 것이 아니다. 주님의 사랑으로 용서받고 새사람이 되도록 한 것이다. 우리가 베드로처럼 주님과의 영적인 관계에 있어서 문제가 있다면 '나를 사랑하느냐, 나는 너를 사랑하기 때문에 십자가 위에서 죽었다.'는 음성을 들어야 한다. 사랑의 능력이 우리를 치유하고 회복시킨다.

주님이 '나를 사랑하느냐'고 세 번이나 물으신 것을 어떤 이는 베드로가 3번 부인했으니까 3번 묻고 확인하신 것이라고 말하기도 한다. 예수님은 그런 분이 아니시다. 사명을 주시고 다짐하시기 위한 것이다.

"주께서 아시나이다."(15절) '내가 과거에 어떻게 주를 사랑한 줄 주님이 잘 알고 있나이다.'는 뜻을 포함하고 있다. 이것은 그가 주님께 잘못한 것까지 포함되어 있다.

"내 어린양을 먹이라."(15절) '내 양을 먹이라, 내 양을 치라'는 주님의 요구는 입술만의 사랑이 아니라 희생을 요구하신다. 행위 속에서 주를 사랑하라는 것이다. '주님의 군병'이라고 하면서 굼벵이처럼 행동하고, '주의 말씀 위에 굳게 서'라고 찬송하면서 돈 위에 굳게 서는 우리가 아닌가. '전도 합시다.'라고 외치면서 실제로는 전도하지 않는 우리가 아닌가. 주님은 어린양을 돌보라고 하신다. 어린양부터 어른 양까지 골고루 돌보라는 말씀이다.

주님의 이 같은 공개적인 물음과 대답은 그동안 베드로 마음속에 자리한 쓴 뿌리를 뽑아내고, 보다 성숙한 제자도의 길을 가도록 하기 위한 것이다. 이제 당당하게 일하도록 하신 것이다. 다시 사명을 주시는 예수님. "너는 고기나 잡으러 다니는 사람이 아니다. 사람을 낚는 어부가 되어야지." 실패한 베드로를 일으키시고, 다시 파송하시는 주님. 주님은 베드로의 사도직을 회복시키고자 했다. 베드로가 예수를 부인한 후 그의 사도직은 위기에 처해 있었다. 그러나 사랑의 고백 후에 사도직은 회복되었다. 공개적으로.

사도직은 양을 먹이는 일을 담당한다. 예수의 양들을 돌본다. 양은 다양하고 목자를 지치고 정신없게 만든다. 여간해서 돌볼 수 없는 것이 양이다. 그러나 주인을 사랑하면 양을 사랑으로 돌볼 수 있다. 그러나 주인을 사랑하지 않으면 목자는 삯군처럼 적당히 행동하게 된다. 주님은 베드로를 헌신적인 목자로 만들기 위해 '나를 사랑하느냐'고 물으신다.

주님은 죽기 전에도, 죽음에서도, 그리고 부활 후에도 제자들을 사랑으로 양육하고 가르치셨다. 주님은 사랑으로 제자를 만들어 가야 한다는 것을 가르쳐 주신다. 하나님의 말씀에 응답하는 삶을 살자. 말이 아니라 행동으로 보이자. 배신자에게 찾아와 사랑을 회복시키고, 주의 일을 하도록 하는 주님을 보자.

"젊어서는 스스로 띠 띠고 원하는 곳으로 다녔거니와 늙어서는 네 팔을 벌리리니 남이 네게 띠 띠우고 원치 아니하는 곳으로 데려가리라."(18절) 주님을 위해 자기의 목숨을 바칠 수 있다면 그것은 진정한 헌신이 될 것이다. '원치 아니하는 곳'은 그가 어떠한 죽음을 죽게 될 것을 예언적으로 말해 주고 있다. "이 말씀은 베드로가 어떠한 죽음으로 하나님께 영광을 돌릴 것을 가리키심이라." 그는 순교한 것으로 알려져 있다. 십자가에서 거꾸로 매달려 순교했다. 죽음은 인간이면 누구나 원치 않는 것이지만 그는 순교함으로써 하나님께 영광을 돌렸다.

이 죽음은 아무나 할 수 없다. 주님을 사랑하지 않고서는 정녕 갈 수 없는 곳이다. 그래서 주님은 베드로에게 '네가 이 사람들보다 나를 더 사랑하느냐'고 세 번씩이나 물으셨다. 주님을 사랑하면 가능하지만 사랑하지 않고서는 이 모든 것이 불가능하기 때문이다. 그러므로 '나를 사랑하느냐'는 주님의 물음은 그가 하나님을 위해 영광스러운 죽음을 준비하도록 함임을 알 수 있다.

베드로는 요한이 따라오는 것을 보고 그는 어떻게 될 것이냐고 묻는다. 주님은 "내가 올 때까지 그를 머물게 하고자 할지라도 네게 무슨 상관이냐 너는 나를 따르라."(22절) 하신다. 남이야 어떻든 상관하지 말고 주님이 자신에게 명령하신 것을 충실하게 따르라는 것이다.

요한은 이 장면을 끝으로 요한복음을 마감한다. 그러면서 말한다. "예수의 행하신 일이 이외에도 많으니 만일 낱낱이 기록된다면 이 세상이라도 부족할 줄 아노라."(25절) 아무리 책을 많이 쓴다 해도 세상에 두지 못할 곳은 사실 없다. 그럼에도 요한이 이런 말은 한 것은 예수님의 영광스러운 생애가 너무나 찬란하고, 그 예수님을 인간이 쓴 책으로 담기에는 너무 크신 분임을 나타낸다.

제3장 오순절

교회에서 오순절은 성탄절, 부활절과 함께 3대 절기 가운데 하나로 꼽힌다. 오순절은 역사적인 과정을 거치면서 여러 의미가 부여되어 맥추절 또는 성령강림절이라 불리기도 한다. 영국교회에서는 이날에 흰옷을 입도록 해 온 관례에 따라 '화이트선데이'(whitsunday)라 부른다. 이날의 의미를 살펴보자.

오순절의 뜻과 변화

오순절(pentecost)이란 '50번째'를 뜻하는 헬라어 '펜테코스토스'(pentecostos)에서 유래되었다. 구약에서는 유월절 후 50일째 되는 날을, 그리고 기독교에서는 예수님 부활 후 50일째 되는 날을 가리키는 말로 사용되었다. 오순절의 의미는 역사적 과정을 거치면서 다르게 되었는데 그 과정을 살펴보면 다음과 같다.

1) 맥추절(feast of harvest)

오순절은 수확의 첫 열매를 거두어 하나님께 드리는 감사와 기쁨의 날이라는 점에서 농경축제로부터 시작되었음을 알 수 있다.

출애굽기 23장 14-19절과 신명기 16장 16절에 따르면 하나님께서 이스라엘 민족에게 지켜야 할 세 가지 절기를 정하시고 이스라엘의 모든 남자는 이 절기에 하나님께서 택하신 곳, 곧 여호와 전에 나아와 여호와께 보이되 빈손으로 보이지 말고 토지에서 처음 익은 열매의 첫 것 또는 여호와께서 주신 복을 따라 그 힘대로 물건을 여호와의 전에 드리도록 되어 있다.

이 절기가 바로 무교절(feast of unleavened bread), 맥추절, 수장절(feast of ingathering)이다. 이것을 가리켜 이스라엘의 3대 절기라 한다. 이 절기를 때를 계기로 이스라엘의 남자들은 최소한 매년 세 번은 성소를 방문하도록 규정되어 있었다.

무교절은 원래 애굽으로부터의 탈출을 기념하는 것으로 유월절 다음 날부터 7일간 지킨다. 이스라엘 사람들은 이때 추수한 보리의 첫 열매를 하나님께 드렸다. 그러므로 무교절은 보리추수와 연관되어 있다.

맥추절은 무교절이 끝난 뒤로부터 49일이 지난 후 50일째 되는 날 지키는 것으로 칠칠절(7×7＝49) 또는 맥추(wheat harvest), 곧 밀 추수의 첫 열매를 드리는 절기라 하여 초실절(feast of first wheat)이라 한다(출34:22). 맥추절은 밀 추수와 연관되어 있다. 애굽에서 나와 본국에서 첫 수확의 열매를 드릴 때 그들은 감사와 감격과 기쁨이 넘쳤을 것이다.

수장절은 하나님이 이스라엘 자손을 애굽에서 인도하여 내던 때 그들이 광야에서 임시적인 초막 또는 장막에 살았던 것을 기념하는 의미에서 초막절 또는 장막절(feast of tabernacle)이라는 또 다른 이름을 가지고 있다. 수장절은 나무실과, 토지소산 등 가을 추수가 끝나는 세말(year's end)에 7일간 지키는 것으로, 수고하여 이룬 것을 연말에 밭에서 거두어 저장한다는 의미에서 수장절이라 한다 (출23:16).

그러므로 이 세 절기 모두가 농사와 연관되어 있음을 알 수 있다. 이 세 절기에는 이스라엘의 모든 남자들이 성전에 와야 하므로 순례절기라 한다. 바벨론에서 귀환한 후에도 순례절기 때면 로마제국 내의 머나먼 곳에서 살고 있던 수많은 유대인들이 예배하러 예루살렘을 방문하곤 했다(행20:16). 베드로가 각국 방언으로 담대히 그들에게 전도하게 된 것도 그들이 이 순례절기에 예루살렘을 방문했기 때문이다. 이러한 이유 때문에 오순절은 1세기에

살던 유대인들을 하나로 연합시키는 역할뿐 아니라 그들의 역사를
회상케 하는 역할을 했다.

2) 언약기념일(anniversary of the covenant)

후기 유대인들은 출애굽기 19장 1 – 16절을 근거로 언약기념일
로 지키기도 했다. 출애굽 후 50일(19장 1절의 '제3월'은 애굽을
떠나온 지 3개월째 또는 3개월의 첫날로 해석되기도 한다.)에 모세
에게 언약을 주신 것이다(출19:5 – 6). 랍비들의 글과 쿰란문서들은
유대인들이 이날을 언약기념일로 함께 지켰음을 보여 주고 있다.

3) 성령강림절(feast of the gift of the Holy Spirit)

교회에서는 오순절을 성령강림을 기념하는 날로 지킨다. 예수께
서 부활하신 지 50일째 되는 날(승천한 지 10일째) 그가 약속하신
성령이 임했기 때문이다(행2:1 – 13). 주님은 승천하면서 제자들에
게 위로부터 능력을 입힐 때까지 예루살렘에서 기다리라 하셨다.
부활 후 50일째 되는 날 120명의 무리가 예루살렘의 한 다락방에
서 함께 기도하고 있을 때 성령께서 큰 바람소리와 함께 강림하셨
고, 불의 혀 같은 것이 그들 위에 머물러 방언이 터지기 시작했다.
나아가 그들은 그리스도 이름으로 담대히 전도하여 3천 명을 회개
시키는 놀라움을 체험했다. 신학자들은 성령강림을 구약의 신의 현
현(theophany)과 유사한 것으로 해석하기도 한다. 이와 같이 하나님
의 능력이 놀랍게 나타남으로써 교회가 시작되었고, 교회는 이 오
순절을 언제나 생일로 여겨 왔다.

흔히 오순절을 '주들의 절'(feast of weeks)이라 함은 유월절이 지

난 후 7주 또는 부활절 이후 7주에 오순절이 오므로 이 기간을 오
순절 기간으로 삼고 지키기 때문이다. 이는 곡식에 낫을 대는 첫
날부터 7주를 계속 하나님 앞에 칠칠절로 지켜야 하는(신16:9 - 10)
것에서 유래된 것이다.

교회에서는 오순절 주일날 자체를 절기로 지킬 뿐 아니라 세례
등 성례식을 가진다. 영국교회는 성령강림일로부터 한 주간, 특히
첫 3일간을 성령강림절로 지킨다.

오순절이 주는 의미

오순절이 우리에게 주는 의미를 구약과 신약의 경우로 나누어
생각해 보면 다음과 같다. 두 경우로 나눈 것은 구약이 맥추절과,
신약이 성령강림절과 연관되어 있기 때문이다.

1) 구약(맥추절)의 의미

맥추절에 관련된 의미를 살펴보면 다음과 같다.

첫째, 정성·감사·기쁨이 함께 어우르는 삶의 의미를 가지고
있다. 하나님께서 주신 바를 감사하는 의미에서 그 가운데 가장
좋은 첫 열매를 구분하여 하나님께 정성으로 드리고 기뻐하는 것
이다. 이것은 우리의 신앙생활이 정성이 담긴, 감사하는, 그리고
기쁨이 넘치는 것이어야 함을 보여 준다. 연보도, 물질을 드림도,
그리고 자신을 드림에도 이러한 정신이 담겨 있어야 한다.

둘째, 하나님의 명령에 순종하는 삶의 의미를 가지고 있다. 절기
를 지킴은 일과성·일회성이 아니라 매년 그리고 이스라엘 모두가

지키도록 되어 있다. 인간적으로 따지자면 얼마나 번거롭고 힘든 일인가. 그러나 이러한 일을 통해서 하나님을 기억하고 우리 모두가 하나님의 은총 속에 산다는 것을 확인하며 앞으로의 삶을 하나님의 백성으로서 살겠노라고 다짐하는 계기가 마련된다.

셋째, 하나님의 보호 아래 산다는 의미를 가지고 있다. 출애굽기 34장 23 - 24절에 따르면 이 세 절기에 이스라엘의 모든 남자들이 일시에 성전으로 모이게 되면 국방문제가 발생한다. 그러나 하나님은 그 대책을 세우고 명령하신다. 매년 세 번씩 그리할지라도 하나님은 '아무 사람도 네 땅을 탐내어 엿보지 못하게' 하시겠다고 약속하셨고, 실제 그 일 때문에 국방이 약화되거나 침략을 당한 적이 없었다. 주님은 주 안에서 살고자 하는 백성을 보호하신다. 주님은 우리의 완전한 보장이 되고 피난처가 되신다. 문제는, 우리가 주님에 대해 그러한 확고한 신앙을 가지고 있느냐 하는 것이다.

2) 신약(성령강림)의 의미

오순절 성령강림이 우리에게 주는 의미를 살펴보면 다음과 같다.

첫째, 성령강림은 잠자는 자를 깨우고 회개케 하는 역사를 가져왔다. 베드로는 성령체험을 한 후 행한 전도설교에서 선지자 요엘의 말씀(요엘2:28, 29)을 들어 성령은 하나님이 말세에 만민에게 부어 주시기로 한 그 약속의 성취이며 예수님은 그 약속하신 성령을 아버지로부터 받아 우리에게 부어 주셨음(행2:33)을 강조하고 회개를 촉구하였다.

그들은 이 말을 듣고 마음에 찔려 '우리가 어찌할꼬' 하며 회개하는 모습을 보여 주었다. 사도들은 성령체험을 통해 자신부터 깨어졌으며, 그 후 다른 사람을 깨뜨려 주 앞에 돌아오도록 하였다.

둘째, 영적인 연합(spiritual unity)을 가져왔다. 선지자들은 흩어진 자들이 다시 시온산에 모이고 이스라엘의 총회가 여호와를 중심으로 연합될 것을 예언한 바 있다. 흩어졌던 제자들이 성령을 사모하여 다시 모였을 뿐 아니라 성령을 받은 후 주 안에서 더욱 연합하여 자기들의 사명이 무엇인가를 알게 되었다. 오순절 성령강림은 제자들뿐 아니라 모든 그리스도인들을 주 안에서 영적으로 한 형제·하나 되는 역사를 가져왔다.

셋째, 사명감(mission)을 촉발시켰다. 오순절 성령강림은 제자들이 주님으로부터 받은 전도의 대사명을 수행하기에 앞서 주께서 그들과 함께하시겠다는 약속의 실현이자 권능을 받음이다. 그들은 이 권능을 받고 대사명을 수행하기 시작했다. 교회가 세워지고 복음이 이방에까지 전파되어 성령 안에서 새로운 창조(new creation·recreation)가 일게 되었다. 인간은 바벨탑을 쌓음으로써 흩어짐을 당했지만 복음은 만민에게 전파되고 이방인들에게까지 성령이 부어짐으로써 하나의 그리스도 공동체로 묶이게 되었다.

끝으로, 구원의 열매를 맺게 했다. 구약의 오순절은 토지로부터 열매를 맺게 하여 생활의 어려움으로부터 구원을 얻게 했지만 신약의 오순절은 영혼이라는 토지에서 구원의 열매를 맺게 함으로써 주 안에서 영원히 살도록 했다는 점에서 특이하다. 그러므로 구약의 오순절은 완성될 신약 오순절의 그림자이다. 오순절은 구원의 신비를 보여 주고 있으며 오늘도 우리는 그 구원에 감사하는 마음으로 주 앞에 나가고 있다.

오순절은 과거의 관례에 불과하거나 성령강림의 일회적 사건을 단순히 기리는 절기로 끝나서는 안 된다. 오순절은 우리가 주 안에서 풍성한 복을 누리고 살고 있을 뿐 아니라 구원받은 자로서의 기쁨과 감격과 감사가 주께 이어지도록 오늘도 가르치고 있다. 오순절은 감사절이자 교회의 생일이요, 우리의 영적 회복의 날이다.

제4장 성령 충만과 변화된 제자들

성령 충만함을 받으라

사도행전 2장 1절에서 8절은 성령 세례에 대해 구체적으로 보여 주고 있다. 오순절 날에 제자들은 성령의 충만함을 받고 변화되었다. 주님은 약속하신 성령을 급하고 강하게 내려주셨을 뿐 아니라 제자들을 급하고 강하게 변화시켜 주셨다.

제자들은 옛 삶을 벗고 새로운 삶으로 급격하게, 확고하게 방향을 전환했다. 구습을 벗고 새로운 사람이 된 것이다. 수동적인 옷을 벗고 능동적인 옷으로 갈아입었다. 그리고 담대히, 확신을 가지고 말씀을 전할 수 있게 되었다.

제자들이 받은 성령은 주님께서 약속하신 것이다. 제자들을 가르치실 때에도 성령을 보내 주실 것을 말씀하셨다. "내가 너희를 떠난 후에 가서 보혜사 성령을 너희에게 보내리라."(요16:7) 또한 승천하시기 전 사도들에게 특별히 분부하셨을 때도 그 약속이 담겨 있다. "예루살렘을 떠나지 말고 내게 들은 바 아버지의 약속하신 것을 기다리라 요한은 물로 세례를 베풀었으나 너희는 몇 날이 못 되어 성령으로 세례를 받으리라."(행1:4 – 5) "오직 성령이 너희에게 임하시면 너희가 권능을 받고 예루살렘과 온 유대와 사마리아와 땅 끝까지 이르러 내 증인이 되리라."(행1:8)

성령 세례를 받으면 종전의 삶의 태도가 바뀐다. 주님이 주신 힘으로 힘 있게 증명할 수 있게 된다. 증거는 전도로 나타난다. 주님이 우리에게 권능을 주실 때 담대히 전할 수 있다. 주님께서 부족한 우리들의 마음을 감동시키고 우리의 입을 사용하여 주님의 사람으로 만드는 것이다. 전도는 하나님이 나와 함께하신다는 증거이다.

그런데 우리는 지금까지 물에 물 탄 듯 힘없는 신앙생활을 해 왔다. 비겁한 생활, 내놓을 것이 없는 생활을 해 왔다. 이제 변화되어야 한다, 바뀌어야 한다. 제자들만 탓할 일이 아니다.

성령 세례받기 전 제자들의 모습

같은 제자들이지만 성령 세례를 받기 전과 후의 모습은 완전히 다르다. 받기 전 그들의 모습 속에는 변화가 없었다. 그들은 한결같이 실패하고 무능하고 무력한 모습, 패배하고 무지한 모습을 보여 주었다.

1) 인사 청탁하는 제자의 어머니

마태복음 20장 20절에서 22절까지는 요한과 야고보의 어머니가 예수님을 찾아와 인사 청탁하는 장면이 소개되고 있다. 그녀는 주님께 깍듯이 절을 하고 난 다음 간청했다. "나의 두 아들을 주의 나라에서 하나는 우편에 하나는 주의 좌편에 앉게 하소서." 자신의 두 아들이 좌의정, 우의정 모두 차지하도록 치맛바람을 일으킨 것이다.

예수님은 이에 대해 한마디로 "너희 구하는 것을 너희가 알지 못하는도다." 다시 말하면 지금 뭘 알고 구하는 것이 아니라는 말이다. 그녀는 아들들의 말을 들었든지, 아니면 하나님 나라에 대한 예수님의 말씀을 잘못 이해해 예수님이 나라를 세울 것으로 착각했다. 한마디로 하나님 나라의 참된 성격을 알지 못했다. 이 청탁에 예수님의 마음은 얼마나 답답하셨을까. 다른 제자들이 분노했음은 물론이다. 이 청탁사건은 예수님께서 수난받으실 것을 두 번째 예고한 후에 일어났다. 제자들은 물론 제자들의 부모마저 주님의 마음을 몰랐다.

2) 자리다툼하는 제자들

결국 이 문제가 제자들 사이에 터졌다. 누가복음 22장 24절을 보면 제자들이 서로 자리다툼을 하는 것을 알 수 있다. "또 저희 사이에 그중 누가 크냐 하는 다툼이 난지라." 제자들은 예수님과 그의 나라에 대해 잘못 생각하고 있었다. 메시아이신 예수님이 예루살렘에 다윗왕국을 재건하고 세상을 다스릴 것으로 착각했다. 예수를 따르던 무리들이 그를 왕으로 삼으려 하는 것을 보고 그 시간이 가까이 온 것으로 착각했을 수 있다. 그들은 그때 서로 더 높은 자리를 차지하려는 욕심 때문에 누가 더 크냐며 다툰 것이다.

제자들은 하나님 나라의 성격을 근본적으로 잘못 알고 있었다. 예수님은 하나님 나라에서는 종과 같아야 한다고 가르치셨다. 섬김과 봉사의 태도를 가지고 오히려 낮아지라는 것이다.

누가는 이 다툼을 최후의 만찬 이후 바로 일어난 것으로 기록하고 있다. 최후의 만찬은 무엇인가? 십자가의 죽으심, 고난의 잔이 기다리고 있는 때가 아닌가. 주님께서 그렇게도 십자가에 달리시고 고난받으실 것을 말씀하셨는데도 그 의미를 바로 알려 하지 않은 제자들, 너무나 세상적인 제자들의 모습을 본다. 그들은 주님의 뜻을 바로 알지 못했다. 이렇듯 무지한 제자들에 대한 주님의 아픔은 얼마나 컸을까.

제자들은 주님의 구원사역에는 관심이 없고, 자기의 자리 명예 권세에 눈이 어두웠다. 주님의 나라와 그 사역에 무지한 제자들을 바른 제자라 할 수 있을까. 지금 우리도 주님이 왜 오셨고, 주님의 나라가 무엇인지 알지 못하고 교회에서 자리다툼을 하며 서로 누가 크냐며 싸우고 있지 않는가. 그래서 교회 안에 미움과 시기와 질시가 가득하지 않는가.

3) 도망간 제자들

예수님이 잡히시던 밤 제자들은 모두 도망했다. 마가복음은 이 모습을 적나라하게 소개하고 있다. "제자들이 다 예수를 버리고 도망하니라."(막14:50) "한 청년이 벗은 몸에 베 홑이불을 두르고 예수를 따라오다가 무리에게 잡히매 베 홑이불을 버리고 벗은 몸으로 도망하니라."(막14:51-52) 이 한 청년이 누구인지는 알 수 없다. 어떤 학자는 그것이 마가 자신일 것으로 추측하기도 하지만. 속사도 시대 때 교부들은 그저 제자일 것으로 추측하였다. 마가가 여기서 강조하는 것은 그 어떤 제자도 예수님 곁에 남아 있지 않았다는 것이다. 다 도망했다.

그 제자들만 탓할 일이 아니다. 오늘의 우리를 보자. 예수님을 드러내어야 할 자리에서 예수 믿는 것이 드러나면 해를 당할까 보아 모두 도망가는 우리가 아닌가. 주님이 우리에게 베푸신 사랑을 모두 잊고 자기 이익을 좇아 주님을 멀리하는 우리가 아닌가.

4) 예수를 부인하는 제자

베드로는 예수를 모른다고 세 번이나 부인했다. "예수와 함께 있던 자가 아니냐?" "너는 갈릴리 사람으로 그와 함께한 사람이다." 다그치자 "당신이 무슨 말을 하는지 모르겠소." "맹세코 나는 이 사람을 알지 못합니다." 마태복음 26장 74절은 예수님을 저주하며 모른다고 맹세했다 기록하고 있다. 주님을 부인한 수제자 베드로, 얼마나 비겁한가. 우리는 예수님으로부터 도망할 뿐 아니라 예수를 부인하는 베드로가 되고 있지 않는가.

예수님을 말씀하셨다. "네가 사람 앞에서 나를 부인하면 하늘에서 내가 너를 도무지 알지 못한다 하리라." 그들은 주님 앞에서 부끄러울 수밖에 없는 행동을 했다. 세상을 바라보며 비겁한 행동을 한 것이다. 우리의 죄악을 담당하기 위해 주님이 지신 그 큰 고난에 비해 우리는 얼마나 약하고 비겁한가.

우리의 신사참배 역사는 바로 주님을 부인하며 도망하는 것과 다름이 없다. 당시 일제의 강요이기는 했지만 감리교, 장로교, 가톨릭 등이 신사참배를 가결하고, 대표단을 일본에 보냈다. 구약학자 홍반식 교수는 8·15는 하나님이 신사참배를 강요한 일본을 치신 것이며, 6·25는 이것의 잘못됨을 회개하라고 하나님께서 치신 것이라 주장한다.

5) 회의주의에 빠진 제자들

제자들 가운데는 실증주의적 생각을 가진 인물도 있었다. 빌립은 하나님이신 예수님 앞에서 이렇게 말한다. "하나님을 보여 주시오. 그리하면 믿겠나이다." 예수님은 한마디로 말했다. "나를 본 자는 아버지 하나님을 보았다."

도마 사건은 실증주의의 또 다른 보기이다. 안식 후 첫날 저녁 때 부활하신 예수님이 제자들 가운데 찾아오셨고 손과 옆구리를 보여 주신 일이 있었다. 그때 도마가 그 자리에 없었다. 다른 제자들이 도마에게 "우리가 주를 보았다." 하자 도마는 아주 냉정하게 말한다.

"내가 그 손의 못 자국을 보며 내 손가락을 그 못 자국에 넣으며 내 손을 그 옆구리에 넣어 보지 않고는 믿지 아니하겠노라."(요 20:25) 관찰하고 직접 만져 보지 않는 한 믿을 수 없다는 회의주의가 그의 마음을 사로잡았다.

여드레 후 예수님이 제자들에게 나타나셨고, 믿음 없는 도마를 향해 말씀했다. "이 손을 보고, 만져 보라. 내 옆구리에 손을 넣어 보라. 믿음 없는 자가 되지 말고 믿는 자가 되라." 도마는 그 말씀 앞에 "나의 주시며 나의 하나님이시니이다." 고백했다. 예수님의 위력 앞에 거꾸러진 도마. 예수님은 말씀하셨다. "너는 나를 본 고로 믿느냐 보지 못하고 믿는 자들은 복이 있도다."

현대를 살아가는 우리는 빌립이나 도마와 같은 신앙을 가지기 쉽다. 우리는 이성과 과학이라는 이름 아래, 우리가 조금 배웠고 알고 있다는 것 때문에 주님의 능력과 하나님의 말씀을 무시하고 있지 않은가.

6) 세상을 잊지 못하는 제자들

요한복음 21장 1절에서 7절은 디베랴(갈릴리) 바다에서 예수님
이 7제자들에게 나타나신 장면을 소개하고 있다. 이 장면은 이미
두 번 제자들에게 자신을 보이신 후, 즉 세 번째 나타나신 사건이
다. 왜 나타나셨을까? 그것은 그들의 마음이 아직도 세상에 속해
있었기 때문이다.

그 장 3절을 보면 베드로가 "나는 물고기 잡으러 가겠다." 하고,
이어 다른 제자들도 "나도, 나도" 하며 배에 올라 고기를 잡으러
갔다. 어떤 이는 제자들이 갈릴리로 간 것은 예수님이 평소 부활
하신 후 그곳에 가리라 한 말씀에 따라간 것이라 말하기도 한다.
그러나 요한복음에서 소개된 장면을 보면 그들이 주님의 말씀을
상기하고 간 것으로 보기 어렵다.

지금 그들이 있어야 할 곳은 예루살렘이었고, 그들이 기다려야
할 것은 주님이 약속하신 성령이었다. 그러나 그들은 제자로서의
역할, 곧 자기들이 지금 무엇을 해야 하는 것인가를 잊어버린 채
자기들 본래의 직업으로 돌아간 것이다.

그들은 그 밤에 아무것도 잡지 못했다. 예수님이 오셔서 그물을
배 오른 편에 던지라 하니 그물을 들 수 없을 정도로 많이 잡혔다.
한 제자가 "주님이시다." 소리치자 벗고 있던 베드로가 주라는 말
을 듣고 겉옷을 두른 뒤 바다로 뛰어내렸다. 얼마나 민망했으면
그랬을까. 그 후 주님은 베드로에게 사명을 주신다. "나를 사랑하
느냐? 나를 따르라. 내 양을 치라."

성령 세례 받은 후 제자들의 모습

1) 아버지의 약속을 기다리는 사람들

사도행전의 제자들은 완전히 변화된 모습을 보여 주었다. 그들은 주님이 승천하시자 아버지의 약속을 기다리는 사람들이 되었다. 그들이 기다린 것은 더 이상 세상, 명예, 지위, 의심이 아니었다. 예수님이 "예루살렘을 떠나지 말라. 아버지의 약속한 것을 기다리라. 몇 날이 못 되어 성령으로 세례를 받으리라." 하신 명령에 따른 것이다. 주님이 약속하신 것은 성령 세례로, 세례 요한이 이미 "나는 물로 세례를 주지만 내 뒤에 오시는 이는 성령과 불로 세례를 주실 것이다." 예언한 것이다. 성령 세례는 불세례다. 돌같이 굳은 마음을 불로써 녹이는, 잠자는 영혼을 흔들어 깨워 역사하시는 주님의 능력 있는 세례이다.

그들은 그 약속을 기다렸다. 그 약속은 예수님께서 하신 약속이므로 폐하지 않으시고 반드시 지키신다. 그들은 예루살렘을 떠나지 않았고, 큰 기쁨을 가지고 있었다(눅24:52). 성전에 나가 하나님을 찬송하며 살았다. 그들은 성령을 기다리고 사모했다. 영광스러운 주님의 승천 모습을 보고, 주님의 약속이 실현될 것을 굳게 믿으면서 기다렸다. 그들은 이제 세상을 바라보지 않고 주님의 영광스러운 모습을 바라보며 그의 나라를 참으로 소망하게 되었다. 이러한 기다림과 믿음이 우리에게 있는가.

그들은 다락방에서 합심하여 기도했다. 거기에는 제자들은 물론 마리아, 예수님의 동생들도 있었다. 그들은 마음을 같이하여 오로지 기도에 힘썼다(행1:14). 그들의 기도는 성령 구함에 초점이 맞췄 있었다. 그들은 전적으로 성령을 사모했고, 성령을 통해 능력을 받으면 새로워지고, 변화되며, 무엇보다 담대히 복음을 전파할 수 있을 것을 알았다.

그들은 자신들이 먼저 변화되어야 한다는 것을 알고 있었다. 주님의 능력이 아니면, 주님께서 자신들을 근본적으로 변화시켜 주지 않는다면 자기들로는 도저히 감당할 수 없음도 알았다. 더 이상 '누가 크냐?'가 아니라 주님이 함께하시면 능치 못할 것이 없다는 것을 믿었다. 자기 자신은 없어지고 오직 주님만 바라볼 수 있게 된 것이다.

2) 급하고 강한 바람처럼 임한 성령

그때 성령은 급하고 강한 바람같이 그들에게 임했다. 급하고 강한 바람은 하나님의 영을 상징하며, 성령이 온 집에 가득 충만하게 임했다.

성령은 또한 불의 혀같이 임했다. 불은 하나님의 능력과 그 임재를 상징한다. 하나님과 그 능력이 그들과 함께한 것이다. 하나님이 마음속에 역사해 그들을 변화시켜 주었다.

성령은 각 사람에게 임했다. 각 사람이라 함은 주님이 한 사람의 심령도 놓치지 않고 사랑으로 붙잡아 주셨음을 의미한다. 주님은 성령을 통해 한 심령 한 심령 모두에게 찾아가 잠자는 영혼을 깨우쳐 주었다.

사도행전 2장 4절은 "저희가 다 성령의 충만함을 받고"라 기록하고 있다. 빠짐없이 받았다는 것이다. 이것은 제자 모두가 거듭났음을 의미한다. 그들은 예수님이 평소 "거듭나라, 다시 태어나라,

중생하라, 변화하라" 하신 말씀을 이제야 실감하게 되었다. "요한은 물로 세례를 주었으나 나는 너희에게 성령으로 세례를 주리라." 하신 말씀을 이제 실감하게 된 것이다.

3) 그 후 모두 성령의 인도하심으로 살아

그들은 그 후 모두 성령의 인도하심을 받아 살았다. "저희가 다 - - - 성령이 말하게 하심을 따라 다른 방언으로 말하기를 시작하니라."(행2:4) 그들은 이제 성령의 이끌림으로, 주님이 주신 권능에 힘입어 담대히 외칠 수 있었다. 그들이 전혀 배우지 않았던 언어들로.

이 능력 있는 외침에 예루살렘이 뒤집어졌다. 제자들의 방언을 듣고 소동했다(행2:6). 다 놀라 기이히 여겼다(행2; 7). 이제 그들은 숨어 다니는 연약한 무리가 아니라 천하를 뒤흔드는 무리로 변했다.

그날 베드로의 설교를 듣고 3천 명이나 회개하고 세례를 받았다. 이제 완전히 주님의 사람이 된 것이다. 세상이 감당할 수 없는 사람들. 그들은 이제 어떤 박해에도 이겨 낼 수 있는 힘을 갖게 되었다. 무엇보다 주님을 힘 있게, 담대하게 전할 수 있게 된 것이다. 그들의 외침에 완고한 무리들도 완전히 항복했다. "우리가 어찌할꼬." 능력 있는 외침에 그들의 마음이 찔린 것이다(행2:37). 하나님의 말씀은 운동력이 있어 그 마음을 찔러 쪼개 놓는다. 회개의 심령으로 돌아가지 않을 수 없었다.

성령 세례를 받기 전의 제자들은 실패자·패배자·무지한 자였으나 성령 충만함을 받은 뒤 사도행전의 새로운 주인공으로 변화되었다. 이전에는 주님의 기준에 온전히 이르지 못했으나 이제는 주님의 사역을 바로 이해하고 앞장 서는 인물로 바뀐 것이다.

우리도 속사도행전의 주인공들이 되어야 한다. 세상적인 나, 나 중심의 나에서 벗어나 온전히 주님의 사람으로 바뀌어야 한다. 재물을 탐하고 자리에 연연하며 비겁한 내가 아니라 주님 중심의 삶으로 변환되는 것이다. "이전 것은 지나갔으니 보라 새것이 되었도다." 고백할 수 있을 정도로.

이를 위해서 우리 모두가 합심하여 은혜의 보좌 앞에 담대히 나아가 기도하고 전적으로 주님의 도우심을 간구해야 한다. 성령의 충만함을 받아야 한다. 그래서 복음을 담대히 전하는 주님의 사람이 되어야 한다. 이런 사람이 바로 그리스도인이다. 그리스도인은 바로 변화된 사람, 거듭난 사람, 자기를 깨뜨리고 주님 앞에 겸허히 서는 사람, 그리고 성령의 사람이다. 이제 예수님의 말씀을 기억하자. "예루살렘을 떠나지 말고 아버지의 약속하신 것을 기다리라."

제5장 성령 충만과 달라진 예루살렘 교회

사도행전 2장 42절 이하의 말씀은 성령 충만한 예루살렘 공동체가 어떤 특성을 가지고 있는가를 구체적으로 보여 준다. 불같은 성령, 폭풍 같은 성령을 받음으로 그들의 삶이 달라졌다. 예배, 전도, 봉사 모두에서 전과 다른 삶의 모습이 나타났다. 이것은 성령을 받으면 우리의 삶이 어떻게 달라지는가, 건강한 신앙은 어떤 것인가를 제시해 주고 있다. 성령 충만함을 받은 사람들의 삶이 크게 세 가지 면에서 변화가 있었다. 이것은 교회의 핵심가치가 무엇인가를 가르쳐 준다.

- 하나님을 향한 자세의 변화다. 하나님을 두려워하는 마음이 나타났다. 하나님을 두려워했다는 것은 경외하고 존경했음을 의미한다. 그것은 예배와 찬양으로 나타난다. 날마다 성전에 모이기를 힘쓰고 하나님을 찬미했다.
- 물질관에 대한 변화다. 물건을 서로 통용하고 나누어 주었다.
- 사람에 대한 변화다. 온 백성으로부터 칭송을 받았다.

사도의 가르침을 받아(42절)

교인의 수가 많아지자 사도들은 그들을 말씀으로 교육할 필요를 느꼈다. 그들의 가르침에는 예언과 성취, 예수님의 가르침과 성취된 예언, 전도의 방법 등이 포함되었다. 교인들은 이 가르침을 통해 예수의 증인된 삶을 살고자 했다.

우리는 교인들이 말씀 배우기를 힘썼다는 점에 주목할 필요가 있다. 훈련받기를 싫어하는 우리의 현실에 비추어 볼 때 많은 교훈을 준다. 교회는 무엇보다 성경을 바로 가르치는 교회여야 하며 성도는 매사에 말씀을 붙잡고 살아가야 한다. '전혀 힘 쓰니라.'는 이 일이 끈기 있게 지속되었음을 보여 준다.

사도들의 가르침은 예수에 대한 구약의 예언과 성취, 그의 오심과 십자가의 죽으심, 부활의 의미, 주님의 가르침과 전도 등에 대한 교육이었다. 이 가르침은 바리새인들의 교육과는 본질적으로 다르다. 하나님의 말씀, 곧 성경은 하나님의 영(pneuma)이 주입되어

쓰인 성령의 글이다. 그의 영이 있는 말씀은 살았고 운동력이 있다. 그 영이 없는 가르침은 살아 있는 교육이 될 수 없다.

때로 우리 가운데 성령을 받았다며 하나님의 말씀을 제쳐 놓고 엉뚱한 행동을 하는 것을 보게 된다. "당신은 무엇을 해야 돈을 벌 수 있다. 무슨 직업으로 바꿔야 성공한다."는 등 상식에 어긋난 예언을 함으로써 교회를 온통 혼란에 빠뜨린다. 말씀을 배우는 것만으로 끝나서는 안 된다. 그 말씀을 따라 사는 철저한 순종이 있어야 한다.

교회는 충전을 위해 모이는 교회, 흩어져 일하는 교회가 되어야 한다. 밖에 나가 힘 있게 일하기 위해서는 재충전을 받아야 한다. 그것이 바로 성경을 열심히 공부하고 말씀을 익히며 교육에 힘쓰는 것이다.

서로 교제하며 떡을 떼며(42절)

교제는 코이노니아(kononia)를 말한다. 코이노니아는 '나눈다, 공유한다'는 뜻을 가지고 있다. 이것은 단지 음식을 나누고 함께 즐겁게 노는 것을 의미하지 않는다. 물질을 나누고, 기도를 나누고, 사랑을 나누고, 복음을 나누고, 은혜를 나눈다. 예수와 한 몸이 된 그리스도 공동체로서 함께 거룩한 것을 나누며 예수를 닮아 가는 교제가 있음을 말한다. 교회 안에는 참다운 코이노니아가 필요하다.

끼리끼리만 좋아한다면 그것은 진정한 코이노니아가 아니다. 그것은 교제를 빙자한 코이노니아병(kononitis)일 뿐이다. 성령이 우리 안에 있으면 그리스도 정신을 함께 나누고 공유하게 한다.

세례는 주님과 같은 사람이 된다, 주님과 한 몸이 된다, 그리스도를 닮은 사람이 된다는 뜻을 가지고 있다. 성령 세례를 받은 사람들은 코이노니아를 통해 이것을 실천해 나간다.

이 같은 코이노니아가 교회뿐 아니라 집에서도 이뤄졌음을 46절에서 볼 수 있다. "집에서 떡을 떼며 기쁨과 순전한 마음으로 음식을 먹고." 교인들 사이에 긴밀한 교제가 있었음을 보여 준다. 교인수가 많아 소그룹으로 나누고 집을 돌아가면서 만났을 것이다. 웨슬리도 소그룹으로부터 출발했다. 소그룹이 caring community가되고 서로 헌신했다. 웨슬리는 이 소그룹을 확산시키면서 발전하게 되었다.

떡을 떼었다는 것은 성만찬을 의미한다. 그들은 예수님의 죽으심을 기념하기 위해 떡을 뗐다. 성령이 그들을 십자가로 인도하신 것이다. 성령이 충만하면 십자가와 가까워지고 십자가가 크게 보인다. 십자가가 멀리 보이고 작게 보이면 성령 충만하지 않다는 것을 보여 주는 것이다.

기도하기를 전혀 힘쓰니라(42절)

기도에는 개인적으로 하는 기도(personal prayer)가 있고, 집단이 모여 함께 기도하는 것(corporate prayer)이 있다. 여기서는 함께 모여 기도했음을 보여 준다. 그들은 기도하기에 힘썼다. 기도는 하나님을 경험하는 중요한 통로다. 기도는 막다른 골목에 가서 하는 것이 아니라 성령 안에서 무시로 언제나 기도한다. '전혀'는 기도에 priority를 두고 '뜨거운 가슴으로' 기도했다는 말이다. 기도는 내일의 씨가 된다. 하나님은 그 기도를 들으시고 이루신다. '힘썼다'는 것은 노력했음을 의미한다. 바빠서 기도할 시간이 없다 해도 오히려 시간을 만들어 기도하는 것이 힘쓰는 기도이다.

"사람마다 두려워하는데"(43절) 두려워했다는 것은 두려움보다는 경외했다는 의미이다. 그들 속에 하나님의 임재가 나타났기 때문이다. 기사와 표적도 많이 나타났다(43절). 기적과 표적은 초자연적인 역사를 말한다. 초자연적인 역사가 나타난다는 것은 하나님의 능력이 나타난다는 것을 의미하며 그것을 통해 하나님의 메시지가 전달되었음을 보여 준다.

다 함께 있어 모든 물건을 서로 통용하고(44절)

초대교회의 특성은 '다 함께' 있었다는 것이다. 따로 노는 것이 아니라 연합하고 일치하는 생활을 했다. 이 일에 예외가 없었다. 그들은 함께 연합하는 삶을 살았을 뿐 아니라 물건도 함께 나누었다. '모든 물건을 서로 통용하고'는 내 것을 내 것으로 보지 않았음을 의미한다. 그들은 물질에 자유 함이 있었다. 은과 금은 나의 것이 아니라 하나님의 것이다. 그리스도인에게는 모든 것이 하나님의 것이라는 물질관이 필요하다.

재산과 소유를 팔아 나눠 주고(45절)

구제사역에 힘썼음을 보여 준다. 자기의 것을 자기의 것이라 하지 않고 가난한 이웃을 위해 자발적으로 내놓았다. 돈을 중시한 삶에서 벗어났다. 돈에서 마음이 떠난 것이다. 구원받은 이후의 삶은 이처럼 달라진다. 이것이 나중에는 헌금으로 바뀌어졌다(행 4:35). 억지로 드리는 것은 헌금이 아니다. 밭이나 집을 판 것을 보면 그들은 십일조에 매이지 않았음을 보여 준다. 오히려 그 이상을 드리고자 했다.

한국교회는 힘써 모이거나 힘써 찬송은 많이 하지만 힘써 봉사하거나 전도하는 사람은 적다. 우리 가운데는 힘써 행하는 사람이 많아져야 한다. 교회는 금전 사용에도 투명해야 한다.

날마다 마음을 같이하여 성전에 모이기를 힘쓰고(46절)

서로 보고 싶어 모이고 또 모였다. '날마다' 모였다는 것은 그들이 얼마나 뜨겁게 신앙생활을 했는가를 보여 준다. 모이기를 게을리 하는 현대인의 모습과는 대조적이다. 현대에 와서는 사이비나 이단으로 지목받는 단체들이 더 뜨겁다. 우리가 그들보다 더 뜨겁지 않고서 그들을 전도하거나 이끌어 낼 수 없다. 힘들다 해도 모이기를 힘써야 한다. 아무리 날씨가 나쁘더라도 '아무개는 꼭 올 것이다.'라고 기대되는 교인이 되어야 한다.

'마음을 같이하여'는 '하나 됨'을 이루었다는 것을 보여 준다. 공동체의식, 우리의식은 개인의 이기주의를 넘어서는 신앙을 가졌음을 말해 준다. 사단은 "너만 잘해라, 너만 인정받아라."며 너와 나를 깬다. 아담과 하와가 이 꼬임에 넘어갔다. 그들로 하여금 교만하게 만들어 하나님으로부터 멀어지게 한다. 예수님은 우리가 하나

될 때 참제자인 줄 안다고 하셨다.

"기쁨과 순전한 마음으로 음식을 먹고"(46절) 그들은 음식을 나누어 먹을 때도 한마음이 되어 기쁨이 넘쳤다. 순전한 마음은 악의 요소가 전혀 없었음을 나타낸다. 지옥의 삶은 나눔이 없다. 고통과 악한 마음이 넘친다. 그러나 천국의 삶은 나눔이 있고 기쁨이 넘친다.

그리고 하나님을 찬미했다(47절). 성령의 역사하심을 경험한 그들은 고난 속에서도 감사하고 찬송했다. 성령 충만한 공동체는 하나님을 즐겨 찬양한다. 힘 있게 찬양한다. 우리 입술에서 찬양이 줄어들거나 찬양을 귀찮게 생각한다면 성령님이 그만큼 떠나 있다는 것을 스스로 보여 주는 것이다.

온 백성에게 칭송을 받으니(47절)

교인들의 표정, 말, 삶의 모양이 완전히 달랐다. 그들의 달라진 모습은 너무나 행복해 보였다. 교회 밖의 사람들은 이 모습을 보며 칭찬을 아끼지 않았다. 그리스도인은 행복해야 한다. 행복한 그리스도인들은 세상 사람들로부터 호감을 받게 되어 있다.

세상이 우리를 인정해야 한다. 세상으로부터 인정을 받기 위해서는 그들보다 높은 차원의 영성과 도덕성이 있어야 한다. 어떤 종교인보다 영적으로, 도덕적으로 낮지 않으면 인정을 받을 수 없다. 교인의 수가 많고 가진 것이 많다는 것만으로 인정을 받으려는 것은 저차원의 것이다. 도덕성을 일깨우고 세상을 변화시키는 영적 능력을 소유할 때 칭송을 받을 수 있다.

그들은 이로써 세상 사람들에게 좋은 이미지를 심어 주었다. 교회는 믿는 자나 믿지 않는 사람들로부터 칭찬을 받을 만큼 이미지가 좋아야 한다. 우리는 그리스도의 흔적을 가진 사람이다. 그 흔적은 우리의 변화된 언행심사로 나타난다. 예수 때문에 변화된 것을 보여 줘야 한다. 그래야 이미지가 달라지고 칭송을 받을 수 있다. 좋은 옷이나 멋을 통한 칭찬과는 근본적으로 다르다.

어떤 며느리가 "시어머니가 믿는 예수님은 안 믿겠다."고 했단다. 이것은 시어머니가 성령 충만하지 않았음을 입증하는 것이다. 성령의 사람은 성령의 아홉 가지 열매를 맺는다. 성령을 받으면 인격이 변화한다. 따라서 칭찬을 받지 않을 수 없다. 성령의 사람은 생각과 행동이 다르다. 요셉이 가정총무가 되었어도 유혹으로부터 자유하며 죄를 멀리하게 된 것은 그만큼 성령이 충만했기 때문이다.

칭송을 받았다는 것은 세상 사람들로부터 사랑을 받았다는 말이다. 전도도 중요하지만 그 이전에 사람들로부터 사랑을 받을 만한 일을 많이 해야 한다. 칭찬을 받지 못하는데 전도하면 오히려 역효과만 낳는다. '구원받는 사람이 날마다 더하게' 한 역사도 우리가 어떤 행실을 하느냐에 달렸다는 것을 잊어서는 안 된다.

구원받는 사람을 날마다 더하게 하시니라(47절)

성령을 받은 후 그들은 하나님을 더욱 경외하고 한마음 한 영혼이 되어 기쁨으로 신앙생활을 했다. 삶이 달라졌다. 이를 보고 나도 믿어 보겠다는 사람들이 날로 많아졌다.

그들은 모이는 교회로서의 역할뿐 아니라 흩어지는 교회로서의 역할도 활발히 했다. 그들은 자기의 것들로 나누어 주고 봉사했다. 물질뿐 아니라 복음을 나누어 주는 일도 열심히 했다. 사도들은 전도를 통해 복음을 나누는 일에 전무하고 직분자들은 봉사를 통해 물질과 필요를 나누는 일에 전무했다. 모두가 온 힘을 다해 본업에 충실했다. 그들은 전도의 문을 가로막는 행동을 하지 않았다. 오히려 전도를 위해 활짝 열린 문이 되었다. 그래서 그들을 따라 믿는 사람들이 날로 많아졌다.

'구원받는 사람들'이 날로 많아졌다는 것이 주목해야 한다. 사람을 외양으로만 대할 것이 아니라 영적으로 대해야 한다. 영적으로 대한다는 것은 그 모두를 구원받아야 할 대상으로 보는 것을 말한다. 교인이 몇 명 더 오는가, 그가 박사인가 대통령인가가 중요하지 않다. 그 모두를 구원받도록 해야 한다. 초대교회는 바로 구원받는 사람이 많아지는 것에 관심을 두었다.

이것은 양적 성장만 의미하는 것 아니다. 양뿐 아니라 질적으로 (균형적으로) 성장했음을 의미한다. 구원받는 사람은 질적으로 달라진 사람이며 이 수가 늘어나는 것은 양뿐 아니라 질적으로 균형을 이룬 것을 보여 준다. 교회성장주의자들이 이것을 양적으로만 해석하는 것은 문제가 있다. 교회는 성령으로 힘이 있는 교회, 다 함께 힘쓰는 교회, 밖으로 뻗어 나가는 교회가 되어야 한다.

제6장 승천, 재림, 그리고 심판

승천

예수님은 부활하신 지 40일 후(행1:3) 감람산에서 제자와 수백의 사람들이 지켜보는 가운데 승천하셨다(행1:11). "그는 육신으로 나타난 바 되시고 영으로 의롭다 하심을 입으시고 천사들에게 보이시고 만국에서 전파되시고 세상에서 믿은 바 되시고 영광가운데 올리우셨음이라."(딤전3:16)

주님은 십자가 지시기 전 자신이 승천하게 될 것을 말씀하셨다. "그러면 너희가 인자의 이전 있던 곳으로 올라가는 것을 볼 것 같으면 어찌하려느냐."(요6:62)

승천하실 때 구름이 저를 가리어 보이지 않게 되었다. 구름에 가린 것은 하나님의 영광과 임재를 상징한다. 그 후 하나님 우편에 앉아 계시다가(롬6:34; 골3:1) 심판을 위해 재림하신다. 하나님 우편에 앉아 계신다는 것은 '예수님은 하나님이시다'는 또 다른 표현이다. 그는 존귀와 영광을 받으실 분이고, 시온의 왕이신 그리스도께서 신인으로서 공적으로 즉위하시어 교회와 우주를 엄숙히 통치하심을 의미한다. 그러므로 그리스도께서 하나님 우편에 앉으셨다는 것은 그가 교회와 우주에 대한 통치에 착수했을 뿐 아니라 그에 해당하는 영광에 참여하셨다는 것을 상징적으로 나타낸다.

재림

무리들이 예수님이 승천하는 것을 보고 있을 때 흰옷 입은 두 사람이 저희 곁에 서서 말한다. "갈릴리 사람들아 어찌하여 서서 하늘을 쳐다보느냐 너희 가운데서 하늘로 올리우신 이 예수는 하늘로 가심을 본 그대로 오시리라."(행1:11)

재림에 관한 언급은 신약에서만도 300회 이상 된다. 그중 50회 정도는 바울이 언급하였다. 이것은 초림(예수 탄생)에 관한 것보다 약 8배 이상 된다. 이것은 주님의 재림이 꼭 실현된다는 것을 보여 주며, 이 재림의 약속은 확신 있는 약속임이 강조되고 있다.

재림이 미혹거리가 되어(마24:4 - 6) 자칭 재림 예수라는 이단자가 속출하는가 하면 재림 일시를 놓고 여러 주장이 나오기도 했다. A.D. 70년경 예루살렘의 멸망이 혹시 재림이 아닌지 주장하는 사람도 있고, 오순절 성령강림이 재림일지 모른다는 주장도 있었다. 재림의 날은 하나님만 아시고 아무도 알지 못한다 하셨음에도 불구하고 언제 재림하실 것이라 주장하여 이단으로 지목받기도 했다. 심지어 재림을 부정하는 신학자도 있다. 그러나 성경은 재림을 확고하게 말하고 있고, 우리는 그것을 믿는다.

재림에 대한 상징적 비유로서 번개, 독수리, 데려갈 자와 버려 둘 자에 관한 주님의 말씀이 있다.

재림은 번개와 같이 임한다. "번개가 동편에 나서 서편에 번쩍임같이 인자의 임함도 그러하리라."(마24:27) 번개는 먼 데 있는 사람도 볼 수 있다. 이것은 주님이 전 세계의 수많은 사람들이 동시에 알 수 있도록 밝히 임하실 것을 의미한다. 주님은 어느 특정 지역이나 특정인들 앞에 몰래 나타나실 분이 아니시다.

재림은 독수리들이 모임처럼 임한다. "주검이 있는 곳에는 독수리들이 모일지니라."(마24:28) 독수리들은 주검이 있는 곳에 떼 지어 모인다. 먹기 위해서다. 이 말씀은 재림의 장소를 묻는 제자들의 물음에 대한 답변에서 나온 것으로, 시체가 있는 곳에 독수리들이 몰려드는 것처럼 인류가 있는 곳이면 어디서든 예수님이 재림하는 모습이 드러난다는 것이다. 따라서 재림의 장소가 어디일까 묻는 것은 무의미하다는 것이다. 또한 재림은 심판의 사건이 일어날 장소에 관한 물음에도 답한다. 이 경우 시체가 있는 곳에 반드시 독수리가 모이는 것처럼 심판은 누구에게나 반드시 임한다는 뜻으로도 해석될 수 있다. 심판의 장소는 국한되어 있지 않으며 어느 곳 누구에게나 똑같이 임하게 된다는 말이다.

재림 때 데려갈 자와 버려 둘 자가 구별된다. "그때에 두 사람이 밭에 있으매 하나는 데려감을 당하고 하나는 버려둠을 당할 것이요 두 여자가 매를 갈고 있으매 하나는 데려감을 당하고 하나는 버려둠을 당할 것이니라. 그러므로 깨어 있으라. 어느 날에 너희 주가 임할는지 너희가 알지 못함이니라."(마24:40 – 42) "그 밤에 두 남자가 한 자리에 누워 있으매 하나는 데려감을 당하고 하나는 버려둠을 당할 것이요."(눅17:34) 밭에서 일하는 두 남자는 낮에 일하는 사람들이요 맷돌질하는 두 여인은 저녁을 위해 집에서 일하는 여인들이다. 그리고 두 남자가 자리에 누운 때는 밤이다. 그때가 어느 때일지 알지 못한다. 따라서 영적으로 깨어 있어야 한다는 말이다. 또한 둥근 지구의 낮, 석양, 밤 되는 모든 지역에 일시에 나타나신다. 모든 인류가 재림을 보게 된다. 일하거나 잠자거나 식사를 할지라도 준비되지 못한 자는 버림을 받는다.

재림하실 때 주님은 영광을 받으신다. "그날에 강림하사 그의 성도들에게서 영광을 얻으시고 모든 믿는 자에게서 기이히 여김을 얻으시리라."(고후1:10) 그리스도께서 다시 오실 때 성도들은 영광스러운 그분의 모습을 보며 감격하고 또 감격하며 찬양을 드릴 것이다. 그리스도인은 이미 그리스도 안에서 모두 하나 되지 않았는가. "우리가 ﹛– –﹜ 다 한 성령으로 세례를 받아 한 몸으로 되었고 다 한 성령을 마시게 하셨느니라."(고전12:13) 헬라인이든 히브리인이든 성도 모두가 하나가 되어 찬양할 그 모습을 생각해 보라. 그 날이 가까워올수록 모이기를 힘쓰고 깨어 기도하며 열심히 복음을 전파해야 한다. 기름을 준비한 슬기로운 다섯 처녀가 되어야 한다.

심판

재림은 심판이기도 하다. 그때 주님은 심판주로서 이 땅에 임하신다.

- "아버지께서 아무도 심판하지 아니하시고 심판을 다 아들에게 맡기셨으니 이는 모든 사람으로 아버지를 공경하는 것같이 아들을 공경하게 하려 하심이라 ﹛– –﹜ 또 인자 됨을 인하여 심판하는 권세를 주셨느니라."(요5:22, 23, 27)
- "인자가 자기 영광으로 모든 천사와 함께 올 때에 자기 영광의 보좌에 앉으리니 모든 민족을 그 앞에 모으고 각각 분별하기를 목자가 양과 염소를 분별하는 것같이 하여."(마25:31, 32)
- "하나님이 산 자와 죽은 자의 재판장으로 정하신 자가 곧 이 사람인 것을 증거 하게 하셨고."(행10:42)

- "정하신 사람으로 하여금 천하를 공의로 심판할 날을 작정하시고"(행17:31)
- "산 자와 죽은 자를 심판하실 그리스도 예수"(딤후4:1)

▌약력

서울대학교 정치학과(학사, 석사)
서울대학교 대학원(경영학석사)
웨스턴일리노이대학교(MBA)
연세대학교 대학원(경영학박사)
총신대학교 대학원(M.Div., Th.M.)
연변과기대 상경대학 학장
한양대학교 경상대학 학장
한양대학교 산업경영대학원 원장
현, 한양대학교 경상대학 경영학부 교수/목사

▌기독교관계 저서

『세계종교와 기독교』(한국학술정보, 2008)
『요한1·2·3서와 요한계시록』(한국학술정보, 2008)
『고난의 신학』(한국학술정보, 2008)
『기독교세계관과 삶의 리포지셔닝』(한국학술정보, 2007)
『신약의 이해/구약의 이해』(한국학술정보, 2007)
『단순한 믿음이 주는 기쁨』(기독신문사, 2005)
『뒤틀리는 삶의 문제와 기독교적 답변』(한양대학교 출판부, 2004)
『자본주의 문화와 기독교의 사회적 책임』(한양대학교 출판부, 2004)
『21세기가 원하는 크리스천 리더』(총회출판국, 2003)
『평신도를 위한 신학 이야기』(예영, 2003)
『목회자, 당신은 일류인간』(한국강해설교학교 출판사, 2002)
『영성회복의 신앙』(기독신문사, 2001)
『기독교교육행정』(대한예수교장로회 총회, 2000)
『교회행정학』(총회교육국, 1998)
『기독교와 현대사회』(한양대학교 출판부, 1997)
『교회경영학』(엠마오, 1996)
『기독교사회학의 인식세계』(대영사, 1988)
그 외 다수

예수연구

초판인쇄 | 2008년 12월 10일
초판발행 | 2008년 12월 10일

지은이 | 양창삼
펴낸이 | 채종준
펴낸곳 | 한국학술정보㈜
주 소 | 경기도 파주시 교하읍 문발리 513-5 파주출판문화정보산업단지
전 화 | 031) 908-3181(대표)
팩 스 | 031) 908-3189
홈페이지 | http://www.kstudy.com
E-mail | 출판사업부 publish@kstudy.com

등 록 | 제일산-115호(2000. 6. 19)
가 격 | 29,000원

ISBN   978-89-534-7785-8 93230(Paper Book)
        978-89-534-7786-5 98230(e-Book)